KB252672

그룹코칭
SPARK

그룹코칭

SPARK

한국 조직 현장의 27가지 실전 질문과 해법

신민철 지음

좋은땅

그룹의 집단지성을 일깨우는 구조적 접근 방법

이 책은 저자의 오랜 코칭 경험과 실제 그룹코칭 현장에서 축적된 생생한 사례를 통해, 한 사람의 질문이 어떻게 집단 지성으로 확장되고, 개인의 깨달음이 어떻게 공동의 학습으로 전환되는지를 잘 보여 주고 있다. 특히 SPARK-DEEP 프레임워크를 통한 구조적 접근은 그룹코칭의 흐름을 명확하게 이해하도록 돕는 동시에, 현장에서 바로 적용할 수 있는 실천적 지침을 제공하고 있다.

이 책은 '한국의 조직 현장'에 뿌리를 두고 있다. 해외 이론서들이 놓치기 쉬운 한국 특유의 수직적 조직 문화, 침묵을 미덕으로 여기는 참여자들의 심리, 그리고 빠른 성과를 기대하는 경영진의 압박 등 우리가 매일 마주하는 실제적인 고민들을 자세하게 다루고 있다. '침묵하는 참여자를 어떻게 대할 것인가', '갈등 상황에서 코치는 어디에 서야 하는가'와 같은 27가지 질문은 현장에서 즉시 활용할 수 있는 가이드가 될 수 있을 것이다.

이 책은 단순한 기법(Doing)을 넘어 코치의 존재 방식(Being)에 대한 통찰을 제공한다. 그룹코칭은 수많은 역동이 교차하는 '살아있는 유기체'를 다루는 일이다. 이에 저자는 단순히 그룹코칭의 스킬을 전하는 데 그치지 않고, 코치가 어떻게 그룹의 에너지를 관찰하고, 심리적 안전감을 구축하며, 자신의 존재를 통해 그룹에 어떤 영향을 미쳐야 하는지에 대해 친절하게 알려준다. 그룹코칭은 단순한 진행을 넘어서 '인간 관계의 깊이'와 '성찰의 확장'에 있다는 저자의 주장이 마음에 깊이 와닿는다.

전문 코치로서 그룹의 역동을 다루는 내공을 쌓고 싶은 분, 조직의 성장을 고민하는 HRD 전문가, 그리고 팀원들의 잠재력을 끌어내어 최고의 팀을 만들고 싶은 리더들에게 큰 도움이 될 것으로 생각된다. 기쁜 마음으로 이 책을 추천한다.

김종명, MCC(Master Certified Coach)

코치로 살아온 시간은 길지만, 그 의미가 가장 선명하게 드러난 순간은 의외의 장소에서 찾아왔다. 대학원 강의실이었다.

MBA 과정에서 그룹코칭을 가르치게 되었을 때 필자는 이미 개인코칭에서 충분한 경험을 쌓았다고 자신했다. 그러나 6명의 학생들과 함께 15주를 보내며 깨달았다. 그룹코칭은 개인코칭의 확장이 아니라 완전히 다른 차원의 여정이었다. 한 사람의 질문이 여섯 사람의 성찰을 촉발하고, 한 사람의 침묵이 그룹 전체의 배움이 되고, 한 사람의 실패가 모두의 용기를 북돋는 공간. 그곳에서 필자는 집단지성의 힘을 목격했다.

이 책의 토대가 된 것은 그 15주의 경험만이 아니다. 코칭 여정 내내 그룹코칭 현장에서 마주했던 수많은 질문들, 답을 찾기 위해 고민했던 도전과제들, 실패를 통해 배운 뼈아픈 교훈들이 모두 녹아 있다. '침묵하는 참여자를 어떻게 이해해야 하는가?' '갈등이 생겼을 때 코치는 어디에 서야 하는가?' '온라인에서 어떻게 해야 진정성 있게 연결되는가?' '효과를 어떻게 증명할 것인가?' 이런 질문들은 단순히 기법의 문제가 아니었다. 그룹코칭의 본질에 대한, 코치의 존재 방식에 대한, 그리고 인간 관계의 깊이에 대한 근본적인 물음이었다.

이 물음들에 답하기 위해 필자는 경험을 해체하고 재구성했다. 그 과정에서 탄생한 것이 SPARK-DEEP 프레임워크이다. SPARK 5단계(Start, Probe, Activate, Realize, Keep)는 그룹코칭 세션의 전체 흐름을 안내하고, DEEP 탐구법(Discover, Explore, Evaluate, Plan)은 Realize 단계에서 참여자들의 깊이 있는 탐구를 가능하게 한다. 이것은 책상에서 설계한 이론이 아니라 그룹코칭 현장에서 발견한 살아있는 원리이다.

가장 큰 배움은 완벽했던 세션이 아니라 실패한 순간들로부터 왔다. 참여자의 자율성을 억압하며 통제하려 했던 순간, 저항을 무시하고 일방적으로 밀어붙였던 순간, 중립을 잃고 감정적으로 개입했던 순간… 이 모든 실패를 마주하고 성찰하는 과정에서 코치로서의 성장이 있었다. 실패는 수치가 아니라 성장의 원천이었다.

그리고 한국 조직 문화의 독특한 특성을 깊이 이해하게 되었다. 위계가 명확한 문화, 정(情)으로 연결되는 관계의 방식, 개인보다 집단을 우선하는 가치관. 이런 특성들은 그룹코칭에 도전과제가 되기도 하지만 동시에 독특한 가능성을 열어주기도 한다. 위계 속에서도 심리적 안전감을 만들 수 있고, 정(情)을 통해 깊은 신뢰를 구축할 수 있으며, 집단주의를 집단지성으로 승화시킬 수 있다. 이것이 한국형 그룹코칭의 길이다.

이 책은 기법서가 아니다. 여기에 담긴 것은 기술이 아니라 관계의 예술이며, 정답이 아니라 질문이며, 완성된 체계가 아니라 함께 걸어갈 여정이다. Part 1 발견: 그룹코칭의 본질 이해에서는 왜 그룹코칭이 필요한지, 집단 지성이란 무엇인지, SPARK-DEEP 프레임워크의 철학을 이해하는 과정을 담는다. Part 2 실행: 3세션(첫·중간·마무리) 운영 가이드에서는 첫 세션부터 중간 세션, 마무리 세션까지 구체적인 설계와 운영 방법을 제시한다. Part 3 심화: 그룹코칭 현장 마스터리에서는 현장에서 직면하는 27개의 도전과제에 대한 이론적 근거와 실무 해법을 다룬다. Part 4 통합: 실패와 성장에 서는 코치 자신의 실패를 성찰하고 한국형 그룹코칭의 미래를 전망한다.

이 책은 다음과 같은 분들을 위해 썼다. 그룹코칭을 시작하려는 코치, 그룹코칭 현장에서 어려움을 겪고 있는 코치, 한국 조직 문화에 맞는 그룹코칭을 설계하려는 코치, 집단지성을 깨우고 싶은 리더, 학습 공동체를 만들고 싶은 조직 개발 담당자. 이 책은 정답을 제시하지 않는다. 대신 질문을 던진다. 그리고 그 질문에 대한 답은 이 책이 아니라 각자의 그룹코칭 현장에 있다.

이 책을 읽는 방법은 여러 가지이다. 처음부터 끝까지 순서대로 읽을 수도 있고, 필요한 부분을 찾아 읽을 수도 있다. 그룹코칭을 처음 시작한다면 Part 1과 Part 2를, 현장의 구체적 문제 해결이 필요하다면 Part 3의 해당 질문을, 자기 성찰이 필요하다면 Part 4를 먼저 읽어도 좋다. 부록의 체크리스트들은 실제로 출력하여 사용하기를 권한다. 이론은 실천을 통해서만 의미를 갖기 때문이다. 그리고 가능하다면 동료 코치와 함께 읽고 대화하기를 권한다. 그룹코칭의 원리는 코치의 학습에도 동일하게 적용된다.

코칭 여정에서 마주한 가장 큰 축복은 아내와 함께 이 길을 걸어온 것이다. 아내는 존재 자체로 커다란 힘이 되었고, 그 변함없는 믿음이 있었기에 비로소 이 책을 완성할 수 있었다. 언제나 신뢰와 지지로 응원해 주신 아버님과 어머님, 그리고 목포에서 한결같은 마음으로 지켜봐 주시는 어머니께도 깊은 감사를 올린다.

첫 세션에서 어떤 질문을 던질 것인가? 참여자들의 침묵 속에서 무엇을 발견할 것인가? 갈등의 순간에 어떻게 대응할 것인가? 실패를 통해 무엇을 배울 것인가? 이 모든 질문의 답은 이 책이 아니라 당신의 그룹코칭 현장에 있다. 이 책은 그 답을 발견하도록 안내하는 나침반이다. 15주 전, 나도 그 여정을 시작했다. 여섯 명의 학생들과 함께. 이제 당신의 차례다.

목차

PART 1 발견: 그룹코칭의 본질을 찾아가는 여정

PART 2　　실행: 세션별 구조와 실천 가이드

PART 4 **통합: 실패와 성장, 그리고 지속 가능한 여정**

발견: 그룹코칭의 본질을 찾아가는 여정

Chapter 1

그룹코칭, 18년 만에 발견한 새로운 세계

1-1 첫 수업, 그리고 예상하지 못한 발견

9월, 첫 만남의 설렘과 긴장

9월 첫째 주 토요일 오후, 대학원 강의실에 혼자 들어선다. 창밖으로 초가을의 햇살이 부드럽게 흘러 들어오고, 에어컨이 은은하게 돌아가는 소리와 누군가 가져온 아메리카노 향기가 강의실을 채운다. 6명의 MBA 학생들이 둥글게 둘러앉을 책상 앞에 서서, 나는 심호흡을 한다.

코칭을 시작한 지 18년, 2006년 처음 코칭 교육을 받은 이후 짧지 않은 시간이 흘렀다. 그동안 수많은 사람을 만났고, 그들의 내면을 탐구했으며, 변화를 지원했다. 개인코칭 현장에서 쌓아온 경험은 나를 전문가로 만들었다. 하지만 오늘은 다르다. 15주. 한 학기 내내 같은 사람들과 함께 그룹코칭의 모든 것을 탐구하는 여정. 이번 수업은 필자가 개발하고 한국코치협회(Korea Coach Association)의 인증을 받은 'Group Coaching Excellence' 프로그램의 구조와 흐름을 바탕으로 설계되었다. 이론이 아닌 살아 있는 경험으로, 개념이 아닌 체화된 역량으로 전달해야 한다는 책임감이 어깨를 무겁게 짓누른다.

강의실을 둘러본다. 20대 후반부터 50대 초반까지, 다양한 연령대다. 영업 관리자, 마케팅 책임자, HR 전문가, 제조업 관리자, 개인 사업가, 그리고 순수하게 학문적 탐구를 위해 온 대학원생까지. 각자의 분야에서 이미 전문가인 사람들이다.

참여자들의 눈빛을 하나하나 읽는다. 어떤 이는 기대로 반짝이고, 어떤 이는 불안으로 흔들린다. 팔짱을 낀 사람, 펜을 만지작거리는 사람, 노트북을 열었다 닫는 사람. 각자의 방식으로 긴장을 다스리고 있다. '학생들은 알고 있을까?' 나는 속으로 묻는다. '15주 후 자신들이 얼마나 달라져 있을지를. 그리고 그 변화가 단순히 지식의 습득이 아니라, 존재 방식 자체의 전환이 될 것이라는 것을.'

"오늘 저희가 인적자원 개발 경영 이론… 일단 긴데 굉장히 많은 의미를 담고 있어요."

나의 유머러스한 첫마디에 강의실 안 학생들의 얼굴에 미소가 번진다. 복잡하고 긴 과목명에 대한 가벼운 농담. 경직되었던 어깨가 조금 내려가고, 굳어 있던 표정이 부드러워진다. 그렇게 우리의 15주 여정이 시작된다.

'생소함'이라는 정직한 출발점

"그룹코칭은 사실 익숙하지가 않아요."

태규 님의 목소리가 조심스럽게 흘러나온다. 첫 발언자가 되는 것은 언제나 용기가 필요하다. 더욱이 '모른다'고 인정하는 것은 더 큰 용기다. 하지만 그의 솔직함이 문을 연다. "생소하죠. 그래서 새로운 코칭에 대한 기대감이 있습니다." 그가 말끝을 흐린다. 망설임 뒤에 숨은 호기심을 나는 포착한다. '생소함'은 두려움일 수도 있지만, 동시에 새로운 발견의 시작이기도 하다. 18년간 수많은 사람들을 만나며 배운 것이 있다. 진짜 배움은 "나는 모른다"는 인정에서 시작된다는 것을.

"그렇죠, 생소하죠. 당연히 생소할 수밖에 없어요."

나는 그의 감정을 있는 그대로 받아들인다. 코칭의 첫 번째 원칙. 상대방의 현재 상태를 인정하는 것. 바꾸려 하지 않고, 판단하지 않고, 있는 그대로 받아들이는 것.

인영 님이 이어받는다. 그녀의 목소리는 확신에 차 있다. "한국코치협회로부터 인증받은 프로그램이라고 해서 굉장히 크게 기대가 되고… 아직 제가 아무것도 모르거든요. 코칭에 대해서. 잘 지도해 주시면 잘 받아들이겠습니다." '아무것도 모른다'는 고백. 하지만 그녀의 어조에는 부끄러움이 없다. 오히려 배움에 대한 순수한 갈망이 있다. 백지 상태에서 시작하는 학습자의 열린 마음. 선입견도, 고정관념도 없는 상태. 이것이야말로 가장 이상적인 출발점이다.

소은 님은 더 구체적이다. "기존의 개인코칭과 시너지 효과를 같이 볼 수 있으면 좋겠어요. 그룹에 대한 새로운 경험을 통해 한 단계 업그레이드된 제가 될 수 있었으면 합니다."

'업그레이드된 나'. 이 표현이 마음에 와닿는다. 그녀는 이미 알고 있다. 성장이란 기존의 한계를 넘어서는 것임을. 더 나은 버전의 나를 만나는 것임을. 그리고 그 업그레이드가 혼자가 아닌 '그룹'이라는 환경에서 일어날 것이라는 기대.

나머지 세 사람도 각자의 방식으로 기대를 표현한다. 해중 님은 조심스럽게 "실무에 바로 적용할 수 있는 구체적인 방법"을 원하고, 재희 님은 "그룹 안에서의 역동성"에 대한 호기심을 드러낸다. 성화 님은 제조업 관리자답게 "팀원들과의 소통 방식을 개선할 수 있는 실마리"를 기대하고 있다.

잠시 강의실을 둘러본다. 학생들의 기대가 각기 다르지만, 공통점이 있다. 모두 '새로운 것'을 원한다. 익숙한 것에서 벗어나 미지의 영역으로 발을 내딛으려는 용기. 그것이 이 강의실을 가득 채우고 있다. 참여자들의 기대가 나에게는 책임으로 다가온다. 15주 후, 학생들은 정말 '업그레이드'되어 있을까? 단순히 지식을 습득하는 것을 넘어, 그룹 안에서 일어나는 변화를 체험할 수 있을까? 그리고 그 체험이 이들의 삶과 일터를 실제로 변화시킬 수 있을까? 이 질문들에 대한 답은 15주 후에야 알 수 있다는 것을. 그리고 그 답을 만들어가는 것이 바로 우리의 여정이라는 것을.

한 장의 사진이 여는 대화

3주가 흘렀다. 첫 만남의 어색함은 이제 사라졌다. 학생들은 서로의 이름을 부르기 시작했고, 강의실 안에서 자연스러운 웃음이 터져 나온다. 2주차 온라인 수업의 피로감("줌으로 하다 보니까 훨씬 더 피곤함이 몰려오더라고요")도 이겨냈다. 재희 님은 "맨바닥에서 수업을 듣는" 열악한 환경이었지만 포기하지 않았다. 해중 님은 "피곤해서 빨리 끝났으면"이라고 솔직하게 말했지만, 끝까지 함께했다.

이날 나는 새로운 시도를 한다. 프로젝터로 여러 장의 사진을 띄우고 학생들에게 묻는다. "사진을 보면서 지난 시간에 우리가 이야기했던 그룹코칭을 떠올려보세요. 여러분의 관점에서 그룹코칭을 가장 잘 표현하는 사진 한 장은 무엇인가요? 그 이유도 함께 설명해 주세요."

추상적인 개념을 구체적인 이미지로 표현하는 것. 이것은 단순한 교육 기법이 아니다. 각자의 내면에서 일어나고 있는 이해의 과정을 밖으로 끄집

어내는 작업이다. 말로 설명하기 어려운 것을 이미지로 표현할 때, 비로소 진짜 이해가 드러난다.

태규 님이 먼저 선택한다. "돋보기 사진이고요." 그가 잠시 멈췄다가 설명을 이어간다. "돋보기는 저희가 보통 뭔가를 이렇게 자세히 들여다볼 때 사용하잖아요. 그래서 저는 그룹코칭이 누군가의 내면을 면밀히 들여다본다는 의미로 이해했습니다."

돋보기. 얼마나 정확한 은유인가. 그룹코칭은 표면적인 대화가 아니다. 한 사람의 내면을 여러 사람이 함께 들여다보는 것이다. 혼자서는 볼 수 없었던 것들이 그룹의 렌즈를 통해 선명하게 드러난다. 나는 고개를 끄덕인다. 그의 은유 속에 이미 그룹코칭의 핵심이 담겨 있다.

해중 님은 다른 각도로 접근한다. "행복해하는 모습을 보였는데요." 그가 선택한 사진에는 여러 사람이 함께 웃고 있다. "그룹 참여자들이 서로 상호작용하면서 긍정적인 시너지를 얻고, 서로 원원하는 관계를 만드는 것 같아요."

'윈윈'. 이 단어가 핵심이다. 그룹코칭은 제로섬 게임이 아니다. 한 사람이 이기면 다른 사람이 지는 것이 아니라, 모두가 함께 성장하는 것. 한 사람의 통찰이 다른 사람의 성장을 촉발하고, 그 성장이 다시 전체 그룹에 긍정적 에너지로 되돌아온다.

집단지성, 처음 마주한 순간

인영 님의 선택은 더 깊은 차원을 건드린다. "한 곳을 바라보잖아요…" 사진 속 여러 사람이 같은 방향을 응시하고 있다. "공통의 목표를 가진 그룹이 형성되면 모두가 같은 방향을 바라보게 되잖아요. 그게 그룹코칭이 아닐까 싶어서…"

공통의 목표. 하지만 그것이 전부는 아니다. 그룹코칭의 묘미는 공통 목표 속에서도 각자의 개별 목표가 존중받는다는 것이다. 같은 방향을 보지만, 각자 보는 것은 조금씩 다르다. 그 다름이 모여 더 풍성한 그림을 만든다. 이것이 바로 집단지성의 힘이다.

성화 님이 본질을 꿰뚫는다. "모든 사람들이…아니, 결국 그룹코칭이라는 게 모두의 성장이에요. 상호작용을 통해서 함께 성장하고, 그 과정에서 행복감을 느끼도록 서포트하는 거죠."

'모두의 성장'. 다섯 글자. 그룹코칭을 정의하는 가장 간결하고 정확한 표현이다.

나는 학생들의 답변을 들으며 감명을 받는다. 겨우 3주가 지났을 뿐인데, 참여자들은 이미 그룹코칭의 본질을 각자의 방식으로 포착하고 있다. 돋보기로 내면을 들여다보는 것, 긍정적 시너지를 만드는 것, 공통 목표를 향해 함께 나아가는 것, 모두의 성장을 지원하는 것. 이 모든 이미지가 하나로 모이면, 그것이 바로 그룹코칭이다.

하지만 사진 은유 활동이 보여준 것은 단순한 이해를 넘어선다. 그것은 집단지성의 첫 발현이다. 한 사람이 "돋보기"를 말했을 때 다른 사람들이 고개를 끄덕인다. "아, 그렇게 볼 수도 있구나." 또 다른 사람이 "행복"을 말했을 때 모두의 표정이 밝아진다. "맞아, 그룹코칭은 즐거운 거야."

각자의 은유가 모여 하나의 완전한 그림을 만들어낸다. 한 사람의 관점은 부분적이었지만, 6명의 관점이 모이자 전체가 보이기 시작한다. 나는 이 현상을 3주 동안 직접 목격했다. 한 사람이 말을 시작하면 다른 사람들의 표정이 변한다. 고개를 끄덕이고, 눈빛이 반짝이고, 때로는 "아!" 하는 작은 탄성이 터진다. 그 순간, 6개의 뇌가 하나로 연결되는 것이다. 이것이 개인코칭에서는 절대 경험할 수 없는 그룹만의 특별함이다.

18년 경험이 말해주지 못한 것

수업을 마치고 혼자 강의실에 남았을 때, 나는 깊은 성찰에 빠진다. 그동안 나는 수많은 사람의 내면을 탐구했다. 그들의 꿈을 들었고, 두려움을 마주했으며, 변화를 지원했다. 때로는 극적인 전환이 일어났고, 때로는 작은 깨달음이 쌓여 큰 변화가 되었다.

2년 전, 한 스타트업 대표와의 세션이 떠오른다. 그는 급성장하는 조직의 소통 문제로 고민하고 있었다. 90분간의 깊은 대화 끝에 그는 중요한 통찰을 얻었다. "제가 소통하지 않은 게 아니라, 듣지 않았던 거네요." 그의 눈빛이 반짝였다. 변화의 순간이었다.

하지만 세션이 끝나고 그가 돌아간 후, 나는 묘한 아쉬움을 느꼈다. '이 귀한 깨달음을 다양한 부서의 사람들이 함께 들었다면 얼마나 좋을까?' 그의 통찰은 오직 그만의 것이었다. 개인코칭의 본질이 그렇다. 한 사람에게 온전히 집중하여 그 사람의 내면 깊숙이 들어가 함께 답을 찾는다. 그것은 분명 강력하고 의미 있는 작업이다. 하지만 동시에 이런 생각이 들었다. 만약 비슷한 고민을 가진 다른 부서의 사람들이 함께 그 순간을 경험했다면, 만약 서로 다른 관점을 가진 사람들이 "듣지 않았던 것"에 대해 함께 성찰했다면, 그 조직은 얼마나 빨리, 얼마나 자연스럽게 변화할 수 있었을까?

18년간의 개인코칭 경험은 소중하다. 하지만 솔직히 말하자면, 늘 한 가지 아쉬움이 있었다. 고객이 중요한 통찰을 얻었을 때, 나는 함께 기뻐했다.

하지만 그 통찰은 오직 그 사람만의 것이었다. 코칭이 끝나고 고객이 돌아가면, 그에게는 그 귀한 깨달음을 함께 나눌 동료가 없었다. 만약 그 자리에 비슷한 고민을 가진 사람들이 함께 있었다면, 그 통찰은 개인을 넘어 조직 전체의 자산이 될 수 있었을 것이다. 이것이 개인코칭과 그룹코칭의 근본적인 차이다.

그리고 3주 동안, 나는 완전히 다른 것을 목격한다. 태규 님이 "돋보기"를 말했을 때, 다른 5명이 그 은유를 자신의 것으로 만든다. 해중 님이 "윈윈"을 말했을 때, 그것은 모두의 언어가 된다. 한 사람의 발견이 그룹 전체의 자산이 되는 것. 이것은 개인코칭에서는 구조적으로 일어날 수 없는 일이다.

강의실 창밖을 바라본다. 해가 서쪽으로 기울고 있다. 긴 그림자가 운동장을 가로지른다. 18년의 그림자도 길다. 하지만 이제 새로운 빛이 비치고 있다. 그룹코칭이라는 빛이.

그룹코칭의 세 가지 독특함

지난 3주간, 나는 개인코칭과는 완전히 다른 세 가지 현상을 목격한다.

첫째, 학습의 확산이 일어난다. 개인코칭에서는 코치와 고객 사이에만 학습이 일어난다. 1:1의 관계. 깊고 집중적이지만, 그 학습은 그 두 사람 사이에 머문다. 하지만 그룹에서는? 한 사람이 발견한 통찰이 즉시 다른 사람들에게 전이된다. 태규 님이 "돋보기"라는 은유를 제시했을 때, 나머지 5명이 그것을 자신의 이해 틀로 받아들인다. 해중 님이 "윈윈"을 말했을 때, 그것은 즉시 그룹의 공통 언어가 된다. 한 사람의 발견이 그룹 전체의 자산이 되는 것. 학습이 개인에 머물지 않고 그룹 전체로 확산된다. 6명이 모두 서로의 교사이자 학생이 된다. 1:1이 아니라 6:6의 관계. 학습의 밀도가 기하급수적으로 높아진다.

둘째, 다층적 피드백이 작동한다. 2주차 온라인 실습 후, 소은 님이 인영 님의 코칭 실습을 관찰하며 말한다. "인영 님은 질문 사이에 간격을 두더라고요. 그 여유가 대답하는 사람에게 편안함을 줬어요." 이 한 마디가 모두에게 학습이 된다. 코칭에서 '여유'가 얼마나 중요한지를. 태규 님이 성화 님의 질문을 포착한다. "적절한 타이밍에 질문을 던지시더라고요." 타이밍의 중요성을 모두가 배운다.

개인코칭에서는 코치만이 피드백을 준다. 한 방향의 피드백. 하지만 그룹에서는? 6명이 모두 관찰자가 되고, 모두가 피드백 제공자가 된다. 더 흥미로운 것은, 각자의 피드백이 서로 보완되며 훨씬 더 풍성해진다는 것이다. 8주차 실습에서 재희 님이 질문 후 긴 침묵을 유지했을 때, 태규 님은 "그 침묵이 불편했어"라고 했고, 소은 님은 반대로 "저는 오히려 생각할 시간이 주어져서 좋았어요"라고 했다. 같은 침묵에 대한 두 가지 상반된 피드백. 재희 님은 "아, 침묵은 사람마다 다르게 받아들이는구나. 상대방을 더 잘 관찰해야겠다"는 통찰을 얻었다. 한 명의 코치가 줄 수 없는 깊이였다. 이것이 다층적 피드백의 힘이다.

셋째, 동료 연대가 형성된다. 이것이 가장 예상하지 못한 발견이다. 3주 만에 학생들 사이에 미묘한 연대감이 생긴다. "우리"라는 의식. 재희 님이 "맨바닥에서 수업을 듣고 있다"고 했을 때, 나는 미안함을 느낀다. 하지만 다른 학생들은 격려한다. "그래도 끝까지 함께해 주셔서 감사해요." 해중 님이 "피곤해서 빨리 끝났으면"이라고 솔직하게 말했을 때도, 모두가 공감하며 웃는다. "우리 모두 그래요."

개인코칭에서 고객은 코치에게만 의지한다. 수직적 관계. 하지만 그룹에서는? 코치뿐 아니라 동료들에게도 지지를 받는다. 수평적 관계. 때로는 동료의 한마디가 코치의 열 마디보다 강력하다. "나도 그랬어요"라는 공감, "여러분은 할 수 있어요"라는 믿음. 같은 여정을 함께 걷는 동료이기에 주는 힘이 있다. 6주차, 인영 님이 첫 실습에서 크게 당황했을 때, 내가 아무리 격려해도 그녀의 표정은 어두웠다. 하지만 태규 님이 "저도 지난주에 완전히 망쳤어요. 근데 괜찮더라고요. 다음엔 더 잘할 수 있어요"라고 말했을 때, 인영 님의 얼굴에 미소가 번졌다. 동료의 실패 경험이 가장 큰 위로가 된 순간이었다. "나만 그런 게 아니구나"라는 깨달음. 이것이 동료 연대가 주는 힘이다.

각자의 언어로 말하기 시작할 때

"코칭을 한마디로, 한 단어로 얘기하면 어떤 건가요?"

1주차 수업, 나는 이 질문을 던진다. 의도적이다. 국제코치연맹(ICF)이나 한국코치협회(KCA)의 공식 정의를 알려주는 것은 쉽다. 교과서를 읽어주면 된다. 하지만 그것은 남의 언어다. 빌려온 옷처럼, 자신의 몸에 완벽하게 맞지 않는다. 진짜 배움은 자신의 언어로 말할 수 있을 때 시작된다.

잠깐의 침묵이 흐른다. 강의실 안에서 학생들이 생각에 잠긴 것이 느껴진다. 눈동자가 위로 올라가고, 입술을 살짝 깨물고, 무언가를 떠올리려는 표정들. 그 짧은 침묵 속에 각자의 경험과 가치관이 소환되고 있다.

"응원."

첫 번째 답변이 나온다. 짧지만 강렬하다. 한 단어 속에 얼마나 많은 의미가 담길 수 있는지를 보여주는 순간이다.

"응원… 좋다. 코칭은 응원이다."

나는 즉시 긍정한다. 이것이 중요하다. 정해진 답은 없다. 각자의 경험과 철학이 녹아든 정의가 바로 그 사람에게는 정답이다. 코칭을 '응원'으로 보는 사람은 응원하는 방식으로 코칭할 것이다. 그것이 그 사람만의 코칭 스타일이 된다.

"서포터." "함께 가는 거." "함께 성장하는 것."

답변들이 이어진다. 흥미로운 것은 모두 '함께'라는 키워드를 담고 있다는 점이다. 아직 그룹코칭 이론을 본격적으로 배우지도 않았는데, 참여자들은 이미 '관계'와 '연결'의 중요성을 감지하고 있다. 이것은 우연이 아니다. 인간은 본능적으로 안다. 우리는 혼자가 아니라 함께일 때 더 강하다는 것을. 우리는 태생적으로 '함께'를 갈망하도록 설계되어 있다. 그룹코칭은 바로 이 본능을 일깨운다.

첫 장을 넘기며: 여정의 시작

3주. 겨우 3주가 지났을 뿐이다. 하지만 이미 많은 것이 일어났다. 생소함에서 호기심으로, 호기심에서 이해로, 이해에서 체험으로. 학생들은 각자의 속도로, 그러나 함께 걸어가고 있다.

앞으로 12주가 더 남았다는 것을. 이 여정에서 우리는 더 깊은 곳으로 들어갈 것이다. 때로는 힘들고, 때로는 혼란스럽고, 때로는 좌절할 수도 있다. 하지만 그 모든 순간이 성장의 재료가 될 것이다.

그룹코칭은 완벽한 기법의 집합이 아니다. 그룹코칭은 함께 걷는 여정이다. 각자의 내면을 탐구하고, 서로의 통찰을 나누고, 함께 성장하는 여정. 코치는 그 여정의 안내자이지만, 동시에 함께 걷는 동행자이기도 하다.

이 책은 15주라는 여정을 함께 걸어간 기록이다. 그룹코칭이 무엇인지 정

                                          그룹코칭 SPARK

의하는 책이 아니다. 그룹 안에서 사람들이 어떻게 서로를 발견하고, 변화하며, 함께 날아가는지 목격한 이야기이다. 코치는 그 과정에서 자신을 돌아보고, 참여자들은 서로를 통해 각성한다. 이 여정이 지금 시작된다.

집단지성, 눈앞에서 펼쳐지는 순간

13주차 수업. 나는 강의실 뒷자리에 조용히 앉아 있다. 인영 님이 앞에서 중간 세션 실습을 진행하고 있다. 그녀의 목소리는 이제 떨리지 않는다. 첫 실습 때의 당황스러움은 온데간데없다.

"지금 우리가 놓치고 있는 것은 무엇일까요?"

인영 님의 질문이 공간에 던져진다. 잠시 침묵이 흐른다. 하지만 그것은 어색한 침묵이 아니다. 생각하는 침묵, 내면을 들여다보는 침묵이다.

"저는요…" 태규 님이 입을 연다. "우리가 너무 결과에만 집중하고 있는 것 같아요. 과정에서 배우는 것들을 놓치고 있는 거죠."

"오, 그거 맞는 것 같은데요." 소은 님이 즉각 반응한다. "저도 비슷하게 느꼈어요. 완벽하게 하려고만 하니까 정작 중요한 순간들을 못 느끼고 지나가더라고요."

"그럼 질문 하나 더 드릴게요." 인영 님이 자연스럽게 이어간다. "과정을 더 깊이 느끼려면, 우리가 구체적으로 무엇을 할 수 있을까요?"

재희 님이 노트를 보다가 고개를 든다. "저는요, 매 세션 후에 5분이라도 성찰 시간을 갖는 거요. '오늘 나는 무엇을 느꼈는가?'를 적는 거죠."

"좋아요!" 해중 님이 거든다. "그리고 서로 그걸 나누면 더 좋겠어요. 나는 못 느낀 걸 다른 사람이 느꼈을 수도 있잖아요."

5분. 딱 5분 동안의 대화였다. 하지만 그 안에서 나는 중요한 순간을 목격했다. 한 사람의 통찰("결과보다 과정")이 다른 사람의 공감을 불러일으켰고("완벽함의 함정"), 그것이 구체적 실천 방안("5분 성찰")으로 진화했고,

다시 집단 차원의 해결책("서로 나누기")으로 확장되었다. 이것은 단순한 브레인스토밍이 아니다. 집단지성의 실시간 발현이다. 한 사람의 아이디어가 다른 사람의 아이디어와 만나 더 큰 지혜가 되는 순간. 1+1이 2가 아니라 10이 되는 현상. 이 현상은 15주 동안 수없이 반복된다.

15주 데이터가 말해주는 것들

나는 매주 학생들의 변화를 기록한다. 객관적 데이터가 필요하다. "느낌"이 아니라 "증거"로 말하고 싶다.

초반부. 한 학생이 발언하면 소수만 반응한다. 대부분 "네, 맞아요" 같은 단순 동의다. 발언 시간은 짧고 조심스럽다. 말하기보다 듣기에 집중한다. 아직 서로를 탐색하는 단계다.

중반부로 접어들면서 변화가 시작된다. 반응하는 사람이 늘어난다. 단순 동의를 넘어 "저는 이렇게 생각해요"라는 자기 의견이 추가되기 시작한다. 발언 시간도 길어진다. 자신의 경험을 예시로 들며 설명한다. 더 깊어지는 것이다.

후반부에 이르면 질적 도약이 일어난다. 거의 전원이 참여한다. 그리고 반응의 질이 완전히 달라진다. "그 말씀을 들으니 제 경험도 떠오르는데요…" "그 부분을 조금 다르게 볼 수도 있을 것 같은데…" 공감을 넘어 확장이 일어난다. 한 사람의 이야기가 다른 사람의 이야기를 촉발하고, 그것이 또 다른 통찰로 이어진다. 깊이와 폭이 동시에 확대된다.

마지막 수업. 한 사람이 말하면 모두가 반응한다. 6명 모두. 그리고 그 반응들이 서로 연결되며 하나의 큰 흐름을 만든다. 대화가 아니라 교향곡 같다. 각자의 악기가 조화를 이루며 하나의 멜로디를 완성하는 것처럼.

더욱 의미 있는 것은 질문의 진화다.

초반: "그룹코칭이 뭔가요?"(개념 확인) 중반: "이게 코칭인가요?"(개념 적용) 후반: "어떻게 실제로 할까요?"(실천 방법) 마지막: "우리는 어떻게 더 나아질 수 있을까요?"(집단 성장)

질문이 '나'에서 '우리'로 진화한다. 개인의 학습에서 집단의 성장으로 확장된다. 이것이 그룹코칭의 본질이다. 개인의 합을 넘어서는 무엇. 시너지. 집단지성.

상호 학습, 가장 강력한 교사

"한 사람이 말했을 때, 다른 사람들은 무엇을 배우는가?"

이것이 내가 15주 동안 관찰한 핵심 질문이다. 개인코칭에서는 이런 질문 자체가 성립하지 않는다. 코치와 고객, 단 둘뿐이니까. 하지만 그룹에서는 다르다. 한 사람의 발언이 다섯 사람의 학습 기회가 된다.

태규 님이 자신의 실습 경험을 나누고 있다. "저는요, 질문을 준비해 갔어요. A4 한 장 가득. 그런데 막상 세션이 시작되니까 그 질문들이 하나도 맞지 않는 거예요. 상대방이 전혀 다른 얘기를 하는데, 제 질문지만 계속 보고 있었어요."

그가 씁쓸하게 웃는다. 실패 고백이다. 하지만 그 순간, 강의실의 분위기가 달라진다.

"저도요!" 소은 님이 손을 든다. "저도 똑같았어요. 질문 10개를 준비했는데, 2개밖에 못 썼어요. 나머지는 그냥… 의미가 없더라고요."

"맞아요." 인영 님이 고개를 끄덕인다. "저는 아예 질문지를 접었어요. 상대방 얘기를 들으면서 그때그때 질문하는 게 훨씬 자연스럽더라고요."

한 사람의 실패 경험이 다섯 사람의 배움이 된다. 그리고 그 배움은 단순한 정보 전달이 아니다. 깊은 공감과 통찰로 진화한다.

"그러면…" 재희 님이 조심스럽게 말한다. "질문을 준비하는 게 의미 없다는 건 아니잖아요? 준비는 하되, 집착하지 말라는 거죠?"

"정확해요!" 태규 님의 눈이 반짝인다. "준비한 질문은 안전망이에요. 하지만 진짜 질문은 대화 속에서 태어나는 거죠."

이 5분간의 대화에서 무슨 일이 일어났는가? 첫째, 실패의 공유가 안전하게 이루어졌다. 태규 님이 먼저 실패를 고백했고, 다른 사람들도 자신의 실패를 꺼낼 수 있었다. 심리적 안전감이 작동한 것이다. 둘째, 집단 지혜가 창발한다. 재희 님의 통찰("준비하되 집착하지 말라")은 누구도 가르치지 않았다. 여러 사람의 경험이 모이면서 자연스럽게 도출된 지혜다. 이것이 창발이다 - 부분의 합보다 큰 전체가 나타나는 순간. 셋째, 학습이 체화된다. 교과서에서 "유연성이 중요하다"고 읽는 것과, 동료의 실패 경험을 통해 "아, 준비에 집착하면 안 되는구나"를 깨닫는 것은 완전히 다르다. 후자가 훨씬 깊고 오래간다.

동료 학습의 숨은 메커니즘

그룹코칭에서는 독특한 현상이 일어난다. 코치가 가르치지 않아도 학습이 이루어진다. 동료들이 서로를 가르친다. 아니, '가르친다'는 표현도 정확하지 않다. 서로의 존재 자체가 배움이 된다.

9주차 논문 발표 시간이다. 한 학생이 발표하는 과정에서 심리적 안전감에 관한 이야기가 나온다. 학술적이고, 이론적이다. 하지만 발표 후 질의응답에서 진짜 배움이 일어난다.

"논문에서 '심리적 안전감'이 계속 나오는데…" 태규 님이 묻는다. "실제로 우리 그룹에서는 어떻게 만들어졌다고 생각하세요?"

발표자가 잠시 생각하다가 답한다. "글쎄요… 아마 교수님께서 첫 시간에 '실패해도 괜찮다'고 하셨잖아요. 그게 컸던 것 같아요. 그리고… 태규 님이 첫 번째로 '모른다'고 말씀하셨을 때, 그게 문을 연 것 같아요."

태규 님이 놀란 표정을 짓는다. "제가요?"

"네. 1주차에 '그룹코칭은 생소하다'고 솔직하게 말씀하셨잖아요. 그때 저도 '아, 여기서는 모른다고 말해도 되는구나' 생각했어요."

이 대화를 듣던 나는 깊은 인상을 받는다. 발표자는 학술 논문에서 배운 것을 자기 경험과 연결시킨다. 그리고 태규 님은 자신이 미처 인식하지 못했던 자신의 영향력을 발견한다. 서로가 서로의 거울이 된 것이다.

한 사람의 용기 있는 질문이 다른 사람에게 질문할 용기를 준다. 한 사람의 솔직한 실패 경험이 다른 사람에게 실패를 받아들이는 법을 가르친다. 한 사람의 성장이 다른 사람에게 성장 가능성을 보여준다. 이것이 동료 학습의 힘이다. 교사가 아니라 동료이기에, 오히려 더 강력하다. "저 사람도 나와 같은 고민을 했구나", "저 사람도 실패했지만 다시 일어섰구나", "저 사람이 할 수 있다면 나도 할 수 있겠구나" 이런 생각이 변화의 촉매가 된다.

조직이 그룹코칭을 필요로 하는 진짜 이유

마지막 수업에서 학생들과 깊은 대화를 나눈다. "15주 동안 배운 것을 각자 조직에 어떻게 적용하시겠습니까?"

소은 님이 먼저 말한다. 그녀는 대기업 HR 담당자다. "우리 회사 문제가 뭔지 이제 명확히 보여요. 팀장들이 일방적으로 지시만 해요. 팀원들 얘기는 안 들어요. '내가 경험이 많으니까 내 말이 맞다'는 식이죠. 그런데 MZ 세대들은 그게 안 통해요. 자기 의견을 존중받고 싶어 하거든요."

그녀가 잠시 멈췄다가 이어간다. "제가 그룹코칭을 배우면서 깨달은 게 있어요. 리더가 답을 주는 게 아니라, 팀원들이 스스로 답을 찾도록 돕는 거. 그리고 그 과정에서 팀원들끼리도 서로 배우게 하는 것. 이게 진짜 리더의 역할이더라고요."

해중 님이 거든다. 그녀는 중소기업 마케팅 책임자다. "저희 회사는 달라요. 규모가 작아서 다들 서로 잘 알아요. 근데 문제는 '너무 잘 안다'는 거예요. 편하긴 한데, 새로운 게 없어요. 늘 같은 사람들이 같은 얘기만 해요."

그녀가 미소를 짓는다. "그런데 여기서 그룹코칭을 경험하면서 느꼈어요. 같은 사람들이라도 질문하는 방식이 달라지면, 완전히 다른 대화가 나온다는 걸. 우리 회사에도 이게 필요해요. 서로를 새롭게 발견하는 시간이요."

성화 님은 제조업 관리자다. 그의 고민은 또 다르다. "저희는 안전이 최우선이에요. 실수하면 큰 사고로 이어질 수 있거든요. 그래서 매뉴얼대로만 하라고 강조해요. 근데 요즘 젊은 친구들은 '왜 그렇게 해야 하나요?'라고 물어요. 설명을 원해요."

그가 고개를 끄덕이며 말한다. "그룹코칭을 보면서 생각했어요. 매뉴얼을 강요하는 게 아니라, 왜 그 매뉴얼이 중요한지를 함께 이해하는 시간을 만들면 어떨까. 선배들의 경험을 나누고, 후배들의 질문을 듣고, 서로 배우는 거죠. 그럼 안전 의식도 높아지고 팀워크도 좋아질 것 같아요."

세 사람의 조직은 완전히 다르다. 대기업, 중소기업, 제조업. 문화도 다르고 고민도 다르다. 하지만 참여자들이 발견한 해결책은 놀랍도록 유사하다. 그룹코칭이라는 방법론. 일방적 지시가 아니라 상호 대화로. 혼자만의 고민이 아니라 함께하는 성장으로. 과거의 경험에 갇히지 않고 새로운 관점으로. 위에서 아래로가 아니라 수평적 연결로.

시대가 요구하는 새로운 리더십

갤럽(Gallup)의 2023년 글로벌 직장 현황 보고서는 충격적이다. 전 세계 직장인의 23%만이 자신의 일에 몰입하고 있다. 나머지 77%는 그냥 시간을 때우고 있다. 한국은 더 심각하다. 몰입도가 13%에 불과하다.

왜 이런 일이 벌어지는가? 리더십의 부재가 가장 큰 원인이다. 더 정확히는, 시대에 맞지 않는 리더십이 문제다.

20세기 산업시대의 리더십은 명령과 통제였다. 위에서 지시하면 아래에서 실행한다. 효율적이었다. 반복적이고 예측 가능한 일을 할 때는. 하지만 21세기 지식시대는 다르다. 일의 성격이 바뀌었다. 반복이 아니라 창의, 예측 가능이 아니라 불확실성, 개인 작업이 아니라 협업. 명령과 통제로는 이런 일을 해낼 수 없다.

구글의 프로젝트 아리스토텔레스(Project Aristotle, 2015)는 이를 증명했다. 2012년부터 4년간 180개 팀을 분석했다. '어떤 팀이 높은 성과를 내는가?' 결론은 명확했다. 팀원의 IQ나 학력이 아니었다. 팀 내 심리적 안전감이 결정적이었다.

심리적 안전감이란 무엇인가? '이 팀에서는 실패해도 괜찮다', '이 팀에서는 다른 의견을 말해도 안전하다', '이 팀에서는 도움을 요청해도 약하다고 여겨지지 않는다'. 이런 믿음이다. 그리고 이 안전감을 만드는 것이 바로 리더의 역할이다. 더 이상 명령하고 통제하는 리더가 아니라, 경청하고 질문하는 리더. 답을 주는 리더가 아니라, 팀원들이 스스로 답을 찾도록 돕는 리더. 코칭형 리더다.

그리고 그룹코칭은 바로 이 코칭형 리더십을 훈련하는 최고의 방법이다. 소은 님의 통찰이 정확했다. '리더가 답을 주는 게 아니라, 팀원들이 스스로 답을 찾도록 돕는 것.' 이것이 21세기 리더십의 본질이다. 그리고 그룹코칭을 경험한 사람만이 이 본질을 진정으로 체득할 수 있다.

한국 조직 문화, 그 특별한 맥락

하지만 서구의 이론을 그대로 한국에 적용할 수는 없다. 문화가 다르기 때문이다. 한국 조직에는 독특한 특징이 있다. 수직적 위계와 수평적 집단주의가 공존한다. 상하 관계는 명확하지만, 같은 레벨에서는 강한 연대감이 있다. "선배-후배" 문화가 모든 관계를 규정한다. 나이, 입사 년차, 직급이 대화의 방식과 깊이까지 결정한다.

이것이 그룹코칭에서는 장애물이 될 수 있다. 후배가 선배 앞에서 자유롭게 의견을 말하기 어렵다. 부하직원이 상사에게 피드백을 주는 것은 거의 불가능하다. "까놓고 얘기합시다"라고 해도, 실제로는 조심스럽다.

하지만 나는 15주 동안 의외의 발견한다. 한국 문화의 이 특성이 장애물만은 아니라는 것을. 심리적 안전감을 측정하는 설문 결과, 우리 그룹은 예상보다 높은 점수를 보인다. 왜일까? 답은 간단하다. "우리"라는 의식. 한국인은 집단주의 문화에서 자랐다. '우리 팀', '우리 회사', '우리끼리'. 이 '우리' 안에 들어가면, 강력한 소속감과 안전감이 작동한다.

그룹코칭은 바로 이 '우리'를 만드는 과정이다. 처음에는 낯선 6명이었다. 하지만 3주가 지나자 "우리 그룹"이 되었다. 7주가 지나자 "우리"라는 말이 자연스럽게 나왔다. "우리는 이렇게 하면 어때요?", "우리 모두 그런 경험

있잖아요."

위계를 존중하되, 목소리는 평등하게

더 흥미로운 것은 위계질서를 다루는 방식이다. 우리 그룹에는 나이와 경력에서 큰 차이가 있다. 한국 사회에서 이것은 결코 작은 격차가 아니다.

첫 수업 때 나는 명확히 말한다. "이 강의실에서는 나이와 경력을 존중하되, 목소리의 무게는 평등합니다. 모든 분의 의견이 똑같이 소중합니다."

하지만 선언만으로는 부족하다. 구체적 장치가 필요하다. 첫째, 발언 순서를 의도적으로 섞는다. 나이 순이나 직급 순이 아니라, 무작위로. 때로는 가장 어린 사람부터, 때로는 가장 조용한 사람부터. 이것이 "나이가 많다고 먼저 말해야 한다"는 암묵적 규칙을 깨뜨린다.

둘째, "저는 이렇게 생각합니다"를 강조한다. "제 경험은…", "제 관점에서는…" 모든 의견 앞에 주어를 명확히 하도록 한다. 왜냐하면 한국 문화에서는 나이 많은 사람의 의견이 종종 "우리 모두의 의견"처럼 여겨지기 때문이다. 하지만 "저는"을 붙이면, 그것은 한 사람의 관점일 뿐이다. 존중받지만, 유일한 정답은 아니다.

셋째, 피드백 문화를 정착시킨다. 처음에는 어색하다. 젊은 참여자가 경력이 많은 선배에게 피드백을 준다? 상상하기 어렵다. 하지만 시간이 지나면서, 이런 일이 벌어진다.

한 선배 참여자가 실습을 마친다. 젊은 참여자가 조심스럽게 손을 든다.

"제가 느낀 걸 말씀드려도 될까요?"

"물론이죠. 편하게 말해요."

"질문이 정말 좋았는데요… 한 가지만 말씀드리고 싶어요. 상대방이 답변할 때 조금만 더 기다려주시면 어떨까요? 제가 볼 때는 상대방이 더 하고 싶은 말이 있는 것 같았거든요."

순간, 강의실이 조용해진다. 과연 어떻게 반응할까? 선배가 웃으며 답한다. "정말 고마워요. 제가 성급했네요. 다음엔 꼭 더 기다려 볼게요."

이 순간, 모든 것이 바뀐다. 나이와 경력을 넘어선 진짜 피드백이 가능하다는 것을 모두가 목격한 것이다. 이후, 건설적 피드백이 그룹의 문화가 된다.

그룹에서만 가능한 학습의 깊이

11주차 수업, 인영 님이 실습을 진행한다. 그녀는 학생들에게 "지금 가장 힘든 것이 무엇인가요?"라고 묻는다. 태규 님이 "팀원들이 제 말을 안 듣는 것 같아요"라고 답한다.

인영 님이 후속 질문을 던진다. "안 듣는다는 게 구체적으로 어떤 상황인가요?"

태규 님이 설명을 시작한다. "제가 회의에서 제안을 하면, 다들 '네, 알겠습니다' 하고 끝나요. 근데 실행은 안 돼요."

여기서 나였다면 "그럼 팀원들과 어떻게 소통하고 계신가요?"라고 물었을 것이다. 하지만 인영 님은 전혀 다른 방향으로 접근한다.

"태규 님, 팀원들이 '네, 알겠습니다'라고 할 때… 그들의 표정이나 목소리는 어땠나요?"

태규 님이 잠시 생각한다. "음… 그냥 무표정이었던 것 같아요."

인영 님이 파고든다. "무표정. 그게 태규 님에게는 어떻게 느껴졌나요?"

"답답했죠. '이 사람들은 관심이 없구나'라는 생각이 들었어요."

그때 소은 님이 끼어든다. "태규 님, 혹시 팀원들이 의견을 말할 기회가 있었나요?"

태규 님이 당황한다. "음… 제가 먼저 제안을 했으니까…"

성화 님이 부드럽게 말한다. "제 경험상, 팀원들이 무표정한 건 관심이 없어서가 아니라, 자기 의견을 말할 타이밍을 놓쳤기 때문일 수도 있어요."

재희 님이 추가한다. "그리고 '네, 알겠습니다'는 동의가 아니라 '일단 들었어요'일 수도 있고요."

10분 동안의 대화. 태규 님은 완전히 다른 관점을 얻는다. "아… 제가 너무 일방적이었구나. 팀원들에게 먼저 물어봤어야 했는데."

이것이 그룹코칭의 힘이다. 인영 님 혼자였다면 이 깊이까지 갈 수 없었을 것이다. 하지만 소은 님, 성화 님, 재희 님이 각자의 관점을 더하면서, 태규 님은 자신의 문제를 360도 각도에서 볼 수 있게 되었다. 한 명의 코치가 아니라, 다섯 명의 코치가 함께한 것이다.

15주, 변화의 임계점을 넘다

15주차 마지막 수업. 학생들의 최종 발표를 듣는다. 인영 님이 말한다. "처음에는 그룹코칭이 뭔지도 몰랐어요. 근데 지금은 이게 없으면 안 될 것 같아요. 혼자 배우는 것과 완전히 달라요."

태규 님이 이어간다. "저는 제가 이렇게 성장할 수 있을 줄 몰랐어요. 근데 돌아보니, 제 성장은 여러분 덕분이었어요. 여러분의 피드백, 여러분의 질문, 여러분의 격려가 저를 여기까지 오게 했어요."

소은 님이 나눈다. "솔직히 중간에 포기하고 싶었어요. 너무 힘들어서. 근데 여러분이 있어서 버텼어요. '나 혼자만 힘든 게 아니구나', '우리 모두 같이 가고 있구나' 생각하니까 힘이 났어요."

재희 님이 마무리한다. "15주 전에는 몰랐어요. 그룹의 힘이 이렇게 강한지. 이제는 알아요. 혼자서는 절대 도달할 수 없는 곳이 있다는 걸. 우리가 함께할 때, 우리는 각자보다 훨씬 더 강해진다는 걸."

나는 조용히 듣는다. 15주. 한 학기. 짧다면 짧고, 길다면 긴 시간. 하지만 그 안에서 일어난 변화는 의미 있다. 단순히 그룹코칭 기법을 배운 것이 아니다. 참여자들은 '함께 성장한다는 것'의 의미를 체득했다. 그리고 이제, 각자의 조직으로 돌아가 그 씨앗을 뿌릴 것이다.

그룹코칭의 본질은 기법이 아니다. 집단지성도, 상호 학습도, 동료 지지도 모두 중요하다. 하지만 그보다 더 중요한 것이 있다. '우리는 함께할 때 더 강하다'는 믿음. 그리고 그 믿음을 경험으로 확인하는 것. 15주 동안, 6명의 학생들은 이것을 발견했다. 그리고 이제, 세상은 이 발견을 기다리고 있다.

18년 경험의 재해석

18년간 개인코칭을 해오며 무수히 많은 성공 사례를 목격했다. 리더들은 자신의 맹점을 발견하고, 새로운 소통 방식을 체득하며, 조직 내에서 변화를 이끌어냈다. 그러나 늘 아쉬움이 남았다. 개인코칭의 성과는 분명했지만, 그 변화가 조직 전체로 확산되기까지는 또 다른 시간과 노력이 필요했다. 코칭이 끝난 뒤, 그들이 조직으로 돌아갔을 때 다시 예전의 패턴으로 회귀하는 경우도 적지 않았다.

하지만 15주간의 그룹코칭 수업은 달랐다. 같은 시간, 같은 공간에서 여러 사람이 함께 배우고 성장하는 과정은 개인코칭에서는 결코 경험할 수 없는 역동을 만들어냈다. 한 사람의 질문이 다른 사람의 통찰을 촉발했고, 한 사람의 실습이 전체의 학습 자원이 되었다. 변화는 개인에게 머무르지 않고 집단 전체로 확산되었으며, 그 과정에서 참여자들은 서로의 거울이자 지지자가 되었다.

무엇이 이 차이를 만들었을까? 15주간의 관찰과 기록, 그리고 18년간 쌓아 온 개인코칭 경험을 교차하며 재해석한 끝에, 그룹코칭의 성공을 이끄는 다섯 가지 핵심 패턴을 발견했다. 명확한 목표 설정, 심리적 안전감, 적극적 참여, 상호 피드백, 지속적 실행. 이 다섯 가지는 서로 독립적이지 않다. 하나가 다른 하나를 강화하며, 순환적으로 작동하면서 집단 전체의 성장을 이끌어낸다.

15주 관찰로 발견한 5대 성공 패턴

하나의 사례 속에 담긴 다섯 가지 패턴

인영 님의 15주는 이 다섯 가지 패턴이 어떻게 연결되고 작동하는지를 압축적으로 보여준다.

1주차, 인영 님은 자신의 목표를 이렇게 정의했다.

"저는 팀원들과의 소통에서 늘 일방적이라는 피드백을 받았습니다. 이번 학기 동안 '경청'과 '질문'을 중심으로 소통 방식을 바꾸고 싶습니다."

명확한 목표였다. 추상적이지 않았고, 측정 가능했으며, 15주라는 시간 안에서 실행 가능했다. 이것이 첫 번째 패턴, 명확한 목표 설정이다. 그룹코칭에서 목표는 개인의 학습 방향을 정의할 뿐 아니라, 다른 참여자들이 그 사람의 성장을 함께 지지하고 피드백할 수 있는 기준점이 된다. 목표가 명확할수록 학습은 집중되고, 변화는 가시화된다.

3주차, 인영 님은 처음으로 자신의 실패 경험을 꺼냈다.

"지난주 팀 회의에서 또 제 방식대로 밀어붙였습니다. 팀원 한 명이 회의 후 따로 찾아와 '왜 제 의견은 들어주지 않으세요?'라고 물었을 때, 아무 말도 할 수 없었습니다."

강의실은 조용해졌다. 그리고 해중 님이 조심스럽게 말했다.

"저도 비슷한 경험이 있습니다. 그때 저는…"

그 순간, 강의실에 심리적 안전감이 형성되었다. 실패를 인정해도 비난받지 않고, 약점을 드러내도 존중받는 공간. 이것이 두 번째 패턴이다. 심리적 안전감이 확보될 때 비로소 사람들은 자신의 진짜 고민을 꺼내고, 깊이 있는 대화가 시작된다. 개인코칭에서는 코치와의 신뢰 관계 속에서 이것이 형성되지만, 그룹코칭에서는 동료들 간의 상호 존중과 공감을 통해 만들어진다.

6주차, 인영 님은 첫 실습을 진행했다.

짝을 이룬 태규 님을 앞에 두고 인영 님은 자신이 준비한 질문 리스트를 펼쳤다. 그러나 실습이 시작되자 예전 습관이 고개를 들었다. 태규 님의 말이 채 끝나기도 전에 조언을 하려 했고, 질문보다 설명이 더 길어졌다.

실습이 끝난 뒤, 태규 님이 피드백을 했다. "질문은 좋았는데, 제 대답을 끝까지 들어주셨으면 더 좋았을 것 같아요." 인영 님은 고개를 끄덕였다. 그리고 다시 시도했다. 이번에는 태규 님의 말이 끝날 때까지 기다렸고, 추가 질문을 던졌다. 태규 님의 표정이 달라졌다.

이것이 세 번째 패턴, 적극적 참여와 네 번째 패턴, 상호 피드백이 결합된 순간이다. 그룹코칭에서 참여는 단순히 수업에 출석하는 것이 아니다. 실습에 몰입하고, 동료의 피드백을 수용하며, 자신의 시도를 반복하는 것이다. 그리고 피드백은 코치로부터만 오지 않는다. 동료들의 관찰과 경험이 또 다른 학습 자원이 되며, 이는 개인코칭에서는 얻을 수 없는 다층적 시각을 제공한다.

15주차, 인영 님은 변화를 보고했다. "지난주 팀 회의에서 의도적으로 질문만 했습니다. '이 부분에 대해 어떻게 생각하세요?' '다른 방법은 없을까요?' 팀원들이 스스로 답을 찾아가는 모습을 보면서, 제가 왜 그동안 그렇게 급하게 답을 주려 했는지 알게 되었습니다."

그리고 인영 님은 덧붙였다. "매주 수업이 끝나고 돌아가면서, 이번 주에 배운 것을 하나씩 현장에 적용했습니다. 처음엔 어색했지만, 반복하다 보니 이제는 자연스러워졌습니다."

이것이 다섯 번째 패턴, 지속적 실행이다. 15주라는 시간은 단순히 지식을 전달하는 기간이 아니다. 배운 것을 현장에 적용하고, 다시 수업에서 점검하며, 피드백을 받아 개선하는 순환이 반복되는 시간이다. 이 반복 속에서 변화는 일회성 이벤트가 아니라 지속 가능한 습관으로 자리 잡는다.

다섯 가지 패턴이 만들어낸 선순환

인영 님의 사례는 이 다섯 가지 패턴이 어떻게 서로를 강화하는지를 보여준다.

명확한 목표가 학습의 방향을 정의했고,

심리적 안전감이 진솔한 나눔을 가능하게 했으며,

적극적 참여가 실습을 통한 체득으로 이어졌고,

상호 피드백이 다층적 학습을 촉발했으며,

지속적 실행이 변화를 습관으로 만들었다.

이 다섯 가지는 순차적이지 않다. 동시에 작동하고, 순환하며, 서로를 강화한다. 한 사람의 명확한 목표가 다른 사람에게 영감을 주고, 한 사람의 실습이 전체의 학습 자원이 되며, 한 사람의 변화가 집단 전체의 동기를 자극한다.

내가 18년간 개인코칭을 하며 보지 못했던 것이 바로 이것이었다. 혼자서는 만들 수 없는 역동, 집단 안에서만 발현되는 힘, 서로가 서로의 성장을 이끄는 선순환. 그룹코칭의 본질은 여기에 있다.

패턴을 넘어선 통찰

이 다섯 가지 패턴은 단순한 성공 공식이 아니다. 이것은 집단 안에서 개인이 어떻게 성장하는지, 그리고 개인의 성장이 어떻게 집단 전체를 변화시키는지를 보여주는 살아있는 증거다.

15주간 강의실에서 관찰한 것은 우연이 아니었다. 그것은 명확한 구조와 안전한 환경 속에서, 학생들이 서로를 신뢰하고 지지할 때 자연스럽게 일어나는 성장의 과정이었다. 그리고 그 과정은 누구에게나 열려 있다.

그룹코칭은 단지 여러 사람을 한 공간에 모아놓는 것이 아니다. 그것은 개인의 목표와 집단의 역동을 정교하게 연결하고, 심리적 안전감을 바탕으로 깊이 있는 학습을 가능하게 하며, 지속적인 실행을 통해 변화를 습관으로 만드는 정교한 설계다.

18년 경험은 15주 안에서 재해석되었고, 그 재해석은 다시 새로운 질문을 낳았다. '이 다섯 가지 패턴을 조직 안에서 어떻게 구현할 것인가?' 그 답을 찾아가는 여정이, 이제부터 시작된다.

실습, 이론이 살아 움직이는 순간

2-1 첫 실습과 현실의 벽

이론에서 실습으로, 조심스러운 준비

4주차와 5주차, 강의실은 이론으로 채워진다. 그룹코칭의 구조, 심리적 안전감의 조건, 그리고 무엇보다 '첫 세션'의 설계. 나는 화이트보드에 90분 세션의 흐름을 그려가며 설명한다. 웰컴과 체크인, 그라운드 룰 설정, 코칭 구조 안내, 목표 설정, 주제 선정. 각 단계가 어떻게 연결되는지, 코치는 무엇을 질문해야 하는지, 참여자들은 어떻게 반응할지. 학생들은 노트를 채워가며 질문을 던졌고, 개념을 이해하려 애썼다.

5주차에는 간단한 시뮬레이션도 해보았다. 2인 1조로 짝을 지어, 10분간 첫 세션의 일부를 연습해보았다. "안녕하세요, 오늘 첫 세션을 시작하겠습니다"라는 인사부터, "오늘 이 자리에 어떤 마음으로 오셨나요?" 라는 체크인 질문까지. 짧은 시간이었지만, 학생들은 처음으로 '코치의 자리'에 앉아보았다. 어색했지만, 동시에 설렜다. 한 학생이 말했다. "감이 아직 명확하게 오지 않아요. 연습이 더 필요할 것 같아요." 나는 웃으며 답했다. "곧 실습하면 괜찮아질 거예요."

하지만 6주차 토요일 오후, 강의실에 들어서며 학생들의 표정을 살폈을 때 깨달았다. 10분 시뮬레이션과 90분 실제 세션 사이에는 보이지 않는 거대한 간극이 있다는 것을. 지난 주와는 다른 긴장감이 강의실을 감싸고 있었다. 누군가는 노트북을 열었다가 닫았고, 다른 이는 물을 마셨으며, 소은 님은 동료와 조용히 대화를 나누고 있었고, 태규 님은 창밖을 바라보고 있었다. 이론을 배우고, 짧게 연습해본 것과, 실제로 90분 전체를 책임지고 이끌어가는 것은 전혀 다른 차원의 일이었다.

"오늘 우리는 첫 세션 실습을 진행하겠습니다." 내가 말을 마치자, 강의실에 미묘한 침묵이 흘렀다. 이론을 배울 때는 고개를 끄덕이던 그들이, 지금은 달라 보였다. 2주 동안 충분히 배웠다고 생각했을 것이다. 하지만 이제 '직접 해야 한다'는 현실 앞에서, 그 지식은 갑자기 희미해졌다.

첫 실습에서 마주한 현실의 벽

"처음 하다 보니까⋯ 90분이라는 걸 보고 불안감이⋯" 한 학생이 조심스럽게 입을 열었다. 90분. 강의라면 그나마 익숙한 시간이지만, 코칭이라면? 6명의 참여자와 함께, 자기소개부터 코칭 주제 설정까지 이끌어가야 하는 90분은 전혀 다른 차원의 도전이었다. 나는 고개를 끄덕였다. "네, 그 불안감⋯ 저도 이해합니다. 여러분이 지금 느끼는 그 감정이 정상입니다."

화이트보드에 90분 세션의 흐름을 그려가며 그룹코칭 개요를 하나씩 짚어갔다. "참석자 6명, 주제는 그룹코칭 실행 역량 강화, 대면 진행, 회당 90~120분, 격주 총 5회입니다. 1세션은 첫 세션, 2~4세션은 중간 세션, 5세션은 마무리 세션으로 구성됩니다." 그리고 오늘 우리가 연습할 것은 바로 이 '첫 세션'이었다. 나는 학생들의 반응을 기다렸다. 몇몇은 노트에 구조

그룹코칭 SPARK

를 정리하고 있었지만, 어떤 학생들은 여전히 불안한 표정을 감추지 못했다. '이론적으로는 이해했지만, 실제로 어떻게 해야 할지 모르겠다'는 표정이었다.

"첫 세션을 90분 안에 진행한다고 했을 때, 가장 걱정되는 부분이 무엇인가요?" 성화 님이 먼저 손을 들었다. "시간이요. 자기소개만 해도 6명이면… 한 사람당 5분씩만 해도 30분이잖아요. 그다음에 구조화하고, 코칭 목표 정하고… 90분이 정말 충분할까요?" 소은 님이 고개를 끄덕이며 덧붙였다. "저는 반대로 걱정돼요. 너무 빨리 끝나면 어떡하죠? 준비한 질문이 다 떨어지면…" 나는 고개를 끄덕였다. 그 걱정을 너무 잘 알았다. 한쪽은 시간이 부족할까 봐, 다른 한쪽은 시간이 남을까 봐 걱정하는 것이고, 그 두 걱정 모두 현실적이었다.

"시간 관리는 정말 어렵습니다. 계획대로 되지 않는 게 코칭의 본질이기도 하죠." 나는 솔직하게 말했다. "제가 처음 그룹코칭을 했을 때도 마찬가지였어요. 때로는 더 짧게, 때로는 더 길게… 그게 코칭의 현실입니다. 하지만 그게 실패는 아닙니다. 그 안에서 우리가 무엇을 배우느냐가 중요합니다."

인영 님이 조심스럽게 손을 들었다. "교수님, 만약에… 참여자들이 아무 말도 안 하면 어떡하죠? 제가 질문을 던졌는데, 한참 동안 아무도 대답을 안 하면…" "침묵의 공포죠." 나는 고개를 끄덕였다. "한참의 침묵은 정말… 견디기 힘듭니다. 특히 처음 코칭하는 분들에게는 더욱 그렇습니다."

재희 님이 다른 고민을 꺼냈다. "저는 질문이 더 걱정돼요. 좋은 질문이 뭔지 모르겠어요. 제가 던진 질문이 코칭 질문인지, 그냥 일반 질문인지…" 해중 님도 맞장구쳤다. "맞아요. 그리고 참여자들 반응이 예상과 완전히 다르게 나오면… 어떻게 대응해야 할지…"

나는 화이트보드에 크게 썼다. '침묵 = 두려움이 아니라, 생각의 시간', '완벽한 질문은 없다. 진정성 있는 질문이 있을 뿐' 그리고 말했다. "여러분, 우리가 지금 느끼는 이 두려움… 이게 바로 성장의 신호입니다. 불안하지 않다면, 배울 게 없다는 뜻입니다."

안전한 공간이 만드는 용기

실습이 진행되면서 나는 분위기가 조금씩 달라지는 것을 느꼈다. "우리가 굉장히 안전한 공간이기 때문에 편안하게…" 내가 이 말을 했을 때, 태규 님이 고개를 들었다. "교수님, 그 말씀이 정말 중요한 것 같아요. 저희가 지금 여기서 실패해도 괜찮다는 거죠?" "네, 물론이에요. 여기는 실험실이에요. 실패가 허용되는 공간이죠." 성화 님이 덧붙였다. "그러면… 제가 실습 중에 망쳐도, 다른 분들이 피드백 주시는 거죠?" 정확하다. 그게 바로 그룹 코칭의 힘이다. 혼자 실패하는 게 아니라, 함께 배우는 것이다.

그 순간, 나는 강의실 분위기가 변하는 것을 느꼈다. 학생들의 어깨가 조금 내려왔고, 표정이 부드러워졌다. '완벽해야 한다'는 압박이 '배워도 된다'는 허락으로 바뀌는 순간이었다. 소은 님이 말했다. "그러고 보니, 저희가 서로의 실습을 관찰하면서 배울 수 있겠네요. 한 사람이 코치 역할 할 때, 나머지는 참여자 역할도 하고, 관찰자 역할도 하고…" "맞아요!" 나는 그 통찰에 박수를 쳤다. "여러분이 지금 발견하신 게 바로 '상호 학습'이에요. 코치만 배우는 게 아니라, 참여자도 배우고, 관찰자도 배우는 거죠."

인영 님이 웃으며 말했다. "그럼 저는 다른 분들 실습 보면서 '저건 나도 할 수 있겠다' 또는 '저건 피해야겠다'를 배울 수 있겠네요." 바로 그것이다. 그게 바로 동료 학습의 힘이다. 재희 님이 노트에 뭔가를 열심히 적으며 말했다. "그러면… 실패해도 괜찮다는 게, 단순히 위로가 아니라, 진짜 학습 전략이네요." 정확하다. 실패는 선택이 아니라 필수다. 실패하지 않으면, 진짜 배울 수 없다. 나는 화이트보드에 크게 썼다. "성장 마인드셋(Growth Mindset, Dweck, 2006): 실패 = 학습의 시작" 학생들의 눈빛이 달라졌다. 당황에서 호기심으로, 두려움에서 기대감으로 변화하고 있었다.

태규 님의 준비, 그리고 예상치 못한 돌파구

첫 세션 실습이 시작되었다. 2인 1조로 구성된 3개 팀이 각각 준비한 내용으로 90분 실습을 나누어 진행하기로 했다. 태규 님과 성화 님이 한 팀, 소은 님과 재희 님이 한 팀, 인영 님과 해중 님이 한 팀. 각 팀의 두 사람이 코치 역할을 나눠 맡고, 나머지 4명이 참여자가 되는 방식이었다. 태규 님과 성화 님 팀이 첫 번째로 나섰다. 태규 님이 준비한 슬라이드를 화면에 띄우며 시작했다.

화면에 슬라이드가 떴다. 순간 숨이 멈췄다. 제목은 "그룹코칭실행 역량 강화 - 코칭 목표 및 주제 설정"이었다. 화려한 템플릿이 아니었다. 깔끔하고 명료한 구조였고, 무엇보다 그 안에 담긴 질문들이 눈에 들어왔다. 태규 님이 시작했다. "여기 오늘 참가해 주신 코치 여러분들 감사드립니다." 그의 목소리에는 긴장이 묻어났지만, 동시에 진심이 담겨 있었다. "오늘 우리가 함께 정해야 할 것은 코칭 목표와 세 가지 세션 주제입니다. 여기 여러 가지 질문을 준비했습니다. 함께 살펴보시죠."

화면에 6가지 질문이 떴다. 나는 그룹코칭을 받아본 경험이 있는가? 어떤 그룹 코치가 되고 싶은가? 외부에서 바라볼 때 어떤 그룹 코치를 기대하고 있을까? 그룹 코치에게 가장 중요한 역량은 무엇인가? 나의 강점과 개선

포인트는 무엇인가? 이 전체 세션을 통해 무엇을 얻고 싶은가? 나는 감탄했다. PPT가 아니었다. 그리드도 아니었다. 참여자를 향한 존중이 담긴 질문이었다. 그가 말했다. "질문들을 천천히 읽어보시고… 시간을 드릴게요. 생각해 보시는 시간을 가지겠습니다."

침묵이 흘렀다. 그런데 이 침묵은, 우리가 두려워했던 그 '침묵의 공포'가 아니었다. 이것은 '생각의 시간'이었다. 학생들이 스스로에게 질문을 던지고, 내면을 들여다보는 시간. 나는 그 침묵 속에서, 진짜 코칭이 시작되고 있음을 느꼈다.

불완전함을 인정하는 용기

잠시 후, 태규 님이 말했다. "먼저 저의 생각을 말씀드리고, 다음 코치님을 선정하는 방식으로 진행하겠습니다." 그리고 그는 숨을 깊이 들이마셨다. "저는 우선… 그룹코칭을 받아본 경험은 있고요. 2021년도에 크로스 펑셔널 커뮤니케이션 코칭(Cross-Functional Communication Coaching)을 받았습니다." 여기까지는 평범했다. 하지만 다음 순간, 강의실의 공기가 바뀌었다.

"제가 생각하는 그룹 코치는… 코칭 대상에게 신뢰감을 줄 수 있는 그런 코치가 되고 싶습니다." 신뢰감. 전문성도 아니고, 카리스마도 아니고, 신뢰감이었다. "그런데 외부에서 바라볼 때는… 전문성이 가장 중요할 것으로 생각합니다. 전문성을 갖춘 그룹 코치를 기대할 것 같아요." 그리고 태규 님은 잠시 멈췄다가 조용히 말했다. "저의 강점과 개선 포인트는… 전문성은 조금 확실하게 떨어진다고 제가 판단했고요." 나는 숨을 멈췄다. 코치가 참여자 앞에서 자신의 부족함을 먼저 드러낸 것이었다.

그룹코칭 SPARK

"그런데 저의 강점은 '신뢰감을 줄 수 있다는' 것입니다. 경청도 잘 하고, 부드럽게 코칭을 진행하는 편이에요." 그가 마지막으로 말했다. "이 세션을 통해 얻고 싶은 것은… 전문성을 갖추면서도 신뢰감을 줄 수 있는 전문 코치가 되는 것입니다." 그 순간, 강의실 분위기가 완전히 달라졌다. 태규 님의 솔직함은 방아쇠였다. 성화 님이 입을 열었다. "저는 그룹코칭을 받아본 경험은 없는 것 같아요… 경청을 기반으로 한 소통을 중시하고 싶습니다." 그리고 소은 님이 자신의 '과도한 준비 성향'을, 재희 님이 '완벽주의의 덫'을, 해중 님이 '실패에 대한 두려움'을 하나둘 꺼내놓기 시작했다.

나는 그 순간 깨달았다. 완벽함이 아니라, 불완전함을 인정하는 용기가 심리적 안전감을 만든다는 것을. 5주차에 우리가 연습했던 10분 시뮬레이션에서는 모두가 '잘 해야 한다'는 생각에 갇혀 있었다. 그러나 지금, 태규 님이 자신의 부족함을 먼저 드러내자, 다른 사람들도 자신의 진짜 모습을 꺼낼 수 있게 되었다. 이것이 첫 세션의 진짜 목적이었다. 완벽한 목표를 설정하는 것이 아니라, 참여자들이 자신의 진짜 고민과 욕구를 안전하게 드러낼 수 있는 공간을 만드는 것.

완벽함을 내려놓은 순간, 진짜 코칭이 시작되었다

6주차 실습이 끝난 후, 소은 님이 내게 말했다. "교수님, 오늘 태규 님이… '전문성이 떨어진다'고 솔직하게 말씀하셨잖아요. 그 순간 저도 제 두려움을 말할 수 있을 것 같았어요." 나는 고개를 끄덕였다. "맞아요. 태규 님은 슬라이드를 준비했지만, 정작 중요한 건 '저는 아직 부족합니다'라고 말할 수 있는 용기였어요." 재희 님이 덧붙였다. "저는 항상 '완벽하게 준비해야 한다'고 생각했어요. 그런데 태규 님을 보면서… 진정성이 완벽함보다 훨씬 강력하다는 걸 느꼈어요."

나는 깊은 인상을 받았다. 첫 실습의 돌파구는 '완벽한 준비'가 아니라, '불완전함을 인정하는 용기'였다. 실습 전, 우리는 "90분을 어떻게 채울까"를 걱정했다. 실습 후, 우리는 "어떻게 진정성 있게 연결될까"를 경험했다. 그가 준비한 것은 PPT가 아니었다. 그것은 '여러분을 존중합니다'라는 메시지였고, '저도 여러분처럼 불완전합니다'라는 고백이었다. 첫 돌파구는 도구가 아니라, 진정성이었다. 그리고 그 진정성은, 우리를 더 깊은 곳으로 이끄는 나침반이 되었다.

첫 실습 이후, 남겨진 질문들

6주차 첫 세션 실습이 끝난 후, 강의실에는 묘한 침묵이 흘렀다. 누군가는 안도의 한숨을 쉬었고, 누군가는 아쉬움 섞인 표정을 지었다. 나는 그들의 얼굴을 천천히 둘러봤다. 3개 팀이 모두 90분 첫 세션을 진행했고, 준비한 만큼, 아니 준비한 것 이상으로 긴장했으며, 예상보다 훨씬 빠르게 시간이 흘렀다는 반응이 대부분이었다.

성화 님이 조용히 말했다. "저는 생각보다 훨씬 어려웠어요. 참여자들의 침묵을 견디는 게 이렇게 힘든 줄 몰랐습니다." 소은 님도 고개를 끄덕이며 말을 이었다. "시간이 너무 빨리 갔어요. 제가 준비한 질문들을 다 하지도 못했는데 벌써 끝나더라고요." 그리고 태규 님이 조용히, 하지만 또렷하게 말했다. "저는 전문성이 떨어진다고 느꼈습니다. 제가 준비한 것들이 현장에서 잘 통하지 않았어요." 그 순간, 강의실의 공기가 미묘하게 변했다. 태규 님의 솔직함은 단순한 자기 평가가 아니었다. 그것은 우리 모두가 느꼈지만 말하기 꺼렸던 불완전함을 인정하는 용기였다.

재희 님이 천천히 말했다. "저도 사실 그랬어요. 완벽하게 준비했다고 생각했는데, 막상 시작하니까 모든 게 예상과 달랐어요." 해중 님도 덧붙였다. "저는 너무 급하게 진행한 것 같아요. 참여자들이 충분히 생각할 시간을 주지 못했어요." 나는 그들의 이야기를 들으며 안도했다. 이것이 바로 그룹의 힘이었다. 한 사람의 솔직함이 다른 사람들의 마음을 열었고, 그 열림은 다시 더 깊은 성찰로 이어졌다. 실패가 아니라 학습이었고, 좌절이 아니라 출발점이었다.

인영 님이 조심스럽게 물었다. "그럼 우리 다 망한 건가요?" 나는 웃으며 답했다. "아니요, 오히려 잘하셨어요. 첫 실습에서 가장 중요한 건 완벽함이 아니라 경험이에요. 여러분은 지금 90분이 얼마나 짧은지, 침묵이 얼마나 길게 느껴지는지, 질문 하나가 얼마나 무거운지를 몸으로 배우셨어요. 이게 바로 실습의 가치예요." 그들의 표정이 조금씩 밝아졌다. 그렇다. 이들은 포기하지 않을 것이다. 오히려 이 경험을 발판 삼아 더 깊이 들어갈 것이다.

중간 세션이라는 새로운 지평

7주차 수업이 시작되었다. 나는 칠판에 간단한 구조를 그렸다. 1세션: 첫 세션(90분) - 목표 설정과 주제 선정. 2~4세션: 중간 세션(120분) - 선정된 주제 심화. 5세션: 마무리 세션(90분) - 통합과 마무리. 태규 님이 질문했다. "중간 세션이 120분인 이유가 있나요?" 나는 고개를 끄덕였다. "중간 세션은 그룹코칭에서 가장 긴 시간을 필요로 해요. 왜냐하면 여기서 진짜 변화가 일어나기 때문이죠. 첫 세션에서 선정한 주제를, 이제 깊이 파고들어야 합니다."

성화 님이 손을 들었다. "그럼 첫 세션과 중간 세션은 어떻게 다른가요?" 나는 잠시 생각하다 답했다. "첫 세션은 탐색입니다. 우리가 어디로 갈 것인가를 정하는 시간이죠. 하지만 중간 세션은 심화예요. 이미 정한 방향으로 얼마나 깊이 들어갈 수 있는가가 관건입니다." 소은 님이 메모하며 물었다. "그럼 중간 세션에서는 어떤 질문을 해야 하나요?" 나는 천천히 대답했다. "첫 세션에서 드러난 목표를 확인했다면, 중간 세션에서는 그 목표 아래에 숨겨진 진짜 욕구를 찾아야 합니다. 예를 들어, 누군가 리더십 향

그룹코칭 SPARK

상을 목표로 제시했다면, 중간 세션에서는 왜 리더십을 향상시키고 싶은가, 그 이면에는 어떤 두려움이나 갈망이 있는가를 탐구하는 것입니다."

재희 님이 고개를 끄덕이며 말했다. "그러니까 중간은 심화군요. 단순히 문제를 해결하는 게 아니라, 문제의 뿌리를 찾는 거네요." 나는 그녀의 표현에 만족스러운 미소를 지었다. "정확해요. 중간 세션은 2~4세션에 걸쳐 진행되는데, 바로 이 반복 속에서 참여자들이 자신의 패턴을 발견하고, 새로운 가능성을 실험하게 돼요." 해중 님이 조용히 말했다. "그럼 우리가 6주차에 한 첫 세션 실습은, 사실 시작에 불과한 거네요." 나는 고개를 끄덕였다. "맞습니다. 진짜 그룹코칭은 중간 세션에서 완성돼요. 여러분이 12주차와 13주차에 실습하게 될 중간 세션은, 첫 세션보다 훨씬 깊고 복잡합니다." 소은 님이 조심스럽게 물었다. "그럼… 중간 세션도 구조가 있나요? 120분을 어떻게 이끌어야 할지 막막한데요." 나는 미소를 지었다. "있습니다. 중간 세션을 위한 특별한 구조가 있어요. 하지만 그것은 단순히 설명으로 이해할 수 있는 것이 아닙니다. 그 구조가 왜 필요한지, 어떻게 탄생했는지를 먼저 이해하셔야 해요." 재희 님이 눈을 반짝이며 말했다. "그럼 다음 주에 배우는 건가요?" 나는 칠판 옆 화이트보드로 걸어갔다. "아니요. 오늘 바로 배웁니다." 나는 준비해 온 다이어그램을 화이트보드에 붙였다. SPARK-DEEP 프레임워크. 중간 세션을 위한 완전한 구조였다.

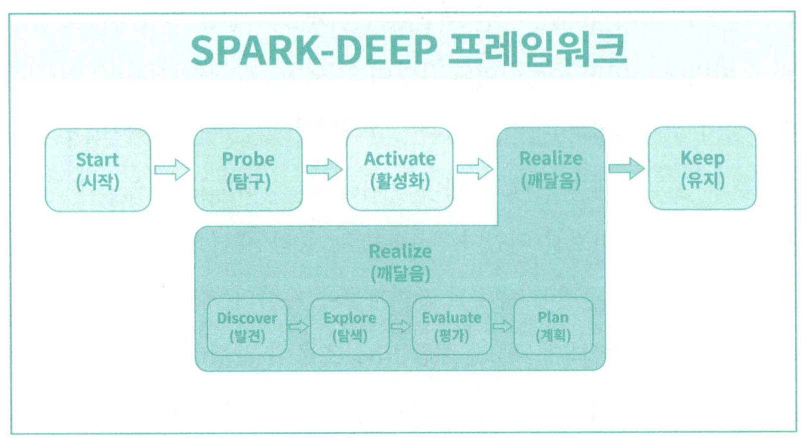

[그림 1] SPARK-DEEP 프레임워크

"이것이 여러분이 12주차와 13주차 실습에서 사용할 도구입니다." 강의실이 조용해졌다. 학생들은 다이어그램을 응시했다. 소은 님이 천천히 말했다. "생각보다… 체계적이네요." 태규 님이 손을 들었다. "이 구조대로 하면, 120분을 채울 수 있을까요?" 나는 고개를 끄덕였다. "채우는 게 아니라, 시간이 부족할 겁니다. 이 프레임워크는 깊이를 만들기 위한 최소한의 구조예요." 재희 님이 노트에 다이어그램을 옮겨 적으며 물었다. "각 단계마다 어떤 질문을 해야 하나요?" "그것이 바로 오늘 우리가 함께 배운 내용입니다." 나는 미소를 지었다. "여러분은 이미 각 단계의 핵심 질문들을 익혔어요. 이제 남은 것은, 12주차와 13주차 실습에서 이것을 실제로 사용해 보는 것입니다." 학생들은 다시 다이어그램을 바라보았다. 어떤 이는 사진을 찍었고, 어떤 이는 메모를 했다. 나는 속으로 생각했다. '이 프레임워크와 그 세부 방법들을 모두 전달했다. 하지만 진짜 배움은 지금부터다. 이것을 실제 세션에서 사용할 수 있으려면, 반복된 연습과 체화가 필요하다.' 7주

                                          그룹코칭 SPARK

차는 그렇게, SPARK-DEEP 프레임워크의 완전한 학습으로 마무리되었다.

이론이 살아 움직이는 순간

9주차는 학술논문 발표 및 논의 시간이었다. 각자 선택한 논문을 가지고 온 학생들은, 이론이 실제 경험과 만나는 순간을 목격하게 되었다. 태규 님이 발표를 시작하며 말했다. "이 논문을 읽으면서, 6주차 첫 실습 때 제가 느꼈던 게 바로 이거였구나 싶었어요. 제가 솔직하게 전문성이 떨어진다고 말했을 때, 강의실 분위기가 바뀌었잖아요. 그게 바로 심리적 안전감이 형성되는 순간이었던 것 같아요." 성화 님이 고개를 끄덕이며 말했다. "맞아요. 그때 저도 편해졌거든요. 아, 완벽하지 않아도 되는구나 싶었어요." 나는 그들의 대화를 들으며 흐뭇해했다. 이론과 경험이 만나는 순간이었다.

소은 님은 다른 논문을 발표했다. "이 논문에서 말하는 집단 역동의 단계가, 우리가 지금까지 겪었던 과정 같아요. 처음엔 낯설었지만, 점점 우리만의 언어가 생기는 거죠. SPARK-DEEP 프레임워크도 처음엔 어려웠는데, 이제는 자연스럽게 그 흐름이 보이기 시작해요." 재희 님이 발표 중에 이렇게 말했다. "이 논문을 읽으면서, 제가 6주차 실습 때 왜 급하게 질문했는지 알게 되었어요. 저는 성찰적 대화가 아니라 그냥 정보 수집을 했던 거예요. 참여자들이 생각할 시간을 주지 않았죠." 해중 님이 공감하며 말했다. "저도 그랬어요. 침묵이 너무 불편해서 계속 말을 채워 넣었거든요. 근데 이 논문에서는 침묵이 성찰의 공간이라고 하더라고요."

나는 그의 깨달음에 미소 지으며 말했다. "맞습니다. 성찰적 대화는 빠른 대화가 아니라 깊은 대화예요. 여러분이 지금 발견하고 계신 것들이, 바로

12주차 중간 세션 실습에서 빛을 발하게 될 것입니다." 인영 님이 조용히 말했다. "신기해요. 6주차에는 그냥 당황스럽고 혼란스러웠는데, 지금 이 논문들을 읽으니까 아, 그때 그게 이거였구나 싶어요." 나는 고개를 끄덕였다. "그게 바로 실천과 이론의 상호 조명이다. 경험만으로는 의미를 찾기 어렵고, 이론만으로는 실감이 나지 않는다. 하지만 둘이 만나면, 비로소 진짜 배움이 일어난다." 9주차 수업을 마치며, 확신했다. 이들은 이제 단순히 기술을 배우는 게 아니라, 그룹코칭의 본질을 이해하기 시작했다.

전체 구조가 보이기 시작하다

10주차 수업은 마무리 세션에 대한 이해로 시작되었다. 나는 다시 한번 전체 구조를 칠판에 그렸다. 1세션: 첫 세션(90분) - 목표 설정과 주제 선정. 2~4세션: 중간 세션(120분) - 선정된 주제 심화. 5세션: 마무리 세션(90분) - 통합과 마무리. 태규 님이 말했다. "이제야 전체가 보이네요. 첫 세션은 출발, 중간 세션은 여정, 마무리 세션은 도착이군요." 나는 그의 비유에 고개를 끄덕이며 덧붙였다. "정확해요. 하지만 단순한 선형적 이동은 아니에요. 오히려 나선형에 가깝죠. 첫 세션에서 제시된 목표가, 중간 세션을 거치며 더 깊고 진정한 목표로 변화하고, 마무리 세션에서는 그 변화를 통합하고 미래로 연결합니다."

성화 님이 질문했다. "그럼 마무리 세션에서는 구체적으로 뭘 하나요?" 나는 설명했다. "마무리 세션은 세 가지 초점을 가집니다. 첫째, 여정을 돌아봅니다. 첫 세션부터 지금까지 어떤 변화가 있었는지 확인합니다. 둘째, 배운 것을 통합합니다. 개별적 깨달음들을 하나의 의미 있는 이야기로 엮습니다. 셋째, 미래로 연결합니다. 이 경험을 앞으로 어떻게 살아갈 것인지 구체화합니다." 소은 님이 메모하며 중얼거렸다. "90분이 충분할까요?" 나는 솔직하게 답했다. "충분하지 않을 수도 있습니다. 하지만 마무리 세션은 완결이 아니라 새로운 시작이기도 합니다. 참여자들이 그룹코칭을 떠나 각자의 삶으로 돌아가면서도, 그 배움이 계속 이어지도록 하는 게 마무리 세션의 진짜 목적입니다."

재희 님이 감탄하며 말했다. "그러니까 첫 세션에서 문을 열고, 중간 세션에서 깊이 들어가고, 마무리 세션에서 문을 닫되 열린 문으로 나가는 거네요." 나는 그의 표현에 놀라며 말했다. "정확한 비유입니다. 5세션 전체가 하나의 유기적인 여정입니다." 해중 님이 조용히 말했다. "이제 정말 전체가 보여요. 6주차에 첫 세션 실습할 때는 90분이 전부인 줄 알았는데, 사실 그건 전체 여정의 시작점이었네요." 나는 고개를 끄덕였다. "맞습니다. 그리고 여러분은 이제 그 전체 여정 중 가장 중요한 중간 세션을 12주차와 13주차에 직접 경험하게 됩니다." 강의실에 긴장과 기대가 공존하는 분위기가 감돌았다. 이들은 이제 알았다. 그룹코칭은 단순한 기술의 집합이 아니라, 하나의 완결된 여정이라는 것을.

이해에서 실행으로

10주차 수업 후반부, 우리는 마무리 세션 구조를 간단히 시뮬레이션해보았다. 40분 정도의 짧은 시간이었지만, 학생들은 첫 세션보다 훨씬 안정된 모습으로 대화를 이끌어갔다. 6주차의 당황스러움은 사라지고, 이제는 조금 더 여유가 생겼다. 하지만 진짜 도전은 다음에 있었다.

수업을 마무리하며, 나는 중요한 안내를 시작했다. "12주차와 13주차에 여러분은 팀별로 120분 중간 세션을 실습합니다." 강의실에 긴장감이 감돌았다. 나는 계속 말을 이어갔다. "중간 세션은 여러분이 지금까지 배운 모든 것의 총합입니다. 120분 동안 SPARK 5단계를 따라가면서, DEEP 탐구법으로 깊이를 만들어야 합니다. 가장 길고, 가장 깊은 세션을 여러분이 직접 진행하게 됩니다." 태규 님이 긴장한 표정으로 물었다. "120분을 어떻게 다 채우죠?" 나는 웃으며 답했다. "걱정 마십시오. 6주차 첫 세션 실습 때 90분이 너무 짧다고 하셨잖아요. 중간 세션은 오히려 120분이 짧게 느껴지실 겁니다. 왜냐하면 Realize 단계 60분 동안, 참여자들의 이야기가 끝없이 펼쳐지기 때문이죠."

성화 님이 손을 들었다. "2인1조로 하나요?" 나는 고개를 끄덕였다. "네, 6주차처럼 2인1조로 진행합니다. 6주차에 함께 첫 세션 실습을 했던 바로 그 파트너와 함께, 이번에는 중간 세션에 도전하게 됩니다. 첫 세션 때의 경험을 발판 삼아, 더 깊이 들어가는 것입니다. 그리고 중요한 건, 두 분이 적절하게 역할을 분배하여 진행해야 한다는 것입니다. 한 사람이 전체를 이끄는 게 아니라, 두 사람이 호흡을 맞춰야 합니다." 소은 님이 메모하며 물었다. "미리 준비해야 하나요?" 나는 단호하게 답했다. "반드시 준비해오셔야 합니다. 12주차에는 한 팀이, 13주차에는 두 팀이 실습합니다. 각 팀은 SPARK 5단계를 어떻게 진행할지, Realize 단계에서 어떤 DEEP 탐구 질문을 던질지, 구체적으로 설계해 오십시오."

재희 님이 조심스럽게 말했다. "6주차 때도 떨렸는데, 이번엔 더 떨릴 것 같아요." 나는 고개를 끄덕였다. "당연히 떨릴 것입니다. 하지만 여러분은 6주차와 다릅니다. 그때는 막연했지만, 지금은 SPARK-DEEP프레임워크이라는 명확한 구조를 알고 계십니다. 7주차에 중간 세션을 배웠고, 9주차에 이론적 깊이를 더했으며, 방금 전체 5세션 구조를 이해했습니다. 지금까지는 이해였다면, 이제는 실행의 시간입니다." 해중 님이 다짐하듯 말했다. "6주차 때는 준비 부족으로 후회했어요. 이번에는 정말 제대로 준비해보고 싶어요." 인영 님도 고개를 끄덕이며 덧붙였다. "우리 팀끼리 미리 리허설 한 번 해볼까요?"

나는 그들의 각오를 보며 확신했다. 이들은 이제 준비되어 있었다. 12주차와 13주차, 중간 세션 실습이라는 가장 큰 산을 넘을 준비가 되어 있었다. 6주차 첫 세션에서 '불완전함을 인정하는 용기'를 배웠고, 7~10주차 동안 중간 세션의 구조와 본질을 이해했다. 이제 남은 것은, 그 이해를 몸으로 체득하는 것뿐이었다. 그리고 그 체득의 시간이, 곧 다가오고 있었다.

12주차, 첫 실습 팀의 도전

12주차, 오늘은 중간 세션 실습의 날이었다. 강의실에 들어서자, 학생들의 긴장된 표정이 역력했다. 나는 먼저 SPARK 5단계를 간단히 확인하고, Realize 단계에서 DEEP 탐구법을 어떻게 활용할지 핵심만 짚어주었다. 그리고 드디어 첫 번째 팀의 실습이 시작되었다. 태규 님과 성화 님이 한 팀이었다. 6주차 첫 세션 실습 때도 함께했던 이 두 사람은, 10주차 안내 후 2주간 준비해온 내용을 바탕으로, 120분 중간 세션을 이끌어가기 시작했다.

Start 단계 10분. 태규 님이 부드럽게 세션을 열었다. "안녕하세요, 여러분. 오늘 만나서 반가워요. 어떻게 오셨어요?" 간단한 인사와 체크인으로 세션의 분위기를 조성했다. 성화 님은 그 옆에서 참여자들의 표정을 세심하게 관찰했다. 6주차 첫 실습 때와는 달랐다. 이제 두 사람은 서로의 역할을 이해하고 있었고, 언제 자신이 나서야 하는지, 언제 동료에게 맡겨야 하는지를 알고 있었다.

Probe 단계 30분. 이번에는 성화 님이 주도했다. "지난 세션 이후 어떤 변화가 있으셨나요? 시도해보신 것들을 나눠주세요." 참여자들이 하나씩 이야기를 꺼냈다. 태규 님은 경청하며, 때때로 명료화 질문을 던졌다. "그 상황에서 구체적으로 어떤 느낌이 드셨나요?" "그게 왜 중요하셨던 거죠?" 두 사람은 서로의 호흡을 읽으며 대화의 흐름을 이어갔다.

Activate 단계 10분. 태규 님이 다시 나섰다. "여러분이 나눠주신 이야기들을 들으니, 오늘은 특히 '경청'에 초점을 맞추면 좋을 것 같은데요. 첫 세션에서 우리가 그룹코칭 실행 역량 강화를 목표로 정했죠. 오늘은 그중에서도 가장 기본이 되는 경청, 진짜 경청이란 무엇인지 함께 탐구해보면 어떨까요?" 참여자들이 고개를 끄덕였다. 오늘 세션의 주제가 명료해졌다.

그리고 Realize 단계 60분이 시작되었다. 가장 긴 시간, 가장 깊은 탐구의 시간. 성화 님이 DEEP탐구법의 첫 단계를 열었다.

Discover(15분). 성화 님이 물었다. "지금 우리가 경청할 때 놓치고 있는 것은 무엇일까요?" 침묵이 흘렀다. 하지만 이번에는 6주차와 달랐다. 성화 님은 그 침묵을 편안히 견뎠다. 그리고 참여자가 천천히 입을 열었을 때, 그 이야기는 예상보다 훨씬 깊었다. "상대방 말을 끊고 있어요." "답을 주려고 서두르고 있어요." "내 이야기를 준비하느라 진짜 듣지 못하고 있어요." 참여자들의 발견이 쏟아졌다.

Explore(15분). 성화 님이 다시 질문했다. "만약 우리가 정말 완벽하게 경청한다면, 어떤 모습일까요?" 참여자들이 상상하기 시작했다. 한 사람이 말하자 다른 사람이 덧붙였고, 아이디어들이 연결되며 확장되었다. 성화 님은 화이트보드에 그 아이디어들을 적어나가며, 집단지성이 발현되는 것을 보았다.

Evaluate(15분). "이 중에서, 지금 당장 시도해 볼 수 있는 것은 무엇일까요?" 성화 님의 질문에 참여자들이 현실성, 효과성, 실행 가능성을 기준으로 함께 평가했다.

Plan(15분). 마지막으로 성화 님이 구체적인 실행계획으로 연결했다. "언제, 어디서, 무엇을, 어떻게 할 것인지 함께 정리해볼까요?" 추상적인 목표가 아니라, 다음 주에 당장 실행할 수 있는 구체적인 행동계획이 완성되었다.

Keep 단계 10분. 성화 님이 마무리했다. "오늘 세션의 배움을 한 문장으로 정리한다면?" 참여자들이 각자의 언어로 오늘의 의미를 표현했고, 다음 세

선까지의 약속을 구체화했다.

120분이 흘렀다. 실습이 끝났다. 태규 님과 성화 님은 안도의 한숨을 쉬었고, 나는 그들에게 박수를 보냈다. "정말 잘하셨습니다. 정말 훌륭했어요."

13주차, 이번에는 인영 님과 해중 님 팀의 차례였다. 두 사람은 역할을 나누었다. 인영 님은 Start-Probe-Activate-Keep을 맡고, 해중 님은 Realize 단계를 맡았다. 인영 님은 이번엔 정말 잘 준비했다. Start 단계에서는 어떤 체크인 질문을 할지, Probe 단계에서는 지난 실행 경험을 어떻게 깊이 있게 탐구할지, Activate 단계에서는 오늘의 코칭 주제를 어떻게 명확히 설정할지, 그리고 마지막 Keep 단계에서는 어떻게 구체적인 실행 약속으로 마무리할지. 각 단계의 흐름을 꼼꼼히 설계했고, 할 말도 다 정리했으며, 심지어 예상 질문과 답변까지 준비했다.

그러나 막상 실습이 시작되자, 여러 단계를 연결하는 과정에서 예상치 못한 어려움이 나타났다. Start 단계에서 체크인 질문을 하나씩 돌리는 데만 예상보다 훨씬 많은 시간이 소요되었고, Probe 단계에서는 지난 경험을 탐구하다 보니 Activate 단계로 넘어가는 타이밍을 놓쳤다. 특히 시간 배분이 무너지면서, 해중 님이 담당한 Realize 단계와의 균형이 깨졌다. Realize 단계는 중간 세션의 핵심인데, 앞 단계들이 너무 길어지면서 정작 중요한 부분에 충분한 시간을 할애하지 못했다. 인영 님은 당황했다. 각 단계는 이해했는데, 전체를 연결하는 것이 이렇게 어려운 줄 몰랐고, 시간이 이렇게 빨리 갈 줄도 몰랐다.

실습이 끝나고 인영 님은 복잡한 감정을 느꼈다. 그토록 열심히 준비했는데, 왜 생각대로 되지 않았을까? 하지만 동료들은 인영 님에게 건설적 조언과 격려를 아끼지 않았다. "인영 님, 그래도 정말 열심히 준비하신 게 느껴졌어요. 저는 그 정도로 꼼꼼하게 준비할 엄두도 못 냈을 것 같아요." "저희도 똑같이 당황했을 거예요. 이렇게 해보니까 단계 간 연결의 핵심이 뭔지 알겠어요. 각 단계를 완벽하게 준비하는 것보다, 전체 흐름 속에서 유연하게 조정하는 게 더 중요한 것 같아요." 그리고 나는 말했다. "인영 님, 지금 경험한 것이 바로 실습의 가치입니다. 각 단계를 완벽히 준비하는 것보다 더 중요한 것은, 전체가 하나의 유기적인 흐름으로 연결되는 것입니다. 그리고 그 흐름 속에서 참여자들이 자연스럽게 몰입하고, 결국 구체적인 실행 약속으로 마무리되는 것이죠."

인영 님은 그 순간, 깊은 성찰을 통해 SPARK 5단계의 진짜 의미를 발견했다. 완벽한 준비보다 유연한 흐름, 많은 내용보다 적절한 시간 배분, 계획을 지키는 것보다 참여자들의 에너지를 읽는 것. 이 모든 통찰은, 책으로는 배울 수 없는 것들이었다. 이론으로 배울 때는 Start-Probe-Activate-Realize-Keep이 순차적으로 진행되는 단순한 흐름처럼 보였다. 하지만 실제로 진행해 보니, 각 단계는 고정된 시간 블록이 아니라 참여자들의 반응과 에너지에 따라 유연하게 조정되어야 하는 살아있는 유기체였다. 실패를 통해 얻은 이 깊은 이해는, 앞으로 인영 님이 그룹코칭을 할 때마다 살아 숨 쉬는 나침반이 될 것이었다.

해중 님의 발견, 그리고 재희 님의 통찰

해중 님은 13주차 실습에서 Realize 단계를 맡았다. 말은 적지만 통찰이 깊었던 해중 님은, 실습 초반 자신의 역할에 대해 확신하지 못했다. "Realize

단계가 중간 세션의 핵심이라는데… 제가 잘할 수 있을까? 집단지성을 이끌어내고, 구체적인 실행계획까지 만들어내야 하는데, 저에게 그런 능력이 있을까요?" 해중 님의 불안은 근거 없는 것이 아니었다. Realize 단계는 중간 세션 120분 중 60분을 차지하는 핵심 구간이었고, 이 단계에서 DEEP 탐구법을 활용하여 참여자들의 현재 상황을 깊이 발견하고, 다양한 가능성을 함께 탐색하며, 최선의 대안을 평가하고, 마침내 구체적인 실행계획으로 연결해야 했다. 만약 이 단계가 제대로 진행되지 않으면, 앞의 모든 단계가 무의미해질 수 있었다.

그러나 DEEP 탐구법을 직접 실습하면서, 해중 님은 결정적인 발견을 했다. "경청과 공감 능력이 저의 강점이라는 점을 확인했습니다." Discover 단계에서, 해중 님은 참여자들의 이야기를 정말 깊이 들었다. 단순히 말을 듣는 것이 아니라, 그 말 뒤에 숨겨진 감정과 욕구를 포착했다. "지금 가장 어려운 점이 뭔가요?"라는 질문에 대한 답변을 들으면서, 해중 님은 참여자의 표정, 목소리 톤, 망설임까지도 놓치지 않았다. 그리고 그것을 부드럽게 확인했다. "지금 말씀하시면서 조금 망설이시는 것 같은데, 혹시 말하기 어려운 부분이 있으신가요?"

Explore 단계에서는 다양한 가능성을 함께 탐색했다. 한 참여자가 어떤 문제 상황을 이야기하면, 해중 님은 다른 참여자들에게도 질문을 던졌다. "비슷한 경험 있으신 분 계신가요?", "다른 방법으로 접근해 보신 적은요?" 이렇게 하나의 문제를 그룹 전체가 함께 탐색하면서, 개인이 생각하지 못했던 다양한 관점들이 쏟아져 나왔다. 이것이 바로 집단지성의 힘이었다.

Evaluate 단계에서는 탐색한 여러 대안들을 현실성, 효과성, 실행 가능성 기준으로 함께 평가했다. "이 방법들 중에서, 지금 당장 시도해 볼 수 있는

 그룹코칭 SPARK

것은 무엇일까요?", "가장 효과가 클 것 같은 방법은 무엇인가요?" 해중 님의 질문은 참여자들이 스스로 최선의 선택을 할 수 있도록 안내했다. 그리고 마지막 Plan 단계에서는 구체적인 실행계획으로 연결했다. "언제, 어디서, 무엇을, 어떻게" 할 것인지 명확하게 만들었다. 추상적인 목표가 아니라, 다음 주에 당장 실행할 수 있는 구체적인 행동계획이 완성되었다.

"제가 정말 잘할 수 있는 게 있다는 걸 알았어요. 사람들의 이야기를 깊이 들으며 발견을 돕고, 함께 탐색하고, 그것을 실행 가능한 계획으로 만드는 것. 그게 바로 Realize 단계의 핵심이고, 제 역할이더라고요." 실습을 마친 후, 한 참여자는 해중 님에게 이렇게 말했다. "해중 님, 정말 놀라웠어요. 제가 막연하게만 생각했던 문제를, 이렇게 명확한 실행계획으로 만들어 주시다니. 그리고 그게 제가 스스로 찾아낸 답이라는 게 더 신기했어요. 해중 님은 질문만 하셨을 뿐인데."

재희 님은 6주차 첫 세션 실습 초반부터 고민이 깊었다. 전문 코치로서의 역할 경계에 대한 혼란을 느꼈다. 질문을 통해 통찰을 이끌어내는 코칭, 경험을 공유하는 멘토링, 해결책을 제시하는 컨설팅. 그 경계는 어디까지인가? 내가 지금 하고 있는 것은 정말 코칭인가, 아니면 그냥 조언을 하고 있는 건가? 참여자가 명확한 답을 원할 때, 나는 질문만 던져야 하는가, 아니면 내 경험을 공유해도 되는가? "처음엔 제가 뭘 해야 할지 명확하지 않았어요. 조언을 해야 하나, 질문만 해야 하나… 역할 자체가 혼란스러웠습니다. 특히 참여자들이 '이럴 땐 어떻게 하면 좋을까요?'라고 직접적으로 물어볼 때, 저는 정말 당황스러웠어요."

그러나 재희 님은 실습을 거듭하며, 역할 경계의 혼란보다 더 근본적인 것을 발견했다. 그것은 바로 심리적 안전감이었다. 코칭이나 멘토링이나, 질문이냐 조언이냐 하는 기법의 문제 이전에, 참여자들이 진정으로 자기 자신을 드러낼 수 있는 안전한 공간을 만드는 것. 그것이 모든 변화의 출발점이었고, 그룹코칭의 가장 근본적인 토대였다. "심리적 안전감이 없으면, 아무리 훌륭한 질문을 해도 소용이 없어요. 사람들이 진짜 속마음을 꺼낼 수 없으니까요. 저는 이걸 실습하면서 확실히 깨달았어요. 제가 어떤 역할을 하느냐보다, 참여자들이 이 공간을 안전하다고 느끼느냐가 훨씬 더 중요했습니다."

재희 님은 첫 세션 실습에서 안전감 조성 기법을 하나씩 체득해 나갔다. 창의적으로 설계된 아이스브레이킹 활동들을 통해 참여자 간의 신뢰와 편안함을 구축했고, 단순히 이름과 소속을 말하는 딱딱한 자기소개가 아니라, "오늘 나의 기분을 날씨로 표현한다면?" 같은 은유적 질문을 통해 참여자들이 자연스럽게 자신의 감정을 나누도록 했다. 또한 그라운드 룰 설정을 통해 비판 없는 안전한 공간을 만들었고, 공평한 발언 기회를 제공하여 모든 참여자가 자신의 목소리를 낼 수 있도록 했다. "신뢰와 편안한 분위기를 조성하면 참여자들의 몰입도가 확연히 달라져요. 처음에는 경계하던 분들도, 안전하다고 느끼는 순간 진짜 고민을 꺼내기 시작하거든요. 그게 첫 세션의 가장 중요한 임무라는 걸 체험으로 알게 되었어요."

실패를 통해 발견한 성장의 패턴

세 사람의 이야기를 들여다보면, 공통된 성장 패턴이 선명하게 드러난다. 그것은 실패와 성공이 공존하는 학습, 즉 실패를 학습으로 전환하는 3단계 사이클이었다. 첫째, 도전과 실패의 용기. 인영 님의 단계 간 연결 혼란, 재희 님의 역할 경계 혼란, 해중 님의 초기 불확실함. 이 모든 것은 '완벽하지 않음'을 인정하는 용기에서 시작되었다. 안전한 공간이었기에 가능했던 첫 발걸음이었고, 실패해도 괜찮다는 심리적 안전감이 도전을 가능하게 했다. 만약 이 공간이 안전하지 않았다면, 인영 님은 시간 배분 실패를 감추려 했을 것이고, 재회 님은 역할 혼란을 드러내지 않았을 것이며, 해중 님은 불안을 숨긴 채 표면적으로만 진행했을 것이다. 하지만 이들은 자신의 불완전함을 드러낼 수 있었고, 그것이 학습의 시작이었다.

둘째, 즉각적 피드백과 성찰. 실패 직후 동료들의 건설적 조언이 이어졌다. "정말 열심히 준비하신 게 느껴졌어요." "어떤 부분이 잘못 진행되었는지 확실하게 깨달을 수 있었습니다." 피드백은 비난이 아니라 배움의 기회였다. 동료들은 서로의 실습을 관찰하며 상호 학습했고, 그 과정에서 각자의 통찰을 깊이 있게 발전시켰다. "저도 저 부분에서 똑같이 어려웠을 것 같아요"라는 공감, "이렇게 하면 어떨까요?"라는 제안, "저는 이런 부분이 인상 깊었어요"라는 긍정적 피드백. 이 모든 것이 실패를 성장의 발판으로 만들었다.

셋째, 적용과 성공의 체화. 실패를 통해 얻은 깊은 이해는 성공으로 연결되었다. 인영 님은 단계 간 연결과 시간 배분의 균형을 체득했고, 재회 님은 심리적 안전감 조성 기법을 완전히 습득했으며, 해중 님은 DEEP 탐구법을 활용하여 참여자들로부터 구체적인 실행계획을 이끌어내는 Realize 단계의 본질을 완전히 체화했다. 이 3단계 사이클은 단순한 이론이 아니었다. 15주 동안 반복되며 체화된 학습의 리듬이었고, 이들이 앞으로 평생 사용할 성장의 나침반이 되었다. 도전하고, 실패하고, 피드백 받고, 성찰하고, 다시 시도하고, 성공하고, 체화하는. 이 순환이 바로 진짜 학습이었다.

세 사람의 성장 여정에서 발견한 핵심 원리가 있었다. 그것은 '실패 친화적 문화'였다. "우리가 굉장히 안전한 공간이기 때문에 편안하게." 이 한 문장은 15주 내내 살아 숨 쉬었다. 실패는 부끄러운 것이 아니라 가장 확실한 배움이었고, 완벽함보다 진정성, 결과보다 과정의 가치에 집중하는 문화 속에서 이들은 두려움 없이 도전할 수 있었다. 이 문화는 저절로 만들어진 것이 아니었다. 6주차 태규 님의 "저는 전문성이 떨어집니다"라는 고백이 시작이었고, 그 고백을 존중하고 격려한 동료들의 반응이 토대였으며, 반복된 '실패-피드백-재도전' 사이클이 강화 메커니즘이었다. 그리고 무엇보다, 코치인 나의 일관된 메시지가 문화를 지탱했다. "실패는 필수예요. 실패하지 않으면, 진짜 배울 수 없어요."

그리고 이 문화는 개인의 성장을 넘어, 그룹 전체의 집단지성을 만들어냈다. 한 사람의 실패가 다른 사람의 교훈이 되었고, 한 사람의 성공이 다른 사람의 영감이 되었으며, 서로의 경험이 모여 우리만의 지혜가 되었다. 12주차와 13주차 중간 세션 실습을 마치며, 나는 확신했다. 이들은 이제 그룹코칭의 기술을 넘어, 그룹코칭의 정신을 체득했다. 완벽함이 아니라 진정성을, 경쟁이 아니라 협력을, 개인의 성과가 아니라 집단의 성장을 추구하는 마음을. 그리고 그 마음은, 이들이 각자의 조직으로 돌아가 펼칠 그룹코칭의 씨앗이 될 것이었다.

13주차 실습이 끝나고, 인영 님이 내게 말했다. "교수님, 처음엔 실패가 두려웠어요. 하지만 지금은 알아요. 실패가 없었다면, 저는 진짜 배우지 못했을 거예요." 해중 님이 덧붙였다. "제 강점을 발견한 것도 실패를 통해서였어요. 완벽하게 준비했다면, 제가 정말 잘하는 게 뭔지 몰랐을 거예요."

재희 님이 마지막으로 말했다. "이제는 실패가 두렵지 않아요. 오히려 실패를 통해 뭘 배울 수 있을지 기대돼요." 나는 그들의 얼굴을 바라보며 미소 지었다. 12주차와 13주차, 중간 세션 실습이라는 가장 높은 산을 넘은 이들은, 이제 마지막 여정을 준비하고 있었다. 그리고 그 여정의 끝에서, 이들은 한 단계 더 성장한 자신을 발견하게 될 것이다.

하지만 나는 알고 있었다. 학생들이 12~13주차에 사용했던 SPARK-DEEP 프레임워크는 하루아침에 만들어진 것이 아니었다. 그것은 7주차를 앞두고 2006년부터 쌓아온 코칭 경험을 되돌아보며 탄생한 것이었다. 그 탄생의 순간으로, 잠시 돌아가보자.

Chapter 3

이론을 넘어선 체험의 힘

3-1 경험이 만든 체화된 학습

프레임워크 개발의 시작

7주차 수업을 며칠 앞둔 밤, 나는 책상 앞에 앉아 있었다. "중간 세션 구조를 어떻게 설계할 것인가?" 이 질문은 수업 설계 단계부터 나를 괴롭혔다. 15주 과정의 핵심은 학생들이 직접 중간 세션을 설계하고 실습하는 것이었다. 그러나 그 구조를 어떻게 가르칠 것인가? 단순히 기존의 프레임워크를 소개하는 것으로 충분할까?

내 머릿속에는 과거 그룹코칭 세션을 진행하며 느꼈던 여러 아쉬움이 떠올랐다. 첫 번째 아쉬움은 깨달음의 순간을 포착하지 못한 채 지나가는 것이었다. 참여자가 "아, 이거구나!" 하는 순간이 있었다. 눈빛이 반짝이며 무언가를 깨닫는 그 순간. 하지만 그 찰나의 통찰을 명확히 포착하고, 더 깊게 만드는 구조가 필요했다. "Understanding(이해)"이라는 단어로는 부족했다. 이해는 인지적 차원이다. 하지만 진짜 변화는 깊은 통찰에서 시작된다. 그 순간을 담아낼, 더 강력한 단어가 필요했다.

두 번째 아쉬움은 표면적인 대안 탐색에 그치는 것이었다. 많은 세션에서 참여자들은 여러 옵션을 나열했다. "이것도 해볼 수 있고, 저것도 해볼 수 있어요." 하지만 그 다음이 문제였다. "그럼 뭘 하시겠어요?"라고 묻자, 참여자는 다시 혼란스러워했다. 왜 이 선택인가? 이것이 나에게 정말 맞는가? 이런 평가와 성찰 없이 바로 행동으로 넘어가면, 계획은 표면적이 되고 실행력도 약해졌다.

세 번째 아쉬움은 흐름이 끊기는 순간들이었다. 세션은 120분이다. 시작부터 마무리까지, 참여자의 에너지와 집중력을 유지하며 자연스럽게 흐름을 이어가야 한다. 하지만 단계마다 목적이 명확하지 않으면, 코치도 참여자도 "지금 우리가 뭘 하고 있지?"라는 의문에 빠진다. 각 단계가 유기적으로 연결되어 하나의 여정처럼 느껴지는 구조가 필요했다.

나는 노트에 여러 단어를 적어보았다. 지우고, 다시 쓰고, 또 지웠다. '참여자가 깨달음을 얻고, 그것을 구체적인 행동으로 연결하려면…' 문득, 한 단어가 떠올랐다. "Realize." 나는 펜을 멈췄다. '맞아. 단순한 이해(Understanding)가 아니라, 깊은 깨달음(Realize)의 순간이 필요해.'

Realize. 이 단어는 단순히 "알다"를 넘어선다. "아, 이게 진짜 내 문제구나." "이게 내가 정말 원하는 거였구나." "이제 뭘 해야 할지 보여." 이런 통찰의 순간을 담는다. 나는 다시 펜을 들었다. 손끝에서 새로운 구조가 그려지기 시작했다.

Start… 세션을 여는 순간

Probe… 지난 경험을 탐구하고 학습을 심화하는 순간

Activate… 오늘 다룰 주제를 명확히 하고 그룹 목표를 리마인드하는 순간

Realize… 통찰을 얻고, 그것을 구체적 행동으로 연결하는 순간

Keep… 오늘의 통찰을 정리하고, 다음 만남으로 이어가는 순간

S-P-A-R-K.

나는 이 다섯 단어를 보며 미소 지었다. '불꽃(Spark)처럼, 참여자 안에서 변화의 불씨가 일어나는 거야.' 그리고 Realize 단계를 어떻게 깊게 만들 것인가? 나는 다시 생각에 잠겼다.

Discover… 참여자의 진짜 이슈를 발견하는 것
Explore… 가능성을 함께 탐색하는 것
Evaluate… "왜 이것인가?"를 평가하는 것
Plan… 구체적 실행계획을 세우는 것
D-E-E-P.

'깊이(Deep) 들어가는 거야. 표면이 아니라, 참여자의 내면 깊숙이.' 나는 노트에 두 단어를 나란히 적었다.

SPARK. DEEP.

이것이 중간 세션의 구조다. SPARK-DEEP 프레임워크.

SPARK-DEEP의 탄생

7주차 수업. 강의실에는 긴장감이 감돌았다. 학생들은 지난 6주 동안 그룹 코칭의 기본 개념, 심리적 안전감, 경청과 질문 기법을 배웠고, 첫 세션의

구조를 이해한 뒤 직접 실습까지 경험했다. 그리고 오늘, 드디어 중간 세션의 구조를 배우는 날이었다. 나는 칠판 앞에 섰다.

"오늘은 여러분에게 중간 세션의 구조를 제시합니다. 제가 깊은 고민 끝에 개발한 프레임워크입니다." 학생들의 시선이 집중되었다. 나는 천천히, 하나씩 칠판에 글자를 적었다.

S - P - A - R - K
Start, Probe, Activate, Realize, Keep

나는 각 단어에 한글 해석을 첨부했다.

- Start(시작): 세션을 열고, 참여자들을 환영한다.
- Probe(탐구): 지난 경험을 탐구하고 학습을 심화한다.
- Activate(활성화): 오늘 세션에서 다룰 주제를 명확히 하고, 그룹코칭의 목표를 리마인드한다.
- Realize(깨달음): 참여자가 통찰을 얻고, 그것을 구체적 행동으로 연결한다.
- Keep(유지): 깨달음을 정리하고 의미를 부여하며, 실천 과제와 다음 만남의 연결고리를 만든다.

나는 'Realize'를 동그라미로 강조했다. "바로 이 순간입니다. Realize. 깨달음." 내 목소리에 힘이 실렸다.

"코칭의 본질은 참여자가 스스로 답을 찾도록 돕는 것입니다. 그 답을 찾는 순간, '아, 이거구나!' 하고 눈빛이 반짝이는 그 순간이 바로 Realize입니다. 단순한 이해(Understanding)가 아닙니다. 깊은 통찰입니다. 그리고 그 통찰을, 구체적인 행동으로 연결하는 것이 이 단계의 핵심입니다."

재희 님이 고개를 끄덕였다. 인영 님은 노트에 'Realize = 깨달음 → 행동' 이라고 적었다. 소은 님이 손을 들었다.

"Probe와 Activate의 차이가 궁금한데요. 둘 다 세션 초반에 하는 거잖아요?"

좋은 질문이었다. 나는 미소를 지으며 답했다. "Probe는 과거를 탐구하며 학습을 심화하는 단계입니다. '지난주에 무엇을 경험했나요? 그로부터 무엇을 배웠나요?' 참여자들이 이전 세션 이후의 변화와 실천을 돌아보며, 그 과정에서 얻은 통찰을 그룹과 나누는 시간이죠."

나는 Probe 옆에 '과거 경험 → 학습 심화'라고 적었다.

"반면 Activate는 현재 세션의 초점을 명료하게 설정하는 단계입니다. '오늘 우리는 무엇에 집중할까요? 우리 그룹이 함께 탐구하고자 했던 궁극적 목표는 무엇이었죠?' 오늘 세션의 주제를 명확히 하고, 그룹코칭의 본질적 목표를 다시 환기하는 순간이죠."

나는 Activate 옆에 '현재 세션 → 초점 명료화'라고 적었다.

"즉, Probe에서 Activate로의 전환은 과거 성찰에서 현재 집중으로의 흐름입니다. 지난 여정을 돌아본 후, 오늘 우리가 함께 깊이 들어갈 주제를 분명히 하는 것이죠."

소은 님이 고개를 끄덕이며 노트에 적었다. 나는 계속 말을 이었다.

"SPARK-DEEP 프레임워크의 SPARK 5단계는 중간 세션의 전체 흐름을 이룹니다. 불꽃(Spark)처럼, 참여자 안에서 변화의 불씨가 일어나는 5단계 여정입니다. 그리고 이 중 가장 중요한 Realize 단계를, 어떻게 깊게 만들 것인가?"

나는 Realize 아래에 새로운 네 단어를 적었다.

D - E - E - P

Discover, Explore, Evaluate, Plan

학생들이 숨을 죽이고 지켜보았다. 나는 각 단계를 설명했다.

Discover(발견): 참여자의 진짜 이슈를 발견한다. 표면적인 문제가 아니라, 그 아래 숨겨진 진짜 문제를 찾아낸다.

Explore(탐색): 다양한 가능성을 함께 탐색한다. '이것도 있고, 저것도 있네요.' 옵션을 열어둔다.

Evaluate(평가): 바로 여기가 중요하다. 옵션을 나열한 후, '왜 이것인가?'를 묻는다. 참여자가 스스로 평가하고, 자기에게 맞는 것을 선택하도록 돕는다.

Plan(계획): 그리고 구체적 실행계획을 수립한다. 언제, 어디서, 무엇을, 어떻게 할 것인지. 추상적 의지가 아니라, 실행 가능한 계획을 만든다.

나는 말했다. "DEEP 탐구법입니다. 깊이(Deep) 들어가는 겁니다. Realize 단계에서, 이 네 과정을 통해 참여자는 표면이 아니라 내면 깊숙한 곳에서 답을 찾습니다. 그리고 그 답을 구체적인 행동으로 연결합니다."

강의실이 조용해졌다. 학생들은 칠판을 응시했다.

SPARK, DEEP.

두 단어가 나란히 적혀 있었다. 재희 님이 손을 들었다. "이제야 120분의 흐름이 명확히 보입니다. Start부터 Keep까지, 하나의 여정처럼 느껴져요." 인영 님도 손을 들었다. "특히 Realize 단계요. 깨달음의 순간을 설계한다는 게… 정말 인상적이에요. 그냥 질문만 하는 게 아니라, 그 순간을 의도적으로 만드는 거잖아요."

나는 미소 지었다. "맞습니다. SPARK-DEEP 프레임워크는 단순한 단계가 아닙니다. 참여자의 변화를 촉진하는 살아있는 흐름입니다. 여러분은 앞으로 이 구조로 실습을 준비하게 됩니다."

해중 님이 질문했다. "그럼 12주차와 13주차 실습에서 이 SPARK-DEEP 프레임워크를 사용하는 건가요?"

"그렇습니다. 두 명이 한 팀이 되어, 한 명은 SPARK의 다른 단계를, 한 명은 Realize 단계에서 DEEP 탐구법을 진행합니다. 120분 동안, 다른 학생들이 참여자 역할을 맡아 중간 세션을 운영하는 겁니다."

학생들의 눈빛이 달라졌다. 긴장감과 기대감이 뒤섞여 있었다. 나는 칠판의 SPARK-DEEP프레임워크를 다시 한번 가리켰다. "이것이 여러분에게 드리는 도구입니다. 하지만 도구는 사용해봐야 진짜 가치를 알 수 있습니다. 지금부터 여러분은 이 도구를 들고 현장으로 나갑니다."

SPARK-DEEP 프레임워크

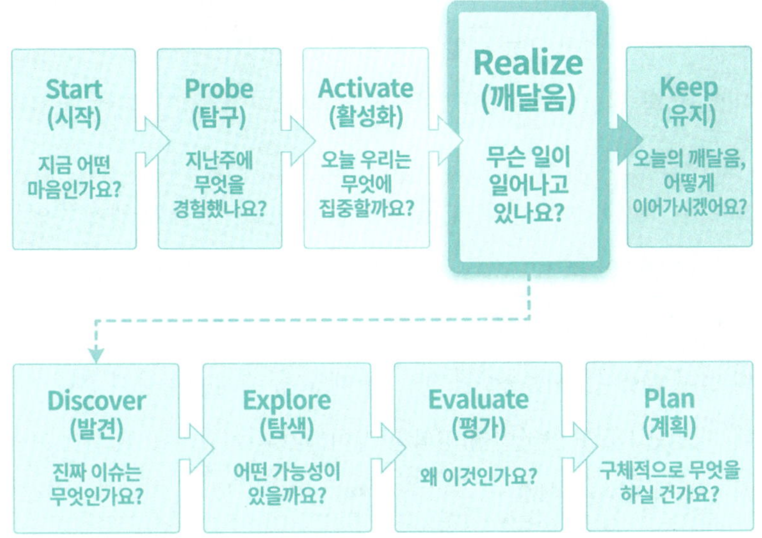

[그림 2] SPARK-DEEP 프레임워크: 단계별 핵심 질문

실습 후 전체 성찰 - 우리가 발견한 것들

13주차 실습이 모두 끝난 후, 학생들은 다시 강의실에 모였다. 세 팀의 실습이 완료되었다. 태규 님-성화 님, 소은 님-재희 님, 인영 님-해중 님. 6명의 학생이 각각 120분씩 SPARK-DEEP 프레임워크를 현장에서 사용했다. 나는 칠판에 큰 질문을 적었다.

"SPARK-DEEP 프레임워크를 사용해보니, 어땠나요?"

학생들은 서로를 바라보며 입을 열었다. "흐름이 명확했어요." 소은 님이 먼저 말했다. "각 단계의 목적을 알고 있으니까, 중간에 길을 잃지 않았어요. '지금은 Probe 단계니까 지난 경험 탐구에 집중하자', '이제 Activate로 넘어가서 오늘 주제를 명확히 하자' - 이렇게 스스로 조정할 수 있더라고요."

태규 님이 덧붙였다. "특히 Realize 단계요. 이 순간을 '설계'한다는 게 신기했어요. 그냥 우연히 오는 깨달음이 아니라, 우리가 의도적으로 만드는 거잖아요. 성화 님이 DEEP 탐구법을 진행할 때, 참여자의 눈빛이 확 달라지는 걸 봤어요."

성화 님도 고개를 끄덕였다. "Discover에서 Plan까지, 네 단계가 자연스럽게 흐르더라고요. 특히 Evaluate에서 '왜 이것인가?'를 물으니, 참여자가 스스로 더 깊이 생각했어요."

재희 님이 말했다. "저는 6주차 첫 실습 때 코칭 경계를 몰라서 혼란스러웠는데, 이번엔 DEEP 탐구법이 명확한 가이드가 되어줬어요. 덕분에 자신감 있게 진행할 수 있었어요."

나는 학생들의 목소리를 들으며 미소를 지었다. "여러분이 지금 하고 있는 것, 이게 바로 '체험을 통한 검증'입니다. 제가 만든 SPARK-DEEP 프레임워크가 정말 효과적인지, 여러분이 직접 현장에서 확인하는 겁니다."

인영 님이 손을 들었다. "그런데 아직 어려운 부분도 있어요. 저는 Start, Probe, Activate, Keep을 맡았는데, 시간 안배가 생각보다 어렵더라고요. 각 단계를 몇 분씩 배분해야 할지 감이 안 왔어요."

"맞습니다." 나는 고개를 끄덕였다. "그래서 우리는 계속 정교화해야 합니다. 여러분의 이 피드백이, SPARK-DEEP프레임워크를 더 나아지게 만듭니다."

해중 님도 덧붙였다. "처음엔 긴장했는데, DEEP 탐구법 흐름을 따라가니까 자연스럽게 진행되더라고요. 각 단계의 목적이 명확해서 도움이 됐어요."

"좋은 피드백입니다. 바로 그런 경험이 필요해요. 우리는 함께 답을 찾아갈 겁니다." 강의실에는 따뜻한 에너지가 감돌았다. 학생들은 실습의 성공만이 아니라, 어려움도 솔직히 나누고 있었다. 그리고 그 어려움이, SPARK-DEEP프레임워크를 더 정교하게 만드는 재료가 되고 있었다.

체험 → 성찰 → 개선.

이 순환이 강의실 안에서 살아 움직이고 있었다.

체험이 만든 살아있는 방법론

SPARK-DEEP 프레임워크는 어떻게 탄생했는가?

책상 위의 설계가 아니었다. 과거 수많은 그룹코칭 현장에서 느꼈던 절실함 -"깨달음의 순간을 포착하지 못한 아쉬움", "표면적 대안 탐색의 한계", "흐름이 끊기는 순간들"- 이 문제의식이 Realize라는 단어로 응축되었고, SPARK 5단계와 DEEP 탐구법으로 구체화되었다.

그리고 이 프레임워크는 학생들의 손에서 검증되었다. "흐름이 명확했어요", "참여자의 눈빛이 달라졌어요"라는 긍정적 반응과 "시간 안배가 어려웠어요"라는 정교화를 위한 피드백이 함께 쏟아졌다. 이 모든 목소리가 SPARK-DEEP 프레임워크를 더 단단하고 실천 가능하게 만들었다.

이것이 살아있는 방법론의 본질이다. 현장의 문제에서 시작되고, 체험을 통해 검증되며, 계속 진화한다. 완성이 아니라 더 나아짐. 이론이 아니라, 실천 지식.

그렇다면 이 방법론을 배우고 실습한 학생들은, 정말 달라졌을까?

첫 수업과 마지막 수업, 두 장면

첫 수업 날, 강의실은 조용했다. 학생들은 조심스럽게 자리에 앉아 서로를 탐색하는 눈빛을 주고받았다. 누군가 먼저 말을 걸까 망설이다가 결국 각자 노트를 펼치거나 창밖을 바라보았다. 어색한 침묵이 강의실을 채웠다. 나는 간단한 질문을 던졌다. "그룹코칭, 들어보셨어요?" 대부분이 고개를 저었다. 몇몇은 "개인코칭은 들어봤는데…" 하고 중얼거렸다. "그럼 왜 이 수업을 선택하셨어요?" 소은 님이 조심스럽게 손을 들었다. "저는… 사람들과 소통하는 법을 배우고 싶어서요. 근데 제가 잘할 수 있을지 모르겠어요." 태규 님이 덧붙였다. "저도 비슷해요. 솔직히 뭘 배우는 건지 감이 안 와요." 성화 님은 더 솔직했다. "저는 학점 때문에… 근데 막상 와보니 실습이 있다고 들어서 걱정이에요."

학생들의 목소리는 작고 조심스러웠다. 눈빛에는 불안과 궁금증이 뒤섞여 있었다. "내가 과연 할 수 있을까?" "이게 나한테 맞는 걸까?" 그들의 에세이를 읽으며, 나는 그들의 내면을 더 깊이 들여다볼 수 있었다. "코칭이 뭔지도 모르겠고, 나한테 맞을까 걱정이에요." "다른 사람 앞에서 실습한다니… 벌써 떨려요." "그룹코칭이 개인코칭과 뭐가 다른지 모르겠어요." 그들은 출발선에 서 있었다. 그룹코칭이 무엇인지, 자신이 무엇을 배우게 될지, 아직 알지 못한 채로.

마지막 수업 날, 강의실 분위기는 사뭇 달랐다. 학생들은 수업 시작 전부터 편안하게 대화를 나눴다. 지난주 실습 경험을 나누고, 서로의 고민에 조언을 건넸다. 어색함은 사라지고, 자연스러운 대화가 오갔다.

나는 같은 질문을 던졌다. "그룹코칭, 이제 뭔지 아시겠어요?" 모두가 고개를 끄덕였다. 소은 님이 먼저 말했다. "이제는 명확히 알아요. 그룹코칭은 개인 성장과 집단지성이 만나는 곳이에요. 혼자서는 발견할 수 없었던 것을, 그룹 안에서 발견하게 되는 거죠." 태규 님이 덧붙였다. "저는 SPARK-DEEP 구조를 배우면서, 코칭이 어떻게 설계되는지 이해하게 됐어요. 처음엔 막막했는데, 이제는 세션을 어떻게 진행해야 할지 보여요." 성화 님도 말했다. "저는 실습을 통해, 참여자가 스스로 답을 찾아가는 순간을 직접 봤어요. 그게 인상 깊었어요."

학생들의 목소리에는 자신감이 실려 있었다. 눈빛도 달라져 있었다. 조심스러움은 편안한 확신으로 바뀌어 있었다. 기말 에세이는 그 변화를 분명히 보여주었다. "이제 저는 코치라고 말할 수 있어요. 완벽하지 않지만, 계속 배워가는 코치입니다." "완벽한 준비보다 유연한 흐름이 더 중요하다는 걸 배웠어요." "참여자의 내면을 이해하는 법을 배웠어요." 그들은 더 이상 출발선에 서 있지 않다. 그룹코칭의 본질을 이해했고, SPARK-DEEP프레임워크를 경험했으며, 실습을 통해 자신만의 접근 방식을 발견했다.

첫 수업의 조심스러운 침묵과, 마지막 수업의 편안한 대화. "제가 잘할 수 있을까요?"와 "이렇게 접근하면 어떨까요?" 불안한 눈빛과, 차분한 확신. 15주 사이, 무슨 일이 있었을까? 단순히 지식을 배운 것이 아니었다. 이론을 외운 것도 아니었다. 그들은 체험했다. 실패하고, 성찰하고, 다시 도전했다. 동료와 함께 고민하고, 피드백을 나누고, 함께 성장했다. 그 과정에서, 많은 것이 달라졌다.

변화는 느낌이 아니라, 기록으로 남았다. 15주 동안, 학생들은 매주 자신의 변화를 체크했다.

첫 주차, "그룹코칭과 개인코칭의 차이를 설명할 수 있나요?"라는 질문에 대부분 "잘 모르겠어요"라고 답했다. 그들은 그룹코칭이 무엇인지조차 명확히 알지 못했다. 하지만 마지막 주차에는 달랐다. "그룹코칭은 개인 성장과 집단지성이 만나는 곳입니다. 한 사람의 이야기가 다른 사람의 깨달음을 촉진하죠"라고 설명했다.

심리적 안전감에 대한 이해도 깊어졌다. 첫 주차, "심리적 안전감이 왜 중요한가요?"라는 질문에 "글쎄요…"라며 말을 흐렸다. 하지만 6주차 첫 실습을 거치며, 그들은 직접 경험했다. "심리적 안전감 없이는 진솔한 대화가 어렵다"는 것을. 마지막 주차에는 "심리적 안전감은 그룹코칭의 토대예요. 이게 없으면 참여자들이 마음을 열지 않아요"라고 말했다.

SPARK 5단계에 대한 이해도 변화했다. 7주차에 처음 배웠을 때, "Start, Probe, Activate, Realize, Keep… 단계가 많네요"라는 반응이었다. 특히 120분을 각 단계에 어떻게 배분해야 할지 혼란스러웠다. "Start는 몇 분, Probe는 몇 분… 감이 안 와요." 하지만 실습을 거치며, 이 다섯 단계는 자연스러운 흐름으로 자리 잡았다. "이제는 시간 배분이 보여요. Start는 짧게, Probe와 Activate는 적절히, Realize에 충분한 시간을 할애하고, Keep으로 마무리하는 거죠"라고 말했다.

DEEP 탐구법도 마찬가지였다. 처음엔 "Discover, Explore, Evaluate, Plan… 이걸 다 60분 안에 해야 하나요?"라고 걱정했다. 하지만 Realize 단계 실습을 거치며, "네 단계가 생각보다 자연스럽게 흘러요. 특히 Evaluate

에서 '왜 이것인가?'를 묻자, 참여자가 스스로 더 깊이 생각하더라고요"라
고 말했다.

특히 눈에 띄는 것은 성찰 역량의 성장이었다. 첫 주차, "실패하면 어떡하
죠?"라고 걱정하던 학생들이, 마지막 주차에는 "실패는 배움의 과정이에
요. 저는 실습에서 시간 안배를 잘못했지만, 그 과정에서 유연함을 배웠어
요"라고 말했다.

동료 피드백을 받는 태도도 달라졌다. 첫 실습 후, "제가 뭘 잘못했나요?"라
고 방어적으로 물었던 학생들이, 마지막 실습 후에는 "동료들의 피드백에
서 제가 보지 못한 부분을 발견했어요. 도움이 많이 됐어요"라고 말했다.

자신만의 코칭 접근 방식을 인식하는 것도 큰 변화였다. 첫 주차, "코칭 스
타일이 뭐예요? 그냥 배운 대로 하면 되는 거 아닌가요?"라고 했던 학생들
이, 마지막 주차에는 "저는 공감적인 접근을 선호해요. 동료는 논리적이고
구조적인 접근을 잘하고요. 서로 다르지만, 둘 다 효과적인 것 같아요"라
고 말했다.

실습이 끝난 후, 나는 학생들에게 물었다. "동료의 가장 큰 변화는 무엇인
가요?" 학생들은 서로를 바라보며 미소 지었다. 그리고 한 명씩 이야기를
나누기 시작했다. "처음엔 조심스러웠는데, 이제는 자신감이 생긴 것 같아
요." "완벽하게 준비하려고 했는데, 실습을 거치며 유연하게 대응하는 법
을 배운 것 같아요." "처음엔 말을 많이 안 했는데, 이제는 적극적으로 의견
을 나누는 것 같아요." "혼자 해결하려고 했는데, 이제는 동료에게 도움을
요청하는 걸 편하게 생각하는 것 같아요."

동료들의 목소리에는 진심 어린 인정이 담겨 있었다. 그들은 서로의 변화
를 가장 가까이에서 지켜본 동료였다. 특히 인상적이었던 것은, 그들이 서

로의 강점을 발견했다는 것이다. "재희 님은 심리적 안전감을 만드는 걸 잘해요." "해중 님은 DEEP 탐구법을 자연스럽게 진행해요." "인영 님은 시간 안배를 잘해요. 각 단계를 정확히 조절하더라고요." 그들은 더 이상 낯선 사람들이 아니었다. 함께 배우고 성장하는 동료였다.

그리고 이 모든 변화는 매주 성찰 저널을 통해 생생히 기록되었다.

1주차, 학생들의 저널은 불안으로 가득했다.

"코칭이 뭔지도 잘 모르겠어요."

"실습이 부담스러워요."

"다른 사람들은 다 잘하는 것 같은데, 나만 못하는 것 같아요."

7주차, SPARK-DEEP 프레임워크를 배운 후의 저널에는 호기심이 싹텄다.

"중간 세션의 구조가 이제 보여요."

"Realize 단계가 흥미로워요. 깨달음의 순간을 설계한다는 게 신선해요."

"DEEP 탐구법을 실제로 해보고 싶어요."

13주차, 중간 세션 실습을 마친 후의 저널에는 깨달음이 담겨 있었다.

"참여자가 스스로 답을 찾는 걸 봤어요."

"코칭이 이런 거구나 싶었어요."

"시간 안배가 어려웠지만, 그 과정에서 배운 게 많아요."

그리고 15 주차, 저널의 마지막 문장들은 이렇게 끝났다.

"이제 저는 코치라고 말할 수 있어요."

"완벽하지 않지만, 계속 배워가는 코치입니다."

"15주 전의 나와 지금의 나는 많이 달라졌어요."

기록은 거짓말을 하지 않는다. 15주 동안, 그들은 분명히 성장했다.

하지만 가장 큰 변화는, 측정하기 어려운 곳에 있었다. 눈빛이 조금 더 차분해졌다. 첫 주차의 불안한 눈빛이, 마지막 주차에는 차분한 확신으로 바뀌었다. 목소리에 자신감이 실렸다. 첫 주차의 작고 조심스러운 목소리가, 마지막 주차에는 또렷하고 자연스러운 목소리로 바뀌었다. 서로를 대하는 태도도 달라졌다. 첫 주차의 조심스러움은 편안한 신뢰로 바뀌어 있었다. 그리고 무엇보다, 자신을 바라보는 시선이 달라졌다. 첫 주차, "나는 할 수 있을까"라고 의문을 품었던 학생들이, 마지막 주차에는 "나는 계속 배워갈 수 있어"라고 믿었다. 이것은 점수로 측정할 수 없는 변화였다. 하지만 가장 중요한 변화였다.

끝이 아니라, 시작

마지막 수업. 강의실에는 아쉬움과 기대감이 뒤섞여 있었다. 15주가 끝난다는 아쉬움, 그리고 이제 시작이라는 기대감. 나는 학생들에게 물었다. "15주가 끝났습니다, 여러분은 무엇을 가져가실 건가요?" 강의실이 잠시 조용해졌다. 학생들은 노트를 들여다보고, 창밖을 바라보며 생각했다.

소은 님이 먼저 말했다. "저는 매주 성찰하는 시간을 가지려고 해요. 이 수업에서 배운 것 중 가장 큰 건 '멈추고 돌아보는 것'이었거든요." 태규 님이 덧붙였다. "저는 우리 팀 회의에서 Probe 단계를 조금씩 적용해보려고 해요. 지난 경험을 먼저 나누고 시작하는 거죠." 성화 님도 말했다. "저는 이 수업에서 만난 동료들과 계속 만나기로 했어요. 혼자서는 지속하기 어려울 것 같아서요." 재희 님이 손을 들었다. "저는 '완벽하지 않아도 괜찮다'는 걸 계속 기억하려고 해요. 이게 제일 큰 배움이었거든요."

나는 칠판에 큰 글씨로 적었다. "15주는 끝이 아니라, 시작입니다." 나는 잠시 멈춘 후, 말을 이었다. "여러분 안에 심어진 씨앗은 이제 자라날 차례입니다. 완벽하지 않아도 괜찮습니다. 조금씩, 꾸준히, 자기만의 방식으로." 학생들이 고개를 끄덕였다. 그들의 눈빛에는 차분한 확신이 있었다.

마지막 수업이 끝나고, 학생들은 서로에게 작별 인사를 건넸다. "다음에 또 만나요." "우리 약속 꼭 지켜요." "계속 연락해요." 그들은 더 이상 낯선 개별 학생이 아니었다. 함께 배우고 성장한 동료였다.

나는 강의실 문을 나서며 뒤돌아보았다. 빈 강의실이었지만, 그 안에는 15주 동안의 모든 순간이 남아 있었다. 첫 주차의 조심스러운 침묵, 6주차의 혼란, 7주차의 설렘, 12~13주차의 도전, 그리고 마지막 주차의 성찰. 15주는 짧은 시간이었다. 하지만 그 안에서 학생들은 많은 것을 배웠다.

15주 여정이 보여준 것은 명확하다. "완성된 코치가 되는 것이 아니라, 계속 배워가는 코치가 되는 것." 이것이 진짜 성장이다. 그리고 이 성장은, 지금도 계속되고 있다.

지금도 계속되는 정교화

"SPARK-DEEP 프레임워크는 완성된 이론이 아닙니다." 학기 말, 나는 학생들에게 이렇게 말했다. "이것은 살아있는 방법론입니다. 여러분의 피드백을 받아 계속 정교화하고 있고, 저 역시 현장에서 계속 개선하고 있습니다."

실제로 나는 지금도 SPARK-DEEP 프레임워크를 발전시키고 있다. 12~13주차 실습 후, 학생들의 피드백이 쏟아졌다. "Realize 단계에서 DEEP 탐구법을 다 하려니 시간이 부족했어요." "Keep 단계를 어떻게 마무리해야 할지 고민됐어요." 나는 이 모든 피드백을 노트에 적었다. 그리고 하나씩 개선 방안을 고민했다.

Realize 단계의 시간 안배에 대해서는, DEEP 탐구법의 각 단계에 유연하게 시간을 배분하되, 참여자의 깊이에 따라 조정할 수 있도록 가이드를 제시했다. Discover에서 진짜 이슈를 발견하고, Explore에서 가능성을 충분히 탐색하며, Evaluate에서 왜 이것인가를 묻고, Plan에서 구체적인 실행계획을 수립하는 흐름이 자연스럽게 이어지도록 했다. 물론 유연하게 조정 가능하지만, 처음 실습하는 학생들에게는 이 가이드가 큰 도움이 되었다.

Keep 단계의 마무리 기법에 대해서는, "다음 만남까지 무엇을 가져가실 건가요?"라는 질문으로 지속성을 강조하도록 했다. 세션이 끝나도, 참여자의 변화 여정은 계속된다는 것을 각인시키는 것이다.

나는 학생들에게도 이 과정을 투명하게 공유했다. "여러분의 실습 덕분에 이 프레임워크이 더 단단해지고 있습니다. 제 목표는 완벽한 이론을 만드는 것이 아닙니다. 여러분의 현장에서 실제로 쓸모 있는 지도를 그리는 것입니다."

이 순환은 15주 과정이 끝난 후에도 계속되었다. 학생들이 졸업 후 현장에서 SPARK-DEEP프레임워크를 사용하며 보내온 피드백, 내가 기업 코칭 현장에서 적용하며 발견한 인사이트. 이 모든 것이 SPARK-DEEP프레임워크를 더욱 단단하게 만들었다.

"완성은 없습니다. 다만 지속적인 정교화가 있을 뿐입니다."

내 책상 위에는 여전히 SPARK-DEEP 프레임워크를 스케치한 노트가 펼쳐져 있다. 그리고 그 옆에는 새로운 질문들이 적혀 있다. 'Realize 단계를 더 깊게 만들려면?' 'DEEP 탐구법에 감정 차원을 어떻게 더할까?' '온라인 환경에서는 어떻게 조정해야 할까?' 정교화는 지금도 계속되고 있다.

Part 1에서 우리는 '발견'했다.

그룹코칭이 무엇인지, 집단지성이 어떻게 작동하는지, SPARK-DEEP 프레임워크가 왜 필요한지를. 15주간의 여정을 통해, 나는 18년간의 개인코칭 경험을 넘어선 새로운 세계를 목격했고, 학생들은 백지 상태에서 출발하여 전문 그룹 코치로 성장했다.

하지만 이제 질문이 바뀐다. "어떻게 실행할 것인가?"

Part 2에서는 그룹코칭의 전체 여정을 세 단계로 나누어 살펴본다. 첫 세션에서 신뢰를 쌓고 목표를 세우는 법, 중간 세션에서 SPARK-DEEP 프레임워크로 통찰을 행동으로 연결하는 법, 그리고 마무리 세션에서 경험을 통합하고 새로운 시작을 준비하는 법. 발견의 여정이 끝났다. 이제 실행의 여정이 시작된다.

PART 2

실행: 세션별 구조와 실천 가이드

첫 세션 - 신뢰의 기초 만들기

4-1 첫 만남에서 신뢰까지 – 관계 형성의 실제

처음 90분이 결정하는 것들

첫 세션을 준비하며 나는 늘 긴장한다. 그룹코칭을 시작한 이래 수많은 그룹을 만났지만, 새로운 그룹과의 첫 만남은 여전히 설렌다. 왜냐하면 이 90분이 이후 모든 것을 결정한다는 것을 알기 때문이다.

클럽과 콜린스(Chlup & Collins, 2010)는 이를 "신뢰는 방울방울 쌓이지만, 한순간에 쏟아져 사라진다(Trust is earned in drops, lost in buckets)"라는 표현으로 정리했다. 첫 세션은 신뢰의 첫 방울을 떨어뜨리는 시간이다. 이 방울이 제대로 떨어지지 않으면, 이후 아무리 노력해도 신뢰의 그릇을 채우기 어렵다.

첫 세션에서 결정되는 세 가지

첫째, 심리적 안전감의 기반이 만들어진다. 참여자들은 첫 세션에서 "이 그룹에서 나는 안전한가?", "실수해도 괜찮은가?", "내 의견이 존중받을까?"를 예민하게 감지한다. 에이미 에드먼슨(Amy Edmondson, 2014)은 심리적 안전감을 "대인관계 위험을 감수해도 안전하다고 믿는 공유된 신념"으로 정의했다. 이 신념은 단번에 형성되지 않지만, 첫 90분 동안의 경험이 그 방향을 결정한다.

구체적으로, 참여자들은 다음을 관찰한다. 코치가 질문을 어떻게 받아들이는가. 누군가 실수했을 때 그룹이 어떻게 반응하는가. 침묵이 흘렀을 때 누가 먼저 깨뜨리는가. 이런 작은 순간들이 축적되어 "이 그룹은 안전하다" 또는 "조심해야 한다"는 암묵적 결론으로 이어진다. 첫 세션에서 단 한 번의 부정적 경험(비난, 무시, 조롱)도 이후 회복하기 어렵다.

둘째, 참여의 방향이 정해진다. 그룹 공통 목표와 개인목표가 설정되고, 앞으로 다룰 세부주제가 결정된다. 이는 단순한 계획 수립이 아니라, "우리는 함께 어디로 가고 있는가?"라는 집단적 합의의 시작이다. 목표가 명확하지 않으면, 이후 중간 세션에서 참여자들은 "왜 우리가 이것을 하고 있지?"라는 의구심을 가지게 된다.

더 중요한 것은, 이 목표를 누가 정하느냐다. 코치가 일방적으로 제시한 목표는 참여자들에게 따라야 할 과제로 느껴진다. 반면, 참여자들이 함께 도출한 목표는 우리의 목표가 된다. 이 차이가 이후 전체 여정 동안의 참여도와 몰입도를 결정한다. 아델하이트 클라인겔드 등(Adelheid Kleingeld et al., 2011)의 연구에 따르면, 첫 세션에서 참여자들이 목표 설정 과정에 실질적으로 기여했다고 느끼는 것이 성과를 결정짓는 핵심 요인이다.

셋째, 관계의 질이 형성된다. 참여자들이 서로를 어떻게 인식하고, 어떤 방식으로 상호작용할 것인가의 패턴이 이 시간에 만들어진다. 이 패턴은 이후 중간 세션에서 쉽게 바뀌지 않는다.

예를 들어, 첫 세션에서 누군가 먼저 질문하고 그것이 환영받는 경험을 하면, 이후 세션에서도 질문이 자유롭게 오간다. 반대로, 첫 세션에서 모두가 침묵으로 일관하면, 이 침묵의 문화는 고착화된다. 또한 참여자들 간의 권력 관계(누가 더 많이 말하는가, 누구의 의견이 더 중요하게 다뤄지는가)도 첫 세션에서 형성되기 시작한다.

브루스 터크먼(Bruce Tuckman, 1965)의 그룹 발달 이론에서 첫 세션은 Forming(형성)단계에 해당한다. 이 단계에서 만들어진 관계의 기본 틀이 이후 Storming(격동), Norming(규범화), Performing(수행)으로 이어지는 토대가 된다. 첫 세션의 90분은 단순히 시작이 아니라, 그룹의 DNA가 각인되는 시간이다.

첫 세션 시작 전 코치의 관찰

첫 세션이 공식적으로 시작되기 전, 나는 참여자들의 비언어적 신호를 살핀다. 누가 먼저 도착했는가. 어디에 앉는가. 다른 사람과 눈을 마주치는가. 혼자 휴대폰을 보고 있는가, 아니면 누군가와 대화를 시도하는가.

이 신호들은 참여자의 현재 심리 상태를 알려준다. 일찍 도착해 앞자리에 앉는 사람은 기대와 준비된 마음을 가진 경우가 많다. 뒤쪽 구석에 앉아 눈을 피하는 사람은 불안하거나 관망하는 상태일 가능성이 높다. 이런 관찰은 첫 세션을 어떻게 진행할지에 대한 힌트를 준다. 불안한 참여자가 많다면, 심리적 안전감 구축에 더 많은 시간을 할애해야 한다.

Mood Meter - 감정을 시각화하는 힘

첫 세션에서 가장 먼저 활용하는 도구는 무드 미터(Mood Meter)다. 이는 예일 대학 감성 지능 센터의 RULER 프로그램이 제안하는 핵심 기법으로, 참

　　　　　　　　　　　　　　그룹코칭 SPARK

여자는 브래킷 등(Brackett et al., 2019)의 설계에 따라 자신의 감정을 4사분면 위에 시각적으로 표기하며 현재의 내면 상태를 그룹과 공유하게 된다. 무드 미터는 두 축으로 이루어져 있다. 가로축은 쾌-불쾌(Pleasant-Unpleasant), 세로축은 에너지 수준(High Energy-Low Energy)이다. 두 축이 만나는 네 구역은 서로 다른 감정 상태를 나타내며, 이 도구의 핵심은 색이 아니라 좌표다. 참여자는 자신이 느끼는 감정을 '어떤 이름'으로 붙이기 전에, '어느 방향(쾌/불쾌)'과 '어느 높이(에너지 높음/낮음)'에 가까운지부터 확인한다.

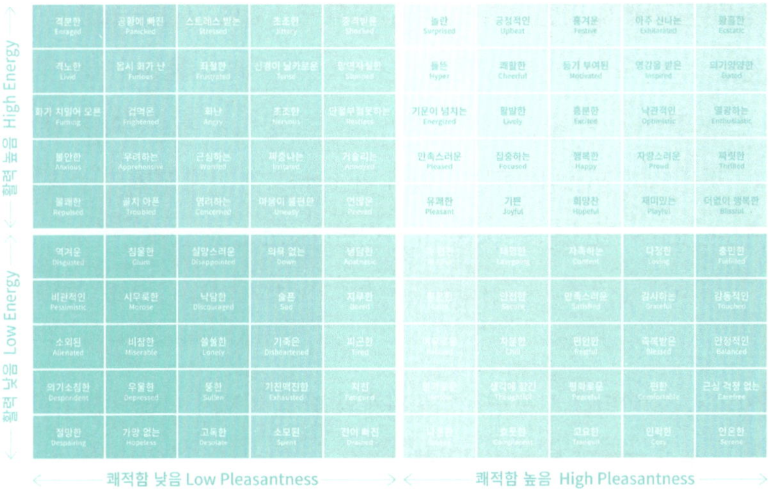

[그림 3] Mood Meter: 감정 좌표

- 좌상단(고에너지/불쾌): 불안, 긴장, 스트레스, 좌절
- 우상단(고에너지/쾌): 흥분, 기쁨, 열정, 활력
- 우하단(저에너지/쾌): 평온, 편안, 안정, 차분함
- 좌하단(저에너지/불쾌): 우울, 무기력, 슬픔, 지침

간단한 자기소개를 마친 후, 나는 무드 미터를 소개한다. "지금 이 순간, 여러분의 감정은 이 네 구역 중 어디에 더 가까운가요? 종이에 표시해주세요." 참여자들은 각자 자신의 현재 감정을 표시하고, 그 결과를 공유한다. 이 과정에서 중요한 것은 "왜 그 구역에 있는가?"를 깊이 묻는 것이 아니라, "그 구역에 있다는 것을 인정하고 존중하는 것"이다. 감정에 대한 설명을 강요하면 참여자들은 방어적이 된다. 태규 님은 좌상단(고에너지/불쾌) 쪽, 즉 불안과 긴장에 가까운 지점에 표시하며 "그룹코칭이 처음이라 긴장된다"고 짧게 말한다. 나는 태규 님의 솔직함에 감사를 표하고 "지금 좌상단 쪽에 표시하신 분이 몇 분이나 계신가요?"라고 물었다. 6명 중 4명이 손을 들었다. 이 순간, 참여자들은 자신의 불안이 혼자만의 것이 아니라는 것을 알게 되었다. 이는 심리적 안전감의 첫 번째 단계인 소속감 안전(Inclusion Safety)을 구축하는 순간이었다(Clark, 2020).

그룹 감정 지도 만들기

개인의 무드 미터를 모으면, 그룹 전체의 감정 지도가 만들어진다. 첫 세션에서 우리 그룹의 분포는 이러했다.

- 좌상단(고에너지/불쾌): 4명
- 우상단(고에너지/쾌): 1명
- 우하단(저에너지/쾌): 1명
- 좌하단(저에너지/불쾌): 0명

이 지도는 두 가지를 알려준다. 첫째, 대부분의 참여자가 에너지 축에서 상단에 위치해 있다. 즉, 각성되어 있고 주의가 집중되어 있다. 이는 학습에 유리한 상태다. 둘째, 쾌-불쾌 축에서 왼쪽에 위치한 사람이 많다. 이는 첫 세션에서 심리적 안전감 구축이 최우선 과제임을 의미한다. 나는 이 결과를 바탕으로 그라운드 룰 설정 시 실수와 불안을 환영하는 문화를 특히 강조했다. 무드 미터는 단순한 체크인 도구가 아니라, 그룹의 문화를 설계하는 데이터가 된다.

에너지 조절의 3가지 기법

무드 미터를 활용하면, 그룹의 에너지를 의도적으로 조절할 수 있다. 첫 세션에서 활용 가능한 3가지 기법은 다음과 같다.

1. 코치의 에너지 매칭

그룹의 에너지 수준에 맞춰 코치의 목소리 톤, 말하기 속도, 제스처를 조절한다. 에너지 축에서 상단(고에너지)에 위치한 그룹(예: 흥분, 불안)에게는 활기찬 템포로, 하단(저에너지)에 위치한 그룹(예: 평온, 무기력)에게는 차분하고 안정적인 템포로 진행한다. 에너지 수준의 불일치는 참여자들에게 어색함으로 느껴진다. 예를 들어, 참여자들이 좌상단(고에너지/불쾌), 즉 불안과 긴장 쪽에 몰려 있는데 코치가 지나치게 느리고 차분하게 말하면, 참여자들은 "이 코치가 우리의 상태를 이해하지 못한다"고 느낀다.

2. 불안을 기대로 재프레이밍

좌상단(고에너지/불쾌) 쪽에 위치한 참여자가 많을 때, 불안을 부정적으로 다루지 않고 긍정적으로 재해석한다. "이 긴장감은 새로운 배움 앞에서 자연스러운 반응이며, 오히려 여러분이 이 시간에 진지하게 임하고 있다는 증거입니다. 긴장은 성장의 신호예요." 이런 재프레이밍은 참여자들의 불안을 정상화하고, 오히려 긍정적 신호로 전환시킨다.

3. 다양성을 정상화하기

모든 참여자를 같은 감정 상태로 이끌려고 하지 않는다. "지금 이 그룹에는 흥분, 불안, 평온 등 다양한 감정이 공존합니다. 이것이 건강한 그룹의 모습입니다. 우리는 서로 다른 감정 상태에서 출발하지만, 함께 배우는 여정을 시작할 수 있습니다." 다양한 감정 상태가 공존할 수 있다는 메시지를 전달함으로써, 참여자들은 "나만 다르다"는 고립감에서 벗어난다.

무드 미터는 첫 세션에서만 사용하는 도구가 아니다. 이후 모든 세션의 시작과 끝에서 활용하면, 참여자들의 감정 변화를 추적하고, 그룹의 심리적 안전감 수준을 모니터링할 수 있다. 특히 중간 세션에서 SPARK-DEEP 프레임워크를 진행하기 전후로 무드 미터를 측정하면, 120분 동안의 감정 변화를 가시화할 수 있다.

심리적 연결의 4단계

무드 미터로 현재 감정을 확인했다면, 이제 참여자들 간의 심리적 연결을 만들어야 한다. 단순히 이름과 직업을 아는 것을 넘어, "이 사람들과 함께 성장할 수 있겠다"는 느낌을 형성하는 과정이다.

Step 1: 자기소개(표면적 연결)

전통적인 자기소개는 이름, 소속, 그룹코칭을 선택한 이유 정도로 구성된다. 이는 필요하지만, 충분하지 않다. 표면적 정보만으로는 심리적 연결이 만들어지지 않는다.

첫 세션에서 나는 자기소개 시간을 전체15분으로 제한한다. 참여자 6명 기준, 한 사람당 2~3분 내외다. 이는 너무 길지도, 너무 짧지도 않은 시간이다. 중요한 것은 "완벽한 자기소개"가 아니라 "솔직한 첫 마음"을 나누는 것이다.

자기소개 형식은 다음과 같이 제안한다. "이름과 간단한 배경을 소개하고, 이 그룹코칭을 선택한 이유와 지금 느끼는 감정을 한두 문장으로 나눠주세요." 마지막 요소인 "지금 느끼는 감정"이 핵심이다. 감정을 나누는 순간, 연결이 시작된다.

예를 들어, 한 참여자는 "저는 기업에서 HR을 담당하고 있고, 조직에 그룹코칭을 도입하고 싶어서 이 수업을 선택했습니다. 솔직히 잘할 수 있을지 모르겠지만, 배우고 싶은 마음은 큽니다"라고 소개했다. 이 짧은 소개에는 세 가지정보가 담겨 있다. 직업(HR), 목표(그룹코칭 도입), 그리고 감정(불확실함과 배움의 열망). 마지막 요소가 가장 중요하다.

Step 2: 기대 나누기(가벼운 기대)

자기소개 후, 나는 참여자들에게 묻는다. "이 그룹코칭을 통해 무엇을 얻고 싶으신가요? 한두 문장으로 가볍게 나눠주세요."

여기서 주의할 점은, 이 단계는 아직 목표 설정이 아니라는 것이다. 구체적인 SMART 목표가 아니라, 막연한 기대와 바람을 나누는 시간이다. 참여자들은 아직 그룹코칭이 무엇인지, 무엇을 배울 수 있는지 명확히 모르기 때문이다.

참여자들의 기대는 보통 이런 형태로 나타난다. "그룹코칭 방법을 배우고 싶어요", "실전에서 적용할 자신감을 얻고 싶어요", "어려운 상황을 잘 다루고 싶어요". 이는 구체적인 목표라기보다, 현재의 불안이나 바람이 투영된 기대다. 이 기대는 나중에 4-3장의 개인목표 설정에서 SMART 기준으로 구체화될 것이다.

Step 3: 공통점 발견(연결의 실마리)

참여자들의 기대를 들으며, 나는 공통점을 찾는다. 그리고 이를 그룹에게 피드백한다.

"여러분의 이야기를 들으니, 공통적으로 '그룹코칭 방법론을 배우고 싶다', '실전에 적용하고 싶다', '어려운 상황을 다루는 역량을 키우고 싶다'는 세 가지 흐름이 보입니다. 이 공통점이 우리가 함께 갈 방향의 실마리가 될 것 같습니다."

이 피드백은 참여자들에게 두 가지를 전달한다. 첫째, "나의 기대가 그룹에서 고립되지 않았다"는 안도감. 둘째, "우리는 서로 다르지만, 함께 갈 수 있는 방향이 있다"는 가능성. 이 순간, 참여자들은 나에서 우리로 시선을 옮기기 시작한다.

공통점 발견은 단순히 유사한 단어를 찾는 것이 아니다. 표면적으로 다른 표현 뒤에 숨은 근본적 욕구를 찾아내는 것이다. 예를 들어, "그룹코칭 프로그램을 설계하고 싶다"와 "심리적 안전감 기술을 배우고 싶다"는 표면적으로 다르지만, 둘 다 "그룹코칭 전문성"이라는 공통 테마로 묶인다.

Step 4: 최초 신뢰 순간 만들기(작은 위험 감수)

심리적 연결의 마지막 단계는 최초 신뢰 순간을 만드는 것이다. 이는 참여자 중 누군가가 작은 위험을 감수하고, 그것이 안전하게 수용되는 경험을 의미한다.

첫 세션에서 나는 이렇게 질문한다. "혹시 지금 궁금한 점이나 걱정되는 점이 있으신가요? 어떤 질문도 환영합니다."

잠시 침묵이 흘렀다. 그리고 한 참여자가 조심스럽게 손을 들었다. "저는 그룹코칭 경험이 전혀 없는데, 따라갈 수 있을까요?"

이 질문은 단순한 정보 요청이 아니다. 이 참여자는 자신의 불안과 부족함을 그룹 앞에서 드러내는 위험을 감수한 것이다. 이 순간을 어떻게 다루느냐가 심리적 안전감의 기반을 결정한다.

나는 이렇게 답했다. "이 솔직한 질문에 감사드립니다. 이 수업은 경험이 없는 분들을 위한 수업입니다. 오히려 경험이 없기 때문에 더 열린 마음으로 배울 수 있습니다. 그리고 이 질문이 다른 분들도 궁금했을 내용일 것입니다." 그러자 다른 참여자가 "저도 같은 걱정을 했었는데, 먼저 물어주셔서 감사합니다"라고 말했다.

이 짧은 교환이 최초 신뢰 순간이다. 한 참여자의 위험 감수(질문)가 안전하게 수용되고(코치의 환영), 다른 참여자의 공감(지지)을 받았다. 이 경험은 "이 그룹에서는 불완전함을 드러내도 괜찮다"는 메시지를 전달한다.

심리적 연결은 거창한 활동이나 긴 시간이 아니라, 이런 작은 순간들의 축적으로 만들어진다. 첫 세션의 90분 동안 이런 순간을 여러 번 만들어내는 것이 코치의 역할이다.

온라인·오프라인·하이브리드 환경의 연결 전략

그룹코칭은 더 이상 오프라인 강의실에만 존재하지 않는다. 온라인 플랫폼, 하이브리드 형태 등 다양한 환경에서 진행된다. 각 환경은 관계 형성에 있어 고유한 장점과 제약을 가진다.

온라인 그룹코칭의 연결 기법

온라인 환경의 가장 큰 제약은 "비언어적 신호의 부족"이다. 표정, 자세, 미세한 움직임 등을 읽기 어렵다. 하지만 이를 보완하는 전략들이 있다.

온라인 연결 체크리스트:

- 카메라 온 원칙 수립: 첫 세션에서 카메라를 켜는 것을 그라운드 룰로 정한다. 단, 개인 사정으로 어려운 경우 사전 공유를 원칙으로 한다.
- 갤러리 뷰 활용: 모든 참여자의 얼굴이 동시에 보이도록 설정한다. 이는 함께 있다는 느낌을 강화한다.
- 체크인 루틴 확립: 매 세션 시작 5분, 무드 미터 또는 한 단어로 현재 기분 표현으로 시작한다. 온라인에서는 일관된 루틴이 안정감을 준다.
- 브레이크아웃 룸 활용: 2~3명씩 소그룹으로 나눠 5~10분 대화 시간을 준다. 큰 그룹에서는 말하기 어려운 참여자도 소그룹에서는 편안하다.
- 채팅 기능 병행: 말로 표현하기 어려운 참여자는 채팅으로 의견을 공유할 수 있다. 코치는 이를 적극 읽어주고 반영한다.
- 배경 공유하기: 첫 세션에서 각자의 공간을 잠깐 보여주기를 제안한다. 참여자의 배경(책상, 창문, 반려동물 등)은 인간적 연결을 만든다.

오프라인 그룹코칭의 연결 기법

오프라인의 강점은 "신체적 현존감"이다. 같은 공간에 있다는 것만으로도 연결감이 높다. 이를 최대화하는 전략이 필요하다.

오프라인 연결 체크리스트:

- 원형 좌석 배치: 가능하면 참여자들이 원형으로 앉도록 한다. 누구도 뒤에 있지 않고, 모두가 서로를 볼 수 있다.
- 도착 시간 활용: 세션 시작 20분 전부터 세션 공간을 열어둔다. 일찍 온 참여자들이 자연스럽게 대화할 수 있는 시간을 준다.
- 신체 활동 포함: 첫 세션에서 5분 정도의 가벼운 스트레칭이나 워밍업 활동을 한다. 신체적 움직임은 긴장을 풀고 에너지를 높인다.
- 비언어적 신호 읽기: 코치는 참여자들의 자세, 표정, 눈빛을 민감하게 포착한다. 뒤로 물러나 있거나, 팔짱을 끼거나, 눈을 피하는 신호를 놓치지 않는다.
- 휴식 시간 활용: 90분 세션 중간에 5~10분 휴식을 준다. 이때 참여자들이 자율적으로 대화하도록 두고, 코치는 적극 개입하지 않는다.
- 공간의 안전감: 환경이 안전하고 편안한지 확인한다. 조명, 온도, 소음 등이 집중을 방해하지 않도록 조정한다.

하이브리드 그룹코칭의 균형 잡기

하이브리드는 가장 도전적인 형태다. 오프라인 참여자와 온라인 참여자가 공존하면, 이중 그룹 느낌이 생길 위험이 있다. 이를 방지하는 전략이 필요하다.

하이브리드 연결 원칙:

- 온라인 참여자 우선 배려: 오프라인 참여자들끼리만 대화하지 않도록 의도적으로 온라인 참여자에게 먼저 발언 기회를 준다.
- 화면 공유: 오프라인 공간에 큰 화면을 설치하여 온라인 참여자들의 얼굴이 계속 보이도록 한다.
- 음향 시스템 점검: 오프라인에서 하는 대화가 온라인 참여자에게 명확히 들리는지 반드시 사전 테스트한다.
- 공평한 브레이크아웃: 소그룹 활동 시, 온라인-오프라인 혼합 그룹으로 구성한다. 한쪽만 모이지 않도록 한다.
- 동일한 자료 제공: 모든 참여자가 같은 자료를 미리 받아 볼 수 있도록 사전 공유한다.

환경을 넘어선 핵심 원칙

환경이 무엇이든, 관계 형성의 핵심 원칙은 동일하다.

- 존재를 인정하기: 모든 참여자의 이름을 부르고, 발언에 반응하며, 존재를 인정한다. 특히 침묵하는 참여자에게 "지금 어떤 생각을 하고 계신지 궁금합니다"라고 초대하되, 강요하지 않는다.
- 공평한 참여 기회: 말이 많은 사람과 적은 사람의 균형을 잡는다. 침묵하는 참여자를 강제로 발언시키지는 않지만, 발언할 수 있는 안전한 틈을 만든다.
- 실수에 관대하기: 첫 세션에서 누군가 늦거나, 기술적 문제가 생기거나, 말을 더듬어도 괜찮다는 분위기를 만든다. 코치가 먼저 자신의 실수를

가볍게 인정하면, 참여자들도 완벽하지 않아도 된다는 것을 배운다.

첫 세션을 마치며 한 참여자는 "처음엔 너무 긴장했는데, 지금은 조금 편안해졌다"고 말했다. 다른 참여자가 답했다. "저도요. 다음 주가 기대됩니다." 이 짧은 대화가 첫 세션의 성공을 증명한다. 긴장에서 편안함으로, 불안에서 기대로. 이 90분이 만든 변화다. 그리고 이 변화의 기반 위에, 이제 심리적 안전감을 본격적으로 구축할 수 있다.

심리적 안전감이란 무엇인가

첫 세션에서 관계가 형성되었다면, 이제 그 관계를 지탱할 토대를 만들어야 한다. 그 토대가 바로 심리적 안전감이다.

심리적 안전감의 정의

에이미 에드먼슨(Amy Edmondson, 2014)은 심리적 안전감을 "대인관계 위험을 감수해도 안전하다고 믿는 공유된 신념(a shared belief that the team is safe for interpersonal risk-taking)"으로 정의했다. 이는 단순히 '편안한 분위기'나 '친절한 태도'가 아니다. 구체적으로 네 가지 행동이 자유롭게 일어나는 상태를 의미한다.

첫째, 질문하기. 모르는 것을 인정하고, "이것이 무슨 뜻인가요?"라고 물을 수 있다. 둘째, 실수 인정하기. "제가 틀렸습니다", "잘못 이해했습니다"라고 말할 수 있다. 셋째, 아이디어 제시하기. "이런 방법은 어떨까요?"라고 불완전한 생각도 꺼낼 수 있다. 넷째, 도전하기. "현재 방식에 의문이 있습니다"라고 다른 의견을 말할 수 있다.

이 네 가지가 자유롭게 일어나는 그룹은 심리적으로 안전하다. 반대로, 이 중 하나라도 억제되는 그룹은 안전하지 않다.

심리적 안전감의 단계적 발달

티모시 클락(Timothy Clark, 2020)은 심리적 안전감이 한 번에 형성되는 것이 아니라 단계적으로 발달한다고 제안했다. 그의 4단계 모델은 에드먼슨의 개념을 실무에 적용 가능하게 구조화한 것이다.

가장 기초적인 단계는 소속감 안전(Inclusion Safety)이다. 이는 "나는 이 그룹의 일원으로 받아들여지는가?"라는 질문에 대한 답이다. 그룹코칭 맥락에서 이는 첫 세션에서 이름을 불러주고, 발언에 반응하며, 존재를 인정받는 경험을 통해 형성된다. 소속감이 없으면, 이후 어떤 단계도 도달할 수 없다.

두 번째 단계는 학습자 안전(Learner Safety)이다. "여기서 배워도 괜찮은가?"라는 질문이다. 참여자들이 질문하고, 실수하고, 모르는 것을 인정해도 비난받지 않는다는 것을 경험해야 한다. 이는 주로 첫 세션과 중간 세션의 첫세션에서 형성된다.

세 번째 단계는 기여자 안전(Contributor Safety)이다. "내 생각을 말해도 괜찮은가?"라는 질문이다. 참여자들이 자신의 아이디어와 의견을 제시했을 때 진지하게 경청받는 경험이 축적되면서 형성된다. 이는 중간 세션을 거치며 점진적으로 발달한다.

네 번째이자 가장 높은 단계는 도전자 안전(Challenger Safety)이다. "다른 의견을 말해도 괜찮은가?"라는 질문이다. 참여자들이 현재 방식이나 그룹의 합의에 이의를 제기해도 보복받지 않는다는 것을 경험해야 한다. 이는 그룹이 충분히 성숙했을 때만 도달 가능하다.

첫 세션에서는 주로 첫 번째 단계(소속감 안전)와 두 번째 단계(학습자 안전)의 기반을 만든다. 세 번째 단계(기여자 안전)와 네 번째 단계(도전자 안전)는 이후 중간 세션을 거치며 점진적으로 형성된다. 다만 첫 세션과 중간 세션의 첫 세션에서 첫 번째와 두 번째 단계의 기반이 약하면, 이후 세 번째와 네 번째 단계는 안정적으로 도달하기 어렵다.

왜 심리적 안전감이 그룹코칭의 핵심인가

그룹코칭의 목적은 학습과 성장이다. 그런데 학습은 본질적으로 위험한 행위다. 새로운 것을 시도하면 실수할 수 있고, 질문하면 무지가 드러나며, 의견을 말하면 거부당할 수 있다. 이 위험이 너무 크게 느껴지면, 사람들은 침묵하고, 방어하고, 철수한다.

에드먼슨(2014)의 연구에 따르면, 심리적 안전감이 높은 팀은 낮은 팀에 비해 학습 행동(질문, 피드백 요청, 실험, 성찰)이 유의미하게 많았다. 그룹코칭은 팀보다 더 강렬한 학습 환경이다. 따라서 심리적 안전감은 선택이 아니라 필수다.

첫 세션에서 심리적 안전감의 기반을 만들지 못하면, 이후 중간 세션에서 참여자들은 진정한 탐구를 하지 못한다. 표면적인 답변, 사회적으로 바람직한 발언, 안전한 주제로의 도피가 일어난다. 이는 그룹코칭의 실패를 의미한다.

심리적 안전감은 편안함이 아니다

중요한 오해 하나를 바로잡아야 한다. 심리적 안전감은 모두가 편안하고 갈등 없는 상태가 아니다. 오히려 심리적으로 안전한 그룹은 건설적인 갈등과 도전이 활발하다.

안전하지 않은 그룹은 조용하고 순응적이다. 아무도 다른 의견을 말하지 않고, 모두가 표면적으로 동의한다. 이는 평화로워 보이지만, 실제로는 두려움이 지배하는 상태다. 안전한 그룹은 활발하게 질문하고, 서로 다른 의견을 말하며, 때로는 불편한 주제를 다룬다. 심리적 안전감은 위험을 감수할 수 있는 안전함이지, 위험이 없는 편안함이 아니다.

코치는 이 차이를 명확히 이해해야 한다. 첫 세션에서 "여기서는 어떤 말도 환영합니다"라고 말하는 것은, "여기서는 모두가 동의해야 합니다"가 아니라 "여기서는 서로 다른 생각을 말할 수 있습니다"를 의미한다. 이 메시지를 명확히 전달하지 않으면, 참여자들은 안전을 동의로 오해한다.

첫 세션 말미의 진단 - 나 자신으로 있는 것이 비용이 드는가

심리적 안전감을 구축하려면, 먼저 현재 수준을 진단해야 한다. 클락(2020)이 제안한 진단 도구를 그룹코칭 맥락에 맞게 조정하였다.

핵심 질문 하나

클락은 심리적 안전감을 측정하는 핵심 질문으로 "나 자신으로 있는 것이 비용이 드는가?(Is it expensive to be yourself?)"를 제시했다. 여기서 비용이란 불안, 두려움, 자기검열, 에너지 소모를 의미한다. 심리적으로 안전한 그룹에서는 나 자신으로 있는 것이 공짜다. 불안전한 그룹에서는 비싸다. 이 추상적 질문을 구체화한 것이 12개 항목 진단이다. 원래는 일반 조직 상황을 위한 것이지만, 그룹코칭 첫 세션 맥락에 맞게 조정하였다.

진단 시점: 첫 세션 마지막 10분

이 진단은 첫 세션 마지막 10분에 실시한다. 90분 동안의 실제 경험을 바탕으로 답할 수 있기 때문이다. 세션 시작 직후에는 아직 아무 일도 일어나지 않았으므로 진단이 무의미하다. 그러나 80분이 지나면, 참여자들은 이미 여러 순간을 경험했다. 누군가 질문했을 때 어떤 반응이 있었는가. 침묵이 흘렀을 때 어떤 느낌이었는가. 이런 구체적 경험이 진단의 기반이 된다.

12개 질문: 참여자들에게 다음과 같이 안내한다. "지난 80분 동안, 다음 중 하나라도 경험했다면 표시해주세요. 이는 누구도 볼 수 없는 개인적 진단이며, 결과는 익명으로 처리됩니다."

1. 이 그룹에서 소외되거나 환영받지 못한다고 느낀 적이 있는가?

2. 이 그룹에서 질문하는 것이 두렵게 느껴진 적이 있는가?

3. 답을 알고 있었지만 말하지 못하고 침묵한 적이 있는가?

4. 내가 기여한 아이디어나 의견이 무시되거나 다른 사람의 것으로 여겨진 적이 있는가?

5. 내가 제안한 의견이 그룹에서 무시되거나 논의조차 되지 않은 적이 있는가?

6. 말하는 중에 무례하게 중단당하거나 끼어들기 당한 적이 있는가?

7. 나에 대한 부정적 편견이나 선입견을 느낀 적이 있는가?

8. 그룹의 방식이나 의견에 다른 시각을 제시했을 때 부정적 반응을 경험한 적이 있는가?

9. 코치나 다른 참여자가 피드백을 요청했지만 실제로는 듣고 싶어 하지 않는다고 느낀 적이 있는가?

10. 내 발언이나 행동이 그룹 앞에서 놀림이나 비판의 대상이 된 적이 있는가?

11. 실수를 했을 때 비난받거나 부정적 평가를 받은 적이 있는가?

12. 다른 참여자들에 비해 내가 부족하거나 열등하다고 느낀 적이 있는가?

참여자들이 진단을 마치면, 코치는 결과를 수집한다. 개인별 결과는 공개하지 않는다. 대신 그룹 전체 경향을 익명으로 공유한다.

체크된 항목이 0~2개라면, 그룹은 상대적으로 안전한 출발을 한 것이다. 현재 수준을 유지하는 전략이 필요하다. 3~5개라면, 안전감 구축이 필요하다. 그라운드 룰을 강화하고, 코치가 적극적으로 개입해야 한다. 6개 이상이라면, 즉각적 대응이 필요하며, 필요시 개별 참여자와 1:1 대화를 고려해야 한다.

중요한 것은 어떤 항목이 많이 체크되었는가다. 예를 들어, 질문과 관련된 항목이 6명 중 4명에게 체크되었다면, 이는 그룹 전체가 공유하는 불안이다. 코치는 이를 즉시 그룹에 피드백한다. "진단 결과를 보니, 우리 그룹에서 가장 많이 체크된 항목은 '질문하는 것이 두렵다'였습니다. 이는 많은 분들이 비슷한 불안을 느끼고 계시다는 뜻입니다. 우리가 특히 이 부분에 주의를 기울여보면 어떨까요?"

이 진단 결과는 2세션 이후 그라운드 룰 보완의 근거가 된다. 첫 세션 초반에는 참여자들이 표현한 우려사항과 기대를 바탕으로 초기 그라운드 룰을 설정한다. 세션 말미(약 80분 경과 시점)에 실시한 진단은 익명으로 수거되며, 코치는 다음 세션 전에 결과를 분석한다. 2세션 오프닝에서 코치는 그룹 전체의 패턴을 익명으로 공유한다. 예를 들어, '질문과 관련된 항목'이 많이 체크되었다면, 2세션에서 이를 그룹과 나누고, 필요 시 그라운드 룰에 '모든 질문은 그룹의 학습 자산이다'라는 항목을 추가하거나 강조하는 대화를 진행한다.

익명 결과를 분석한 결과, 한 참여자는 이 진단에서 세 항목을 체크했다. 질문과 관련된 항목, 침묵과 관련된 항목, 그리고 자신감과 관련된 항목이었다. 하지만 전체 결과를 보니, 6명 중 4명이 질문과 관련된 항목을 체크했다. 이는 개인의 문제가 아니라 그룹 전체가 공유하는 우려였다. 코치가 이를 피드백하자, 여러 참여자들이 안도의 표정을 지었다. "나만 그런 게 아니구나"라는 깨달음이었다.

이 진단은 일회성이 아니다. 마무리 세션에서 재측정하면, 심리적 안전감의 변화를 추적할 수 있다. 어떤 항목의 체크가 줄었는가. 어떤 항목의 체크가 늘었는가. 새로 등장한 항목이 있는가. 이 변화가 그룹의 성장을 보여준다.

그라운드 룰의 역설

대부분의 그룹은 첫 세션에서 그라운드 룰을 설정한다. "서로 존중한다", "시간을 지킨다", "비밀을 보장한다" 같은 약속들이다. 문제는, 이 약속들이 종이에만 남고 실제로 작동하지 않는 경우가 많다는 것이다. 왜 그럴까.

첫째, 너무 추상적이다. "서로 존중한다"는 무엇을 의미하는가. 구체적으로 어떤 행동을 하고, 어떤 행동을 하지 말아야 하는가. 참여자마다 "존중"의 정의가 다르다. 어떤 사람에게는 침묵이 존중이고, 어떤 사람에게는 적극적 질문이 존중이다.

둘째, 강제된다. 코치가 제시하고 참여자들이 수동적으로 동의하는 약속은 "우리의 약속"이 아니라 "코치의 약속"이다. 참여자들은 지켜야 할 규칙으로 받아들이지, 우리가 함께 만든 문화로 받아들이지 않는다.

그룹코칭 SPARK

효과적인 그라운드 룰은 구체적이고, 참여자가 함께 만든다. "서로 존중한다"가 아니라 "말하는 사람을 끼어들지 않고 끝까지 듣는다"처럼 구체적 행동으로 표현된다. 그리고 코치가 일방적으로 제시하는 것이 아니라, 참여자들이 "우리에게 필요한 약속은 무엇일까?"라는 질문을 통해 함께 도출한다.

그라운드 룰 만들기: 대화로 시작하기

그라운드 룰을 만드는 과정은 복잡한 절차가 아니다. 간단한 질문 하나로 시작한다. "우리가 함께 잘 배우기 위해, 어떤 약속이 필요할까요?"

참여자들이 자유롭게 제안한다. 코치는 칠판이나 화면에 모든 제안을 기록한다. 이 단계에서는 평가하지 않고 모두 수용한다. 일반적으로 다음과 같은 제안들이 나온다.

"모든 질문은 존중받아야 한다." "침묵도 하나의 답이다." "실수는 학습의 기회다." "서로의 발언을 끝까지 듣는다." "비판이 아닌 호기심으로 듣는다." "여기서 나눈 이야기는 여기에만 남는다."

모든 제안이 나오면, 그 중 가장 중요하다고 생각하는 3~5개를 그룹이 선택한다. 투표 방식도 가능하고, 논의 방식도 가능하다. 중요한 것은 "우리가 함께 선택했다"는 느낌이다.

선택된 약속들을 더 구체적으로 다듬는다. 예를 들어, "모든 질문은 환영받는다"를 "어떤 질문도 '바보 같은 질문'이 없다. 모든 질문은 그룹의 학습 자산이다"로 구체화한다. 이 과정 자체가 이미 신뢰를 쌓는 시간이다.

모든 참여자가 이 약속들에 동의하는지 확인한다. "이 약속들이 우리가 함께 지켜갈 것이 되는 데 동의하시나요?" 전원이 동의해야 한다. 한 명이라도 망설인다면, 그 이유를 듣고 조정한다.

약속에서 문화로: 자연스러운 진화

그라운드 룰을 설정하는 것은 시작일 뿐이다. 진짜 목표는 이 약속들이 문화로 진화하는 것이다. 약속은 지켜야 하는 것이지만, 문화는 자연스럽게 체화된 것이다.

첫 세션에서 그라운드 룰이 종이에 적혀 있다. 참여자들은 의식적으로 약속을 떠올리며 행동한다. "아, 맞다. 끝까지 들어야지." 이것이 첫 번째 단계다.

2~3세션을 거치며, 약속이 실제 상황에서 적용된다. 누군가 약속을 어겼을 때, 코치나 다른 참여자가 부드럽게 상기시킨다. "잠깐, 끝까지 들어볼까요?" 이 개입이 비난이 아니라 상기임을 분명히 한다.

4세션쯤 되면, 약속을 의식하지 않아도 자연스럽게 행동한다. 예를 들어, 한 그룹에서는 3세션쯤 누군가 말을 시작하면 모두가 자동으로 몸을 기울여 듣고, 휴대폰을 내려놓고, 눈을 마주치는 모습이 관찰되었다. 약속을 상기시킬 필요가 없었다. 이것이 문화가 된 순간이다.

마무리 세션에서는 코치가 개입하지 않아도 참여자들이 스스로 문화를 유지한다. 새로운 상황에서도 문화가 적용된다. "우리는 원래 이렇게 하는 그룹이다"라는 정체성이 형성된다.

문화 유지의 핵심: 코치의 일관성

그라운드 룰이 문화로 진화하려면, 코치의 일관된 개입이 필수다. 초기에 약속이 어겨졌을 때 코치가 일관되게 개입하지 않으면, 참여자들은 "이 약속은 진짜가 아니구나"라고 학습한다.

개입 방식은 부드럽지만 명확해야 한다. 누군가 다른 사람의 말을 끊었을 때, 코치는 즉시 개입한다. "잠깐만요. 우리의 그라운드 룰을 기억해주세요. 끝까지 들어볼까요?" 이 개입이 비난이 아니라 상기임을 분명히 한다. 톤은 부드럽지만, 메시지는 명확하다. "이 약속은 진짜다. 우리는 이것을 지킨다."

일관성은 또한 "모든 참여자에게 동일하게"를 의미한다. 어떤 사람의 발언은 끊어도 괜찮고, 어떤 사람의 발언은 끊으면 안 된다는 암묵적 규칙이 생기면, 심리적 안전감은 무너진다. 코치는 직급, 나이, 경험과 관계없이 모든 참여자를 동등하게 대해야 한다.

두려움을 호기심으로 전환하기

심리적 안전감의 핵심은 두려움을 호기심으로 전환하는 것이다. 두려움은 방어, 회피, 침묵을 만든다. 호기심은 질문, 탐구, 성장을 만든다.

두려움의 네 가지 얼굴

그룹코칭에서 참여자들이 경험하는 두려움은 주로 네 가지 형태로 나타난다.

첫 번째는 무능함이 드러나는 두려움이다. "내가 모른다는 것을 다들 알게 되면 어쩌지?" 이 두려움은 질문을 막고, 아는 척하게 만든다. 모르는 것이 자연스러운 상황에서도, 참여자들은 침묵을 선택한다. 질문하는 것이 무능함을 드러내는 것처럼 느껴지기 때문이다.

두 번째는 거부당하는 두려움이다. "내 의견이 틀렸거나 이상하다고 생각하면 어쩌지?" 이 두려움은 의견 제시를 막는다. 참여자들은 안전한 말만 한다. 누구도 반대하지 않을 일반적이고 모호한 발언만 한다. 진짜 생각은 속에 남겨둔다.

세 번째는 비난받는 두려움이다. "실수하면 나를 부정적으로 평가할 것이다." 이 두려움은 위험 감수를 막는다. 참여자들은 익숙한 것만 하고, 새로운 시도를 피한다. 실패할 가능성이 있는 것은 아예 시도하지 않는다.

네 번째는 고립되는 두려움이다. "내가 다른 의견을 말하면 그룹에서 배제될 것이다." 이 두려움은 다수 의견에 대한 맹목적 순응을 만든다. 참여자들은 진짜 생각과 다르더라도 그룹의 합의에 동조한다.

이 네 가지 두려움은 모두 합리적이다. 실제로 많은 그룹에서 이런 일이 일어난다. 따라서 코치의 역할은 "두려워하지 마세요"라고 말하는 것이 아니라, "이 그룹에서는 그런 일이 일어나지 않는다"는 것을 경험으로 증명하는 것이다.

'만약에…' 질문의 힘

두려움을 호기심으로 전환하는 가장 강력한 도구는 만약에…(What if…) 질문이다. 이는 부정적 가정을 긍정적 가능성으로 재구성한다.

"실수하면 어쩌지?"라는 두려움은 "만약 실수가 최고의 학습 기회라면?"이라는 호기심으로 전환된다. "내 의견이 틀리면 어쩌지?"는 "만약 틀린 의견이 새로운 관점을 여는 열쇠라면?"으로 바뀐다. "질문하면 무능해 보이면 어쩌지?"는 "만약 질문하는 사람이 가장 용감한 사람이라면?"으로 재구성된다. "다른 의견을 말하면 배제되면 어쩌지?"는 "만약 다양한 의견이 그룹을 더 강하게 만든다면?"으로 전환된다.

코치는 첫 세션에서 이런 재프레이밍을 명시적으로 제시한다. "이 그룹에서는 실수가 실패가 아니라 학습 데이터입니다. 여러분의 실수가 다른 사람의 배움이 됩니다." 이 선언이 단순한 수사가 아니라 진짜 원칙임을 보여주려면, 이후 모든 세션에서 일관되게 적용해야 한다.

안전한 실험 공간 선언

첫 세션에서 코치는 그룹을 "안전한 실험 공간"으로 선언한다.

"이 그룹은 실험실입니다. 여기서는 새로운 것을 시도하고, 실패하고, 다시 시도할 수 있습니다. 실험실에서 실험이 실패하는 것은 당연합니다. 그것이 실험의 목적입니다. 우리는 여기서 안전하게 실패하면서, 밖에서 성공하는 법을 배웁니다."

이 선언은 참여자들에게 명확한 메시지를 준다. 완벽할 필요가 없다는 것. 실패해도 괜찮다는 것. 오히려 실패를 통해 배운다는 것. 이 메시지가 진짜가 되려면, 실제로 누군가 실패했을 때 코치가 어떻게 반응하느냐가 결정적이다.

실패를 다시 정의하기

심리적 안전감이 높은 그룹은 실패에 대한 정의가 다르다. 불안전한 그룹에서 실패는 무능함의 증거이고, 피해야 할 것이며, 개인의 책임이다. 안전한 그룹에서 실패는 학습 데이터이고, 성장의 필수 과정이며, 그룹의 공유 자산이다.

코치는 첫 세션에서 이 새로운 정의를 명시적으로 제시하고, 이후 모든 세션에서 일관되게 강화한다. 특히 누군가 "시도했지만 안 됐어요"라고 말할 때, "완벽합니다. 안 된다는 것을 알게 된 것이 성공입니다. 이제 다른 방법을 시도할 수 있습니다"라고 반응한다.

이런 반응이 반복되면, 참여자들은 점차 실패에 대한 두려움을 내려놓는다. 실패가 처벌이나 평가의 대상이 아니라 학습의 기회라는 것을 경험으로 배운다. 이것이 심리적 안전감의 핵심이다.

실패를 나누는 문화

2세션에서, 한 참여자가 "저는 이번 주에 계획했던 것을 전혀 실행하지 못했습니다"라고 고백했다. 전통적인 그룹이라면 이는 "실패"로 받아들여지고, 침묵이나 위로가 따랐을 것이다.

하지만 이 그룹에서는 다른 참여자가 "그래서 무엇을 배우셨나요?"라고 물었다. 이 질문 자체가 문화의 변화를 보여준다. 실패를 숨기거나 위로하는 것이 아니라, 거기서 배움을 찾는 것이 자연스러워진 것이다.

그 참여자는 잠시 생각하더니 답했다. "제가 계획을 너무 야심차게 세운다는 것을 알았습니다. 다음에는 더 작게 시작하려고 합니다." 코치는 고개를 끄덕이며 말했다. "이것이 바로 이 그룹의 목적입니다. 안전하게 실패하고, 그로부터 배우는 것."

이 짧은 교환이 실패를 학습으로 전환한 순간이었다. 이후 다른 참여자들도 자신의 "실패"를 편안하게 나누기 시작했다. 실패를 숨기는 것이 아니라 나누는 것이 문화가 되었다.

미묘한 순간들의 힘

심리적 안전감은 큰 제스처가 아니라 미묘한 순간들의 축적으로 만들어진다. 코치의 작은 말 한마디, 표정 하나, 반응 하나가 신뢰를 쌓거나 무너뜨린다.

경청의 다섯 가지 표현

코치가 참여자의 발언에 반응하는 방식이 심리적 안전감을 결정한다. 다음 다섯 가지 표현은 당신의 말이 중요하다는 메시지를 전달한다.

"더 말씀해주시겠어요?"는 참여자의 생각이 충분히 가치 있다는 신호다. 참여자가 짧게 답하고 멈췄을 때 사용한다. "그 순간 어떤 느낌이셨어요?"는 감정을 인정하고 탐구할 수 있게 한다. 참여자가 사건을 설명했지만 감정은 말하지 않았을 때 묻는다. "그게 당신에게 어떤 의미인가요?"는 표면적 답변을 넘어 깊은 의미를 탐구한다. 참여자가 일반적인 답변을 했을 때 사용한다.

"예를 들어 설명해주실 수 있나요?"는 추상적 개념을 구체화하도록 돕는다. 참여자가 추상적으로 말했을 때 묻는다. "다른 분들은 어떻게 생각하시나요?"는 한 사람의 의견을 그룹 전체로 확장한다. 한 참여자의 발언이 그룹에게 유익할 때 사용한다.

이 다섯 가지 표현의 공통점은 "호기심"이다. 판단, 평가, 조언이 아니라 순수한 호기심으로 더 알고 싶다는 태도를 전달한다. 이 호기심이 참여자들에게 "내 생각이 가치 있다"는 느낌을 준다.

공감과 동정의 차이

심리적 안전감을 구축할 때, 코치는 공감(empathy)과 동정(sympathy)을 구분해야 한다.

동정은 참여자의 감정에 동조하는 것이다. "힘드셨겠어요", "저도 비슷한 경험이 있어요", "괜찮아질 거예요" 같은 반응이다. 동정은 좋은 의도지만, 참여자의 경험을 가볍게 만들거나 자기 성찰을 막을 수 있다. 참여자는 위로받았지만, 배우지는 못한다.

공감은 참여자의 경험을 이해하려는 노력이다. "그 상황에서 그런 선택을 하신 이유가 궁금합니다", "그때 가장 어려웠던 부분은 무엇이었나요?", "그 경험이 지금의 당신에게 어떤 영향을 주고 있나요?" 같은 반응이다. 공감은 참여자의 경험을 진지하게 다루고, 그로부터 배울 수 있도록 돕는다. 코치는 위로자가 아니라 학습 촉진자다. 따라서 동정보다 공감이 필요하다.

판단 중단과 호기심 유지

심리적 안전감의 적은 판단(judgment)이다. 참여자가 내 말이 판단받고 있다고 느끼는 순간, 방어가 시작된다.

비판단적 자세는 참여자의 말을 듣는 순간, "옳다/그르다", "좋다/나쁘다" 판단을 내리지 않는 것이다. 대신 "왜 이 사람은 이렇게 생각할까?" 호기심을 가진다. 참여자의 답변이 예상과 다를 때, "틀렸다"가 아니라 "흥미롭다"고 반응한다. "이 다른 관점에서 무엇을 배울 수 있을까?" 질문한다.

중요한 것은, 참여자의 의견을 인정하는 것과 동의하는 것은 다르다는 점이다. "그렇게 생각하시는군요. 그 이유를 더 들어보고 싶습니다"는 인정이다. "저도 같은 생각입니다"는 동의다. 코치는 모든 의견에 동의할 필요가 없다. 하지만 모든 의견을 인정하고 탐구할 책임이 있다.

그룹코칭 SPARK

일관성이 만드는 예측 가능성

미묘한 신뢰 구축의 마지막 요소는 일관성이다. 코치가 어떤 날은 경청하고 어떤 날은 무시한다면, 참여자들은 혼란스러워한다. "오늘은 안전할까, 안전하지 않을까" 불안해한다.

일관성은 모든 참여자에게 동일한 주의를 기울이는 것을 의미한다. 말이 많은 사람과 적은 사람, 직급이 높은 사람과 낮은 사람을 동등하게 대한다. 모든 세션에서 같은 태도를 유지한다. 기분, 컨디션과 관계없이 일관된 경청과 존중을 보여준다. 나아가 모든 주제에 개방적이다. 쉬운 주제와 어려운 주제, 편한 주제와 불편한 주제를 동등하게 다룬다.

참여자들은 코치의 일관성을 통해 "이 공간은 예측 가능하고 신뢰할 수 있다"고 배운다. 이것이 심리적 안전감의 토대다. 예측 가능한 안전함이 있어야, 참여자들은 위험을 감수할 수 있다.

첫 세션에서 만든 심리적 안전감의 기반 위에, 이제 구체적인 목표를 정렬할 준비가 되었다. 안전함을 느끼는 참여자들은 자신의 진짜 기대와 목표를 솔직하게 나눌 수 있다. 이것이 다음 섹션의 출발점이다.

그룹코칭 유형의 이해

관계가 형성되고 심리적 안전감이 구축되었다면, 이제 "무엇을 다룰 것인가"를 정해야 한다. 하지만 그룹코칭에서 주제를 정하는 방식은 하나가 아니다. 그룹코칭의 유형에 따라 주제 설정 방식이 근본적으로 다르다.

구조화된 그룹코칭

구조화된 그룹코칭은 코치가 미리 정해진 커리큘럼을 가지고 진행하는 방식이다. 주제, 순서, 활동이 모두 사전에 설계되어 있다. 예를 들어, "리더십 개발 8세션 프로그램(2주 1세션)"이라면, 1세션은 자기인식, 2세션은 커뮤니케이션, 3세션은 피드백 스킬처럼 정해진 순서대로 진행된다.

이 방식의 장점은 명확성과 예측 가능성이다. 참여자들은 무엇을 배울지 미리 알고, 코치는 체계적으로 준비할 수 있다. 조직에서 특정 역량 개발을 목표로 할 때 효과적이다. 하지만 단점도 분명하다. 참여자들의 실제 필요와 미리 정해진 커리큘럼이 맞지 않을 수 있다. 어떤 참여자에게는 마지막 회차의 주제가 가장 시급한 문제인데, 프로그램 순서상 16주를 기다려야 할 수도 있다. 또한 그룹 내에서 자연스럽게 떠오르는 중요한 주제를 놓칠 수 있다.

연구에 따르면, 구조화된 그룹코칭은 명확한 학습 목표 달성에는 효과적이지만, 참여자의 자발적 몰입도와 주체성이 상대적으로 낮았다. 참여자들은 "배워야 할 것"을 학습하지만, "배우고 싶은 것"을 탐구하지 못한다는 한계가 있다.

비구조화된 그룹코칭

비구조화된 그룹코칭은 정반대 극단에 있다. 미리 정해진 주제나 순서가 없다. 매 세션마다 참여자들이 "오늘 무엇을 다루고 싶은가?"라는 질문에서 시작한다. 그날의 필요, 그 순간의 에너지, 떠오르는 주제에 따라 세션이 흘러간다.

이 방식의 장점은 최대한의 유연성과 즉응성이다. 참여자들의 실시간 필요에 정확히 반응할 수 있고, 예상치 못한 깊은 통찰이 일어날 수 있다. 참여자들은 높은 주체성을 경험한다. 하지만 위험도 크다. 방향성을 잃고 표면적이고 안전한 주제만 반복적으로 다루며 깊이로 가지 못할 수 있다. 참여자들이 "무엇을 다뤄야 할지 모르겠다"며 혼란스러워할 수 있다. 또한 목표 달성 여부를 측정하기 어렵고, 조직 의뢰 그룹코칭의 경우 의뢰 목적과 동떨어진 방향으로 갈 위험이 있다.

목표 설정이 명확할 때 그룹의 효과성이 높아진다는 연구 결과가 이를 뒷받침한다. 특히 그룹 수준의 목표와 개인 수준의 목표가 모두 명확할 때 성과가 가장 높았다.

반구조화된 그룹코칭 - 이 책의 입장

이 책에서 제안하고 집중하는 방식은 반구조화된 그룹코칭이다. 이는 구조와 유연성의 균형을 추구한다. 큰 틀, 즉 프레임워크와 원칙은 정해져 있지만, 구체적 내용은 참여자들이 함께 만들어간다. 지도는 있되, 경로는 함께 선택한다.

반구조화된 그룹코칭의 핵심은 세 가지 정렬이다. 첫째, 프로그램의 전체 주제와 참여자 개인 필요의 정렬이다. 프로그램 기획 단계에서 정해진 전체 주제가 각 참여자에게 구체적으로 어떤 의미인지 탐구한다. 둘째, 그룹 공통 목표와 개인 고유 목표의 정렬이다. 참여자들이 모두 공감하는 공통 주제를 찾으면서도, 각자의 고유한 맥락과 목표를 존중한다. 셋째, 세션별 주제와 전체 여정의 정렬이다. 각 세션의 주제가 서로 연결되어 의미 있는 학습 여정을 만든다.

이 방식은 참여자들에게 명확한 방향을 제공하면서도, 그 방향을 스스로 정하는 주체성을 보장한다. 이것을 "참여자가 주도하는 구조"라고 부를 수 있다. 구조는 코치가 제공하지만, 내용은 참여자가 채운다. 코치는 빈 캔 버스와 물감을 제공하고, 참여자들은 함께 그림을 그린다.

반구조화된 방식이 효과적인 이유는, 성인 학습 원리와 일치하기 때문이다. 성인학습이론에 따르면, 성인은 자신이 왜 배워야 하는지 알고, 학습 과정에 참여하며, 실제 문제 해결을 위한 학습을 원한다. 미리 정해진 커리큘럼은 "왜"와 "참여"를 충족시키지 못하고, 완전히 열린 구조는 "실제 문제 해결"로 가는 길을 잃게 만든다. 반구조화는 이 두 극단 사이의 최적점이다.

구조화된 방식이 "이것을 배워라"이고, 비구조화된 방식이 "당신이 원하는 것을 배워라"라면, 반구조화된 방식은 "우리가 함께 무엇을 배울지 정하자"이다. 이 "함께"가 핵심이다. 코치 혼자도, 참여자 혼자도 아닌, 그룹 전체가 함께 학습 여정을 설계한다. 이것이 이 챕터에서 다룰 3단계 정렬법의 토대다.

그룹 공통 목표 설정 - TAM 활용

반구조화된 그룹코칭의 첫 번째 단계는 그룹 공통 목표를 설정하는 것이다. 이것은 생각보다 어렵다. 참여자 각자는 서로 다른 기대를 가지고 온다. 여섯 명이라면 여섯 가지 기대가 있다. 이 다양성을 존중하면서도 "우리 모두가 함께 가는 방향"을 찾아야 한다. 이때 유용한 도구가 TAM(Team Alignment Map), 즉 팀 정렬 지도다.

TAM: 다양성에서 공통성을 찾는 시각적 도구

TAM은 참여자들의 개인 목표를 시각화하고 공통 패턴을 발견하도록 돕는 도구다. 이는 세 개의 동심원으로 구성된다. 가장 바깥 원에는 "프로그램의 전체 주제"를 적는다. 이것은 프로그램 기획 단계에서 정해진 큰 틀이다. 중간 원에는 "그룹이 함께 정한 공통 목표"를 적는다. 가장 안쪽 원에는 "각 참여자의 개인 기대"를 개별적으로 배치한다.

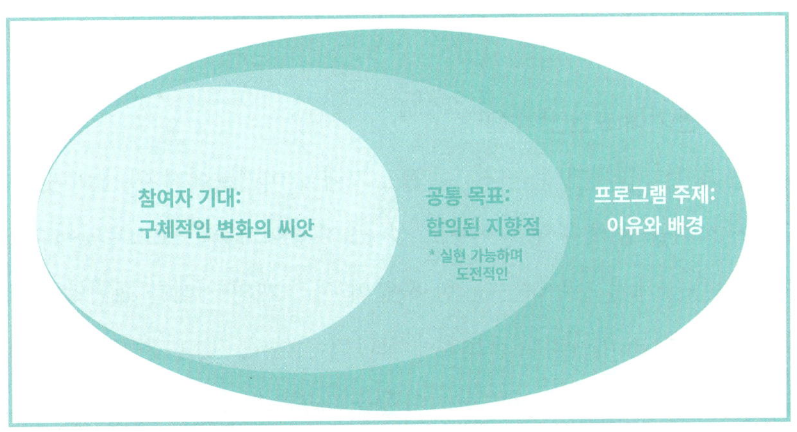

[그림 4] TAM: 3중 정렬 구조

이 구조의 핵심은 안에서 밖으로의 흐름이다. 개인 기대들(안쪽)이 모여서 공통 목표(중간)를 만들고, 이것이 프로그램 전체 주제(바깥쪽)와 연결된다. 이 흐름이 보이면, 참여자들은 "내 개인적 필요가 그룹의 목표와 어떻게 연결되는가"를 이해하게 된다.

TAM 5단계 프로세스

TAM 작성은 다섯 단계로 진행된다. 각 단계는 특정한 목적을 가지며, 순서가 중요하다.

1단계: 프로그램 전체 주제 확인(바깥 원)

코치는 프로그램 기획 단계에서 정해진 전체 주제를 명확히 공유한다. 이것은 이미 정해진 큰 틀이다. 예를 들어, "그룹코칭 역량강화", "코칭리더십 개발", "팀 효과성 향상" 등이다. 이 주제가 TAM의 바깥 원이 되며, 참여자들은 자신이 어떤 전체 맥락 안에 있는지를 인식한다.

2단계: 개인 기대 표현(안쪽 원)

코치는 참여자들에게 묻는다. "이 프로그램이 여러분에게 어떤 의미인가요? 이 시간을 통해 무엇을 이루고 싶나요?" 참여자들은 포스트잇에 자신의 기대를 구체적으로 적는다. 한 사람이 여러 개의 기대를 표현할 수 있으며, 각 기대는 하나의 포스트잇에 하나씩 적는다. "더 나은 코치가 되고 싶다"보다는 "그룹에서 침묵하는 사람을 자연스럽게 대화에 참여시키는 질문을 할 수 있게 되고 싶다"처럼 구체적으로 적으면 더 좋다.

MBA 과정 실습에서, 학생들은 다양한 기대를 표현했다. 재희 님은 "여러 사람의 이야기를 동시에 균형 있게 듣기"를 배우고 싶었다. 인영 님은 "그

　　　　　　　　　　　　　　　　　　　그룹코칭 SPARK

룹 역동을 읽고 개입하는 타이밍 포착하기"를 원했다. 소은 님은 "의견 충돌 시 중립을 유지하며 대화 촉진하기"를 배우고 싶어했다. 이 외에도 침묵 다루기, 강력한 질문 만들기, 공통 목표 정렬하기 등 다양한 기대가 나왔다.

3단계: 패턴 발견

모든 참여자의 기대가 벽에 붙으면, 코치는 질문한다. "이 여섯 가지를 보니, 어떤 공통 패턴이나 주제가 보이나요?" 참여자들은 함께 관찰한다. 처음에는 "다 다른 것 같은데요?"라는 반응이 나온다. 하지만 조금 더 들여다보면, 공통점이 떠오르기 시작한다. "대부분이 '듣기'나 '질문'과 관련되어 있네요." "그룹을 안전하게 만드는 것도 여러 명이 언급했어요." 이런 관찰이 공통 목표를 발견하는 출발점이다.

4단계: 공통 목표 설정(중간 원) + 현실적 기대치 점검

발견한 패턴을 바탕으로, 그룹이 함께 공감하는 한 문장의 목표를 만든다. 이 과정은 신중해야 한다. 너무 넓으면 방향성을 잃고, 너무 좁으면 누군가의 기대가 배제된다.

코치는 여러 후보 문장을 제시하도록 유도한다. 실습에서는 처음에 다음과 같은 후보들이 나왔다.

- 그룹코칭을 잘하게 되기
- 그룹코칭 전문가가 되기
- 실전에서 그룹을 이끌 수 있게 되기

- 실전에서 자신감 있게 그룹을 이끄는 코치로 성장하기

코치는 이 후보들을 하나씩 검토하며, 동시에 현실적 기대치를 점검한다. "이 목표를 5세션 안에 달성 가능한가?" "너무 야심적이지 않은가?" 학생들과 함께 목표의 적정성을 검토한다.

"그룹코칭 전문가가 되기"는 너무 완결적이다. 5세션만으로 전문가가 되기는 어렵다. "그룹코칭을 잘하게 되기"는 너무 모호하다. 무엇이 '잘하는' 것인지 명확하지 않다. 논의 끝에, 그룹은 "실전에서 자신감 있게 그룹을 이끄는 코치로 성장하기"를 최종 공통 목표로 정했다.

이 목표는 적정한 균형점을 찾았다. "전문가"가 아니라 "성장하기"라는 표현으로 과정을 강조했고, "실전에서 자신감 있게"라는 구체적 상태를 제시했다. 5세션 안에 도달 가능하면서도, 도전적인 목표다.

코치는 이 단계에서 "5세션에서 가능한 것"과 "불가능한 것"을 명확히 한다. 가능한 것은 핵심 개념 이해, 기본 스킬 연습, 자신감 형성, 방향 발견이다. 불가능한 것은 완벽한 숙련, 모든 상황 대응, 경험 많은 전문가 수준 도달이다. 이렇게 현실적 기대치를 점검하며, 목표가 현실적이면서도 도전적인 균형점에 도달하도록 한다.

5단계: 개인-그룹 연결 확인

공통 목표가 정해지면, 코치는 각 참여자에게 묻는다. "본인의 기대가 이 공통 목표 안에 포함되나요? 연결되나요?" 모든 참여자가 "예"라고 답할 수 있어야 한다. 만약 한 명이라도 망설인다면, 공통 목표를 조정하거나 그 사람의 기대를 어떻게 포함시킬지 논의한다.

그룹코칭 SPARK

인영 님은 처음에 자신의 기대인 "그룹 역동 읽기"가 다른 사람들의 기대와 다르다고 느꼈다. 하지만 TAM 프로세스를 거치며, 역동 읽기가 "실전에서 자신감 있게 그룹을 이끄는" 핵심 역량 중 하나임을 그룹 전체가 인식하게 되었다. 코치가 물었다. "인영 님, 본인의 기대가 우리 공통 목표와 연결되나요?" 인영 님은 고개를 끄덕이며 답했다. "네, 이제 보니 제 기대가 전체 여정의 중요한 부분이네요. 연결됩니다."

TAM의 효과: 개인과 그룹의 동시 존중

TAM이 완성되면 강력한 효과가 나타난다. 첫째, 참여자들은 자신의 개인 필요가 무시되지 않고 존중받았다고 느낀다. 자신의 포스트잇이 TAM 안에 명확히 자리잡고 있기 때문이다. 둘째, 동시에 그룹의 공통 방향도 명확해진다. "우리는 지금부터 무엇을 향해 가는가"가 한눈에 보인다. 셋째, 개인과 그룹이 분리되지 않고 연결되어 있음을 시각적으로 확인한다. 내가 성장하면 그룹이 성장하고, 그룹이 배우면 내가 배운다.

TAM은 일회용 도구가 아니다. 첫 세션에서 만든 TAM은 벽에 붙어 있거나 사진으로 공유되어, 전체 여정 동안 나침반 역할을 한다. 중간 세션에서 세부 주제를 다룰 때, "이것이 우리의 공통 목표와 어떻게 연결되는가"를 TAM을 보며 확인한다. 마무리 세션에서는 TAM을 다시 꺼내서 "우리가 여기서 얼마나 왔는가"를 평가한다. TAM은 시작점이자, 여정의 지도이자, 도착점 확인 도구다.

세부 주제 도출 - 3단계 방법론

그룹 공통 목표가 설정되고 현실적 기대치가 점검되었다. 이제 구체적인 세부 주제를 도출할 차례다. 5세션 실습에서는 몇 개의 세부 주제가 필요한가?

세부 주제 개수 공식: 총 세션 수 - 2

정답은 간단하다. 총 세션 수에서 2를 뺀 숫자다. 왜 2를 빼는가? 첫 세션은 관계 형성과 목표 설정에 할애되고, 마무리 세션은 전체 여정 성찰과 마무리에 사용되기 때문이다. 따라서 실제로 세부 주제를 깊이 탐구할 수 있는 시간은 중간 세션뿐이다.

5세션라면 5 - 2 = 3개 주제가 적정하다. 8세션라면 8 - 2 = 6개 주제, 10세션라면 10 - 2 = 8개 주제다. 이 공식을 참여자들과 명확히 공유하는 것이 중요하다.

코치는 설명한다. "우리는 5세션입니다. 첫 세션과 마무리 세션을 제외하면, 세부 주제를 다룰 수 있는 시간은 세 번뿐입니다. 따라서 우리가 브레인스토밍한 모든 주제 중에서 가장 중요한 3개를 선택해야 합니다."

이제 그 선택 과정이 필요하다. 체계적이고 참여적인 방법론으로, 3단계 방법론을 제안한다.

1단계: 브레인스토밍 - 가능한 모든 것을 꺼내기

첫 번째 단계는 제약 없는 브레인스토밍이다. 코치는 학생들에게 묻는다. "우리가 '실전에서 자신감 있게 그룹을 이끄는 코치로 성장하기'라는 목표를 달성하기 위해, 구체적으로 무엇을 배워야 할까요? 어떤 스킬, 지식, 태도가 필요할까요? 지금은 선택하지 마세요. 가능한 한 많이 떠올려보세요." 참여자들은 포스트잇에 자유롭게 아이디어를 적는다.

이 단계의 원칙은 두 가지다. 첫째, 평가하지 않는다. "이건 좋은 아이디어고, 저건 별로야"라는 판단을 하지 않는다. 모든 아이디어를 환영한다. 둘째, 양을 추구한다. 많을수록 좋다. 나중에 줄이면 된다. 지금은 가능성을 최대한 열어두는 시간이다.

실습에서는 약 15개의 포스트잇이 나왔다. 학생들은 자신이 배우고 싶은 것, 그룹코칭에 필요하다고 생각하는 것을 모두 적었다. 벽이 포스트잇으로 채워졌을 때, 코치는 침착하게 말했다. "좋습니다. 이제 정리할 시간입니다."

2단계: 유사성 기반 그룹화(Affinity Mapping) - 비슷한 것끼리 묶기

두 번째 단계는 유사한 기대들을 묶는 것이다. 모든 포스트잇을 벽에 붙인 후, 코치는 참여자들에게 제안한다. "이제 침묵 속에서 작업합니다. 비슷한 포스트잇끼리 가까이 붙여보세요. 범주를 미리 정하지 마세요. 그냥 '이 두 개는 비슷하다'고 느껴지면 가까이 두세요."

실습에서 학생들이 일어나서 포스트잇을 옮기기 시작한다. 누군가 "적극적 경청"과 "강력한 질문"을 가까이 붙이면, 다른 학생이 "침묵 다루기"도 그 옆에 붙인다. 자연스럽게 클러스터가 형성된다. 흥미로운 점은, 이 과정은 대화 없이 진행되기 때문에, 학생들은 자신의 직관과 이해를 바탕으로 움직인다.

10분쯤 지나자, 벽에는 대략 5~6개의 클러스터가 만들어졌다. 코치가 말한다. "이제 각 클러스터를 보며, 이름을 붙여봅시다. 이 묶음은 무엇에 관한 것인가요?" 참여자들이 함께 관찰하며 이름을 제안한다.

이날 다음과 같은 클러스터가 만들어졌다.

- 첫 번째 클러스터: 적극적 경청, 강력한 질문, 침묵 다루기
    → 이름: 듣기와 질문
- 두 번째 클러스터: 심리적 안전감 조성, 신뢰 구축, 취약성 드러내기
    → 이름: 안전한 공간 만들기
- 세 번째 클러스터: 그룹 역동 이해, 갈등 중재, 에너지 조절
    → 이름: 그룹 역동 읽기와 갈등 활용
- 네 번째 클러스터: 시간 관리, 구조 설계, 전환 관리
    → 이름: 세션 설계와 운영
- 다섯 번째 클러스터: 목표 설정, 피드백 주고받기, 성찰 촉진
    → 이름: 목표와 성장 촉진

이 다섯 개의 클러스터가 열다섯 개의 개별 아이디어를 의미있는 주제로 조직화했다. 하지만 우리는 여전히 다섯 개를 가지고 있다. 5세션 구조에서는 3개만 선택해야 한다. 이제 세 번째 단계가 필요하다.

3단계: 우선순위 매트릭스(Priority Matrix) - 가장 중요한 3개 선택하기

세 번째 단계는 우선순위 결정이다. 다섯 개의 클러스터가 모두 중요하지만, 5세션라는 제약 안에서 3개를 선택해야 한다. 이때 사용하는 도구가 우선순위 매트릭스(Priority Matrix)다.

코치는 화이트보드나 큰 종이에 2x2 매트릭스를 그린다. 가로축은 "시급성"이고, 세로축은 "영향력"이다. 그리고 설명한다. "시급성은 '지금 당장 배우지 않으면 나머지 학습이 어려운 정도'를 의미합니다. 이것을 먼저 배워야 저것을 배울 수 있다면, 시급성이 높은 것이죠. 영향력은 '이것을 배

  그룹코칭 SPARK

우면 그룹코칭 전반에 미치는 효과의 크기'를 뜻합니다. 이것을 배우면 모든 것이 달라진다면, 영향력이 큰 것입니다."

코치는 참여자들과 함께 다섯 개의 클러스터를 우선순위 매트릭스에 배치한다. 그리고 각 클러스터를 가리키며 묻는다. "이것의 시급성은 어느 정도인가요? 영향력은요?" 참여자들은 토론을 거치며 항목의 위치를 하나씩 정해 간다.

실습 그룹의 매트릭스 결과는 다음과 같았다. 높은 시급성과 높은 영향력(1순위) 영역에는 '듣기와 질문'과 '안전한 공간 만들기'가 올라갔다. 학생들은 "잘 듣지 못하면 이후 모든 것이 무의미해지므로 시급하고, 듣기는 그룹코칭의 모든 순간에 필요하니 영향력이 크다"고 정리했다. 또한 "안전감이 없으면 진정한 대화가 일어나지 않으므로 시급하고, 안전감이 형성되면 그룹의 모든 대화가 달라지니 영향력이 매우 크다"고 덧붙였다.

낮은 시급성이지만 높은 영향력(2순위) 영역에는 '그룹 역동 읽기와 갈등의 건설적 활용'이 위치했다. "듣기와 안전감이 먼저 갖춰진 뒤에 다룰 수 있지만, 이것을 다루면 그룹코칭의 깊이가 완전히 달라진다"는 이유에서였다. 반면 높은 시급성이지만 낮은 영향력(3순위)에는 '세션 설계와 운영'이 들어갔다. "실무적으로 빨리 배워야 하지만, 이것만으로는 좋은 그룹코치가 되지 못한다"는 판단이 공유됐다. 낮은 시급성과 낮은 영향력(4순위)에는 '목표와 성장 촉진'이 놓였다. "중요하지만, 위 주제들이 견고해지면 자연스럽게 향상되는 부분"이라는 합의가 뒤따랐다.

이 매트릭스를 보자 선택은 명확해졌다. 학생들은 1순위 영역의 두 주제와 2순위 영역의 한 주제, 총 세 가지를 최종 주제로 확정했고, 세션의 편성 또한 이 우선순위 흐름(1순위 → 2순위)에 맞춰 구성하기로 했다. 그 결과,

세션 2는 '듣기와 질문', 세션 3은 '안전한 공간 만들기', 세션 4는 '그룹 역동 읽기와 갈등의 건설적 활용'으로 정리되었다.

학생들이 고개를 끄덕이자 해중 님이 말했다. "이 순서가 논리적이네요. 듣기를 먼저 배우고, 그다음 안전감을 만들고, 마지막으로 역동과 갈등을 다루는 게 자연스러워요." 성화 님도 덧붙였다. "그리고 제가 궁금했던 '세션 설계'도 사실 듣기와 안전감을 탄탄히 하면 자연스럽게 풀리는 부분이 많겠네요. 핵심에 집중하는 게 맞는 것 같아요."

이렇게 3단계 방법론을 통해 열다섯 개의 아이디어가 다섯 개의 클러스터로 정리되고, 최종적으로 세 개의 핵심 주제로 압축되었다. 이 과정 전체가 참여자들에게 두 가지를 선사했다. 첫째, 명확성이다. "우리가 무엇을 배울 것인가"가 분명해졌다. 둘째, 주인의식이다. "이것은 코치가 정한 것이 아니라, 우리가 함께 선택한 것"이라는 감각이다.

개인 목표 설정 - SMART 기준 적용

그룹 공통 목표와 세부 주제가 정해졌다고 해서 끝이 아니다. 그룹코칭의 핵심은 개인의 성장이다. 각 참여자는 그룹의 여정 속에서 자신만의 고유한 목표를 설정해야 한다.

이때 가장 효과적인 도구는 SMART 기준이다. SMART는 Specific(구체적), Measurable(측정 가능), Achievable(달성 가능), Relevant(관련성), Time-bound(기한 설정)의 약자다.

SMART 목표 설정 4단계 프로세스

코치는 참여자들에게 SMART 목표를 만드는 네 단계를 안내한다.

1단계: 초안 작성

각 참여자는 자신의 개인 목표 초안을 작성한다. "전체 세션 동안 나는 무엇을 달성하고 싶은가?" 이 단계에서는 완벽하지 않아도 괜찮다.

2단계: SMART 점검

코치는 각 기준을 하나씩 점검한다. "목표가 충분히 구체적인가요? 달성 여부를 어떻게 측정할 건가요? 전체 세션 안에 달성 가능한가요? 그룹 공통 목표와 어떻게 연결되나요? 언제까지 달성하려고 하나요?"

3단계: 동료 코칭

참여자들은 2~3명씩 짝을 이뤄, 서로의 목표에 대해 코칭 질문을 주고받는다. "이 목표를 달성했는지 어떻게 알 수 있을까요?" "더 구체적으로 만들 수 있는 부분이 있을까요?"

4단계: 최종 목표 선언

각 참여자는 SMART 기준을 충족하는 최종 개인 목표를 그룹 앞에서 선언한다. 이 선언이 책임감과 동기를 높인다.

재희 님:

매 세션 강력한 질문 3개 이상 던지고, 마무리 세션에서 동료 2명 이상에게 "깊이 생각하게 한 질문이었다"는 피드백 받기.

인영 님:

매 세션마다 그룹 내 비언어적 신호 2가지 관찰하고 세션 후 일지 기록, 전체 과정에서 총 12개 이상의 관찰 항목을 누적하여 그룹 역동 읽기 감각 키우기.

태규 님:

4세션까지 저의 취약성을 그룹에 최소 1회 공유하고 그 경험을 성찰 일지에 기록하며, 취약성 공유 후 그룹의 반응을 관찰하여 심리적 안전감 강화 과정 이해하기.

이 세 가지 목표는 모두 SMART 기준을 충족한다. 구체적이고, 측정 가능하며, 5세션 안에 달성 가능하고, 그룹 공통 목표와 밀접하게 관련되어 있으며, 명확한 기한이 설정되어 있다. 이 외 학생들도 각자의 SMART 목표를 설정하여, 그룹 전체의 학습을 풍요롭게 만들었다.

목표 정교화 사례: 재희 님

재희 님의 처음 목표는 "질문을 잘하고 싶다"였다. 코치가 물었다. "질문을 '잘한다'는 것을 어떻게 알 수 있을까요?" 재희 님이 생각하다 답했다. "음… 사람들이 제 질문에 깊이 생각하는 것 같으면요?" 코치가 다시 물었다. "그것을 어떻게 관찰할 수 있을까요?" 재희 님이 답했다. "침묵이 길어지거나, '아…' 하는 반응이 나오거나, 나중에 피드백에서 언급되면요."

동료 코칭에서 태규 님이 질문했다. "5세션 동안 몇 번이나 강력한 질문을 던질 건가요?" 재희 님이 답했다. "매 세션마다 최소 3번은 시도하고 싶어요." 태규 님이 다시 물었다. "질문의 '질'이 높아졌다는 것을 어떻게 측정할 건가요?" 재희 님이 생각 끝에 답했다. "마무리 세션에서 '내 질문 덕분에 더 깊이 생각했다'는 피드백을 최소 2명에게서 받으면, 성공한 거예요." 이렇게 초안이 정교해져서, 최종 SMART 목표가 완성되었다.

중간 점검과 목표 조정

개인 목표는 첫 세션에서 설정되지만, 고정되지 않는다. 중간 세션에서 코치는 각 참여자에게 묻는다. "본인의 목표 진전은 어떤가요? 수정이 필요한가요?" 어떤 참여자는 목표가 너무 야심적이었음을 깨닫고 조정한다. 어떤 참여자는 예상보다 빨리 달성하여 목표를 높인다.

인영 님의 경우, 처음 목표는 "매 세션 2가지 비언어 신호 관찰"이었다. 하지만 3세션에서 이미 10개 항목을 관찰했다. 코치가 물었다. "목표를 조정하고 싶나요?" 인영 님이 답했다. "네, 이제 단순히 관찰을 넘어서, 그 관찰을 바탕으로 실제로 개입해보고 싶어요." 이렇게 목표는 참여자의 성장과 함께 진화한다.

개인 목표와 그룹 목표의 연결

마지막으로, 코치는 각 개인 목표가 어떻게 그룹 전체의 학습에 기여하는지 명확히 한다. 재희 님의 강력한 질문 연습은 그룹 전체의 대화를 깊게 만든다. 태규 님의 취약성 공유는 그룹의 심리적 안전감을 높인다. 인영 님의 역동 관찰은 그룹이 자신을 더 잘 이해하도록 돕는다.

"여러분 각자의 개인 목표가 모여서, 우리 그룹 전체를 더 풍요롭게 만듭니다." 코치의 이 말이, 개인과 그룹을 다시 한 번 연결한다.

첫 세션 마무리 - 진단과 두 가지 질문

첫 세션의 마지막 10분은 매우 중요하다. 이 시간은 단순한 마무리가 아니라, 그룹의 심리적 안전감을 점검하고 다음 세션으로의 다리를 놓는 시간이다.

심리적 안전감 진단은 첫 세션 마지막 10분에 실시한다. 80분간의 실제 경험을 바탕으로 답할 수 있기 때문이다. 코치는 간단히 안내한다. "지난 80분 동안의 경험을 바탕으로 12개 항목에 답해 주세요."

진단을 마친 후, 코치는 두 가지 질문을 통해 세션을 마무리한다.

첫째, 무엇을 얻었는가?

"오늘 세션에서 여러분이 얻은 가장 중요한 한 가지는 무엇입니까?" 각자 한 문장으로 나눈다. 이것은 학습의 명료화다. 재희 님은 "우리 목표가 명확해졌다"고, 태규 님은 "완벽하지 않아도 괜찮다는 것을 알게 됐다"고, 인영 님은 "내 관심사가 그룹 안에 자리 잡았다"고 답했다.

둘째, 지금 이 순간 한 단어로 느낌은?

참여자들은 돌아가며 한 단어를 말한다. "설렘", "기대", "두근거림", "편안함", "호기심", "연결감". 이것은 감정의 공유다. 이 단어들이 그룹의 현재 에너지를 드러낸다.

코치는 간단히 다음 세션을 예고하며 마무리한다.

마지막으로, 코치는 첫 세션의 전체 구조를 다음과 같이 설계한다.

소요 시간	활동	목적	핵심 질문
10분	웰컴과 체크인	긴장 완화, 현재 상태 공유	지금 어떤 마음으로 여기 계신가요?
15분	그룹 약속 설정	심리적 안전감 기초 마련	우리가 필요한 약속은 무엇인가요?
25분	TAM 작성: 그룹 공통 목표 설정	개인-그룹 정렬, 주인의식 형성	이 여정이 여러분에게 어떤 의미인가요?
20분	세부 주제 도출	구체적 학습 경로 결정	가장 중요한 3가지 주제는 무엇인가요?
10분	개인 SMART 목표 설정	개인 책임성 강화, 동료 코칭	본인만의 목표는 무엇인가요?
10분	심리적 안전감 진단 및 마무리	현재 상태 측정, 다음 연결	오늘 무엇을 얻었나요?

[표 1] 첫 세션 90분 타임라인

이 타임라인은 절대적이지 않다. 그룹의 역동과 에너지에 따라 유연하게 조정된다. 어떤 그룹은 TAM 작성에 더 많은 시간이 필요하고, 어떤 그룹은 개인 목표 설정에 더 많은 시간이 필요하다. 하지만 이 구조는 첫 세션이 명확한 방향과 안전한 틀을 동시에 제공하도록 돕는다.

Chapter 4 종합 요약

반구조화된 그룹코칭의 핵심은 3단계 정렬이다. 그룹 공통 목표 설정(TAM과 현실적 기대치 점검 포함), 세부 주제 도출, 그리고 개인 SMART 목표 설정. 이 세 단계는 유기적으로 연결되어 참여자들에게 '우리의 여정'이면서 동시에 '나의 여정'이라는 이중의 감각을 경험하게 한다.

첫 세션은 단지 시작이 아니다. 이것은 전체 그룹코칭 여정의 기초를 놓는 건축 작업이다. 이 기초가 튼튼할 때 이후의 세션들은 안전하면서도 도전적인 학습의 공간이 된다.

다음 장에서는 중간 세션들에서 어떻게 그룹 역동을 읽고, 참여자들의 성장을 촉진하며, 갈등과 차이를 건설적으로 다루는지 구체적으로 살펴본다.

중간 세션
- SPARK-DEEP 프레임워크 완전 가이드

5-1 S(Start) - 시작과 연결의 기술

중간 세션의 시작은 첫 세션과 다른 특성을 지닌다. 참여자들은 이미 서로를 알고 있으며, 지난 세션 이후 각자의 현장에서 실천 과제를 수행한 경험을 갖고 있다. 따라서 중간 세션의 시작 단계(Start)는 단순한 인사가 아니라, 지난 세션과 현재를 자연스럽게 연결하고 그룹의 에너지를 활성화하는 전략적 과정이다. 이 단계는 대체로 10분 내외로 진행되지만, 이는 엄격한 시간 제약이 아니라 흐름의 기준일 뿐이다. 그날 참여자들의 상태에 따라 7분으로 간결하게 끝날 수도, 15분으로 여유 있게 진행될 수도 있다. 중요한 것은 시간을 지키는 것이 아니라, 참여자들이 '지금-여기'에 온전히 도착했는지를 코치가 민감하게 감지하는 것이다. 코치는 이 단계에서 세 가지를 중심으로 진행한다: 따뜻한 재연결(그레이싱), 에너지 상태 확인 및 조정, 그룹 분위기 읽기와 대응이다.

그레이싱(Gracing) - 따뜻한 재연결
그레이싱은 참여자 한 사람 한 사람을 환영하고 존중하는 의도적 행위다.

첫 세션에서는 낯선 사람들과의 첫 만남이었다면, 중간 세션에서는 다시 만남의 의미를 담는다. 이 과정은 단순한 형식이 아니라, 참여자들이 지난 세션 이후 각자의 일상으로 돌아갔다가 다시 이 그룹 공간으로 돌아왔음을 인식하고, '지금-여기'에 온전히 존재하도록 돕는 심리적 전환 작업이다.

중간 세션의 그레이싱은 세 가지 단계로 이루어진다. 첫째, 물리적 환영이다. 코치는 참여자들이 세션 공간에 도착하는 순간부터 눈맞춤과 미소로 반갑게 맞이한다. "지난 2주 어떠셨어요?"와 같은 가벼운 질문은 참여자가 일상의 긴장을 내려놓고 그룹 공간으로 들어오도록 돕는다. 둘째, 심리적 재연결이다. 세션이 공식적으로 시작되면, 코치는 "지난 세션 이후 2주 동안 각자의 현장에서 많은 일들이 있었을 것"이라며 그 시간의 간격을 인정하고, 동시에 "오늘 다시 이 자리에 모인 것"의 의미를 강조한다. 이는 참여자들이 개인적 경험과 그룹 학습을 자연스럽게 연결하도록 만든다. 3세션에서 재희 님은 강의실에 들어서며 "일주일 만에 다시 보니 정말 반갑네요"라고 자연스럽게 인사했고, 이는 다른 참여자들도 편안하게 재연결되는 분위기를 만들었다. 셋째, 집단적 환영이다. 코치뿐 아니라 참여자들끼리도 서로를 반기는 분위기를 조성한다. "오늘 다시 만나서 반갑습니다. 서로에게 박수 한 번 쳐주시겠어요?"와 같은 간단한 제스처는 그룹 전체의 에너지를 높이고, 우리라는 집단 정체성을 상기시킨다.

코치는 이 과정에서 참여자들의 비언어적 신호를 주의 깊게 관찰한다. 누군가 피곤해 보이거나 긴장된 표정을 짓고 있다면, "오늘 좀 피곤해 보이시는데 괜찮으세요?"라는 짧은 질문으로 그 사람을 먼저 케어한다. 또한

그룹코칭 SPARK

그레이싱은 정해진 대본이 아니라, 그날 참여자들의 상태와 분위기에 따라 유연하게 조정된다. 어떤 날은 밝고 활기찬 분위기라면 간결하게, 어떤 날은 전반적으로 에너지가 낮다면 조금 더 시간을 들여 부드럽게 진행한다. 서두르지 않는 여유로운 태도가 오히려 참여자들의 심리적 안전감을 높인다.

에너지 체크 - 에너지 상태 확인 및 조정

그레이싱 이후, 코치는 참여자들의 현재 에너지 상태를 구체적으로 확인한다. 이는 단순한 기분 물어보기가 아니라, 그룹 전체의 에너지 수준과 분포를 파악하여 세션 진행 전략을 조정하기 위한 진단 과정이다. 첫 세션에서 이미 경험한 무드미터를 간략히 활용할 수 있다. 중간 세션에서는 이를 더 간소화하여 "지금 여러분의 에너지를 1부터 10까지 숫자로 표현한다면?"이라고 묻거나, "오늘 이 자리에 온 마음을 한 단어로 표현한다면?"이라고 질문할 수 있다.

에너지 체크는 개인별 상태뿐 아니라 그룹 전체의 에너지 분포를 보여준다. 만약 대부분의 참여자가 높은 에너지를 보고한다면, 세션을 활기차게 시작할 수 있다. 반면 전반적으로 에너지가 낮다면, 코치는 즉시 조정 개입을 한다. 3세션에서 태규 님이 "오늘 에너지 3점 정도인 것 같아요. 업무가 많아서요"라고 솔직하게 말하자, 코치는 즉시 1분 스트레칭을 제안했다. 가장 간단한 방법은 1분 호흡 또는 스트레칭이다. "자, 모두 함께 일어나서 크게 기지개를 한번 켜볼까요? 숨을 깊이 들이마시고… 천천히 내쉬면서 어깨의 긴장을 내려놓습니다." 이 짧은 활동만으로도 참여자들의 신체적 긴장이 풀리고, 정신적 각성도가 높아진다.

또 다른 조정 방법은 체크인 질문을 통한 심리적 활성화다. "오늘 이 자리에 오기 위해 어떤 것을 뒤로 미루고 오셨나요?"라는 질문은 참여자들이 자신이 이 세션에 투자한 시간과 노력을 상기하게 만들며, 자연스럽게 세션에 대한 몰입도를 높인다. 혹은 "지난 2주 동안 나에게 일어난 가장 작은 변화는 무엇인가요?"라는 질문은 참여자들이 실천 과제 수행 경험을 떠올리도록 돕는다.

코치는 에너지 체크 결과를 세션 전반에 걸쳐 활용한다. 예를 들어 특정 참여자가 매우 낮은 에너지를 보고했다면, 다음 단계(Probe)에서 그 사람에게 먼저 발언 기회를 주지 않고 다른 참여자들의 이야기를 먼저 듣게 함으로써 심리적 부담을 줄일 수 있다. 반대로 높은 에너지를 보인 참여자는 그룹 분위기를 이끄는 역할을 자연스럽게 맡을 수 있다.

그룹 분위기 읽기 - 분위기 파악과 대응

Start 단계의 마지막 활동은 그룹 전체의 분위기를 읽고 필요한 경우 즉시 대응하는 것이다. 개인의 에너지 체크가 '점'이라면, 그룹 분위기 읽기는 '면'을 보는 작업이다. 코치는 참여자들 간의 상호작용, 좌석 배치, 대화의 흐름 등을 종합적으로 관찰하며 그룹의 심리적 상태를 파악한다.

그룹 분위기는 크게 다섯 가지 유형으로 나타난다. 첫째, 활기찬 분위기는 참여자들이 자발적으로 대화를 나누고 웃음이 많은 상태다. 인영 님은 2세션에서 "오늘 날씨가 좋아서 기분이 좋아요"라며 먼저 밝은 에너지를 표현했고, 이는 전체 분위기를 활기차게 만들었다. 이 경우 코치는 별도의 개입 없이 자연스럽게 세션을 시작할 수 있다. 둘째, 조용하고 차분한 분위기는 참여자들이 진지하지만 긴장되지 않은 상태다. 이때는 "오늘 차분한 에너지가 느껴지네요. 좋습니다. 깊이 있는 대화를 나눌 수 있겠어요"라며 분위기를 인정하고 긍정적으로 프레이밍한다. 셋째, 긴장되고 경직된 분위기는 참여자들이 서로 눈을 마주치지 않거나 침묵이 길어지는 상태다. 코치는 즉시 "오늘 뭔가 긴장된 느낌이 드는데, 혹시 무슨 일 있었나요?"라고 직접 물어보거나, 가벼운 아이스브레이킹 질문("주말에 가장 기억에 남는 순간은?")으로 분위기를 풀어준다. 넷째, 피로하고 무기력한 분위기는 참여자들의 목소리 톤이 낮고 반응이 느린 상태다. 이때는 앞서 언급한 1분 스트레칭이나 호흡으로 신체적 각성을 먼저 유도한다. 다섯째, 분산되고 산만한 분위기는 참여자들이 각자의 생각에 빠져 있거나 집중하지 못하는 상태다. 4세션에서 소은 님이 "요즘 업무 프로젝트 마감 때문에 머릿속이 복잡해요"라고 말했을 때, 코치는 "자, 잠시 모든 것을 내려놓고 이 자리에 집중해 볼까요? 눈을 감고 세 번만 깊게 호흡해 봅시다"라며 명시적으로 집중을 요청했다.

코치는 이 모든 관찰과 대응을 여유 있게 진행한다. 과도하게 개입하거나 긴 설명을 하지 않으며, 필요한 최소한의 조정만 수행한다. Start 단계의 목표는 완벽한 상태를 만드는 것이 아니라, 참여자들이 '지금-여기'에 존재하며, 다음 단계(Probe)로 자연스럽게 넘어갈 준비가 된 상태를 만드는 것이다. 그날 그룹의 에너지와 상태를 있는 그대로 받아들이고, 그 흐름에 맞춰 유연하게 대응하는 코치의 여유가 참여자들에게 심리적 안전감을 제공한다.

상황	질문 예시
재연결이 필요할 때	• 지난 세션 이후 가장 기억에 남는 순간은 무엇인가요? • 2주 동안 이 그룹이 생각난 적이 있었나요? 언제였나요? • 오늘 다시 만난 이 순간, 어떤 마음이 드나요?
에너지가 낮을 때	• 오늘 이 자리에 오기 위해 무엇을 뒤로 미루고 오셨나요? • 지금 가장 필요한 것이 있다면 무엇일까요? • 오늘 여러분의 컨디션을 날씨로 표현한다면?
긴장이 느껴질 때	• 지금 이 순간, 여러분의 마음 온도는 몇 도인가요? • 오늘 이 자리에서 가장 편안하게 느껴지는 것은 무엇인가요? • 지금 몸의 어느 부분에 긴장이 느껴지나요?
집중이 필요할 때	• 지금 이 순간, 여러분은 몇 퍼센트 이 자리에 와 있나요? • 마음속에 남아 있는 생각이 있다면 무엇인가요? • 자, 잠시 눈을 감고 세 번 호흡해 볼까요? 지금 무엇이 느껴지나요?
활기가 필요할 때	• 오늘 나를 한 단어로 표현한다면? • 최근 나에게 일어난 작은 기쁨은 무엇인가요? • 오늘 여기 오는 길에 무엇을 보셨나요?

[표 2] 세션 시작을 여는 질문들

그룹코칭 SPARK

Start 단계에서 참여자들이 '지금-여기'에 온전히 도착했다면, Probe 단계는 지난 세션 이후 각자가 경험한 실천 과제의 여정을 함께 나누는 시간이다. 중간 세션에서 Probe는 단순한 진도 체크가 아니라, 참여자들이 현장에서 시도한 행동, 그 과정에서 마주한 어려움, 그리고 그 속에서 발견한 배움을 그룹 전체와 나누는 집단 학습의 장이다. 이 단계는 약 30분 내외로 진행되지만, 참여자들의 공유 내용과 그룹의 상호작용 깊이에 따라 더 간결하게 끝날 수도, 더 깊이 있게 진행될 수도 있다. 중요한 것은 시간을 맞추는 것이 아니라, 각자의 경험이 충분히 존중받고 그 속에서 의미 있는 학습이 일어나는지를 코치가 민감하게 감지하는 것이다. Probe 단계는 크게 세 가지 방향으로 진행된다: 구조화된 경험 공유, 4L 회고법을 통한 학습 추출, 그리고 실패 친화적 문화 조성이다.

구조화된 경험 공유: 계획-실행-결과-학습의 4단계

Probe 단계에서 참여자들이 각자의 경험을 자유롭게 이야기하도록 두면, 대개 성공 사례 중심의 표면적 공유에 머물거나, 반대로 구조 없이 산만하게 흘러가기 쉽다. 따라서 코치는 경험 공유를 위한 명확한 구조를 제시한다. 이것이 계획-실행-결과-학습의 4단계 공유 구조다.

첫째, 계획 단계에서는 "지난 세션에서 무엇을 실천하기로 약속했나요?"라는 질문으로 시작한다. 이는 참여자들이 자신이 세웠던 목표를 다시 상기하도록 돕는다. 2세션에서 재희 님은 "팀 회의에서 최소 2번 이상 경청 반응을 보이기로 했어요"라고 말하며 자신의 약속을 명확히 떠올렸다. 둘째,

실행 단계에서는 "실제로 무엇을 했나요?"라는 질문으로 구체적 행동을 확인한다. 이때 코치는 "언제, 어디서, 누구와, 어떤 상황에서"라는 세부 사항을 자연스럽게 물어봄으로써 참여자가 경험을 생생하게 재현하도록 돕는다. 셋째, 결과 단계에서는 "그래서 어떤 일이 일어났나요?"라는 질문으로 행동의 결과를 탐색한다. 여기서 중요한 것은 '성공'과 '실패'라는 이분법적 평가를 넘어서, "무엇이 달랐나요?" "어떤 반응을 받았나요?"처럼 중립적 언어로 결과를 관찰하도록 유도하는 것이다. 넷째, 학습 단계에서는 "이 경험에서 무엇을 배웠나요?"라는 질문으로 의미를 추출한다. 3세션에서 인영 님은 "처음엔 잘 안 됐지만, 두 번째 시도에서 상대방이 '잘 들어줘서 고맙다'고 말했을 때 경청의 힘을 실감했어요"라며 시행착오 속에서 발견한 배움을 나눴다.

이 4단계 구조는 참여자들에게 명확한 가이드를 제공하면서도, 각자의 고유한 경험이 존중받는 틀을 만든다. 코치는 이 구조를 처음 한두 번은 명시적으로 안내하지만, 세션이 거듭될수록 참여자들이 자연스럽게 이 구조를 내재화하여 스스로 정리된 형태로 공유하게 된다. 또한 코치는 한 사람의 공유가 끝날 때마다 "다른 분들은 이 이야기를 들으며 어떤 생각이 드셨나요?"라고 물어봄으로써, 개인 경험이 그룹 학습으로 확장되도록 촉진한다.

4L 회고법(4L Retrospective) - 경험에서 배움을 추출하는 프레임

구조화된 공유가 '무엇을 했는지'에 집중한다면, 4L 회고법은 '그 경험이 나에게 무엇을 의미하는지'를 깊이 있게 탐구하는 도구다. 4L은 Liked(좋았던 점), Learned(배운 점), Lacked(부족했던 점), Longed for(바라는 점)의 네 가지 관점을 의미한다. 이 프레임은 참여자들이 자신의 경험을 다각도로 성찰하도록 돕는다.

Liked는 "이번 실천에서 가장 만족스러웠던 순간은 언제였나요?"라는 질문으로 시작한다. 이는 긍정적 경험을 명시적으로 인식하게 만들며, 무엇이 잘 작동했는지를 파악하도록 돕는다. 4세션에서 태규 님은 "팀원이 제 질문에 진지하게 답변할 때 '이게 경청이구나' 싶었어요"라며 자신의 성공 경험을 구체적으로 표현했다. Learned는 "이번 경험을 통해 새롭게 알게 된 것은 무엇인가요?"라는 질문으로 배움을 추출한다. 이는 단순한 지식이 아니라, 체험을 통해 몸으로 익힌 통찰을 의미한다. Lacked는 "아쉬웠던 점이나 더 잘할 수 있었던 부분은 무엇인가요?"라는 질문으로 성장 지점을 발견하도록 돕는다. 여기서 코치는 '실패'라는 단어 대신 '아쉬움' '도전' '성장 기회'와 같은 중립적이고 긍정적인 언어를 사용한다. Longed for는 "다음에는 무엇을 시도해 보고 싶으세요?"라는 질문으로 미래 행동을 연결한다. 이 질문은 단순한 희망을 넘어, 참여자 내면의 강력한 동기를 구체적인 미래 행동으로 전환하도록 돕는다.

4L 회고법의 강점은 개인 성찰뿐 아니라 그룹 차원의 학습을 촉진한다는 점이다. 한 사람이 "Lacked: 경청하려다 보니 제 의견을 말할 타이밍을 놓쳤어요"라고 공유하면, 다른 참여자가 "저도 같은 고민이 있었는데, 저는 먼저 경청하고 '제 생각도 나눠도 될까요?'라고 물어봤더니 자연스러웠어요"라며 해결 아이디어를 나눌 수 있다. 코치는 이러한 자발적 상호 학습이 일어나도록 공간을 열어두고, 필요할 때만 "다른 분들은 이 상황에서 어떻게 하셨나요?"라며 그룹 지혜를 활성화하는 질문을 던진다.

항목	핵심 질문	목적
Liked (좋았던 점)	• 이번 실천에서 가장 만족스러웠던 순간은? • 잘 작동한 것은 무엇이었나요? • 다시 하고 싶은 경험은?	긍정 경험 인식, 성공 요인 파악
Learned (배운 점)	• 이번 경험을 통해 새롭게 알게 된 것은? • 예상과 달랐던 점은 무엇인가요? • 몸으로 느낀 깨달음은?	체험적 학습 추출, 통찰 발견
Lacked (부족했던 점)	• 아쉬웠던 점은 무엇인가요? • 더 잘할 수 있었던 부분은? • 무엇이 걸림돌이었나요?	성장 지점 발견, 개선 방향 탐색
Longed for (바라는 점)	• 다음에는 무엇을 시도해 보고 싶으세요? • 진심으로 바라는 것은 무엇인가요? • 어떤 변화를 만들고 싶나요?	내적 동기를 구체적 실천으로 전환

[표 3] 4L 회고법

실패 친화적 문화 조성 - 시행착오를 배움의 자산으로

Probe 단계에서 코치가 가장 주의해야 할 지점은, 참여자들이 '성공 사례만 공유해야 한다'는 암묵적 압박을 느끼지 않도록 하는 것이다. 많은 그룹에서 참여자들은 "계획대로 안 됐어요" "실패했어요"라는 말을 꺼내기 어려워한다. 따라서 코치는 의도적으로 실패 친화적 문화를 조성해야 한다. 가장 효과적인 방법은 코치 자신이 먼저 실패 경험을 가볍게 나누는 것이다. "저도 이번 주에 새로운 코칭 기법을 시도했다가 어색했던 순간이 있었어요. 그런데 그 어색함이 오히려 제가 무엇을 더 연습해야 하는지 알려줬죠"라는 식의 자기 개방은 참여자들에게 '실패는 자연스러운 것'이라는 메시지를 전달한다. 또한 코치는 참여자가 "잘 안 됐어요"라고 말할 때, "그래서 무엇을 배웠나요?"라고 즉시 물어봄으로써, 실패를 학습의 출발점으로 재프레이밍한다. 2세션에서 성화 님이 "팀 미팅에서 경청하려고 했는

그룹코칭 SPARK

데, 습관적으로 끼어들어 버렸어요"라고 말했을 때, 코치는 "그 순간을 알아차렸다는 것 자체가 큰 진전이네요. 다음엔 어떻게 해보고 싶으세요?"라고 반응했고, 성화 님은 "다음엔 손을 꼭 쥐고 있다가 상대방이 말을 끝낸 후에 풀어보려고요"라며 구체적인 다음 시도를 계획했다.

코치는 또한 "완벽하게 성공한 사람보다, 시행착오를 많이 한 사람의 이야기가 더 배울 점이 많아요"라며 명시적으로 실패의 가치를 강조한다. 3세션에서 소은 님이 "저는 계획했던 것의 절반밖에 못 했어요. 부끄럽네요"라고 말했을 때, 해중 님이 "저도 그래요. 그런데 절반이라도 한 게 대단한 거 아닌가요? 안 했으면 0%였잖아요"라며 동료 지지를 보냈고, 이는 그룹 전체에 '시도 자체가 가치 있다'는 문화를 확산시켰다. 코치는 이러한 순간을 포착하여 "맞습니다. 완벽한 실행보다 용감한 시도가 더 중요해요. 여러분 모두 각자의 방식으로 용감했습니다"라며 그룹의 실패 친화적 문화를 강화한다.

세션 간(Between Sessions) 경험 관리 - 실천을 지속 가능하게 만드는 장치

Probe 단계가 깊이 있게 작동하려면, 세션 간에 참여자들의 실천 경험이 체계적으로 관리되어야 한다. 일부 그룹코칭에서는 세션이 끝나면 참여자들이 각자 흩어져 실천 여부를 스스로 관리하도록 맡기지만, 이는 실천율을 현저히 낮춘다. 따라서 코치는 세션 간 연결 장치를 설계한다.

첫째, 파트너 시스템이다. 참여자들을 2~3명씩 짝지어 주고, "다음 세션까지 최소 1번은 서로 연락해서 실천 현황을 나눠보세요"라고 제안한다. 이는 개인의 의지에만 의존하지 않고, 동료 간의 상호 지지와 책임감을 활용하는 방식이다. 둘째, 간단한 실천 일지다. 코치는 한 장짜리 간단한 양식을 제공하여, 참여자들이 "언제 / 무엇을 / 어떻게 / 결과는?"을 메모하도록 돕는다. 이는 Probe 단계에서 자신의 경험을 구조적으로 공유하는 데 유용한 자료가 된다. 셋째, 온라인 공유 공간이다. 단체 메시지방이나 온라인 플랫폼에 "이번 주 작은 성공" "오늘의 도전" 같은 가벼운 공유를 할 수 있도록 열어두면, 참여자들은 세션 밖에서도 서로의 여정을 지켜보며 동기를 얻는다. 다만 코치는 이러한 장치들이 '과제'나 '부담'이 되지 않도록, "선택 사항이에요. 여러분에게 도움이 된다면 활용하세요"라는 톤을 유지한다.

코치는 Probe 단계의 마지막에 "오늘 나눈 이야기 중에서 가장 기억에 남는 것은 무엇인가요?"라는 질문으로 학습을 통합한다. 이는 참여자들이 30분 동안의 풍부한 공유 속에서 자신에게 가장 의미 있는 한 가지를 선택하여 내면화하도록 돕는다. 또한 "오늘 들은 이야기 중에서 내가 다음에 시도해 보고 싶은 아이디어가 있나요?"라는 질문은 타인의 경험을 자신의 실천으로 연결하도록 촉진한다. 이렇게 Probe단계는 과거 경험을 나누는 데 그치지 않고, 그 배움이 자연스럽게 다음 단계(Activate, Realize)의 실천으로 이어지는 다리 역할을 한다. 코치는 서두르지 않고 각자의 이야기를 충분히 경청하며, 그 속에서 그룹 전체가 함께 성장하는 순간들을 섬세하게 포착하고 의미를 부여한다.

Probe 단계에서 참여자들은 지난 2주간의 경험을 충분히 나누고, 그 속에서 배움을 발견했다. 이제 Activate 단계는 '오늘 이 자리에서 무엇에 집중할 것인가'를 명확히 하는 시간이다. Probe 단계가 '과거를 되돌아보는' 단계였다면, Activate 단계는 '지금 이 순간의 초점을 세우는' 단계다. 약 10분 내외로 진행되는 이 단계에서 중요한 것은, 참여자들이 '우리가 왜 여기 모였는지' 그리고 '오늘 무엇을 함께 탐구할 것인지'에 대한 명확한 공감대를 형성하는 것이다. Activate 단계는 세 가지 흐름으로 진행된다. 그룹 공통 목표와 개인 목표 재확인, 오늘 주제 선언과 의미 부여, 그리고 Realize 단계로의 자연스러운 전환이다.

목표 재확인 - 우리가 함께 약속한 것

중간 세션에 접어들면서 참여자들은 종종 첫 세션에서 세웠던 목표를 잊거나, 일상의 바쁨 속에서 흐릿하게 기억하는 경우가 많다. 따라서 Activate 단계는 "우리가 처음에 무엇을 하기로 했었죠?"라는 질문으로 시작된다. 코치는 첫 세션에서 함께 논의한 내용을 상기시킨다.

"기억하시나요? 우리의 그룹 공통 목표는 '실전에서 자신감 있게 그룹을 이끄는 코치로 성장하기'였습니다." 코치가 이 문장을 천천히, 명확하게 말하면, 참여자들은 고개를 끄덕이며 그때의 다짐을 떠올린다. 재희 님은 "맞아요. 그때 우리가 정말 진지하게 이야기 나눴죠"라며 첫 세션의 열기를 상기했다. 이 재확인 과정은 단순한 상기가 아니라, '우리가 왜 여기 모였는가'라는 존재 이유를 다시 일깨운다.

코치는 이어서 "그리고 이 목표를 이루기 위해, 우리가 함께 선택한 세 가지 주제가 있었죠. 기억나시나요?"라고 묻는다. 참여자들이 잠시 기억을 떠올리는 사이, 코치는 플립차트에 우리가 선택한 세 가지 주제를 적는다: 듣기와 질문, 안전한 공간 만들기, 그룹역동 읽기와 갈등활용. "맞습니다. 우리가 3단계 방법론으로 함께 도출한 이 세 가지 주제를 중간 세션에서 하나씩 깊이 탐구하기로 했습니다." 3단계 방법론은 첫 세션에서 참여자들이 직접 브레인스토밍하고, 우선순위를 정하고, 최종 주제를 선정한 과정이다. 코치가 이 과정을 간단히 상기시키면, 참여자들은 "우리가 직접 선택한 주제"라는 주인의식을 다시 느낀다. 인영 님은 "그때 우리가 15개 정도 아이디어를 냈었는데, 이 세 가지로 좁혔던 게 기억나요"라며 당시의 열띤 논의를 떠올렸다.

그룹 목표를 재확인한 후, 코치는 개인 목표도 자연스럽게 연결한다. "여러분 각자도 개인 목표를 세웠죠. 누가 자신의 목표를 간단히 나눠주실 수 있나요?" 이 질문은 그룹 목표와 개인 목표가 따로 떨어진 것이 아니라, 서로 연결되어 있음을 상기시킨다. 태규 님이 "저는 4세션까지 제 취약성을 그룹에 최소 1회 공유하고, 그 경험을 성찰 일지에 기록하기로 했어요"라고 공유하자, 코치는 "좋습니다. 오늘 우리가 다룰 심리적 안전감이 바로 태규 님의 목표와 직접 연결되네요"라며 개인과 그룹의 연결고리를 분명히 한다. 이렇게 그룹 목표, 세 가지 주제, 개인 목표가 하나의 지도처럼 펼쳐지면, 참여자들은 '지금 내가 왜 이 자리에 있는지'를 명확히 인식하게 된다.

오늘 주제 선언과 의미 부여

목표 재확인이 끝나면, 코치는 오늘 세션의 핵심 주제로 자연스럽게 넘어간다. "우리는 첫 세션에서 세 가지 주제에 합의했습니다. 오늘은 그중 두 번째인 '안전한 공간 만들기'를 다루기로 했는데, 왜 이 주제부터일까요?" 코치가 질문을 던지면, 참여자들은 잠시 생각에 잠긴다. 코치는 Probe 단계에서 나온 이야기들을 간단히 요약하며 연결고리를 만든다. '오늘 여러분이 나눈 경험들을 들어보니, 재희 님은 "팀원이 말을 꺼내기 전에 주저하는 모습"을 관찰하셨고, 성화 님은 "회의에서 의견을 냈다가 차가운 반응을 받은 경험"을 말씀하셨죠. 인영 님은 "누군가 발언하면 분위기가 얼어붙는 순간"을 언급하셨고요. 이 모든 이야기의 공통점이 무엇일까요?' 코치가 잠시 침묵하며 기다리면, 소은 님이 '다들 안전하지 않다고 느낀 거네요'라고 답한다. 코치는 고개를 끄덕이며 오늘의 주제를 명확히 선언한다. '맞습니다. 심리적 안전감이 없으면, 아무리 좋은 코칭 기법을 배워도 실전에서 작동하지 않습니다. 그래서 우리는 오늘 "안전한 공간 만들기"를 함께 탐구하겠습니다. 이것은 이후 학습을 지탱할 토대가 될 것입니다.' 이 선언은 단순한 정보 전달이 아니라, 그룹 전체의 초점을 하나로 모으는 의식과도 같다. 코치는 이 문장을 또박또박, 힘 있게 말하며, 참여자들의 눈을 마주친다.

코치는 플립차트 중앙에 오늘의 핵심 질문을 크게 쓴다. "우리 그룹에서 심리적 안전감을 높이려면 구체적으로 무엇을 해야 하는가?" 이 질문은 앞으로 60분 동안 그룹 전체의 나침반이 된다. 해중 님은 "심리적 안전감이라는 말은 많이 들었는데, 막상 '어떻게 만드냐'고 물어보면 막막했어요. 오늘 그 답을 찾고 싶어요"라고 말했다. 코치는 이 순간을 포착하여 "바로 그겁니다. 오늘 우리는 이론이 아니라 실천을 찾습니다"라며 그룹의 기대를 명확히 한다.

코치는 "여러분, 이 주제에 대한 여러분의 기대를 한 단어로 표현한다면?"
이라고 묻는다. 참여자들이 "해답", "구체적 방법", "자신감", "실천"이라고
답하면, 코치는 "좋습니다. 여러분의 기대가 명확하네요. 오늘 우리는 함
께 그 답을 만들어 갑니다"라며 그룹의 에너지를 한데 모은다. 참여자들은
이 질문을 바라보며, 각자 마음속으로 '나는 무엇을 알고 싶은가'를 다시 한
번 확인한다.

Realize 단계로의 자연스러운 전환

오늘 주제가 명확해졌다면, 이제 다음 단계로 넘어갈 시간이다. Probe 단
계는 참여자들이 자유롭게 경험을 나누며 다양한 이야기가 오가는 '확산'
의 시간이었다. 반면 Realize 단계는 하나의 주제에 깊이 몰입하는 '수렴'의
시간이다. Activate 단계는 이 두 단계 사이에서 에너지를 자연스럽게 전환
하는 다리 역할을 한다.

코치는 "자, 이제 우리가 오늘 함께 탐구할 주제가 명확해졌습니다. 이제
부터 DEEP 탐구로 들어갑니다. 준비되셨나요?"라며 명시적으로 전환을
안내한다. 참여자들은 "네!"라고 답하고, 이 순간 그룹 전체의 에너지는 하
나의 초점으로 모인다.

코치는 마지막으로 "오늘 세션이 끝날 때 우리 손에 쥐어져 있을 결과물은
무엇일까요?"라는 질문을 던진다. 참여자들이 잠시 생각하는 사이, 소은
님이 "내일 당장 써먹을 수 있는 구체적인 방법"이라고 답하자, 코치는 "맞
습니다. 오늘 끝나고 여러분 손에는 '심리적 안전감을 높이는 구체적 방법'
이 쥐어져 있을 겁니다"라고 확인한다.

코치는 서두르지 않고 이 전환이 자연스럽게 일어나도록 기다리며, 모든

참여자가 같은 방향을 바라보는 순간을 섬세하게 확인한다. 참여자들의 표정이 집중으로 바뀌고, 자세가 앞으로 기울고, 눈빛이 또렷해지는 순간. 코치는 그 순간을 포착하여 "그럼, 시작합니다"라는 짧은 선언과 함께 다음 단계(Realize)로 나아간다.

SPARK 5단계와 DEEP 탐구법의 만남

Realize 단계는 SPARK 5단계의 심장부다. 전체 120분 세션 중 약 60분을 할애하는 이 단계에서, 그룹은 단순히 정보를 교환하거나 의견을 나누는 수준을 넘어선다. 참여자들은 함께 생각하고, 서로의 관점을 확장하며, 혼자서는 도달할 수 없었던 통찰에 이른다. 이것이 바로 집단지성의 실현이다.

SPARK 5단계가 여행의 전체 일정이라면, DEEP 탐구법은 목적지에서의 구체적 활동이다. SPARK는 Start, Probe, Activate, Realize, Keep의 다섯 단계로 구성되며, 각 단계는 중간 세션의 전체 흐름을 설계한다. 반면 DEEP는 Realize 단계에서만 활용되는 탐구 방법론이다. Discover, Explore, Evaluate, Plan의 네 단계로 구성된 DEEP 탐구법은 참여자들의 사고를 구조화하고, 집단지성이 발현되도록 돕는다.

Realize 단계의 본질은 답을 찾는 것이 아니라 가능성이 펼쳐지는 순간(unfolding)을 경험하는 데 있다. 코치는 이 단계에서 구체적인 해법을 제시하거나 방향을 지시하지 않는다. 대신 참여자들이 스스로 발견하고, 탐색하고, 평가하고, 계획할 수 있도록 구조화된 질문과 촉진 기술을 활용한다. DEEP 탐구법은 이러한 과정을 체계적으로 설계하는 도구다.

이 구조는 SPARK 5단계의 전체 흐름 속에서 DEEP 탐구법이 어떻게 위치하는지를 보여준다. SPARK 5단계는 세션 전체를 관통하는 큰 흐름이고, DEEP탐구법은 그 중 Realize 단계를 깊이 있게 진행하는 구체적 방법이다. 두 방법론은 분리된 것이 아니라, 하나의 유기적 체계로 통합되어 작동한다.

SPARK 5단계: 전체(120분)

단계	S(Start)	P(Probe)	A(Activate)	R(Realize)	K(Keep)
소요 시간	10분	30분	10분	60분	10분
핵심 활동	그레이싱 에너지 체크 재연결	지난 경험 나누기 학습 심화	목표 재확인 오늘의 초점 설정	집단지성 실현 DEEP 탐구	통찰 정리 다짐 공유 마무리

Realize 단계 확대: DEEP 탐구법(60분)

단계	D(Discover)	E(Explore)	E(Evaluate)	P(Plan)
소요 시간	15분	15분	15분	15분
핵심 활동	현재 상황 발견하기 현실 인식 기법 숨겨진 요소 발견	가능성 탐색하기 판단 없는 아이디어 생성 What if 질문법	옵션 평가하기 4가지 평가 기준 중요도×긴급성	실행계획 수립하기 SMART 기준 적용

[표 4] SPARK−DEEP 프레임워크 통합 구조

이 통합 구조가 필요한 이유는 명확하다. SPARK 5단계만으로는 Realize 단계에서 구체적으로 무엇을 어떻게 할 것인가에 대한 안내가 부족하다. 반대로 DEEP 탐구법만으로는 전체 세션의 맥락 속에서 이 탐구가 어떤 의미를 갖는지 파악하기 어렵다. 두 방법론의 통합은 코치에게 전체를 보는 눈과 디테일을 다루는 손을 동시에 제공한다. 코치는 SPARK 5단계로 세션 전체의 항해도를 그리고, DEEP 탐구법으로 가장 중요한 구간을 정밀하게 운항한다. 참여자들은 Start단계에서 에너지를 회복하고, Probe단계에서 경험을 나누며, Activate단계에서 초점을 세운 후, 충분히 준비된 상태에서 Realize단계의 깊은 탐구에 들어간다. 이러한 단계적 준비 없이 바로 탐구에 들어가면, 참여자들은 심리적 준비가 되지 않아 표면적인 수준에 머물 가능성이 높다.

DEEP 탐구법의 각 단계는 약 15분씩 진행되며, 코치는 참여자들이 한 단계씩 사고를 심화시키도록 안내한다. 중요한 것은 시간보다 질이다. 그룹의 에너지와 탐구 깊이에 따라 각 단계의 시간은 유연하게 조정될 수 있다. 어떤 그룹은 Discover 단계에서 현실을 발견하는 데 더 많은 시간이 필요할 수 있고, 다른 그룹은 Explore 단계에서 아이디어를 확장하는 데 집중할 수 있다. 코치는 그룹의 상태를 민감하게 읽으며, 각 단계가 충분히 익을 때까지 기다린다.

코치는 DEEP 탐구법을 시작하기 전, 학생들에게 이렇게 말한다. "지금부터 우리는 '심리적 안전감을 높이려면 구체적으로 무엇을 해야 하는가?'라는 질문을 함께 탐구합니다. 정답을 찾으려 하지 마세요. 대신 여러분의 경험과 생각을 자유롭게 나누고, 서로의 이야기에서 새로운 가능성을 발견해보세요. DEEP 탐구법은 우리가 함께 생각하는 과정을 네 단계로 나눈 것입니다. 각 단계마다 핵심 질문이 있고, 그 질문에 응답하며 우리는 점점 더 깊은 통찰에 이르게 됩니다."

Discover - 현재 상황 발견하기

DEEP 탐구법의 첫 단계인 Discover는 있는 그대로의 현실을 인식하는 과정이다. 이 단계의 목적은 문제를 진단하거나 원인을 분석하는 것이 아니라, 그룹이 함께 현재 상황을 발견하는 데 있다. 개인의 경험이 모여 그룹의 현실 인식이 되고, 이는 집단지성의 출발점이 된다.

Discover 단계는 현실 인식 기법과 숨겨진 요소 발견 기술을 활용한다. 현실 인식 기법은 참여자들이 자신이 경험한 순간들을 구체적으로 떠올리고, 그 순간의 감정과 생각을 명확히 인식하도록 돕는다. 표면적으로 드러난 현상뿐 아니라, 그 안에 작동하는 심층 요인까지 포착하는 것이 중요하다. 코치는 "그때 구체적으로 무엇을 느꼈나요?" "그 순간 당신의 몸은 어떤 반응을 보였나요?" "그 상황에서 말하지 않은 것은 무엇인가요?"와 같은 질문으로 참여자들의 경험을 더 선명하게 드러낸다.

숨겨진 요소 발견 기술은 참여자들의 경험 속에 반복적으로 등장하는 패턴이나 공통 요소를 포착하는 것이다. 예를 들어, 여러 참여자가 각기 다른 상황에서 침묵을 경험했다면, 코치는 그 침묵들을 하나로 모아 "우리 모두 침묵이라는 경험을 나눴네요. 그 침묵 뒤에는 어떤 공통된 요인이 있을까요?"라고 질문한다. 참여자들은 평가에 대한 두려움, 위계 구조, 실수에 대한 불안 등 여러 요인을 발견하게 된다. 이렇게 개인의 경험이 그룹의 집단 발견으로 전환되는 순간, 집단지성이 작동하기 시작한다.

핵심 질문

- 지금 우리 그룹에서 실제로 일어나고 있는 일은 무엇인가?
- 이 상황에서 내가 느끼는 감정은 무엇이고, 무엇이 그 감정을 만드는가?
- 우리가 직면한 현실 중 아직 제대로 보지 못한 부분은 무엇인가?
- 이 문제가 지속되는 이유는 무엇이며, 어떤 패턴이 반복되는가?
- 지금 이 순간 가장 주목해야 할 것은 무엇인가?

소은 님은 "지난주 회의에서 제 의견을 말하려다 멈췄어요"라고 말문을 연다. 코치가 "그때 무엇이 당신을 멈추게 했나요?"라고 묻자, 소은 님은 잠시 침묵한 후 "상사의 표정이 굳어지는 게 보였어요"라고 답한다. 태규 님은 "저도 비슷한 경험이 있습니다. 제 의견이 받아들여지지 않을 것 같은 분위기였어요"라며 공감을 표한다.

코치는 이러한 경험들을 플립차트에 기록하며, 그룹이 함께 현실을 확인하도록 돕는다. 판단 없이 듣고, 적극적으로 경청하며, 분석적 질문으로 깊이 파고드는 것이 이 단계에서 코치의 역할이다. 성급하게 해결책으로 넘어가려는 유혹을 참고, 지금은 발견하는 시간이라는 것을 반복적으로 상기시킨다. 재희 님은 "우리 모두 비슷한 경험을 하고 있었지만, 각자 혼자 느끼고 있었던 것 같아요"라며, 집단 발견의 가치를 확인한다.

Explore - 가능성 탐색하기

Discover단계에서 발견한 현실을 토대로, Explore 단계는 그렇다면 어떻게 할 수 있을까라는 가능성의 세계로 참여자들을 초대한다. 이 단계의 핵심은 창의적 사고를 촉진하고, 브레인스토밍을 고도화하는 것이다. 코치는 참여자들이 기존의 틀에서 벗어나, 다양한 관점과 아이디어를 자유롭게 탐색하도록 돕는다.

Explore 단계는 판단 없는 아이디어 생성과 What if 질문법을 활용한다. 판단 없는 아이디어 생성이란, 참여자들이 떠오르는 모든 생각을 자유롭게 나누되, 그 아이디어를 즉시 평가하거나 비판하지 않는 것을 의미한다. 이는 심리적 안전감이 가장 필요한 순간이기도 하다. 참여자들이 자신의 아이디어가 비판받을까 봐 두려워하면, 창의적 사고는 위축된다. 코치는 "지금은 아이디어를 평가하지 않습니다. 떠오르는 모든 생각을 자유롭게 나눠주세요. 실현 가능성이나 현실성은 다음 단계에서 검토하겠습니다"라고 반복적으로 안내하며, 심리적 안전감을 유지한다.

What if 질문법은 참여자들의 상상력을 자극하는 강력한 도구다. 만약 이런 제약이 없다면, 만약 우리가 완전히 다른 방식으로 접근한다면, 만약 무한한 자원이 있다면과 같은 질문은 참여자들이 현실의 한계를 잠시 내려놓고, 가능성을 탐색하도록 돕는다. 이 과정에서 중요한 것은 아이디어의 현실성이 아니라, 얼마나 다양하고 창의적인 관점을 펼쳐놓을 수 있는가다. 일견 비현실적으로 보이는 아이디어도 환영받아야 한다. 그 안에서 새로운 통찰의 씨앗이 발견되기 때문이다.

코치는 브레인스토밍 과정에서 확산적 사고와 수렴적 사고를 구분한다. Explore 단계는 철저히 확산적 사고의 시간이다. 아이디어의 양이 질을 만든다는 원칙 아래, 코치는 참여자들이 가능한 많은 아이디어를 쏟아내도록 독려한다. 수렴적 사고, 즉 아이디어를 선별하고 평가하는 작업은 다음 단계인 Evaluate에서 이루어진다. 이 두 사고 방식을 명확히 분리하는 것이 효과적인 브레인스토밍의 핵심이다.

핵심 질문

- 이 상황을 개선하기 위해 우리가 시도해볼 수 있는 모든 방법은 무엇인가?
- 만약 제약이 전혀 없다면, 무엇을 해보고 싶은가?
- 다른 관점에서 보면 이 문제가 어떻게 보이는가?
- 이 문제를 해결한 다른 사례에서 우리가 배울 수 있는 것은 무엇인가?
- 우리가 아직 시도하지 않은 창의적인 접근은 무엇이 있을까?

인영 님은 "만약 실수를 축하하는 문화가 있다면 어떨까요?"라는 아이디어를 제시한다. 해중 님은 "그 아이디어 재밌네요. 가장 창의적인 실수를 한 사람에게 작은 상을 주면 어떨까요?"라며 아이디어를 덧붙인다. 성화 님은

"회의 시작 전에 간단한 감정 체크인을 하면 서로의 상태를 이해하는 데 도움이 될 것 같아요"라고 추가한다.

Explore 단계는 참여자들이 가장 활발하게 에너지를 발산하는 구간이다. 코치는 이 에너지를 적절히 조율하며, 모든 참여자가 아이디어를 낼 수 있도록 공간을 만든다. 특정 참여자가 주도하거나, 반대로 침묵하는 이가 있다면, "해중 님은 어떤 아이디어가 떠오르시나요?"와 같이 자연스럽게 참여를 독려한다. 이 단계가 끝날 무렵, 플립차트에는 다수의 다양한 아이디어가 기록되어 있다. 참여자들은 자신들이 만들어낸 아이디어의 풍성함에 놀라며, 함께 생각하는 힘을 체감한다.

Evaluate - 옵션 평가하기

Explore 단계에서 쏟아진 다양한 아이디어들을 이제 평가할 시간이다. Evaluate 단계는 우리가 할 수 있는 최선의 선택은 무엇인가를 집단지성으로 판단하는 과정이다. 이 단계에서는 효과성, 실현가능성, 자원, 시간이라는 네 가지 평가 기준을 활용하고, 중요도와 긴급성 매트릭스를 통해 체계적으로 옵션을 검토한다.

네 가지 평가 기준은 아이디어를 다각도로 검토하는 도구다. 첫째, 효과성은 이 방법이 우리가 원하는 결과를 얼마나 잘 만들어낼 수 있는가를 묻는다. 예를 들어, 감정 체크인이라는 아이디어를 효과성 측면에서 평가한다면, "이 방법이 심리적 안전감을 실제로 높일 수 있는가?"를 질문한다. 둘째, 실현가능성은 우리가 실제로 이것을 할 수 있는가를 점검한다. "우리 팀의 현재 상황에서 이 방법을 적용할 수 있는가?" "필요한 기술이나 역량을 우리가 가지고 있는가?"를 따진다. 셋째, 자원은 이 방법을 실행하는 데 필요한 시간, 예산, 인력 등을 확인한다. 넷째, 시간은 얼마나 빨리 효과를 볼 수 있는가, 그리고 지속적으로 실행 가능한가를 평가한다.

코치는 학생들이 이 네 가지 기준을 실제로 적용하도록 돕는다. 예를 들어, "감정 체크인" 아이디어를 평가할 때, 코치는 "이 방법의 효과성을 10점 만점으로 평가한다면?"이라고 질문한다. 재희 님은 "8점 정도일 것 같아요. 서로의 상태를 아는 것만으로도 심리적 안전감이 높아질 것 같습니다"라고 답한다. 다음으로 실현가능성을 묻는다. 인영 님은 "실현가능성은 9점이에요. 별도 준비 없이 바로 시작할 수 있으니까요"라고 평가한다. 자원 측면에서는 태규 님이 "추가 비용 없이 회의 시간 5분만 더 쓰면 되니 자원은 거의 들지 않아요"라고 분석한다. 시간 측면에서는 소은 님이 "즉시 적용 가능하고, 지속적으로 할 수 있어요"라고 덧붙인다. 이렇게 네 가지 기준으로 체계적으로 평가하면, 각 아이디어의 장단점이 명확히 드러난다.

중요도와 긴급성 매트릭스는 우선순위를 설정하는 유용한 도구다. 코치는 플립차트에 2×2 매트릭스를 그리고, 가로축에 중요도, 세로축에 긴급성을 표시한다. 참여자들은 Explore단계에서 나온 아이디어들을 하나씩 살펴보며, 각 아이디어가 어느 사분면에 위치하는지 함께 판단한다. 1사분면은 중요하고 긴급한 것으로, 즉시 실행해야 할 방법이다. 2사분면은 중요하지만 긴급하지 않은 것으로, 장기적으로 투자해야 할 방법이다. 3사분면은 긴급하지만 중요하지 않은 것으로, 간단히 처리할 방법이다. 4사분면은 중요하지도 긴급하지도 않은 것으로, 우선순위에서 제외할 수 있다.

핵심 질문

- 각 아이디어의 장점과 단점은 무엇인가?

- 우리가 실제로 실행 가능한 옵션은 무엇인가?

- 어떤 기준으로 우선순위를 정할 것인가?

- 최소한의 자원으로 최대 효과를 낼 수 있는 방법은 무엇인가?

- 이 방법이 우리 그룹의 목표와 얼마나 관련이 있는가?

성화 님은 "감정 체크인은 중요도도 높고 바로 적용 가능하니까 1사분면에 놓을 수 있겠네요"라고 의견을 낸다. 태규 님은 "익명 피드백 시스템은 효과적이지만 시스템을 구축하는 데 시간과 자원이 필요하니 2사분면이겠네요"라고 분석한다. 해중 님은 "실수 공유 시간은 효과는 클 것 같지만, 참여자들의 심리적 준비가 필요해서 신중하게 접근해야 할 것 같아요"라고 덧붙인다.

코치는 이 과정에서 구체성을 확보하고, 실행 약속을 명확히 하도록 돕는다. 그룹은 최종적으로 두세 가지 방법을 선택한다. 회의 시작 전 간단한 감정 체크인을 도입하고, 리더가 먼저 자신의 작은 실수를 공유하는 문화를 만들며, 회의 후 짧은 체크인 대화를 정기적으로 실시한다. 이 방법들은 중요도와 실현가능성이 모두 높으며, 그룹이 합의한 우선순위다.

Plan - 실행계획 수립하기

DEEP 탐구법의 마지막 단계인 Plan은 우리가 함께 실행할 공통 과제는 무엇인가를 명확히 하는 과정이다. 이 단계에서 가장 중요한 것은, 개별 참여자가 각자의 계획을 세우는 것이 아니라, 그룹이 함께 실행할 공통 실행 과제를 한두 가지 정하는 것이다. 이 공통 과제는 다음 세션까지 모든 참여자가 각자의 현장에서 실천하고, 다음 세션의 Probe 단계에서 자신의 경험을 나누는 토대가 된다.

공통 실행 과제를 설정하는 것은 그룹코칭의 본질과 직결된다. 그룹코칭은 개인코칭의 집합이 아니라, 그룹이 함께 배우고 성장하는 과정이다. 같은 과제를 실행하고, 그 경험을 나누며, 서로의 시행착오에서 배우는 것이 그룹코칭의 힘이다. 만약 각자가 다른 과제를 실행한다면, 다음 세션에서 경험을 공유할 때 초점이 흩어지고, 집단 학습의 효과가 떨어진다. 반면 같은 과제를 실행하면, 참여자들은 같은 주제에 대해 다양한 맥락에서의 경험을 나누며, 더 깊은 통찰에 이를 수 있다.

공통 실행 과제는 SMART 기준을 충족해야 한다. 구체적이고(Specific), 측정 가능하며(Measurable), 달성 가능하고(Achievable), 우리의 목표와 관련이 있으며(Relevant), 명확한 기한이 있어야(Time-bound) 한다. 코치는 참여자들이 막연한 다짐이 아니라, 명확하고 실행 가능한 약속을 하도록 질문한다. "우리가 함께 실행할 구체적 행동은 무엇인가?" "언제, 어디서, 어떻게 할 것인가?" "무엇이 달라지면 성공이라고 할 수 있는가?"

핵심 질문

- 우리가 함께 실행할 공통 과제는 무엇인가?
- 이 공통 과제를 구체적으로 어떻게 실행할 것인가?
- 언제까지 실행하고, 다음 세션에서 어떻게 점검할 것인가?
- 실행 과정에서 필요한 자원이나 지원은 무엇인가?
- 이 실행 과제가 성공했는지 어떻게 알 수 있는가?

그룹은 논의 끝에 하나의 공통 실행 과제를 확정한다. "다음 세션까지, 각자의 팀 회의 시작 시 5분간 감정 체크인을 실시한다. 리더가 먼저 오늘 기분과 에너지 상태를 나누고, 팀원들도 한 문장씩 자신의 상태를 공유한다." 성화 님은 "구체적이고 바로 실행할 수 있는 과제네요"라며 동의를 표한다. 인영 님은 "다음 세션에서 이 경험을 나누는 게 기대됩니다"라고 말한다.

코치는 실행 과정에서 필요한 지원을 확인한다. "이 과제를 실행하는 데 어떤 준비가 필요할까요?" 태규 님은 "회의 시간을 5분 연장하거나, 기존 안건을 조정해야 할 것 같아요"라고 답한다. 소은 님은 "팀원들에게 미리 안내하면 좋을 것 같아요. 갑작스럽게 하면 부담스러워할 수 있으니까요"라며 실행 가능성을 높이는 방법을 제시한다. 재희 님은 "첫 회의에서는 제가 먼저 솔직하게 감정을 나누면, 팀원들도 편하게 느낄 것 같아요"라고 구체적 실행 방안을 덧붙인다.

Plan 단계의 마지막은 Keep 단계로의 자연스러운 연결이다. 코치는 "다음 세션 Probe 단계에서 여러분의 경험을 나눌 것입니다. 각자 실행하면서 느낀 점, 효과적이었던 것, 어려웠던 것, 예상치 못한 변화를 기억해두세요. 여러분의 경험이 그룹 전체의 학습이 됩니다. 누군가는 성공 사례를, 누군가는 실패 경험을 나눌 수 있습니다. 둘 다 똑같이 귀중한 학습 자료입니다"라고 안내한다. 해중 님은 "실행하면서 작은 변화라도 관찰하려고 노력하겠습니다"라고 다짐한다.

공통 실행 과제를 확정한 후, 그룹은 Keep 단계로 넘어간다. Keep 단계는 오늘 세션에서 얻은 통찰과 다짐을 정리하고, 세션 간 실행을 지속하며, 다음 세션을 준비하는 마무리 과정이다. DEEP 탐구법을 통해 발견하고, 탐색하고, 평가하고, 계획한 내용이 실제 행동으로 이어지고, 그 행동이 다시 다음 세션의 Probe 단계에서 학습으로 순환되는 구조가 완성되는 것이다. 이 학습 순환은 그룹코칭의 핵심 메커니즘이다. 참여자들은 세션에서 탐구하고(Realize), 현장에서 실행하며(Between Sessions), 다음 세션에서 경험을 나누고(Probe), 그 경험을 바탕으로 다시 더 깊은 탐구에 들어간다(Realize). 이 순환이 반복될수록 그룹의 학습은 축적되고, 집단지성은 성숙해진다. 한 번의 세션이 아니라, 여러 세션에 걸친 누적적 학습이 참여자들을 진정한 변화로 이끈다. 이것이 SPARK 5단계와 DEEP 탐구법이 만들어내는 집단지성의 완전한 흐름이다.

5-5 K(Keep) – 통찰 정리와 지속 가능한 실천

Keep 단계의 의미 – 끝이 아닌 시작

Keep 단계는 120분 세션의 마지막 10분을 차지하는 마무리 과정이다. 그러나 이 단계의 본질은 단순한 종료가 아니라, 오늘 세션과 다음 세션을 연결하고, 세션 공간에서의 배움을 현장에서의 실천으로 전환하는 가교 역할에 있다. Keep이라는 이름은 유지하다, 지속하다라는 의미를 담고 있다. 참여자들은 이 단계에서 오늘 얻은 통찰을 정리하고, 실행 과제를 재확인하며, 다음 세션까지 학습을 지속할 준비를 한다.

Keep 단계는 세 가지 핵심 활동으로 구성된다. 첫째, 통찰 정리와 의미 부여다. 참여자들은 오늘 세션에서 가장 중요하게 느낀 통찰을 언어화하고, 그것이 자신에게 어떤 의미인지 확인한다. 둘째, 실행 과제 재확인과 다짐이다. Realize 단계의 Plan에서 확정한 공통 실행 과제를 다시 한번 명확히 하고, 각자의 다짐을 그룹 앞에서 선언한다. 셋째, 마무리 의식이다. 감사 나누기, 격려의 말, 또는 간단한 몸짓을 통해 오늘 세션을 정서적으로 마무리하고, 그룹의 유대를 강화한다.

코치는 Keep 단계를 서두르지 않는다. 비록 10분이라는 짧은 시간이지만, 이 단계가 생략되거나 형식적으로 진행되면, 참여자들은 세션의 여운을 충분히 내면화하지 못한 채 흩어진다. 반대로 Keep 단계가 충실하게 진행되면, 참여자들은 오늘의 배움을 가슴에 새기고, 다음 세션에 대한 기대를 품으며 공간을 나선다. 이것이 Keep 단계가 만드는 차이다. 세션의 마지막 순간은 참여자들의 기억에 가장 강렬하게 남는다. 코치는 이 시간을 활용해, 오늘 세션의 핵심 메시지를 다시 한번 각인시키고, 참여자들이 실천으로 나아갈 동기를 강화한다.

통찰 정리와 의미 부여

Keep 단계의 첫 번째 활동은 통찰 정리와 의미 부여다. 코치는 참여자들에게 오늘 세션을 돌아보며, 가장 중요하게 느낀 한 가지 통찰을 나누도록 초대한다. "오늘 세션에서 가장 기억에 남는 것은 무엇인가요?" "어떤 순간에 아하! 하는 깨달음이 있었나요?" "오늘의 배움을 한 문장으로 표현한다면?" 이러한 질문은 참여자들이 120분의 긴 여정을 압축하고, 핵심을 포착하도록 돕는다.

통찰을 언어화하는 과정은 학습을 내면화하는 결정적 단계다. 막연하게 느껴진 배움이 언어로 표현되는 순간, 그것은 명확한 지식이 되고, 기억에 각인된다. 또한 자신의 통찰을 그룹 앞에서 나누는 것은 그 배움을 더욱 공고히 한다. 참여자들은 서로의 통찰을 들으며, 자신이 놓쳤던 부분을 발견하고, 오늘 세션의 의미를 더 풍성하게 이해하게 된다. 이는 단순한 정보의 교환이 아니라, 집단지성이 작동하는 또 하나의 순간이다.

재희 님은 "오늘 가장 큰 깨달음은, 심리적 안전감이 거창한 제도가 아니라 5분 감정 체크인 같은 작은 실천에서 시작될 수 있다는 것이었어요"라고 말한다. 인영 님은 "저는 Discover 단계에서 우리 모두 비슷한 두려움을 갖고 있다는 걸 알았을 때, 혼자가 아니라는 느낌이 들어서 안심이 됐어요"라고 공유한다. 태규 님은 "실수를 공유하는 것에 대한 두려움이 컸는데, 오늘 탐구하면서 그게 오히려 성장의 기회가 될 수 있다는 걸 깨달았습니다"라고 덧붙인다.

코치는 이러한 통찰들을 하나하나 소중히 받아들이며, 그것이 각 참여자에게 어떤 의미인지 확인한다. "재희 님에게 이 깨달음은 구체적으로 어떤 변화를 가져올 것 같나요?" "인영 님, 혼자가 아니라는 느낌이 앞으로 당신의 실천에 어떤 영향을 줄까요?" 이렇게 통찰에 의미를 부여하는 과정은 단순한 앎을 실천으로 전환하는 동력이 된다. 참여자들은 자신의 통찰이 단지 머릿속 지식이 아니라, 현장에서 적용할 수 있는 구체적 방향임을 확인한다.

공통 실행 과제 재확인과 다짐

Keep 단계의 두 번째 활동은 공통 실행 과제를 재확인하고, 각자의 다짐을 나누는 것이다. Realize 단계의 Plan에서 그룹은 이미 공통 실행 과제를 확정했다. 그러나 60분의 긴 탐구 과정을 거치며, 그 과제의 구체적 내용이 희석될 수 있다. Keep 단계에서 이를 다시 한번 명확히 함으로써, 참여자들은 무엇을 어떻게 실행할 것인지를 분명히 기억하게 된다.

코치는 플립차트에 적힌 공통 실행 과제를 다시 읽는다. "우리가 함께 약속한 공통 실행 과제를 확인하겠습니다. 다음 세션까지, 각자의 팀 회의 시작 시 5분간 감정 체크인을 실시합니다. 리더가 먼저 오늘 기분과 에너지 상태를 나누고, 팀원들도 한 문장씩 자신의 상태를 공유합니다." 참여자들은 고개를 끄덕이며, 과제를 재확인한다. 이 반복은 단순해 보이지만, 실행 가능성을 높이는 중요한 절차다.

다음으로 코치는 참여자들에게 각자의 다짐을 나누도록 초대한다. "이 과제를 실행하기 위해 여러분이 구체적으로 하려는 것은 무엇인가요?" 소은 님은 "다음 주 월요일 회의부터 바로 시작하겠습니다. 회의 전에 팀원들에게 미리 안내 메시지를 보낼게요"라고 말한다. 성화 님은 "저는 제 감정을 솔직하게 나누는 것부터 연습하겠습니다. 평소에 리더로서 강한 모습만 보여야 한다고 생각했는데, 오늘 배운 것처럼 먼저 취약함을 드러내는 용기를 내보려고 합니다"라고 다짐한다.

해중 님은 "저는 실행하면서 팀원들의 반응을 세심하게 관찰하겠습니다. 어떤 변화가 일어나는지, 어떤 어려움이 있는지를 기록해서 다음 세션에 나누고 싶어요"라고 덧붙인다. 이러한 다짐은 단순히 과제를 수행하겠다는 약속을 넘어, 각자가 어떤 태도와 관점으로 실천에 임할 것인지를 보여준다. 코치는 "여러분의 다짐을 듣고 있으니, 다음 세션 Probe 단계에서 나눌 경험들이 벌써 기대됩니다. 여러분 각자의 경험이 우리 그룹 전체의 학습이 될 것입니다"라고 격려한다. 이 말은 참여자들에게 자신의 실천이 개인적 과제를 넘어 그룹 전체에 기여하는 행위임을 상기시킨다.

마무리 의식(Closing Ritual) - 감사와 연결

Keep 단계의 세 번째 활동은 마무리 의식이다. 마무리 의식은 세션을 정서적으로 완결하고, 그룹의 유대를 강화하는 상징적 행위다. 이는 거창한 절차일 필요가 없다. 간단한 감사 나누기, 한 마디씩 격려의 말, 또는 함께 하는 박수나 몸짓으로도 충분하다. 중요한 것은 참여자들이 함께 무언가를 나누며, 우리가 하나의 그룹이라는 소속감을 확인하는 것이다.

코치는 "오늘 세션을 마무리하며, 서로에게 감사 한 마디씩 나눠볼까요?"라고 제안한다. 재희 님은 "오늘 여러분의 솔직한 경험 나눔 덕분에 제가 혼자 고민하던 것들이 보편적인 이슈라는 걸 알게 됐어요. 감사합니다"라고 말한다. 인영 님은 "태규 님이 실수에 대한 두려움을 나눴을 때, 저도 용기를 얻었어요. 함께라서 든든합니다"라고 화답한다. 이렇게 참여자들은 서로에게 감사를 전하며, 오늘 세션이 단지 코치의 진행으로 이루어진 것이 아니라, 그룹 구성원 모두의 참여와 기여로 만들어졌음을 확인한다.

코치는 마지막으로 다음 세션과의 연결고리를 만든다. "다음 세션은 2주 후 같은 시간, 같은 장소에서 만납니다. 그때 Probe 단계에서 여러분의 실행 경험을 나누며 시작하겠습니다. 여러분이 나눠주실 경험이, 성공이든 실패든, 모두 우리의 귀중한 학습 자료가 될 것입니다. 그때까지 건강하시고, 실천하시면서 작은 변화들을 관찰해보세요. 오늘도 함께해주셔서 감사합니다." 참여자들은 미소를 지으며, 서로에게 하이파이브를 나눈다. 강의실을 나서는 그들의 발걸음에는 오늘의 배움을 실천하겠다는 다짐과, 다음 세션에서 다시 만날 기대가 담겨 있다.

학습 순환의 완성 - Keep에서 다시 Start로

Keep 단계는 한 세션의 끝이지만, 동시에 다음 세션의 시작이기도 하다. 그룹코칭의 힘은 단일 세션이 아니라, 여러 세션에 걸친 학습 순환 구조에서 나온다. 오늘 세션의 Keep 단계에서 확정한 공통 실행 과제는, 참여자들이 강의실을 나서는 순간부터 현장에서 실천된다. 그들은 각자의 팀에서, 회의에서, 일상의 순간들 속에서 오늘 배운 것을 적용한다. 어떤 이는 성공을 경험하고, 어떤 이는 예상치 못한 어려움을 만난다. 이 모든 경험이 다음 세션의 Probe 단계에서 공유된다.

다음 세션이 시작되면, 그룹은 Start 단계에서 다시 에너지를 회복하고 재연결한 후, Probe 단계에서 지난 2주간의 실천 경험을 공유한다. 4L 회고법을 활용해 무엇이 좋았고(Liked), 무엇을 배웠으며(Learned), 무엇이 부족했고(Lacked), 무엇을 갈망하는지(Longed for)를 탐색한다. 이 과정에서 참여자들은 서로의 시행착오에서 배우고, 같은 과제를 다양한 맥락에서 실행한 경험을 비교하며, 더 깊은 통찰에 이른다. 그리고 Activate 단계에서 다음 주제로 초점을 옮기고, Realize 단계에서 다시 DEEP 탐구법을 통해 새로운 공통 실행 과제를 만든다.

이러한 실행-성찰-학습-재실행의 순환이 반복될수록, 그룹의 학습은 축적되고, 집단지성은 성숙해진다. 처음에는 작고 서툴렀던 시도들이, 여러 세션을 거치며 점점 더 정교해지고, 참여자들의 역량으로 내면화된다. Keep 단계는 바로 이 순환의 연결고리다. 오늘 세션에서 배운 것을 내일의 실천으로, 내일의 실천을 다음 세션의 학습으로 이어가도록 돕는 것, 이것이 Keep 단계가 그룹코칭에서 갖는 전략적 의미다. 이 순환 구조를 이해한 참여자들은 단일 세션의 경험을 넘어, 자신이 지속적인 성장 과정에 참여하고 있음을 깨닫게 된다.

코치는 Keep 단계를 진행하며, 이 학습 순환 구조를 참여자들이 체감하도록 돕는다. "오늘 우리가 확정한 공통 실행 과제를 여러분이 실천하고, 그 경험을 다음 세션에서 나누면, 그것이 우리 그룹의 집단지성이 됩니다. 한 사람의 성공은 다른 이들에게 용기를 주고, 한 사람의 실패는 모두에게 배움을 줍니다. 이렇게 우리는 함께 성장합니다." 참여자들은 이 말을 통해, 자신의 실천이 단지 개인적 과제가 아니라, 그룹 전체의 학습에 기여하는 소중한 행위임을 깨닫는다. 이것이 SPARK 5단계가 만들어내는 그룹코칭의 완전한 흐름이다. Start에서 시작된 연결이 Probe에서 깊어지고, Activate에서 초점을 얻으며, Realize에서 구체적 계획으로 발전하고, Keep에서 다시 실천으로 이어지는 이 완전한 순환이, 그룹코칭을 단순한 정보 공유의 장이 아니라, 진정한 변화와 성장의 플랫폼으로 만든다.

단계	소요 시간	핵심 활동	목적
S(Start)	10분	• 그레이싱: 따뜻한 재연결 • 에너지 체크: 현재 상태 확인 • 체크인 질문: 세션 시작을 여는 질문	그룹 에너지 활성화 심리적 안전감 조성
P(Probe)	30분	• 지난 경험 나누기: 계획–실행–결과–학습 4단계 • 4L 회고법(4L Retrospective): Liked, Learned, Lacked, Longed for • 실패 친화적 문화 조성 • 세션 간(Between Sessions) 경험 관리	실천 경험 공유 집단 학습 심화
A(Activate)	10분	• 그룹 공통 목표 재확인 • 오늘의 초점 주제 선언 • 초점 전환: Probe에서 Realize로	목표 재확인 오늘의 초점 명료화
R(Realize)	60분	• D(Discover, 15분): 현재 상황 발견하기 • E(Explore, 15분): 가능성 탐색하기 • E(Evaluate, 15분): 옵션 평가하기 • P(Plan, 15분): 공통 실행 과제 수립	집단지성 실현 DEEP 탐구를 통한 구체적 행동계획
K(Keep)	10분	• 통찰 정리와 의미 부여 • 공통 실행 과제 재확인 • 마무리 의식(Closing Ritual) • 다음 세션 연결	학습 내면화 실천 동기 강화 그룹 유대 공고화

[표 5] 중간 세션 120분 타임라인

Chapter 5 종합 요약

SPARK-DEEP 프레임워크는 그룹코칭 중간 세션의 핵심 엔진이다. SPARK 5단계는 120분의 흐름을 만들고, DEEP 탐구법은 그 흐름 속에서 통찰을 행동으로 연결한다. Start에서 참여자들은 지난 세션과 현재를 연결하며 그룹 공간에 도착한다. Probe에서는 각자의 실천 경험을 나누며 학습을 심화하고, Activate에서는 오늘 세션의 초점을 명료화한다. Realize는 120분 중 60분을 차지하는 핵심 단계로, DEEP 탐구법(Discover-Explore-Evaluate-Plan)을 통해 집단지성이 개인의 구체적 행동계획으로 전환된다. Keep에서는 오늘의 통찰을 정리하고, 다음 세션까지 실천 할 과제를 확인하며 연결고리를 만든다.

중간 세션은 그룹의 힘이 가장 생생하게 작동하는 순간이다. 참여자들은 서로의 경험을 거울 삼아 자신의 변화를 발견하고, 집단지성을 통해 개인의 돌파를 경험한다. 코치는 SPARK 5단계의 흐름을 설계하지만, 실제 변화는 참여자들이 함께 만들어간다. 첫 세션에서 쌓은 신뢰가, 중간 세션에서 성장의 열매로 익어간다. 그리고 이 모든 여정을 완성하는 마무리 세션이 남아 있다. 다음 장에서는 성찰과 통합, 성장의 축하, 그리고 지속 가능한 새로운 시작을 위한 마무리 세션의 설계를 살펴본다.

마무리 세션 – 성장의 종결과 새로운 시작

6-1 성찰과 통합 – 여정의 의미 만들기

마무리 세션의 본질

마무리 세션은 단순한 끝이 아니다. 함께 걸어온 여정을 완성하고, 그 경험을 각자의 삶 속으로 가져가는 시간이다. 종결은 절차적 마무리를, 완결은 심리적 충족감을 의미한다. 마무리 세션은 종결을 통해 완결감을 창출한다.

그룹코칭에서 종결이 중요한 이유는 명확하다. 첫째, 학습의 내면화다. 처음부터 지금까지 경험한 것들이 단순한 기억이 아니라 참여자의 일부가 되려면, 의도적인 성찰과 통합 과정이 필요하다. 둘째, 관계의 완결성이다. 함께 성장한 그룹과의 관계를 제대로 마무리하지 않으면, 미완의 감정이 남는다. 셋째, 지속 가능성 확보다. 마무리 세션에서 무엇을 경험하느냐에 따라, 참여자들이 이후에도 배운 것을 실천할지가 결정된다.

마무리 세션은 첫 세션, 중간 세션과 다른 독특한 성격을 갖는다. 첫 세션이 신뢰 구축에 집중했다면, 중간 세션은 SPARK 5단계와 DEEP 탐구법 실행을 통해 구체적 주제를 탐구했다. 마무리 세션은 그 모든 것을 아우르며 통합과 완성을 지향한다. 여기서는 새로운 것을 배우는 대신, 이미 경험한 것의 의미를 발견한다. 앞으로 나아가는 대신, 지나온 길을 되돌아보며 그 여정이 무엇이었는지 이해한다.

마무리 세션 90분은 세 개의 큰 흐름으로 구성된다. 첫 번째 흐름은 성찰과 통합이다. 전체 여정을 되돌아보며 개인적이고 집단적인 의미를 발견한다. 다음 흐름은 성장 증거 발견과 축하다. 추상적 느낌이 아니라 구체적이고 가시적인 변화를 확인하고 서로의 성장을 축하한다. 마지막 흐름은 종결과 새로운 출발 준비다. 그룹과의 관계를 완결하고, 앞으로의 지속 가능한 성장을 설계한다. 이 세 흐름이 유기적으로 연결되어, 마무리 세션은 하나의 완전한 경험이 된다.

타임라인 회고법

타임라인 회고법(Timeline Retrospective)은 그룹코칭 여정 전체를 시각적으로 재구성하며 의미를 발견하는 구조적 회고 기법이다. 마무리 세션은 현재 진행 중이므로, 지나온 모든 중간 세션을 대상으로 한다. 이 방법은 단순히 좋았다 또는 배웠다는 추상적 회고를 넘어, 구체적 순간들을 되살리고 그 속에서 패턴과 의미를 찾도록 돕는다.

타임라인 회고법의 핵심은 시각화다. 코치는 플립차트에 첫 세션부터 마지막 중간 세션까지의 가로 타임라인을 그린다. 각 세션 사이에 충분한 공간을 둔다. 참여자들은 이 타임라인을 보며, 각 세션에서 자신에게 중요했던 순간을 떠올린다. 추상적 평가가 아니라 구체적 장면을 떠올리는 것이 중요하다. "어느 세션이 좋았다가 아니라, 그 세션에서 누군가가 어떤 말을 했을 때 그룹의 분위기가 달라졌다"처럼 구체적으로 기억한다.

진행 절차는 세 단계다. 첫째, 개인 성찰이다. 코치는 참여자들에게 5분을 주며 질문한다. 첫 세션부터 지금까지, 여러분에게 가장 중요했던 순간 세 가지를 떠올려보세요. 언제, 무슨 일이 있었고, 왜 중요했나요? 참여자들은 조용히 전체 여정을 되짚는다.

실습에서는 1세션부터 4세션까지를 대상으로 타임라인 회고를 진행했다. 코치는 화이트보드에 1세션부터 4세션까지의 타임라인을 그렸다. 재희 님은 2세션에서 처음으로 강력한 질문을 던졌을 때를 떠올렸다. 1 세션에서 재희 님은 세션당 3개 이상 강력한 질문하기라는 개인 목표를 세웠고, 그 목표를 향한 첫걸음이 2세션였다. 인영 님은 매 세션 비언어적 신호를 관찰하며 저널에 기록했던 순간들을 떠올렸다.

둘째, 타임라인 공유다. 각 참여자는 포스트잇에 자신의 중요한 순간을 적고, 해당 세션의 타임라인 위에 붙인다. 이때 참여자들은 돌아가며 자신의 포스트잇을 설명한다. 다른 참여자들은 경청한다. 한 사람의 중요한 순간이 다른 사람에게도 중요했을 수 있고, 또는 완전히 다른 순간을 기억할 수도 있다. 이 다양성 자체가 의미 있다. 같은 여정을 걸었지만, 각자 다른 지점에서 다른 것을 발견했다는 사실이 드러난다.

셋째, 패턴 발견이다. 모든 포스트잇이 타임라인에 붙으면, 코치는 그룹 전체에게 묻는다. 이 타임라인을 보니, 어떤 패턴이 보이나요? 우리 그룹의 여정에 어떤 흐름이 있나요? 참여자들은 함께 관찰한다. 어떤 패턴은 즉시 눈에 띈다. 어느 세션에 포스트잇이 많이 몰려 있다면, 그 세션에 중요한 일이 있었다는 뜻이다. 초반에는 개인 경험 중심이었는데, 후반으로 갈수록 그룹 전체 이야기가 많아지는 패턴도 발견된다. 이런 관찰이 그룹의 집단적 의미를 만들어낸다.

실습 그룹에서는 흥미로운 패턴이 발견되었다. 1세션에는 '기대', '긴장', '호기심' 같은 단어들이 많았다. 이 시기에 그룹은 공통 목표인 '실전에서 자신감 있게 그룹을 이끄는 코치로 성장하기'를 함께 설정했다. 2세션에서는 특정 주제에 포스트잇이 집중되었는데, 이때 한 참여자의 강력한 질문이 그룹 전체의 탐구를 깊게 만들었다. 후반부 세션에는 '실험', '도전', '관찰'과 관련된 순간들이 많았다. 참여자들은 자신들의 여정을 되돌아보며 하나의 흐름을 발견했다. 탐색에서 개방으로, 도전에서 통합으로 이어지는 성장의 궤적이었다.

타임라인 회고법이 강력한 이유는, 개인의 이야기가 그룹의 이야기로 엮이기 때문이다. 각자의 중요한 순간이 타임라인 위에 함께 놓이면, 나의 여정이 우리의 여정이 된다. 한 참여자의 용기 있는 질문은 그 사람만의 학습이 아니라, 그룹 전체에게 깊은 탐구의 문을 연 순간이었음이 드러난다. 다른 참여자의 유머는 개인의 성격만이 아니라, 그룹의 심리적 안전감을 강화한 기여였음이 확인된다. 이렇게 개인의 경험이 그룹의 자산으로 재해석된다.

3단계 통합 질문법

타임라인 회고법이 무슨 일이 있었나를 확인했다면, 3단계 통합 질문법(Integration Questioning)은 그것이 무엇을 의미하는가를 탐구한다. 통합이란, 흩어진 경험들을 하나의 의미 있는 이야기로 엮어내는 과정이다. 전체 여정 동안의 개별 경험들이 나는 이런 사람으로 성장했다 또는 우리는 이런 그룹이었다는 하나의 내러티브로 연결될 때, 학습은 진정으로 내면화된다.

통합 질문법은 세 단계로 구성된다. 각 단계는 서로 다른 차원의 통합을 지향한다. 첫 번째는 개인 통합, 두 번째는 관계 통합, 세 번째는 의미 통합이다.

Level 1은 개인 통합 질문이다. 이 단계에서는 나는 무엇을 배웠는가를 탐구한다. 코치는 참여자들에게 첫 세션에서 설정했던 그룹 공통 목표와 개인 목표를 상기시킨다. "우리의 그룹 공통 목표는 무엇이었습니까? 이것이 우리가 함께 가기로 한 방향이었습니다. 그리고 각자는 그 공통 목표 안에서 자신만의 개인 목표를 세웠습니다." 그룹 공통 목표와 각자의 개인 목표, 이 두 가지와 관련하여, 전체 여정 동안 여러분 안에서 가장 크게 변한 것은 무엇인가요? 참여자들은 조용히 성찰한다.

실습 그룹에서 재희 님은 "처음엔 질문을 만드는 게 너무 어려웠어요. 2세션에서 용기 내어 첫 질문을 던졌을 때, 그 질문이 그룹의 대화를 완전히 바꿔놓은 걸 봤어요. 그 후로 매 세션 질문을 준비했고, 지금은 3개가 아니라 5개 이상 던지게 됐어요"라고 나눴다. 인영 님은 "1세션 때는 말하는 사람만 봤어요. 2세션부터 의도적으로 관찰하기 시작했고, 매 세션 후 저널에 기록했어요. 4세션 끝에는 15개가 넘는 관찰 항목이 쌓였어요"라고 말했다.

Level 2는 관계 통합 질문이다. 이 단계에서는 우리는 어떻게 함께 성장했는가를 탐구한다. 코치는 질문한다. 이 그룹이 여러분의 성장에 어떤 영향을 주었나요? 누구의 어떤 말이나 행동이 여러분에게 가장 큰 영향을 주었나요? 이 질문은 학습이 개인의 노력만이 아니라, 그룹의 집단지성에서 나왔음을 인식하게 한다.

"한 참여자는 다른 참여자에게 감사를 표현한다. 당신이 3세션에서 완벽하지 않아도 괜찮다고 말했을 때, 저는 숨통이 트였어요". 그 한마디가 저를 바꿨습니다. 다른 참여자는 어느 세션에서 누군가가 던진 질문을 기억한다. 그 질문이 제 안에서 며칠 동안 맴돌았어요. 그 질문 덕분에 제 목표를 다시 생각했어요.

이런 상호 인정이 이어지면서, 참여자들은 자신의 성장이 혼자만의 것이 아니라 그룹 전체가 함께 만든 것임을 깨닫는다. 나의 배움이 누군가에게 영향을 주었고, 누군가의 시도가 나를 변화시켰다. 이 상호성이 드러날 때, 그룹의 힘이 가시화된다.

Level 3은 의미 통합 질문이다. 이 단계에서는 이 경험이 내 삶에 어떤 의미인가를 탐구한다. 가장 깊은 차원의 질문이다. 코치는 묻는다. 이 여정을 한 단어 또는 한 문장으로 표현한다면 무엇인가요? 이 경험이 여러분의 리더십 또는 삶에 어떤 의미를 남겼나요?

참여자들은 잠시 침묵한다. 이 질문은 즉각적 답이 나오지 않는다. 한참 후, 한 참여자가 조용히 말을 시작한다. 저에게 이 여정은 연결이었어요. 저는 혼자 공부하고 혼자 성장하는 사람이었는데, 여기서 함께 성장하는 것을 처음 경험했어요. 다른 참여자는 용기라는 단어를 선택한다. 매 세션마다 작은 용기를 냈어요. 질문할 용기, 틀릴 용기, 모른다고 말할 용기. 그 용기들이 쌓여서 지금의 저를 만들었어요.

또 다른 참여자는 한 문장으로 표현한다. 이 여정은 질문의 힘을 발견한 시간이었어요. 완벽한 질문을 만들려고 했는데, 진심 어린 질문이 더 강력하다는 걸 알았어요. 다른 이는 말한다. 저에게는 보이지 않는 것을 보는 법을 배운 시간이었어요. 말뿐 아니라 침묵, 표정, 몸짓 속에 진짜 의미가 있다는 걸 배웠어요.

코치는 이 모든 이야기를 경청하며, 공통 주제를 발견한다. "여러분의 이야기를 들으니, 완벽함에서 진정성으로, 혼자에서 함께로, 보이는 것에서 보이지 않는 것으로라는 공통된 흐름이 보입니다. 이것이 우리 그룹이 함께 걸어온 여정의 본질이 아닐까요?" 참여자들은 고개를 끄덕인다. 각자의 이야기가 다르지만, 그 속에 공통된 의미가 있다. 그 의미를 함께 발견하는 순간, 통합이 일어난다.

학습 내면화와 다음 단계 연결

타임라인 회고와 3단계 통합 질문을 거치며, 참여자들은 전체 여정을 되돌아보고 의미를 발견했다. 이제 그 의미를 내면화하고, 다음 단계로 나아갈 준비를 한다.

학습 내면화는 저절로 일어나지 않는다. 경험을 성찰하고, 의미를 부여하고, 그 의미를 자신의 이야기로 만들 때 비로소 내면화된다. 심리학 연구에 따르면, 경험 그 자체보다 경험에 대한 성찰이 더 강력한 학습을 만든다. 여정 동안의 경험은 이미 일어났지만, 그 경험이 무엇을 의미하는지 명료화할 때, 진정한 변화가 시작된다.

코치는 마무리 개입을 한다. "여러분이 나눈 이야기 속에서 제가 발견한 공통 주제는 진정성, 연결, 관찰입니다. 여러분은 진정성 있게 자신을 드러냈고, 서로 연결되었으며, 보이지 않는 것을 보는 눈을 키웠습니다. 이것이 여러분이 함께 만든 가장 큰 변화입니다." 참여자들은 자신들의 여정이 하나의 의미 있는 이야기로 정리되는 것을 느낀다.

이제 다음 단계로 자연스럽게 연결된다. "우리는 지금까지 여정의 의미를 발견했습니다. 이제 그 의미가 구체적으로 어떤 변화를 만들었는지, 성장의 증거를 함께 확인해보겠습니다." 코치의 이 말과 함께, 마무리 세션은 성찰에서 구체적 증거 확인으로 넘어간다.

　　　　　　　　　　　　　　　　　　　　그룹코칭 SPARK

성장 증거의 의미와 중요성

성찰과 통합을 거쳐 전체 여정의 의미를 발견했다. 이제 그 의미가 실제로 어떤 변화를 만들었는지, 구체적이고 가시적인 증거를 확인할 차례다. 추상적 느낌을 넘어, 여러분은 실제로 달라졌다는 것을 확인하는 시간이다.

왜 증거가 필요한가? 인간은 변화를 과소평가하는 경향이 있다. 심리학에서 이를 변화 맹(Change Blindness, Simons & Levin, 1997)이라 부른다. 우리는 매일 조금씩 변하지만, 그 변화가 점진적이기 때문에 스스로 인식하지 못한다. 나는 여전히 부족해라고 느끼지만, 실제로는 많이 성장했을 수 있다. 구체적 증거를 확인하는 것은 이 착각을 깨뜨리고, 자기효능감을 강화한다.

성장 증거는 참여자가 실제로 달라졌음을 입증하는 관찰 가능하고 측정 가능한 변화의 흔적이다. 이는 단순히 느낌이 좋아졌다는 주관적 감각을 넘어, 타인이 보고 확인할 수 있는 객관적 변화를 의미한다. 예를 들어, 첫 세션에서는 질문을 하나도 못했지만 마무리 세션에서는 매번 5개씩 던진다는 것은 명확한 행동 증거다. 이러한 증거는 참여자 스스로에게 나는 진짜 변했다는 확신을 주고, 동료들에게는 그 변화를 인정하고 축하할 근거를 제공한다.

그룹코칭에서 성장 증거는 네 가지 유형으로 나타난다. 첫째, 행동 증거다. 예전에는 안 했는데, 지금은 하는 것이다. 질문 던지기, 피드백 요청하기, 침묵 견디기 등 관찰 가능한 행동의 변화가 여기 속한다. 예를 들어, 첫 세션에서는 발언을 한 번도 하지 않았지만 마무리 세션에서는 적극적으로 의견을 나누는 것은 명확한 행동 증거다. 둘째, 사고 증거다. 예전에는 이렇게 생각했는데, 지금은 다르게 생각하는 것이다. 침묵을 불편함으로 여기던 것이 관찰의 기회로 재해석되거나, 완벽한 질문을 추구하던 것이 진정성 있는 질문을 중요시하는 것으로 변화하는 것이 여기 해당한다. 이는 언어화된 생각, 질문의 방향, 문제에 접근하는 관점 등을 통해 확인할 수 있다.

셋째, 관계 증거다. 예전에는 이런 관계였는데, 지금은 달라진 것이다. 처음에는 서로 모르는 사람들이었지만 이제는 서로를 깊이 이해하고 신뢰하게 되었다는 것, 또는 피드백을 회피하던 사람이 이제는 적극적으로 요청하게 되었다는 것이 관계 증거다. 이는 대화의 깊이, 상호작용의 빈도, 감정 공유의 수준, 갈등 대응 방식 등을 통해 드러난다. 넷째, 결과 증거다. 실제로 달라진 성과나 피드백이다. 동료로부터 질문이 깊어졌다는 피드백을 받았거나, 실제 코칭 상황에서 더 자신감 있게 대응했다는 것, 또는 설정한 목표를 구체적으로 달성했다는 것이 결과 증거다. 이는 타인의 피드백, 성과 지표, 구체적 산출물 등으로 확인된다.

성장 증거와 단순 회고의 차이는 명확하다. "회고는 좋았어요", "배웠어요" 처럼 추상적이다. 이는 느낌과 인상을 전달하지만, 구체적으로 무엇이 어떻게 달라졌는지 알 수 없다. 반면 "성장 증거는 첫 세션에는 질문을 하나도 못했는데, 지금은 매번 5개씩 던집니다"처럼 구체적이다. Before와 After가 명확히 대비되고, 변화의 크기와 방향을 정확히 파악할 수 있다. 이 대비가 있어야, 참여자들은 '나는 진짜 변했구나'를 체감한다. 증거는 또한 측정 가능해야 한다. 질문 개수, 관찰 항목 수, 피드백 횟수 등 숫자로 표현되거나, 특정 행동의 유무로 확인되어야 한다. 이러한 구체성과 측정

그룹코칭 SPARK

가능성이 성장 증거를 강력하게 만든다.

Before-After 비교법

Before-After 비교법은 첫 세션과 마지막 중간 세션을 직접 대조하여 구체적 변화를 가시화하는 구조적 기법이다. 마무리 세션은 현재 진행 중이므로, 실질적인 학습과 실습이 이루어진 마지막 중간 세션을 After 지점으로 삼는다. 타임라인 회고법이 전체 흐름과 패턴을 보았다면, Before-After 비교법은 출발점과 가장 최근 지점의 명확한 차이를 확인한다.

코치는 플립차트를 둘로 나눈다. 왼쪽에는 Before 첫 세션, 오른쪽에는 After 마지막 중간 세션이라고 적는다. 참여자들은 첫 세션에서 설정했던 그룹 공통 목표와 개인 목표를 다시 꺼낸다. "첫 세션에서 여러분은 그룹 공통 목표를 함께 설정했고, 각자는 그 안에서 자신의 개인 목표를 세웠습니다. 이 그룹 공통 목표를 중심으로, 그리고 각자의 개인 목표와 관련하여, 첫 세션의 여러분과 마지막 중간 세션의 여러분을 비교해봅시다."

진행 절차는 세 단계다. 첫째, 개인 작업이다. 각 참여자는 종이를 둘로 나누고, 왼쪽에 첫 세션의 나, 오른쪽에 마지막 중간 세션의 나를 적는다. 5분 동안 구체적으로 작성한다. 첫 세션에는 이렇게 했다. 마지막 중간 세션에는 이렇게 한다 형식으로 명확히 대비시킨다. 추상적 표현이 아니라, 구체적 행동이나 사고를 적는다.

실습 그룹에서는 1세션와 4세션를 비교했다. 재희 님은 자신의 종이에 적었다. 1세션: 질문을 만드는 게 두려웠다. 질문을 하나도 못 던졌다. 4세션: 매 세션 5개 이상의 질문을 준비한다. 2세션부터 시작해서 이제는 자연스럽다. 동료들이 생각을 깊게 하는 질문이라고 피드백했다.

둘째, 그룹 공유다. 각 참여자는 자신의 Before-After를 그룹에 나눈다. 이때 중요한 것은 단순히 읽는 것이 아니라, 그 변화가 어떻게 일어났는지 짧게 설명하는 것이다. "처음엔 질문이 너무 어려웠어요. 그런데 중간 세션에서 용기 내어 첫 질문을 던졌을 때, 그 질문이 대화를 바꿔놓는 걸 봤어요. 그 경험이 저를 바꿨어요."

셋째, 상호 피드백이다. 한 사람이 자신의 Before-After를 나누면, 다른 참여자들이 추가 증거를 제공한다. "제가 본 변화는…"이라는 형식으로 시작하는 피드백이다. 한 참여자가 말한다. "인영 님, 제가 본 변화는 질문하고 나서 기다리시는 거예요. 첫 세션 때는 질문도 안 하셨지만, 지금은 질문하고 침묵을 주세요. 그 침묵 속에서 우리가 생각할 수 있어요."

이 상호 피드백이 강력한 이유는, 자기 인식의 사각지대를 메우기 때문이다. 내가 인식하지 못한 변화를 다른 사람이 발견해준다. 한 참여자는 자신이 별로 안 변한 것 같다고 느꼈지만, 다른 이가 말한다. "해중 님은 엄청 변하셨어요. 처음엔 항상 마지막에 말씀하셨잖아요. 지금은 중간에도 편하게 끼어드시고, 관찰한 내용도 나누세요. 그게 얼마나 큰 변화인데요!"

Before-After 비교가 끝나면, 참여자들 앞에는 명확한 증거 목록이 놓인다. 추상적 느낌이 아니라, 구체적 행동과 사고의 변화 목록이다. 이 목록이 자기효능감을 강화한다. 나는 실제로 성장했다는 확신이 생긴다.

360도 성장 피드백

Before-After 비교법이 자기 인식을 바탕으로 한 증거 확인이었다면, 360도 성장 피드백은 타인의 눈을 통해 본 증거 확인이다. 이 방법은 참여자들이 서로에게 관찰한 성장을 구체적으로 전달하는 구조적 피드백 과정이다.

360도 피드백이 필요한 이유는 두 가지다. 첫째, 자기 인식의 한계를 보완한다. 우리는 자신을 객관적으로 보기 어렵다. 다른 사람의 눈에 비친 나의 모습이, 실제 나의 변화를 더 정확히 알려줄 수 있다. 둘째, 상호 인정을 통해 관계의 완결성을 확보한다. 함께 성장했다면, 그 성장을 서로 확인하고 인정하는 것이 관계를 완전하게 마무리하는 방법이다.

진행 절차는 세 단계다. 첫째, 준비 시간이다. 코치는 참여자들에게 5분을 주며 말한다. "각 참여자에 대해, 그분의 가장 큰 성장을 하나씩 메모해주세요. 추상적 칭찬이 아니라, 구체적 변화를 적어주세요. 언제, 어떤 상황에서, 어떤 변화를 보았는지 구체적으로요."

둘째, 순환 피드백이다. 한 사람씩 중앙에 앉고, 나머지가 그 사람에게 성장 피드백을 전달한다. 중요한 원칙이 있다. 피드백은 "여러분은 훌륭해요"처럼 일반적 칭찬이 아니라, "OO 님이 이렇게 할 때, 저는 이것을 보았고, 그것이 그룹에 이런 영향을 주었습니다"처럼 구체적이어야 한다.

실습 그룹에서 재희 님이 중앙에 앉았다. 인영 님이 말했다. "재희 님, 제가 본 가장 큰 변화는 질문을 던지시는 거예요. 2세션에서 우리가 정말 원하는 건 뭘까요?라고 물었을 때, 그 질문이 그룹 전체의 대화를 바꿨어요. 모두가 멈춰 서서 생각했죠."

셋째, 수용과 감사다. 모든 피드백이 끝나면, 피드백을 받은 사람이 짧게 소감을 나눈다. "제가 그렇게 영향을 줬다는 걸 몰랐어요. 그냥 제 솔직한 질문을 던진 것뿐인데… 여러분의 말을 들으니, 제가 이 그룹에 기여했다는 게 느껴져요. 감사합니다."

360도 성장 피드백이 끝나면, 참여자들은 자신이 생각했던 것보다 훨씬 많이 성장했고, 그룹에 기여했다는 것을 깨닫는다. 자기 인식의 사각지대가 메워지고, 자기효능감이 강화된다. 동시에, 서로에 대한 감사와 존중이 깊어진다. 이것이 관계의 완결성을 만든다.

축하 의식

Before-After 비교와 360도 피드백을 통해 구체적 성장 증거를 확인했다. 360도 피드백이 구체적 증거 전달에 집중했다면, 축하 의식은 그 증거를 바탕으로 기쁨과 인정을 표현하는 시간이다. 피드백은 무엇이 변했는가를 말하는 것이고, 축하는 함께 기뻐하고 축하하기다. 피드백의 톤이 진지하고 구체적이었다면, 축하의 톤은 즐겁고 에너지 넘친다.

축하는 단순한 격려가 아니다. 심리학적으로 축하는 세 가지 기능을 한다. 첫째, 성장의 공식 확인이다. '여러분은 성장했다'를 선언하는 것이다. 둘째, 긍정 정서 강화다. 기쁨과 자긍심을 느끼며, 그 정서가 기억에 각인된다. 셋째, 기억 공고화다. 축하한 순간은 더 오래, 더 생생하게 기억된다.

축하 방식은 그룹의 성격에 따라 다양하다. 코치는 몇 가지 옵션을 제시하고, 그룹이 선택하게 한다. 성장 증거 카드 교환, 하이파이브 서클, 그룹 선언문 낭독, 기념 사진 촬영 등이 있다. 각 방식은 축하의 에너지를 다르게 전달한다.

실습 그룹에서는 하이파이브 서클과 기념 사진을 선택했다. 360도 피드백의 진지한 분위기 후, 하이파이브 서클로 에너지가 전환되었다. 한 사람씩 중앙에 서고, 다섯 명이 하이파이브를 하며 '성장 축하합니다!'를 외쳤다. 에너지가 뜨거웠다. 피드백 때의 조용한 감동과는 다른, 기쁨과 활력이 넘쳤다. 그 후 함께 사진을 찍었다. 한 참여자가 말했다. "이 사진을 제 책상에 놓을 거예요. 힘들 때마다 볼게요."

축하 의식이 끝나면, 코치는 마무리 말을 한다. "여러분이 서로에게 확인해준 성장의 증거들이 여러분의 미래를 만들어갈 것입니다. 오늘 확인한 변화는 끝이 아니라 시작입니다. 이 성장을 어떻게 지속하고, 새로운 여정을 시작할지 함께 준비하겠습니다." 이 말과 함께, 마무리 세션은 다음 단계로 넘어간다.

종결의 심리학

전체 여정의 의미를 발견하고, 성장의 증거를 확인하고, 서로를 축하했다. 이제 마지막 단계다. 그룹과의 관계를 완전하게 마무리하고, 앞으로의 지속 가능한 성장을 설계하는 시간이다.

종결은 끝이 아니라 완성이다. 시작이 있으면 끝이 있다. 하지만 그 끝이 단절인지 완성인지는 어떻게 종결하느냐에 달려 있다. 제대로 종결하지 않으면, 미완의 감정이 남는다. 아쉬움, 상실감, 뭔가 덜 된 느낌이 지속된다. 심리학에서 이를 미해결 과제라 부른다. 반대로, 완전하게 종결하면, 완결감과 자신감이 생긴다. 나는 이 여정을 완성했다는 느낌과 함께, 이제 다음 여정을 시작할 수 있다는 자신감이 생긴다.

그룹코칭에서 종결이 특히 중요한 이유는, 그룹 응집력이 강하기 때문이다. 심리적 안전감 속에서 깊이 연결된 그룹일수록, 종결이 어렵고 동시에 중요하다. 제대로 종결하지 않으면, 참여자들은 상실감을 느낀다. 이렇게 좋은 그룹이 끝나버리다니… 하지만 제대로 종결하면, 상실감 대신 감사와 완결감을 느낀다. 우리는 함께 완전한 여정을 걸었다.

종결은 세 가지 차원에서 일어난다. 첫째, 개인 종결이다. 참여자는 여정을 완성했다는 느낌과 함께 학습이 내면화된다. 내가 설정한 목표를 달성했거나, 적어도 그 방향으로 의미 있게 나아갔다는 확신이다. 둘째, 관계 종결이다. 이 그룹과의 관계를 잘 마무리했다는 느낌이다. 서로에게 감사를 표현하고, 작별 인사를 나누고, 관계가 단절이 아니라 새로운 형태로 전환된다는 것을 확인한다. 셋째, 학습 종결이다. 배운 것을 통합하고 내면화했다는 느낌이다. 여정 동안의 경험이 단순한 기억이 아니라, 나의 일부가 되었다는 확신이다.

이 세 차원의 종결이 모두 일어날 때, 완전한 종결이 된다. 하나라도 빠지면, 미완의 감정이 남는다. 코치는 이 세 차원을 염두에 두고, 마지막 30분을 설계한다.

3개월 후 편지 쓰기

종결의 첫 번째 활동은 3개월 후 편지 쓰기(Future Letter)다. 이 기법은 현재와 미래를 연결하여 지속 가능성을 확보한다. 마무리 세션이 끝나도 학습이 계속되도록, 미래의 자신에게 편지를 쓴다.

코치는 참여자들에게 종이와 봉투를 나눠준다. "지금부터 10분 동안, 3개월 후의 자신에게 편지를 쓰겠습니다. 3개월 후, 그러니까 약 90일 후 여러분은 어떤 모습일까요? 지금 이 순간의 다짐과 배움을 미래의 자신에게 전달하세요."

편지에 포함될 내용을 코치가 안내한다. 첫째, 여정 동안 배운 것 중 가장 지키고 싶은 것이다. 나는 이 그룹에서 이것을 배웠다. 이것만큼은 절대 잊지 않겠다. 둘째, 3개월 후 자신에게 확인하고 싶은 질문이다. 3개월 후의 나에게 묻는다. 지금 이것을 실천하고 있니? 셋째, 어려움이 있을 때 떠올릴 이 그룹의 한 장면이다. 힘들 때, 나는 이 순간을 떠올릴 것이다.

실습 그룹의 참여자들은 조용히 편지를 썼다. 재희 님은 적었다. "3개월 후의 나에게, 지금도 진심 어린 질문의 힘을 기억하고 있니? 이 그룹에서 배운 가장 큰 것은, 완벽한 질문이 아니라 진짜 궁금함이 사람을 움직인다는 거야." 인영 님은 썼다. "3개월 후의 나에게. 아직도 보이지 않는 것을 보려고 노력하니? 이 그룹에서 나는 관찰의 힘을 배웠어. 말뿐 아니라 침묵, 표정, 몸짓 속에 진짜 의미가 있어."

10분 후, 참여자들은 편지를 봉투에 넣고 봉했다. 코치가 선택지를 제시했다. "이 편지를 제가 보관했다가 3개월 후에 이메일로 보내드릴 수 있습니다. 또는 여러분이 직접 가져가서 3개월 후에 스스로 열어보셔도 됩니다." 일부는 코치에게 맡기고, 일부는 직접 가져갔다.

3개월 후 편지가 강력한 이유는, 현재의 다짐을 미래로 연결하기 때문이다. 시간이 지나면 오늘의 다짐이 흐릿해진다. 하지만 3개월 후 이 편지를 다시 열어볼 때, 오늘의 다짐이 생생하게 되살아난다. 아, 내가 이걸 지키기로 했었지. 이것이 지속 가능성을 만든다.

작별 인사와 관계의 완결

종결의 두 번째 활동은 작별 인사다. 작별은 관계의 단절이 아니라, 새로운 형태로의 전환이다. 그룹은 오늘 끝나지만, 관계와 학습은 계속된다. 이 사실을 확인하는 것이 작별 인사의 목적이다.

코치는 참여자들을 원으로 둘러앉게 한다. "이제 서로에게 작별 인사를 나누겠습니다. 감사 서클입니다. 한 사람씩 돌아가며, 이 그룹에 감사한 이유를 한 문장으로 나눠주세요."

실습 그룹의 참여자들은 차례로 감사를 나눴다. "이 그룹에 감사한 이유는, 여러분이 제 불완전함을 받아줬기 때문이에요. 완벽하지 않아도 괜찮다는 걸 여기서 배웠어요." "이 그룹에 감사한 이유는, 제 관찰을 진지하게 들어줬기 때문이에요." "이 그룹에 감사한 이유는, 여러분의 솔직함 덕분에 저도 솔직해질 수 있었기 때문이에요."

 그룹코칭 SPARK

모든 감사가 끝나면, 코치가 마지막 말을 했다. "여러분이 나눈 감사 속에 이 그룹의 본질이 담겨 있습니다. 안전함, 솔직함, 연결, 성장. 이것이 우리가 함께 만든 것입니다. 이 그룹은 오늘 마무리되지만, 여러분 안에서 이 경험은 계속 살아 숨 쉴 것입니다."

작별 인사의 마지막은 상징적 의식이다. 실습 그룹에서는 함께 만든 그룹 선언문을 다시 한 번 낭독하기로 했다. 첫 세션에서 함께 만들었던 공통 목표를 함께 큰 소리로 읽었다. "우리는 실전에서 자신감 있게 그룹을 이끄는 코치로 성장했습니다!" 여섯 명의 목소리가 하나로 모였다.

그 후 마지막 체크아웃 질문이었다. "오늘 이 자리를 떠나며 가져가는 한 단어는 무엇인가요?" 참여자들은 완성, 감사, 연결, 용기, 자신감, 시작이라고 답했다. 이 단어들이 마무리 세션의 마지막을 장식했다.

마무리 세션 4원칙

마무리 세션을 설계하고 진행할 때, 코치는 네 가지 원칙을 따른다.

첫째, 완결성이다. 미완의 감정을 남기지 않고 심리적으로 완전히 마무리한다. 타임라인 회고를 통해 전체 여정을 되돌아보고, 3단계 통합 질문법을 통해 의미를 발견하며, 작별 인사를 통해 관계를 완결한다. 참여자들이 세션을 떠날 때 뭔가 덜 된 느낌이 아니라 완전히 마무리됐다는 느낌을 갖도록 한다. 개인, 관계, 학습 차원의 완결이 모두 일어날 때, 진정한 종결이 된다.

둘째, 증거 확인이다. 추상적 느낌이 아니라 구체적 성장 증거를 확인한다. Before-After 비교법을 통해 첫 세션과 마지막 중간 세션의 명확한 차이를 가시화하고, 360도 성장 피드백을 통해 타인의 눈에 비친 변화를 확인한다. 행동, 사고, 관계, 결과 증거를 구체적으로 나열한다. 이 증거들이 자기효능감을 강화하고, 학습을 공고화한다.

셋째, 축하다. 개인과 그룹의 성장을 함께 축하하고 인정한다. 360도 성장 피드백을 통해 서로의 성장을 구체적으로 확인한 후, 축하 의식을 통해 그 성장을 기쁨으로 기념한다. 피드백이 무엇이 변했는가를 진지하게 전달하는 시간이었다면, 축하는 함께 기뻐하고 인정하기로 에너지와 정서를 전환한다. 축하는 긍정 정서를 강화하고, 그 순간을 기억에 각인시킨다.

넷째, 지속 가능성이다. 마무리 세션 이후에도 학습이 계속되도록 미래를 설계한다. 3개월 후 편지 쓰기를 통해 현재의 다짐을 미래로 연결하고, 필요하면 그룹 네트워크 유지 방안을 논의한다. 마무리 세션은 끝이 아니라 새로운 시작이라는 것을 명확히 한다. 참여자들이 오늘 끝났다가 아니라 오늘부터 시작이다라는 마음으로 떠나도록 한다.

이 네 가지 원칙이 마무리 세션의 토대다. 완결성, 증거 확인, 축하, 지속 가능성. 이 원칙들이 유기적으로 작동할 때, 마무리 세션은 단순한 끝이 아니라 완전한 완성이 되고, 동시에 새로운 시작이 된다.

마지막으로, 코치는 마무리 세션의 전체 구조를 다음과 같이 설계한다.

이 타임라인은 절대적이지 않다. 그룹의 역동과 에너지에 따라 유연하게 조정된다. 어떤 그룹은 타임라인 회고에 더 많은 시간이 필요하고, 어떤 그룹은 360도 피드백에 더 많은 시간을 할애한다. 하지만 이 구조는 마무리 세션이 완결성, 증거 확인, 축하, 지속 가능성이라는 네 가지 원칙을 모두 담아내도록 돕는다.

소요 시간	활동	목적	핵심 질문
10분	웰컴과 체크인	마무리 세션 시작, 현재 기분과 기대 확인	오늘 이 자리에 어떤 마음으로 오셨나요? 마무리 세션에 대한 기대는 무엇인가요?
20분	타임라인 회고, 3단계 통합 질문법	전체 여정 성찰, 개인적이고 집단적인 의미 발견	전체 여정 중 가장 중요했던 순간은? 이 여정을 한 문장으로 표현한다면? 이 경험이 여러분의 삶에 어떤 의미인가요?
30분	Before-After 비교, 360도 성장 피드백	구체적 성장 증거 확인, 상호 인정과 피드백	첫 세션과 마지막 중간 세션을 비교해 무엇이 달라졌나요? OO 님에게서 본 가장 큰 성장은?
15분	축하 의식, 3개월 후 편지 쓰기	성장 축하 및 인정, 지속 가능한 미래 설계	어떻게 축하하고 싶으신가요? 3개월 후 여러분은 무엇을 하고 있을까요?
15분	작별 인사, 마지막 체크아웃	심리적 종결 완성, 관계의 완결	이 그룹에 감사한 이유는? 떠나며 가져가는 한 단어는?

[표 6] 마무리 세션 90분 타임라인

Chapter 6 종합 요약

마무리 세션은 여정의 완성이자 새로운 시작이다. 단순한 끝이 아니라 경험을 통합하고 의미를 발견하며 미래로 나아가는 90분이다.

성찰과 통합에서 참여자들은 타임라인 회고법과 3단계 통합 질문법을 통해 전체 여정을 되돌아본다. 성장 증거 발견과 축하에서는 Before-After 비교법과 360도 성장 피드백을 통해 구체적이고 가시적인 변화를 확인하며, 그 성장을 함께 기념한다. 종결과 새로운 출발에서는 3개월 후 편지 쓰기와 감사 서클을 통해 심리적 종결을 완성하고, 지속 가능한 성장을 설계한다.

마무리 세션 4원칙(완결성, 증거 확인, 축하, 지속 가능성)은 그룹코칭이 참여자의 삶에 지속적으로 영향을 미치는 경험임을 확인시킨다. 코치는 이 90분을 통해 참여자들이 '우리는 함께 성장했다'는 확신과 '나는 계속 성장할 것이다'라는 자신감을 동시에 갖도록 돕는다.

Part 2에서 Part 3으로

첫 세션에서 신뢰를 구축하고, 중간 세션에서 SPARK-DEEP 프레임워크를 통해 깊이 탐구하며, 마무리 세션에서 여정을 통합하고 완성했다. Part 2에서 다룬 세션별 구조와 실천 가이드는 그룹코칭의 '무엇을'과 '어떻게'를 제시했다.

하지만 실제 그룹코칭 현장에서는 구조와 도구만으로는 설명되지 않는 복잡한 역동이 존재한다. 예상치 못한 갈등이 발생하고, 침묵이 흐르며, 참여자 간 온도 차이가 드러난다. 어떤 참여자는 지나치게 말이 많고, 어떤 참여자는 끝까지 말을 하지 않는다. 이런 순간 코치는 무엇을 보고, 어떻게 개입하며, 어떻게 그룹의 집단지성을 살려낼 것인가?

Part 3에서는 세션 설계를 넘어 코치의 역할과 역량, 그리고 그룹 안에서 일어나는 심리적 역동을 깊이 탐구한다. 세션 설계가 뼈대라면 코치의 역량은 생명이다. Part 3은 그룹코칭을 단순한 프로세스에서 살아있는 경험으로 전환하는 핵심 원리를 담고 있다.

PART 3

심화: 실무 도전과제와 마스터리

Part 1에서 우리는 15주간의 여정을 통해 그룹코칭의 본질을 발견했다. 집단 지성이 작동하는 순간, 심리적 안전감이 만들어지는 과정, 그리고 5대 성공 패턴(명확한 목표, 심리적 안전감, 적극적 참여, 상호 피드백, 지속적 실행)을 목격했다. Part 2에서는 SPARK-DEEP 프레임워크를 중심으로 첫 세션, 중간 세션, 마무리 세션의 구체적인 설계와 실행 방법을 배웠다.

Part 3에서는 이 모든 것을 실제 현장에 적용할 때 마주하는 실무 도전과제를 다룬다. 그룹을 어떻게 구성할 것인가? 어려운 참여자는 어떻게 관리하는가? 예상치 못한 갈등과 위기는 어떻게 대응하는가? 그리고 그 모든 성과를 어떻게 증명하고 지속시키는가? Part 3는 Foundation(기초), Proficiency(숙련), Mastery(통달), Impact(영향력)의 4단계 레벨로 구성되며, 코치의 성장 여정을 안내한다.

그룹 설계의 기초 질문(Foundation Level)

7-1 그룹 구성의 핵심 원리

Q1 그룹코칭과 팀코칭, 무엇이 다른가?

많은 코치들이 그룹코칭과 팀코칭을 혼동한다. 두 가지 모두 여러 사람을 대상으로 한다는 점에서 유사해 보이지만, 그 본질과 목적은 근본적으로 다르다. 이 차이를 명확히 이해하지 못하면, 적절하지 않은 접근 방식을 선택하게 되고, 참여자들의 기대와 실제 경험 사이에 괴리가 발생한다.

이론적 근거: 그룹 vs 팀의 본질적 차이

국제코칭연맹(ICF)은 2023년 발표한 가이드라인에서 그룹코칭과 팀코칭의 핵심 차이를 네 가지 차원으로 구분한다. 첫째, 성장의 초점이다. 그룹코칭은 개인의 성장에 초점을 두며, 팀코칭은 집단의 성과에 초점을 둔다. 둘째, 상호의존성이다. 그룹코칭 참여자들은 서로 독립적이지만, 팀코칭 참여자들은 업무적으로 긴밀하게 연결되어 있다. 셋째, 목표의 성격이다. 그룹코칭에서는 공통 목표와 개인 목표가 공존하며 각자의 개별 목표가 존중되지만, 팀코칭에서는 공동 목표가 절대적 우선순위를 갖는다. 넷째, 관계의 지속성이다. 그룹코칭이 끝나면 참여자들의 관계가 자연스럽게 소멸될 수 있지만, 팀코칭은 코칭 이후에도 함께 일한다.

제니퍼 브리튼(Jennifer Britton, 2013)은 그룹코칭을 "공통의 관심사나 도전과제를 가진 개인들이 동료 학습과 집단적 탐구를 통해 성장하는 과정"으로 정의한다. 반면 팀코칭은 "공동의 성과 목표를 가진 상호의존적 구성원들이 협력 방식을 개선하고 집단 효과성을 높이는 과정"이다. 이 정의의 차이는 코치의 역할과 개입 방식에 결정적 영향을 미친다.

실무 해법: 전략적 선택을 위한 5가지 질문

그룹코칭과 팀코칭 중 무엇을 선택할 것인가? 이 결정은 다음 다섯 가지 질문에 대한 답으로 명확해진다.

첫째, "참여자들이 일상적으로 함께 일하는가?" 만약 같은 부서나 프로젝트팀이라면 팀코칭이 적합하다. 서로 다른 부서나 조직에서 온 사람들이라면 그룹코칭이 적합하다.

둘째, "개인의 성장이 목적인가, 집단의 성과가 목적인가?" 리더십 역량 개발, 경력 전환, 자기인식 향상 등 개인적 목표라면 그룹코칭을 선택한다. 팀 생산성 향상, 부서 간 협업 개선, 프로젝트 성과 달성 등 집단 목표라면 팀코칭을 선택한다.

셋째, "참여자들 사이에 위계나 평가 관계가 있는가?" 상사와 부하, 평가자와 피평가자 관계라면 팀코칭에서 심리적 안전감 확보가 어렵다. 이 경우 같은 직급이나 유사한 역할의 사람들로 구성된 그룹코칭이 더 효과적이다.

넷째, "코칭 종료 후에도 관계가 지속되는가?" 팀코칭 참여자들은 코칭 이

    그룹코칭 SPARK

후에도 매일 만나며 함께 일한다. 따라서 관계 개선, 신뢰 구축, 갈등 해결이 핵심 과제가 된다. 그룹코칭 참여자들은 코칭 종료 후 만나지 않을 수 있으므로, 관계보다는 개인의 통찰과 실행에 집중한다.

다섯째, "가장 중요한 것이 개별 목표인가, 공동 목표인가?" 그룹코칭에서는 '전문코치로 성장하기'와 같은 공통 주제 아래 공통 목표와 개인 목표가 공존한다. 참여자들은 그룹 전체의 학습과 성장이라는 공통 목표를 공유하면서도, 각자 자신만의 구체적인 개별 목표를 설정하고 추구한다. 반면 팀코칭에서는 '우리 팀의 프로젝트 성공'처럼 모두가 공유하는 명확한 공동 목표가 최우선이며, 개별 목표는 이 공동 목표를 달성하기 위한 수단이 된다.

실전 사례: 두 가지 접근의 차이

한 바이오 기업에서 신임 관리자를 대상으로 리더십 개발 그룹코칭 프로그램을 기획했다. 참여자들은 서로 다른 부서(영업, 연구개발, 마케팅, 생산)에서 왔으며, 평소에는 거의 만날 일이 없었다. 이들의 공통점은 '최근 1년 내 관리자로 승진했다'는 것뿐이었다.

코치는 그룹코칭 방식을 선택했다. 첫 세션에서 참여자들은 함께 논의하여 "신임 관리자로서 리더십 역량을 향상하고, 서로의 경험에서 배우며 성장한다"는 공통 목표를 세웠다. 이 공통 목표를 기반으로, 각 참여자는 자신만의 구체적인 개인 목표를 설정했다. 어떤 사람은 '권한 위임 역량 향상'을, 다른 사람은 '세대 차이를 넘는 소통 방식 개발'을, 또 다른 사람은 '성과 피드백 스킬 향상'을 목표로 삼았다. 6세션 동안, 각자는 자신의 도전 과제를 그룹에 공유하고, 다른 참여자들로부터 질문, 피드백, 아이디어를 받았다. 참여자들은 서로의 경험에서 배우고, 자신의 상황에 적용할 통찰을 얻었다.

프로그램 종료 후, 한 참여자는 "다른 부서 관리자들의 경험을 들으며 내 문제가 특별한 것이 아니라는 안심을 얻었습니다. 혼자서는 생각하지 못했던 해결책들을 시도할 수 있었어요"라고 말했다. 또 다른 참여자는 "영업팀의 권한 위임 방식을 우리 연구개발팀에 적용했더니 효과가 있었습니다. 서로 다른 부서지만 관리자로서의 고민은 비슷했습니다"라고 평가했다.

같은 회사의 생산부서에서는 다른 상황이 벌어졌다. 한 제품 라인의 불량률이 지속적으로 증가하면서, 생산팀장과 5명의 라인 리더로 구성된 팀이 위기에 처했다. 이들은 매일 함께 일하며, 불량률 감소라는 공통 목표를 공유했다. 그러나 문제 원인에 대한 의견이 엇갈리고, 서로를 비난하는 분위기가 형성되었다.

코치는 팀코칭 방식을 선택했다. 개인의 리더십 역량보다는, 팀이 함께 문제를 진단하고 해결책을 실행하는 협력 프로세스에 집중했다. 세션에서는 팀의 의사소통 패턴, 역할 분담, 의사결정 방식을 탐구했다. 팀원들은 서로에 대한 기대와 오해를 표면화하고, 협력의 장애물을 제거하는 방법을 합의했다.

몇 개월 후, 팀장은 "개인의 역량은 이미 충분했습니다. 문제는 우리가 함께 일하는 방식이었어요. 팀코칭을 통해 우리는 하나의 팀으로 기능하는 법을 배웠습니다"라고 말했다. 한 라인 리더는 "이전에는 서로 책임을 떠넘겼는데, 지금은 문제가 생기면 함께 모여 해결책을 찾습니다. 불량률도 줄었지만, 더 중요한 건 우리가 다시 팀이 됐다는 겁니다"라고 덧붙였다.

통찰: 선택이 아니라 전략이다

그룹코칭과 팀코칭의 차이는 단순한 형식의 차이가 아니다. 이것은 코칭의 철학과 목적, 그리고 개입 방식의 근본적 차이다. 코치는 "몇 명이 모여 있는가?"가 아니라, "이들이 함께 추구하는 것이 무엇인가?"를 물어야 한다.

그룹코칭의 힘은 다양성에서 나온다. 서로 다른 배경, 경험, 관점을 가진 사람들이 만나 각자의 고유한 도전과제를 탐구하면서, 예상치 못한 통찰과 아이디어가 발생한다. 이때 코치의 역할은 각 개인이 자신의 목표를 명료화하고, 다른 사람들의 경험에서 배우며, 자신만의 해결책을 찾도록 돕는 것이다. 그룹 전체의 공통 목표(집단지성을 통한 학습과 성장)와 각 개인의 목표가 공존하며, 두 목표가 상호 보완적으로 작동한다. 그룹은 개인의 여정을 지원하는 학습 공동체 역할을 한다. 따라서 코치는 "당신의 상황에서 이것이 어떤 의미인가?", "이 통찰을 어떻게 적용할 수 있는가?"와 같이 개별화된 질문에 집중한다.

팀코칭의 힘은 상호의존성에서 나온다. 함께 일하는 사람들이 협력 방식을 개선하면, 개인 역량의 합을 넘어서는 시너지가 발생한다. 이때 코치의 역할은 팀이 공동 목표를 명확히 하고, 협력을 방해하는 패턴을 인식하며, 더 효과적인 상호작용 방식을 실험하도록 돕는 것이다. 개별 목표는 공동 목표를 달성하기 위한 맥락에서 다뤄진다. 따라서 코치는 "우리 팀에서 이것이 어떻게 작동하는가?", "이 패턴이 우리의 성과에 어떤 영향을 미치는가?"와 같이 집단 차원의 질문에 집중한다.

가장 중요한 통찰은, 이 선택이 상황적이라는 것이다. 같은 조직, 같은 목적이라도, 구성과 맥락에 따라 최적의 접근은 달라진다. 코치는 이 전략적 선택을 내릴 수 있는 판단력을 갖춰야 하며, 때로는 두 가지 접근을 결합하는 유연성도 필요하다.

Q2 그룹 인원은 몇 명이 적당한가?

그룹코칭을 기획할 때 가장 먼저 마주하는 질문이 "몇 명이 적당한가?"이다. 인원수는 단순한 숫자가 아니다. 그것은 그룹의 역동, 참여의 질, 코치의 개입 방식, 그리고 궁극적으로 코칭의 효과성에 직접적 영향을 미친다.

이론적 근거: 그룹 크기와 역동의 관계

국제코치연맹이 2023년 실시한 글로벌 설문조사에 따르면, 그룹코칭을 실행하는 코치의 72%가 5~8명을 최적 인원으로 선택한다. 이 범위에는 심리학적, 사회학적 근거가 있다.

로빈 던바(Robin Dunbar, 1992)의 연구는 인간이 의미 있는 관계를 유지할 수 있는 인원에 한계가 있음을 보여준다. 던바의 수(Dunbar's Number)로 알려진 이 개념은 친밀한 관계의 최소 단위(5명)부터 시작한다. 5명은 서로의 이야기를 깊이 경청하고, 각자의 맥락을 이해하며, 신뢰를 형성할 수 있는 최소한의 다양성을 제공한다.

반면, 그룹 크기가 증가할수록 프로세스 손실 현상이 발생한다. 이는 아이반 스타이너(Ivan Steiner, 1972)가 제시한 개념으로, 그룹이 커질수록 조율에 필요한 에너지가 증가하고, 개인의 기여도가 감소하며, 사회적 태만이 나타나는 현상을 말한다. 9명 이상이 되면, 일부 참여자는 "내가 말하지 않아도 다른 사람이 말할 것"이라고 생각하며 수동적이 된다.

그룹코칭의 효과성은 각 참여자가 충분히 발언하고, 깊이 있는 탐구를 경험하며, 개인화된 통찰을 얻을 수 있을 때 극대화된다. 90분 세션을 기준으로 계산하면, 도입과 마무리에 약 20분, 핵심 탐구에 70분이 할애된다. 6명이라면 한 사람당 약 11분, 8명이라면 약 8분의 집중 시간을 확보할 수 있다. 이것은 표면적 나눔이 아니라, 의미 있는 탐구가 가능한 최소 시간이다.

실무 해법: 맥락에 따른 인원 조정

최적 인원은 코치의 경험, 세션 시간, 운영 방식, 참여자 특성에 따라 조정된다.

첫째, 초보 코치라면 5~6명으로 시작한다. 그룹 역동을 관찰하고, 시간을 관리하며, 모든 참여자에게 균등한 기회를 제공하는 것은 고난도 스킬이다. 인원이 적을수록 코치는 개입의 타이밍을 포착하기 쉽고, 개개인의 상태를 파악할 수 있다. 경험이 쌓이면 7~8명으로 확대할 수 있다.

둘째, 세션 시간에 따라 조정한다. 90분 세션이라면 6명이 적절하다. 120분 세션이라면 8명까지 가능하다. 60분 세션이라면 4~5명이 한계다. 세션 시간을 고려하지 않고 인원을 정하면, 참여자들은 "충분히 이야기하지 못했다"는 불만을 갖게 된다.

셋째, 온라인 환경에서는 인원을 줄인다. 온라인에서는 비언어적 신호를 읽기 어렵고, 참여자들의 에너지와 집중도가 오프라인보다 빨리 소진된다. 온라인 그룹코칭이라면 5~6명이 적절하다. 소그룹 토론을 적극 활용하면7~8명도 가능하다.

넷째, 참여자의 경험 수준을 고려한다. 그룹코칭이 처음인 사람들로 구성된 그룹이라면, 인원을 줄여 심리적 안전감을 높인다. 그룹 프로세스에 익숙한 사람들이라면, 다소 많은 인원도 효과적으로 운영할 수 있다.

다섯째, 프로그램 목표에 따라 조정한다. 깊은 자기성찰과 개인적 변화가 목표라면 5~6명이 적합하다. 다양한 관점과 아이디어 교환이 목표라면 7~8명이 더 역동적이다.

실전 사례: 인원 조정의 영향

한 유통업체에서 중간관리자 대상 그룹코칭 프로그램을 진행했다. 신청자가 16명이었고, 효과성 측면에서 한 그룹으로 운영할 것인지, 두 그룹으로 나눌 것인지 결정해야 했다.

코치는 두 그룹(각 8명)으로 나눌 것을 제안했다. 이유는 명확했다. 16명이 함께하면 90분 세션에서 한 사람당 발언 시간이 4~5분에 불과하다. 이것은 깊이 있는 탐구가 아니라 피상적 나눔에 그칠 가능성이 높다. 또한 16명이 함께하면 일부는 '관찰자'가 되어 적극적으로 참여하지 않을 위험도 있다.

두 그룹으로 나눈 결과, 각 그룹에서 참여자들은 자신의 이슈를 충분히 탐구할 수 있었다. 코치는 각자의 맥락을 깊이 이해하며 개입할 수 있었고, 참여자들도 서로의 이야기에 집중할 여유가 생겼다. 6세션 프로그램이 끝난 후, 한 참여자는 "8명이라는 크기가 적절했습니다. 모든 사람의 이야기를 깊이 들을 수 있었고, 저도 제 고민을 충분히 나눌 수 있었어요"라고 말했다.

만약 16명이 한 그룹이었다면 일부 참여자는 "내 차례가 오지 않았다"는 불만을 가졌을 것이고 코치는 시간 관리에 급급해 깊이 있는 개입을 하지 못했을 것이다.

그룹코칭 SPARK

또 다른 사례에서, 한 스타트업의 리더십 개발 그룹코칭은 4명으로 시작했다. 코치는 "너무 적은 것이 아닌가?" 우려했지만, 결과는 예상 밖이었다. 4명은 서로에게 깊이 집중할 수 있었고, 각자의 도전과제를 세밀하게 탐구했다. 그룹이 작아서 발생하는 "다양성 부족"은, 각자가 매우 다른 배경(기술, 마케팅, 재무, 운영)을 가졌기 때문에 문제가 되지 않았다. 오히려 "우리는 소수 정예"라는 정체성이 형성되었고, 참여자들은 매우 높은 몰입도를 보였다.

통찰: 숫자가 아니라 질이다

"몇 명이 적당한가?"라는 질문에 대한 답은 "5~8명"이다. 그러나 더 중요한 질문은 "이 인원으로 각 참여자가 충분히 탐구할 수 있는가?"이다.

코치는 인원수를 정할 때, 세 가지 기준을 동시에 고려해야 한다. 첫째, 충분한 다양성이다. 너무 적으면 관점의 다양성이 부족하다. 4명 이하는 "대화"에 가깝고, "그룹 역동"이 충분히 발생하지 않을 수 있다. 둘째, 깊이 있는 참여이다. 너무 많으면 개인의 발언 시간이 줄어들고, 일부는 수동적이 된다. 9명 이상은 "강의"에 가까워지고, "코칭"의 핵심인 개별화된 탐구가 어렵다. 셋째, 관리 가능성이다. 코치가 모든 참여자의 상태를 파악하고, 적절한 타이밍에 개입하며, 그룹 에너지를 조율할 수 있는 범위 내여야 한다.

가장 중요한 통찰은, 인원수는 "정답"이 아니라 "전략적 선택"이라는 것이다. 같은 8명이라도, 120분 세션과 소그룹 활동을 적극 활용하면 효과적이지만, 90분 세션과 전체 대화만 고집하면 비효율적이다. 코치는 인원수를 결정한 후, 그 인원에 최적화된 운영 방식을 설계해야 한다.

인원이 정해졌다면, 코치는 스스로에게 물어야 한다. "이 인원으로, 각 참여자가 최소 10분 이상의 집중 탐구 시간을 가질 수 있는가?", "모든 사람이 '나는 충분히 들었다'고 느낄 수 있는가?", "나는 이 그룹의 역동을 효과적으로 관리할 수 있는가?" 이 세 질문에 "예"라고 답할 수 있다면, 그 인원은 적절하다.

Q3 동질적 그룹과 이질적 그룹, 어느 것이 좋은가?

그룹을 구성할 때, 코치는 선택의 기로에 선다. 비슷한 사람들로 구성할 것인가, 다른 사람들로 구성할 것인가? 이 선택은 그룹의 역동, 학습의 깊이, 그리고 참여자들의 경험에 결정적 영향을 미친다.

이론적 근거: 동질성과 이질성의 장단점

동질적 그룹은 유사한 배경, 역할, 경험을 가진 참여자들로 구성된다. 예를 들어, 모두 신임 관리자이거나, 모두 같은 직군(HR, 마케팅 등)이거나, 모두 비슷한 도전과제(경력 전환, 일과 삶의 균형 등)를 가진 경우다. 동질적 그룹의 장점은 빠른 신뢰 형성과 공감대 형성이다. 참여자들은 "이 사람들은 나를 이해한다"고 느끼며, 자신의 이야기를 꺼내기가 상대적으로 편하다. 또한 공통의 언어와 맥락을 공유하므로 설명이 간결하고 대화가 빠르게 진행된다.

그러나 동질적 그룹의 위험은 집단사고와 관점의 협소화이다. 모두가 비슷한 생각을 하면, 도전적 질문이나 새로운 관점이 나오기 어렵다. "우리는 다 그렇게 생각해"라는 분위기가 형성되면, 대안적 사고가 억제된다.

이질적 그룹은 다양한 배경, 역할, 경험을 가진 참여자들로 구성된다. 예를 들어, 서로 다른 부서, 다른 직급, 다른 연령대, 다른 도전과제를 가진 경우다. 이질적 그룹의 장점은 다양한 관점과 창의적 통찰이다. 스콧 페이지(Scott Page, 2007)의 다양성 우위 이론에 따르면, 인지적 다양성이 높은 그룹은 복잡한 문제를 더 창의적으로 해결한다. 한 사람의 도전과제를, 전혀 다른 배경의 사람이 듣고 "나는 그것을 이렇게 봤는데"라고 말할 때, 예상치 못한 돌파구가 열린다.

그러나 이질적 그룹의 위험은 초기 신뢰 형성의 어려움과 갈등 가능성이다. 참여자들은 "이 사람들이 나를 이해할까?" 의심하며, 자신을 드러내는 것을 주저한다. 또한 가치관, 의사소통 스타일, 문제 해결 방식이 달라 초기에 충돌이 발생할 수 있다.

실무 해법: '적절한 수준의 이질성' 전략

제니퍼 브리튼(Jennifer Britton, 2013)은 효과적인 그룹코칭을 위한 황금률로 "적절한 수준의 이질성"을 제안한다. 이것은 완전히 같지도, 완전히 다르지도 않은 구성이다.

구체적으로, 공통의 도전과제 또는 관심사를 중심으로 그룹을 구성하되, 배경과 관점은 다양하게 구성하는 것이다. 예를 들어, "리더십 전환"이라는 공통 주제를 가진 사람들이지만, 어떤 사람은 기술 부서, 어떤 사람은 영업 부서, 어떤 사람은 지원 부서에서 온다. 또는 "워라밸"이라는 공통 관심사를 가지지만, 어떤 사람은 30대, 어떤 사람은 40대, 어떤 사람은 50대다.

이렇게 하면, 참여자들은 "우리는 비슷한 고민을 한다"는 공감대를 빠르게 형성하면서도, "하지만 접근 방식은 다를 수 있다"는 다양성의 이점을 얻는다.

코치는 그룹 구성 시 다음 세 가지를 점검한다. 첫째, 하나의 공통 요소가 있는가? 이것은 직급, 경력 단계, 도전과제, 관심 주제 중 하나일 수 있다. 이 공통 요소가 그룹의 정체성을 만든다. 둘째, 두세 가지 다양성 요소가 있는가? 이것은 부서, 전공, 연령, 성격, 경험 배경 등일 수 있다. 이 다양성 이 새로운 관점을 가져온다. 셋째, 극단적 차이는 없는가? 예를 들어, 임원 과 사원이 함께 있거나, 전문가와 초보자가 극명하게 갈리면, 위계나 능력 차이로 인해 심리적 안전감이 손상된다.

실전 사례: 균형의 힘

한 글로벌 IT 기업에서 "경력 중반기 리더십개발"을 주제로 그룹코칭을 기획했다. 참여자 8명은 모두 근속 7~10년 차 관리자였다(공통 요소). 그러나 그들의 배경은 다양했다. 개발자 출신 2명, 디자이너 출신 2명, 기획자 출신 2명, 영업 출신 2명이었다(다양성 요소).

첫 세션에서 참여자들은 "관리자로서의 정체성 혼란"이라는 공통 주제에 빠르게 공감했다. "나는 기술 전문가였는데, 이제 관리자가 되면서 정체성 이 흔들린다"는 개발자의 고백에 모두가 고개를 끄덕였다. 이 공통성이 신 뢰의 기반을 만들었다.

그러나 해결책을 논의할 때 다양성의 힘이 드러났다. 개발자는 "기술적 깊 이를 유지하는 것"이 중요하다고 생각했지만, 영업 출신 관리자는 "사람에 게 집중하고, 기술은 팀에게 맡기는 것"이 더 효과적이라고 제안했다. 이 다른 관점이 충돌이 아니라 "아, 접근 방식이 여러 가지일 수 있구나"라는 깨달음을 주었다.

프로그램이 끝난 후, 한 참여자는 "개발자인 저는 항상 기술을 놓치면 안

된다고 생각했는데, 영업팀 출신 분의 이야기를 들으니 다른 길도 있다는 걸 알았습니다. 그게 오히려 저를 자유롭게 했어요"라고 말했다. 디자이너 출신 관리자는 "우리 모두 관리자로서 비슷한 고민을 하지만, 해결 방식은 각자 다르다는 걸 배웠습니다. 그게 이 그룹의 가장 큰 자산이었어요"라고 덧붙였다.

반대 사례도 있다. 한 제조업체에서 "신임 팀장"을 대상으로 그룹코칭을 했는데, 8명 중 7명은 생산부서, 1명만 인사부서였다. 생산부서 팀장들은 "현장 관리", "작업 안전", "일정 압박" 같은 공통 화제로 활발히 대화했지만, 인사부서 팀장은 "내 이야기는 여기서 다를 것 같다"며 점점 침묵했다. 코치가 그를 의도적으로 초대했지만, 그는 "제 상황은 좀 달라서요"라며 소극적으로 남았다. 프로그램 후 그는 "다른 분들 이야기가 유익했지만, 제 고민을 나누기에는 맥락이 너무 달랐습니다. 조금 외로웠어요"라고 솔직하게 말했다. 이것은 과도한 동질성이 한 사람을 소외시킨 경우다.

통찰: 균형이 핵심이다

"동질적이 좋은가, 이질적이 좋은가?"라는 질문은 이분법적 선택이 아니다. 정답은 "공통 도전과제를 중심으로 한 적절한 다양성"이다.

코치는 그룹을 구성할 때, "이들이 서로에게서 무엇을 배울 수 있는가?"를 물어야 한다. 만약 모두가 똑같은 이야기를 한다면, 그것은 지지 그룹일 수는 있어도, 성장의 촉매가 되기 어렵다. 반대로 너무 달라서 서로의 맥락을 이해할 수 없다면, 그것은 학습 공동체가 되기 어렵다.

가장 효과적인 그룹은, 참여자들이 "우리는 비슷한 고민을 한다"는 공감대를 빠르게 형성하면서도, "하지만 우리는 각자 다른 방식으로 접근할 수 있다"는 다양성을 존중하는 그룹이다. 코치는 이 균형을 의도적으로 설계하고, 첫 세션에서 공통성과 다양성을 모두 명시적으로 언급하며 그룹의 정체성을 형성해야 한다.

Q4 세대 차이를 어떻게 다루어야 하는가?

오늘날 그룹코칭에서 20대부터 50대까지, 때로는 60대까지 함께하는 일이 흔하다. 세대 간 가치관, 의사소통 방식, 일에 대한 태도가 다르다는 것은 누구나 안다. 문제는, 이 차이를 어떻게 다룰 것인가이다.

이론적 근거: 세대 차이의 실체와 고정관념

세대 차이는 실재한다. 스트라우스와 하우(Strauss & Howe, 1991)의 세대 이론은 각 세대가 자란 사회적, 경제적, 기술적 환경이 그들의 가치관과 행동 패턴에 영향을 미친다고 설명한다. 베이비부머 세대는 조직 충성도와 위계를 중시하고, X세대는 일과 삶의 균형을 추구하며, 밀레니얼 세대는 의미와 피드백을 중시하고, Z세대는 개인주의와 유연성을 선호한다.

그러나 문제는 세대 고정관념이다. "요즘 젊은 사람들은 참을성이 없다", "기성세대는 꼰대다"와 같은 일반화는, 개인의 고유성을 무시하고 편견을 강화한다. 코스탄자와 핀켈슈타인(Costanza & Finkelstein, 2015)의 연구는 "세대 간 차이"가 실제보다 과장되어 있으며, 세대 내 차이가 세대 간 차이보다 크다는 점을 보여준다. 즉, 같은 밀레니얼 세대 내에서도 가치관과 행동이 매우 다양하다.

그룹코칭에서 세대 차이가 문제가 되는 것은, 차이 자체가 아니라 차이에

그룹코칭 SPARK

대한 해석과 반응 때문이다. 나이 많은 참여자가 "요즘 젊은 사람들은"이라고 말하거나, 젊은 참여자가 "꼰대 같은 소리"라고 반응하는 순간, 학습 공간은 방어와 비난의 공간으로 변한다.

실무 해법: 차이를 인정하되 고정관념을 넘어서기

효과적인 코치는 세대 차이를 무시하지도, 과장하지도 않는다. 대신 차이를 학습의 자원으로 전환한다.

첫째, 초기 세션에서 명시적으로 다룬다. 코치는 첫 세션에서 "우리는 다양한 세대가 함께 있습니다. 이것은 우리의 자산입니다"라고 선언한다. 그리고 "각자의 경험과 관점은 다를 수 있으며, 그 차이가 우리를 더 풍부하게 만듭니다"라고 프레임을 설정한다. 이것은 차이를 문제가 아니라 기회로 재정의하는 것이다.

둘째, 그라운드룰에 '존중과 호기심' 항목을 포함한다. "다른 세대의 관점을 들을 때 판단하기 전에 호기심을 갖는다", "고정관념적 표현('요즘 애들', '꼰대')을 사용하지 않는다"와 같은 구체적 약속을 명시한다.

셋째, 세대 간 학습 기회를 설계한다. 예를 들어 "세대 간 인터뷰" 활동을 진행한다. 젊은 참여자가 나이 많은 참여자에게 "당신 세대는 일을 어떻게 배웠나요?"라고 묻고, 나이 많은 참여자가 젊은 참여자에게 "당신 세대는 리더십을 어떻게 정의하나요?"라고 묻는다. 이것은 호기심과 이해를 촉진한다.

넷째, 개인의 고유성을 강조한다. 코치는 "50대는 다 그렇다"는 식의 일반화를 즉시 개입해 "당신은 어떤가요?"라고 묻는다. 이것은 세대 범주가 아니라 개인의 경험과 생각에 초점을 맞추는 것이다.

한 국내 제약사에서 중간 관리자의 변화 관리 역량 강화를 주제로 그룹코칭을 진행했다. 참여자 중 가장 나이 많은 사람은 50대 중반 연구소장이었고, 가장 젊은 사람은 20대 후반 마케팅 매니저였다.

첫 세션에서 연구소장은 "요즘 젊은 직원들은 피드백을 주면 상처받는 것 같다"고 말했다. 옆에 앉은 매니저는 표정이 굳었다. 코치는 즉시 개입했다. "그 '젊은 직원들' 중 한 명의 구체적 상황을 말씀해 주시겠어요? 그 사람이 무엇을 상처받았다고 생각하시나요?" 연구소장은 한 직원의 구체적 반응을 설명했다. 코치는 매니저에게 물었다. "비슷한 경험이 있으신가요?" 매니저는 "저도 상사에게 피드백을 받을 때 방어적이 된 적이 있어요. 그런데 그것은 나이 때문이 아니라, 피드백이 제 노력을 무시하는 것처럼 느껴졌기 때문이에요"라고 답했다.

이 대화를 통해 그룹은 "세대 차이"가 아니라 "피드백 방식"이 진짜 이슈임을 발견했다. 연구소장은 자신이 세대로 일반화했음을 인식했고, 매니저는 자신의 반응을 세대로 설명하지 않아도 됨을 배웠다.

이후 세션에서 두 사람은 서로의 멘토가 되었다. 연구소장은 조직 정치와 장기 전략에 대해 조언했고, 매니저는 디지털 트렌드와 새로운 세대 고객 이해에 대해 통찰을 제공했다. 그룹은 이들을 "세대 브리지"라고 불렀고, 세대 간 배움의 상징이 되었다.

통찰: 차이는 자원이다

세대 차이는 그룹코칭에서 장애물이 아니라 학습의 자원이다. 다른 세대의 관점을 듣는 것은, 자신의 암묵적 가정을 드러내고, 새로운 가능성을 발견하는 기회다.

코치의 역할은 세대 차이를 문제화하지 않으면서도, 무시하지 않는 것이다. 이를 위해 코치는 세 가지를 실천한다. 첫째, 고정관념에 개입한다. "요즘 애들", "꼰대" 같은 표현이 나오면, 즉시 "그것은 하나의 관점일 수 있지만, 이 그룹에서 우리는 개인의 고유성을 존중합니다"라고 재프레이밍한다. 둘째, 공통점을 찾는다. 나이와 상관없이, 모두가 공감하는 도전과 제나 감정을 명시적으로 언급한다. "나이와 상관없이, 우리 모두 변화 앞에서 불안을 느낍니다"와 같은 발언이 그룹을 통합한다. 셋째, 차이를 호기심의 대상으로 만든다. "다른 세대는 이것을 어떻게 경험했을까?"라는 질문이 판단을 학습으로 전환한다.

가장 중요한 통찰은, 세대 차이보다 개인 차이가 더 크고 중요하다는 것이다. 같은 30대라도, 어떤 사람은 보수적이고, 어떤 사람은 진보적이다. 코치는 세대 범주가 아니라, 각 개인의 고유한 경험, 가치관, 관점에 집중해야 한다. 그럴 때, 세대 차이는 갈등이 아니라, 그룹의 풍성함을 만드는 요소가 된다.

Q5 참여자들의 성격이나 스타일이 다를 때는?

그룹코칭에는 다양한 성격과 의사소통 스타일을 가진 참여자들이 모인다. 어떤 사람은 즉시 발언하고, 어떤 사람은 오래 생각한 후 말한다. 어떤 사람은 감정을 쉽게 드러내고, 어떤 사람은 논리적 분석을 선호한다. 이 다양성은 그룹의 풍성함을 만들지만, 동시에 참여의 불균형과 오해를 초래할 수 있다.

이론적 근거: 성격과 참여 방식의 다양성

심리학에서 가장 널리 인정받는 성격 구분 중 하나인 내향성-외향성은 그룹 역동을 이해하는 데 유용하다. 외향적 사람은 말하면서 생각을 정리하고, 즉각적 상호작용에서 에너지를 얻는다. 내향적 사람은 생각을 정리한 후 말하고, 깊은 성찰에서 에너지를 얻는다. 그룹코칭에서 외향적 참여자들은 자연스럽게 더 많이 발언하고, 내향적 참여자들은 상대적으로 조용할 수 있다.

그러나 조용하다고 해서 참여하지 않는 것은 아니다. 수잔 케인(Susan Cain, 2012)의 연구는 내향적 사람들이 그룹 대화에서 덜 말하지만, 깊이 생각하고 통찰력 있는 기여를 한다는 것을 보여준다. 문제는, 외향적 참여자들이 대화를 주도하면서, 내향적 참여자들의 기여 기회가 줄어든다는 것이다.

또한 성격을 단순히 내향과 외향으로만 구분하는 것은 한계가 있다. 어떤 사람은 구조화된 대화를 선호하고, 어떤 사람은 자유로운 대화를 선호한다. 어떤 사람은 감정적 나눔을 편하게 느끼고, 어떤 사람은 논리적 분석을 편하게 느낀다. 코치는 이 다양한 스타일을 모두 수용할 수 있는 공간을 만들어야 한다.

실무 해법: 다양한 참여 방식 설계

효과적인 코치는 하나의 참여 방식만 제공하지 않는다. 대신 다양한 참여 방식을 의도적으로 설계해, 모든 스타일의 참여자들이 기여할 수 있게 한다.

첫째, 말하기와 쓰기를 병행한다. 모든 질문을 즉시 답하게 하지 말고, 때로는 "3분 동안 이 질문에 대해 적어보세요"라고 한다. 쓰기 시간은 내향적

그룹코칭 SPARK

사람에게 생각을 정리할 기회를 주고, 외향적 사람에게는 즉흥적 반응을 넘어 깊이 생각할 기회를 준다. 쓰기 후 나눔은 더 정제되고 의미 있는 대화를 만든다.

둘째, 전체 대화와 소그룹 대화를 교차한다. 만약 8명 모두가 동시에 이야기하면 일부는 발언 기회를 놓친다. 2~3명의 소그룹으로 나누어 대화하면 모든 사람이 더 많이 말하고, 더 깊이 들을 수 있다. 특히 온라인에서는 소회의실 기능이 이를 쉽게 만든다.

셋째, 침묵을 활용한다. 코치가 질문 후 즉시 다음 발언자를 찾지 말고, 10~15초 침묵한다. 이 시간은 내향적 참여자에게 생각을 정리하고 발언할 용기를 낼 기회를 준다. 침묵이 불편하다고 느끼는 것은 코치의 불안이지 참여자의 문제가 아니다.

넷째, 다양한 기여 방식을 인정한다. 코치는 "말을 많이 하는 것"만 참여로 인정하지 않는다. "당신의 질문이 중요한 전환점을 만들었습니다", "당신이 경청하는 모습이 다른 사람에게 안전감을 주었습니다"처럼 다양한 기여를 명시적으로 인정한다.

다섯째, 조용한 참여자를 직접 초대한다. 단, 압박하지 않는다. "OO 님, 이 주제에 대해 어떻게 생각하세요? 지금 나누고 싶으시면 말씀해 주세요"처럼 선택권을 주면서 초대한다. 강제로 발언하게 하면 그 사람은 더욱 위축된다.

실전 사례: 모든 목소리가 들리는 공간

한 외국계 컨설팅사에서 컨설턴트를 대상으로 그룹코칭을 진행했다. 참여자 중 민준 님은 매우 외향적이어서, 질문이 나오면 즉시 손을 들고 발언했다. 반면 서연 님은 내향적이어서, 대부분 시간 동안 조용히 듣기만 했다. 첫 세션에서, 민준 님은 전체 대화 시간의 40% 이상을 차지했다. 서연 님은 한 번도 자발적으로 발언하지 않았다. 코치는 이 불균형을 인식하고, 두 가지 개입을 했다.

첫째, 코치는 민준 님에게 개별적으로 말했다. "민준 님, 당신의 활발한 참여가 그룹에 에너지를 줍니다. 동시에, 다른 사람들이 말할 공간을 만들어 주면 더 좋을 것 같아요. 다음 세션에서는, 당신이 두 번 발언했다면, 다른 사람이 발언할 때까지 기다려 주시겠어요?" 민준 님은 "제가 너무 많이 말했군요. 알겠습니다"라고 답했다.

둘째, 코치는 쓰기 활동을 도입했다. "지금부터 5분 동안, '내가 최근 직면한 가장 큰 도전'에 대해 적어 보세요. 그 후 2~3명씩 소그룹으로 나누어 나눌 것입니다." 소그룹에서 서연 님은 자신의 도전을 깊이 있게 나눴고, 다른 두 사람은 경청했다. 전체 그룹으로 돌아왔을 때, 서연 님은 "소그룹에서 이야기하니 더 편했다"고 말했다.

이후 세션에서, 코치는 전체 대화와 소그룹 활동을 교차했고, 민준 님은 의도적으로 자신의 발언을 조절했다. 세션 종료 후, 참여자 평가에서 서연 님은 "처음에는 내가 충분히 기여하지 못한다고 생각했는데, 코치가 다양한 방식으로 참여할 기회를 주어서 내 목소리를 낼 수 있었다"고 썼다. 민준 님은 "내가 너무 많이 말한다는 것을 몰랐는데, 코치의 피드백 덕분에 다른 사람을 더 잘 들을 수 있었다"고 썼다.

통찰: 차이를 설계로 해결한다

성격이나 스타일 차이는 그룹코칭에서 불가피하다. 코치는 이 차이를 문

                                          그룹코칭 SPARK

제로 보지 않고, 설계 과제로 본다.

가장 중요한 원칙은, 하나의 참여 방식만 제공하지 않는다는 것이다. 만약 코치가 "자유롭게 발언하세요"만 계속 반복하면, 외향적이고 빠르게 반응하는 사람들만 기회를 얻는다. 반대로 "조용히 성찰하세요"만 강조하면, 외향적 사람들은 답답함을 느낀다.

효과적인 코치는 다양한 참여 채널을 제공한다. 말하기, 쓰기, 듣기, 소그룹 대화, 전체 대화, 개별 성찰 등 여러 방식을 교차하면, 모든 스타일의 사람들이 자신에게 맞는 방식으로 기여할 수 있다.

또한 코치는 "참여"의 정의를 넓혀야 한다. 말을 많이 하는 것만 참여가 아니다. 깊이 듣는 것, 의미 있는 질문 하나를 던지는 것, 다른 사람의 이야기에 공감을 표현하는 것도 모두 중요한 기여다. 코치가 이것을 명시적으로 인정하면, 조용한 참여자들도 자신의 기여가 가치 있다고 느낀다.

마지막으로, 코치는 불균형을 방치하지 않는다. 한 사람이 대화를 지배하거나, 한 사람이 계속 침묵한다면, 코치는 개입해야 한다. 단, 공개적으로 지적하기보다는, 프로세스를 조정하거나 개별 대화를 통해 조율한다. 이렇게 하면, 모든 참여자가 "이 그룹에서 나의 목소리가 중요하다"고 느낄 수 있다.

Q6 중간에 빠지거나 지각하는 사람이 생기면?

그룹코칭에서 가장 흔하면서도 다루기 까다로운 문제 중 하나가 출석 관리다. 한 사람이 빠지면, 그룹 전체의 역동이 영향을 받는다. 지각이 반복되면, 다른 참여자들의 몰입도가 떨어진다. 이 문제를 어떻게 다룰 것인가?

이론적 근거: 출석과 신뢰, 안전감의 관계

어빈 얄롬(Irvin Yalom, 1995)은 그룹 치료 연구에서 일관된 참여가 그룹 응집력과 신뢰 형성의 핵심 조건이라고 밝혔다. 그룹 구성원이 계속 바뀌거나, 누군가 자주 빠지면, 참여자들은 "이 사람에게 깊은 이야기를 해도 될까?", "다음 세션에 이 사람이 있을까?"라는 불확실성을 느낀다. 이것은 심리적 안전감을 손상시킨다.

또한 한 사람의 결석이나 지각은 그룹 전체에 메시지를 보낸다. "이 그룹은 중요하지 않다", "약속은 지켜지지 않아도 된다"는 암묵적 메시지가 전달되면, 다른 참여자들도 몰입도를 낮춘다. 제니퍼 브리튼(Jennifer Britton, 2013)은 "그룹코칭 성공의 첫 번째 조건은 명확한 약속과 일관된 참여"라고 강조한다.

실무 해법: 예방과 대응의 이중 전략

출석 문제는 사후 대응보다 사전 예방이 훨씬 효과적이다. 코치는 다음 세 단계 전략을 사용한다.

1단계: 강력한 초기 계약

첫 세션 전, 또는 첫 세션 초반에, 코치는 출석과 참여에 대한 명확한 기대를 설정한다. "이 그룹코칭은 모든 사람의 일관된 참여를 전제로 설계되었습니다. 한 사람이 빠지면, 그룹 전체가 영향을 받습니다. 따라서 우리는 다음을 약속합니다: ① 특별한 사유가 없는 한 모든 세션에 참여한다, ② 부득이한 사정으로 불참할 경우 최소 24시간 전에 알린다, ③ 세션 시작 5분 전까지 입장한다."

이 약속을 구두로만 하지 않고, 서면 계약서에 포함시킨다. 참여자들이 서명하는 순간, 이것은 "개인적 선택"이 아니라 "그룹에 대한 책임"이 된다. 제니퍼(2013)의 연구에 따르면, 명확한 초기 계약이 있는 그룹은 없는 그룹에 비해 중도 이탈률이 50% 감소한다.

2단계: 조직적 지원 확보

기업 내 그룹코칭이라면, 참여자의 상사와 사전에 협의한다. "이 프로그램 기간 동안, 참여자가 세션 시간에는 다른 회의를 잡지 않도록 협조해 주십시오." 상사의 지원이 있으면, 참여자는 "회의가 겹쳐서 못 갔어요"라는 핑계를 사용할 수 없다.

또한 세션 일정을 정할 때, 참여자들의 캘린더를 확인하고, 주요 업무 마감이나 출장 시즌을 피한다.

3단계: 조기 개입

만약 한 참여자가 첫 번째 결석이나 지각을 했다면, 코치는 즉시 개별 연락을 한다. 단, 비난하지 않는다. "지난 세션에 참여하지 못하셨는데, 무슨 일이 있었나요? 혹시 프로그램 참여에 어려움이 있으신가요?" 이 대화는 두 가지 목적이 있다. 첫째, 참여자의 상황을 이해하고 필요시 지원한다. 둘째, "당신의 참여가 중요합니다"라는 메시지를 전달한다.

만약 결석이나 지각이 반복되면, 코치는 그룹 전체와 대화한다. "최근 몇몇 분이 불참하거나 지각하셨습니다. 이것이 그룹에 어떤 영향을 미치는지, 우리 함께 이야기해 봅시다." 이것은 개인을 비난하는 것이 아니라, 그룹의 약속을 재확인하는 기회다.

한 국내 테크 기업에서 중간관리자를 대상으로 8세션 그룹코칭을 진행했다. 코치는 첫 세션에서 출석 약속을 명확히 했고, 모든 참여자가 서명했다. 처음 3세션은 완벽했다. 모두가 제시간에 참여했다.

그러나 4세션에 재민 님이 10분 지각했다. 코치는 세션 후 재민 님에게 개별 메시지를 보냈다. "오늘 늦으셨는데, 괜찮으셨어요?" 재민 님은 "회의가 늦게 끝나서 그랬어요. 죄송합니다"라고 답했다. 코치는 "다음 세션 전에 회의 일정을 조정할 수 있을까요? 당신의 참여가 그룹에 중요합니다"라고 말했다. 재민 님은 이후 단 한 번도 지각하지 않았다.

6세션에 수진 님이 갑자기 불참했다. 코치는 즉시 연락했고, 수진 님은 "아버지가 갑자기 입원하셔서 병원에 있어요"라고 답했다. 코치는 "가족이 우선입니다. 다음 주 복귀하실 수 있으면 좋겠지만, 어려우시면 말씀해 주세요"라고 지원했다. 수진 님은 다음 주 복귀했고, 그룹은 그녀를 따뜻하게 환영했다.

프로그램이 끝난 후, 한 참여자는 "이렇게 일관되게 참여한 프로그램은 처음입니다. 모두가 빠짐없이 나오니까 저도 빠질 수 없더라고요"라고 말했다. 코치는 "명확한 초기 약속과 즉각적 개입이 핵심이었습니다. 작은 지각도 그냥 넘어가지 않았던 것이 차이를 만들었어요"라고 설명했다.

통찰: 약속은 강제가 아니라 존중이다

출석 관리는 "규율"의 문제가 아니라 "상호 존중"의 문제다. 한 사람이 지각하거나 빠지는 것은, 자신의 시간뿐 아니라 다른 참여자들의 시간도 존중하지 않는 행위다.

코치는 출석 문제를 개인의 태도 문제로 몰아가서는 안 된다. 대신, "이 그룹이 제대로 작동하려면 무엇이 필요한가?"라는 프레임으로 접근한다. 출석은 그룹 응집력, 신뢰, 안전감의 전제 조건이다. 이것을 초기에 명확히 하고, 모두가 동의하면, 이후 문제가 발생했을 때 다루기가 훨씬 쉽다.

가장 중요한 통찰은, 출석 문제는 사전 예방이 80%라는 것이다. 명확한 초기 계약, 조직적 지원 확보, 적절한 일정 선택이 이루어지면, 출석 문제는 거의 발생하지 않는다. 만약 문제가 발생하면, 조기에 개별 개입하고, 필요시 그룹 전체와 대화하면 된다. 핵심은, 이것을 규칙 위반으로 다루지 않고, 우리의 약속과 상호 존중의 맥락에서 다루는 것이다.

Q7 온라인과 오프라인, 어느 것이 좋은가?

COVID-19 팬데믹 이후, 온라인 그룹코칭은 선택이 아니라 필수가 되었다. 팬데믹이 완화된 지금도, 많은 조직이 온라인과 오프라인을 혼합해서 사용한다. 코치는 어느 것을 선택할 것인가? 그리고 각각의 환경을 최적화하려면 무엇이 필요한가?

이론적 근거: 매체 풍부성 이론과 실재감

다프트와 렝켈(Daft & Lengel, 1986)의 매체 풍부성 이론은 의사소통 매체가 전달할 수 있는 정보의 양과 질에 차이가 있다고 설명한다. 대면은 가장 풍부한 매체다. 표정, 몸짓, 목소리 톤, 공간적 거리 등 다층적 신호를 동시에 전달하고 받을 수 있다. 반면 온라인은 상대적으로 제한적이다. 화면에 보이는 상반신과 목소리가 주요 채널이며, 비언어적 신호의 상당 부분이 누락된다.

그룹코칭에서 신뢰와 심리적 안전감 형성은 비언어적 신호에 크게 의존한다. 누군가 이야기할 때, 다른 참여자들이 고개를 끄덕이고, 눈을 마주치고, 몸을 앞으로 기울이는 것은 "나는 당신을 들을 준비가 되어 있다"는 강력한 메시지다. 이것은 오프라인에서 훨씬 강하게 전달된다.

그러나 온라인의 장점도 있다. 접근성(지리적 제약 없음), 효율성(이동 시간 절약), 기록 가능성(녹화 가능) 등이다. 또한 일부 참여자는 온라인에서 오히려 더 편안함을 느낀다. 물리적 거리가 심리적 안전감을 높일 수 있기 때문이다.

실무 해법: 환경별 최적화 전략

코치는 온라인과 오프라인 중 하나를 선택하거나, 두 가지를 혼합한다. 각 환경에 맞는 최적화 전략이 필요하다.

오프라인 그룹코칭의 최적화

오프라인의 강점을 최대화하려면, 공간 설계가 중요하다. 참여자들이 동그랗게 둘러앉을 수 있는 좌석 배치가 이상적이다. 일렬이나 강의실 형태는 피한다. 동그란 배치는 "우리는 평등하다", "모두가 서로를 본다"는 메시지를 전달한다.

공간은 조용하고, 방해받지 않으며, 충분히 넓어야 한다. 너무 좁으면 답답함을 느끼고, 너무 넓으면 거리감이 생긴다. 8명 기준으로, 40㎡(12평) 이상의 공간이 적절하다.

또한 휴식 공간을 확보한다. 90분 세션이라도, 중간에 10분 휴식을 제공한다. 이 시간에 참여자들은 비공식적으로 대화하고, 관계를 형성한다.

온라인 그룹코칭의 최적화

온라인의 한계를 보완하려면, 기술적 준비와 운영 방식 조정이 필수다.

첫째, 플랫폼 선택이다. Zoom, MS Teams, Google Meet 등 여러 플랫폼이 있다. 그룹코칭에서 가장 중요한 기능은 소회의실이다. 소회의실이 없으면, 소그룹 활동을 할 수 없다. Zoom은 이 기능이 가장 안정적이므로, 많은 코치가 선호한다.

둘째, 카메라 온 원칙이다. 온라인 그룹코칭의 성패는 '카메라를 켜는가'에 달려 있다. 카메라가 꺼져 있으면, 그것은 코칭이 아니라 웨비나다. 코치는 첫 세션에서 "이 그룹에서 우리는 모두 카메라를 켭니다. 이것은 서로를 존중하고, 연결되기 위한 약속입니다"라고 명확히 한다.

셋째, 세션 시간 조정이다. 온라인에서는 집중력이 빨리 소진된다. 오프라인에서 120분이 적절하다면, 온라인에서는 90분이 적절하다. 90분을 넘기면, 참여자들의 에너지가 급격히 떨어진다.

넷째, 소회의실 적극 활용이다. 전체 대화만 하면, 일부 참여자는 수동적이 된다. 세션 중간에 2~3명의 소회의실로 보내, 10~15분 대화하게 한다. 이것은 참여도를 극적으로 높인다.

다섯째, 기술 지원이다. 모든 참여자가 기술에 익숙한 것은 아니다. 첫 세션 전에 "기술 테스트 세션"을 10분 진행한다. 카메라, 마이크, 소회의실 기능을 미리 확인하면, 본 세션에서 기술 문제로 시간을 낭비하지 않는다.

기술 도구: 협업을 돕는 보조 수단

온라인 그룹코칭에서 협업 도구는 참여와 상호작용을 높인다. 대표적인 것이 온라인 화이트보드(Miro, Mural 등)이다. 참여자들이 동시에 포스트잇을 붙이고, 아이디어를 정리하며, 시각적으로 협업할 수 있다.

예를 들어, "당신의 현재 도전과제를 한 문장으로 적어 포스트잇에 붙여 보세요"라고 하면, 모두가 동시에 기여하고, 전체 그림을 한눈에 볼 수 있다. 이것은 전통적인 "한 명씩 말하기"보다 효율적이고 포괄적이다.

그러나 너무 많은 도구는 오히려 혼란을 준다. 코치는 하나 또는 두 개의 도구에 집중하고, 참여자들이 익숙해지도록 반복해서 사용한다.

 그룹코칭 SPARK

하이브리드 모델: 최선의 선택?

경험상, 가장 효과적인 모델은 "오프라인으로 시작, 온라인으로 유지"하는 하이브리드 방식이다. 첫 세션은 오프라인으로 진행해 신뢰와 관계를 형성하고, 이후 세션은 온라인으로 진행해 효율성을 높인다.

한 금융회사의 사례에서, 6세션 프로그램 중 1세션은 오프라인, 2~5세션은 온라인, 마지막 6세션은 다시 오프라인으로 진행했다. 참여자들은 "첫 세션에서 서로를 직접 만나 신뢰가 형성되었고, 그 덕분에 온라인 세션에서도 깊은 대화를 나눌 수 있었다"고 평가했다. 마지막 오프라인 세션은 "우리가 함께 성장한 여정"을 축하하는 의식이 되었다.

실전 사례: 온라인의 성공

한 외국계 제약사는 서울, 부산, 대구에 흩어진 8명의 지역 영업 관리자를 대상으로 그룹코칭을 진행했다. 오프라인으로 모으려면 참여자들이 각각 2~4시간 정도 이동해야 했다. 코치는 처음부터 온라인으로 설계했다.

코치는 온라인의 한계를 보완하기 위해 세 가지를 실천했다. 첫째, 첫 세션 전에 각 참여자와 30분 개별 화상 통화를 했다. "당신의 기대는 무엇인가요?", "어떤 우려가 있나요?"를 물으며 코치와 참여자 간 1:1 신뢰를 먼저 형성했다. 둘째, 매 세션마다 소회의실을 2~3회 사용했다. 참여자들은 "소그룹에서 더 깊은 대화를 나눴다"고 말했다. 셋째, Miro를 사용해 시각적 협업을 촉진했다. 참여자들은 각자의 목표, 진전, 통찰을 기록하고, 세션 사이에도 서로의 보드를 보며 응원 메시지를 남겼다.

프로그램이 끝난 후, 한 참여자는 "솔직히 처음엔 온라인이라 걱정했어요. 그런데 소회의실에서 2~3명이 대화하니 오히려 더 깊은 이야기를 나눌 수 있었습니다. 오프라인에서 8명이 모였으면 이렇게 친밀해지지 못했을 것 같아요"라고 말했다. 부산에서 참여한 다른 관리자는 "이동 시간 없이 사무실이나 집에서 참여할 수 있어서 좋았습니다. 오히려 온라인이어서 더 자주 만날 수 있었던 것 같아요"라고 덧붙였다. 이것은 온라인 그룹코칭이 적절한 설계와 기술 활용이 뒷받침되면 오프라인만큼 또는 그 이상으로 효과적일 수 있음을 보여준다.

통찰: 매체가 아니라 의도가 중요하다

"온라인이 좋은가, 오프라인이 좋은가?"라는 질문에 대한 답은 "둘 다 효과적일 수 있다"이다. 중요한 것은 매체가 아니라, 코치가 그 매체에 맞게 어떻게 설계하고 실행하는가이다.

오프라인의 강점(풍부한 비언어적 신호, 즉각적 상호작용, 비공식적 관계 형성)을 극대화하려면, 공간 설계, 좌석 배치, 휴식 시간 활용에 신경 써야 한다. 온라인의 강점(접근성, 효율성, 유연성)을 극대화하려면, 기술 준비, 소회의실 활용, 협업 도구 사용, 세션 시간 조정이 필수다.

가장 중요한 통찰은, 매체는 중립적이라는 것이다. 온라인이 본질적으로 나쁘거나, 오프라인이 본질적으로 좋은 것이 아니다. 코치가 의도적으로 설계하고, 참여자들의 참여를 이끌어내면, 어느 환경에서도 훌륭한 그룹코칭이 가능하다. 반대로, 설계 없이 매체만 선택하면, 오프라인도 지루하고, 온라인도 비효과적이다.

 사전 조사나 인터뷰가 꼭 필요한가?

그룹코칭을 시작하기 전에, 코치는 참여자들에 대해 얼마나 알아야 하는 가? 사전 조사나 개별 인터뷰를 해야 하는가, 아니면 첫 세션에서 만나면 되는가? 이 질문은 프로그램 설계의 출발점이다.

이론적 근거: 사전 평가의 가치

그랜트와 카바나(Grant & Cavanagh, 2004)의 연구는 코칭의 효과성이 참 여자의 준비도와 코치의 사전 이해에 크게 영향받는다고 밝힌다. 사전 평 가 없이 시작하는 코칭은 코치가 참여자의 맥락, 기대, 우려를 모르는 상태 에서 진행되므로, 첫 세션이 비효율적이고, 일부 참여자는 "이 프로그램이 나에게 맞을까?" 의심한다.

반면, 사전 조사와 개별 인터뷰를 통해 코치가 각 참여자의 배경, 도전과 제, 기대를 미리 이해하면, 프로그램을 개인화할 수 있다. 코치는 "이 그룹 에서 가장 공통된 주제는 무엇인가?", "누가 특별한 지원이 필요한가?"를 파악하고, 첫 세션부터 관련성 높은 대화를 시작할 수 있다.

국제코치연맹(2023)의 그룹코칭 가이드라인은 사전 평가를 "선택 사항이 아니라 모범 관행"으로 권장한다. 특히 참여자들이 서로 모르는 경우, 또 는 조직이 특정 목표(예: 리더십 개발, 변화 관리)를 가진 경우, 사전 평가 는 필수에 가깝다.

실무 해법: 3단계 사전 준비 프로세스

효과적인 코치는 그룹코칭 시작 전에 3단계 준비 프로세스를 진행한다.

1단계: 서면 사전 조사

모든 참여자에게 간단한 설문지를 보낸다. 질문은 5~10개 정도로, 20분 내에 답할 수 있어야 한다. 핵심 질문은 다음과 같다.

- 이 그룹코칭에 참여하는 목적은 무엇인가?
- 현재 직면한 가장 큰 도전과제는 무엇인가?
- 그룹코칭에서 얻고 싶은 것은 무엇인가?
- 그룹 활동에서 우려되는 점이 있다면?
- 당신의 강점과 성장 영역은?

2단계: 개별 인터뷰

설문지만으로는 충분하지 않다. 코치는 각 참여자와 20~30분 개별 화상 또는 전화 인터뷰를 진행한다. 이 인터뷰는 세 가지 목적이 있다.

첫째, 신뢰 형성이다. 그룹 세션 전에 코치와 1:1로 만나면, 참여자는 "이 코치는 나를 이해한다"는 느낌을 받고, 첫 세션에서 더 편안하게 참여한다.

둘째, 맞춤화다. 코치는 각자의 고유한 맥락, 우려, 기대를 이해하고, "이 사람에게는 어떤 질문이나 활동이 도움이 될까?"를 구상한다.

셋째, 적합성 판단이다. 드물지만, 인터뷰를 통해 "이 사람은 그룹코칭보다 개별 코칭이 필요하다" 또는 "이 사람의 이슈는 이 그룹의 주제와 맞지 않는다"를 발견할 수 있다. 이 경우, 시작 전에 조율하는 것이 서로에게 이롭다.

3단계: 심리적 안전감 진단

일부 코치는 그룹코칭의 효과성을 높이기 위해 심리적 안전감 진단을 활용한다. 첫 세션 종료 직후, 참여자들이 그룹 환경에서 얼마나 안전하게 느끼는지를 측정한다. 이것은 사전 조사가 아니라 첫 세션의 실제 경험을 바탕으로 한 진단이다. 진단 결과는 2 세션 설계에 반영된다. 만약 점수가 낮다면, 코치는 심리적 안전감을 높이는 활동을 강화한다. 예를 들어, 그라운드룰을 함께 재확인하거나, 신뢰 구축을 위한 대화 시간을 추가로 배치한다. 점수가 높다면, 코치는 더 깊은 탐구와 도전적 질문으로 빠르게 이동할 수 있다.

실전 사례: 사전 조사가 만든 차이

한 국내 광고사에서 신임 관리자를 대상으로 그룹코칭을 기획했다. 코치 A는 사전 조사 없이 첫 세션에서 "자기소개와 기대 나누기"로 시작했다. 참여자들은 자신을 소개했지만 표면적 정보(이름, 부서, 경력)만 나눴다. 코치는 "이들이 진짜 무엇을 원하는지" 파악하는 데 2~3세션이 걸렸다.

코치 B는 같은 프로그램을 다른 그룹에 진행하면서 사전 설문과 개별 인터뷰를 실시했다. 설문 결과 10명 중 8명이 "팀원 동기부여"를 가장 큰 도전과제로 꼽았다. 코치는 첫 세션부터 "팀원 동기부여"를 핵심 주제로 설정하고, 관련 질문과 사례를 준비했다. 참여자들은 "코치가 우리의 필요를 정확히 이해하고 있다"고 느꼈고, 첫 세션부터 깊이 있는 대화가 이루어졌다.

프로그램이 끝난 후, 코치 A의 그룹에서 한 참여자는 "처음 몇 번은 우리가 뭘 배워야 하는지 모호했습니다. 서로 알아가는 데만 시간이 걸렸어요"라고 말했다. 반면 코치 B의 그룹에서는 "첫 세션부터 우리의 고민을 정확히 짚어주셔서 놀랐습니다. 코치가 이미 우리를 이해하고 계신 것 같았어요. 그래서 바로 깊은 대화로 들어갈 수 있었습니다"라는 평가가 나왔다. 차이의 핵심은 "사전 이해와 맞춤화"였다.

"사전 조사가 꼭 필요한가?"라는 질문에 대한 답은 "필수는 아니지만, 강력히 권장된다"이다. 사전 조사와 인터뷰는 시간과 노력이 필요하지만, 그것은 프로그램 효과성을 극적으로 높이는 투자다.

사전 준비의 핵심 가치는 세 가지다. 첫째, 맞춤화다. 코치가 참여자들의 공통 주제와 개별 맥락을 알면, 프로그램을 그들의 필요에 맞게 조정할 수 있다. 둘째, 신뢰다. 참여자들이 "코치가 나를 이해한다"고 느끼면, 첫 세션부터 개방적으로 참여한다. 셋째, 효율성이다. 사전 조사로 얻은 정보는 첫 세션의 시간을 절약하고, 바로 핵심 주제로 진입할 수 있게 한다.

물론, 모든 상황에서 사전 조사가 가능한 것은 아니다. 시간이나 예산이 제약된다면, 최소한 서면 설문만이라도 실시한다. 10개 질문, 20분 투자로, 코치는 프로그램의 방향을 설정할 수 있는 귀중한 정보를 얻는다.

가장 중요한 통찰은, 사전 조사는 "참여자를 알아가는 것"이 아니라 "참여자에게 헌신하는 것"이라는 메시지를 전달한다는 것이다. 코치가 첫 세션 전에 각자를 개별적으로 만나고, 질문하고, 경청한다는 사실 자체가, "이 코치는 우리를 진지하게 생각한다"는 신뢰를 만든다. 이 신뢰가 모든 후속 세션의 기반이 된다.

Q9 비용 구조와 ROI는 어떻게 되는가?

그룹코칭을 의뢰하는 조직이나, 프로그램을 기획하는 코치가 반드시 마주하는 질문이 "비용이 얼마인가?"와 "투자 대비 효과가 있는가?"이다. 이 질문에 명확히 답하지 못하면, 그룹코칭은 "좋은 아이디어"로 남고, 실행되지 않는다.

이론적 근거: 그룹코칭의 경제성

그룹코칭의 가장 명확한 경제적 이점은 규모의 경제다. 개별 코칭은 1:1 관계이므로, 10명을 코칭하려면 10배의 시간과 비용이 필요하다. 반면 그룹코칭은 한 명의 코치가 6~8명을 동시에 지원하므로, 1인당 비용이 극적으로 감소한다.

그러나 비용 절감만이 그룹코칭의 가치는 아니다. 잭 필립스(Jack Phillips, 1997)의 ROI 모델은 코칭의 투자 수익률을 측정하는 프레임워크를 제공한다. 코칭의 ROI는 일반적으로 5:1에서 7:1 사이다. 즉, 1달러를 투자하면 5~7달러의 가치를 회수한다. 이 가치는 생산성 향상, 이직률 감소, 리더십 역량 개선, 직원 몰입도 증가 등 다양한 형태로 나타난다.

실무 해법: 비용 구조 설계

그룹코칭의 비용은 프로그램 규모, 세션 횟수, 참여자 수, 코치 경험, 추가 서비스 등에 따라 달라진다.

조직 입장에서의 비교

그룹코칭 비용은 일반적으로 세션당 150~200만 원이다. 8명을 대상으로 8세션 그룹코칭 프로그램을 운영한다고 가정하자.

- 그룹코칭 비용: 8회 × 150~200만 원 = 1,200만 원~1,600만 원 → 1인당 150~200만 원

- 개별 코칭 비용: 8명 × 8회 × 50만 원(세션당) = 3,200만 원 → 1인당 400만 원
- 비용 절감 효과: 50~62.5%(1,200만 원~1,600만 원 vs 3,200만 원)

물론, 그룹코칭이 개별 코칭을 완전히 대체하는 것은 아니다. 일부 상황 (예: 최고 경영진, 매우 민감한 개인 이슈)에서는 개별 코칭이 더 적합하다. 그러나 중간관리자, 신입 리더, 팀원 개발 등에서는 그룹코칭이 비용 대비 효과가 월등히 높다.

ROI 측정: 가치를 증명하는 방법

조직은 "정말 효과가 있나?"를 증명하기를 원한다. 코치는 다음 세 가지 차원에서 ROI를 측정하고 보고할 수 있다.

1단계: 정량적 지표

- 만족도: 프로그램 종료 후 설문(예: 5점 척도, 목표 4.0 이상)
- 목표 달성률: 참여자가 설정한 개인 목표 중 몇 %를 달성했는가?(예: 목표 70% 이상)
- 행동 변화: 360도 피드백, 사전/사후 역량 평가 점수 변화

2단계: 정성적 지표

- 증언: "이 프로그램을 통해 무엇이 변했는가?" 인터뷰
- 관리자 관찰: 참여자의 직속 상사가 관찰한 행동 변화
- 사례 연구: 대표적인 성공 사례 3~5개 문서화

3단계: 비즈니스 임팩트(가능한 경우)

- 이직률 감소: 프로그램 참여자의 이직률 vs 비참여자 이직률
- 생산성 향상: 프로젝트 완료 시간 단축, 판매 실적 증가 등
- 비용 절감: 의사소통 개선으로 인한 재작업 감소

실전 사례: ROI 1,231%를 만든 그룹코칭

한 외국계 건설업체는 24명의 중간관리자를 대상으로 그룹코칭 프로그램을 실행했다. 3개 그룹(각 8명)으로 나누어 진행했으며, 각 그룹은 8세션을 진행했다.

투자 비용은 다음과 같았다.

- 그룹코칭 비용(3개 그룹 × 8회 × 120만 원): 2,880만 원
- 사전/사후 평가 비용: 300만 원
- 내부 운영 비용(공간, 다과 등): 200만 원
- 총 투자: 3,380만 원(약 0.34억 원)

6개월 후 측정 결과는 다음과 같다.

- 이직률 50% 감소: 프로그램 참여 관리자의 이직률이 연 20%에서 10%로 감소. 한 명 이직 시 대체 비용 1억 원으로 계산하면, 2명 이직 감소 = 약 2억 원 절감
- 프로젝트 완료율 15% 증가: 리더십 역량 향상으로 프로젝트 관리가 개선됨. 이는 약 1.5억 원의 추가 가치 창출

- 직원 몰입도 25% 향상: 참여자가 이끄는 팀의 직원 몰입도 점수가 3.2에서 4.0으로 상승. 이는 생산성 향상과 연결되어 약 1억 원의 가치로 추정

총 가치: 4.5억 원(최소 추정)

ROI = (4.5억 - 0.34억) / 0.34억 × 100 ≈ 1,231%

물론, 이 모든 가치를 정확히 그룹코칭에만 귀속시킬 수는 없다. 그러나 회사는 "합리적 추정"을 통해 그룹코칭 투자가 최소 10배 이상의 가치를 창출했다고 결론지었다.

통찰: 비용이 아니라 투자다

"그룹코칭 비용이 얼마인가?"라는 질문은 종종 "그룹코칭을 하지 않는 비용은 얼마인가?"로 재구성되어야 한다.

리더십 개발을 하지 않으면, 관리자들은 시행착오를 반복하고, 팀원들은 동기를 잃으며, 프로젝트는 지연된다. 이것의 보이지 않는 비용은 그룹코칭 투자보다 훨씬 크다.

그룹코칭의 경제적 가치는 세 가지 차원에서 나타난다. 첫째, 직접 비용 절감이다. 개별 코칭 대비 50~70% 저렴하다. 둘째, 효과성이다. 그룹 역동과 동료 학습이 더해져, 개별 코칭에서 얻기 어려운 통찰과 지지를 제공한다. 셋째, 비즈니스 임팩트다. 참여자들의 행동 변화가 이직률 감소, 생산성 향상, 몰입도 증가로 이어지며, 이것은 조직의 성과에 기여한다.

코치와 조직은 그룹코칭을 "비용"이 아니라 "전략적 투자"로 봐야 한다. 적

절히 설계되고 실행된 그룹코칭은 투자 대비 5~10배 이상의 가치를 창출하며, 이것은 조직의 지속 가능한 성장을 위한 가장 효율적인 방법 중 하나다.

Chapter 7 종합 요약

그룹코칭 설계는 단순한 기술이 아니라 철학이다. 그룹과 팀의 차이를 이해하고(Q1), 적정 인원(Q2)과 구성 원리(Q3-Q5)를 고려하며, 참여 지속성(Q6)을 확보하는 것. 그리고 온·오프라인 환경(Q7)과 사전 준비(Q8), 투자 대비 가치(Q9)까지 고려하는 전략적 과정이다. 이 9가지 기초 질문은 모두 하나의 핵심으로 연결된다. "이 그룹이 함께 성장할 수 있는 최적의 조건은 무엇인가?"

코치는 그룹을 설계할 때, 완벽한 조건을 만들려 하기보다 주어진 조건 안에서 최선의 선택을 해야 한다. 동질적 그룹이 좋을지, 이질적 그룹이 좋을지는 목적에 달려 있다. 온라인이 좋을지, 오프라인이 좋을지는 참여자의 상황에 달려 있다. 정답은 없다. 다만 각 선택이 가져올 결과를 예측하고, 그에 맞는 전략을 준비하는 것. 그것이 Foundation Level의 핵심이다.

그룹을 설계했다면, 이제 그 안에서 일어나는 역동을 관리해야 한다. 다음 Chapter에서는 소극적 참여자, 지배적 참여자, 권력 관계, 침묵과 저항 등 실제 세션에서 마주하는 다양한 참여 양상을 조율하는 Proficiency Level의 실전 기술을 살펴본다.

참여자 관리의 실전 기술(Proficiency Level)

8-1 다양한 참여 양상 관리

Q10 소극적 참여자를 어떻게 끌어내나?

그룹코칭 세션에서 가장 흔히 마주하는 도전 중 하나는 소극적 참여자다. 6명의 그룹에서 두세 명은 적극적으로 발언하지만, 나머지는 고개만 끄덕이며 침묵을 지킨다. 9명의 그룹이라면 절반 이상이 관찰자처럼 앉아 있는 경우도 있다. 코치는 이들의 침묵이 무관심인지, 내향성인지, 심리적 불안인지 구분해야 한다. 소극적 참여를 방치하면 그룹의 집단지성이 약화되고, 침묵하는 참여자는 점차 소외감을 느끼며 세션 참여 의욕을 잃는다.

이론적 근거: 심리적 안전감과 내향성의 이해

심리적 안전감은 소극적 참여자가 목소리를 내는 데 결정적 요인이다. 에이미 에드먼슨(Amy Edmondson, 1999)은 심리적 안전감이 높은 그룹에서 구성원들이 실수를 두려워하지 않고 의견을 표현한다고 밝혔다. 심리적 안전감은 "이 그룹에서 나의 의견이 존중받을 것"이라는 믿음에서 비롯된다. 그녀의 연구는 팀 내에서 대인 관계상의 위험을 감수할 수 있다고 느끼는 환경이 학습과 혁신을 촉진한다는 점을 실증했다. 특히 리더가 질문을 장려하고, 실수를 학습 기회로 재구성하며, 모든 의견에 경청하는 태도를 보일 때 심리적 안전감이 높아진다. 그룹 내에서 누군가 취약성을 드러냈을 때 다른 구성원들이 지지하는 반응을 보이면, 전체 그룹의 심리적 안전감은 더욱 강화된다. 그룹코칭에서 코치는 세션 초반부터 모든 의견을 경청하고, 판단하지 않으며, 다양한 관점을 환영하는 분위기를 조성해야 한다.

또한, 내향성 연구자 수잔 케인(Susan Cain, 2012)은 내향적 성향을 가진 사람들이 대규모 그룹보다 일대일 대화나 소그룹에서 더 활발히 참여한다고 강조했다. 내향성은 결함이 아니라 에너지를 얻는 방식의 차이다. 케인의 연구에 따르면, 내향적인 사람은 사회적 상호작용에서 에너지를 소모하며, 혼자 있거나 소규모 그룹에서 에너지를 충전한다. 또한 이들은 즉흥적 발언보다 숙고한 후 발언하는 것을 선호하며, 깊이 있는 일대일 대화를 통해 의미 있는 기여를 한다. 케인은 서구 사회가 외향성을 이상적 성격으로 간주하는 경향이 있지만, 내향적인 사람들의 사려 깊음, 집중력, 경청능력이 조직과 그룹에 필수적이라고 주장한다. 코치가 이를 이해하면, 소극적 참여는 "문제"가 아니라 "다른 스타일"로 재정의된다. 내향적 참여자에게 생각할 시간과 적절한 발언 구조를 제공하면, 그들은 그룹에 깊이 있는 통찰을 제공할 수 있다.

실무 해법: 심리적 안전감 조성과 다층적 참여 전략

첫째, 소그룹 브레이크아웃을 활용한다. 전체 그룹에서는 말하기 어려운 참여자도 두세 명의 소그룹에서는 편안하게 의견을 나눈다. 코치는 주요 질문을 던진 후 "지금부터 10분간 두 명씩 짝을 지어 이 질문에 대해 대화해보세요"라고 안내한다. 소그룹 대화 후 전체 그룹으로 돌아왔을 때, 코치는 소극적 참여자에게 "방금 짝과 나눈 이야기 중 하나만 공유해주시겠어요?"라고 요청한다. 이미 한 번 말해본 내용이기에 심리적 부담이 줄어든다.

둘째, 직접 지명하되 안전하게 접근한다. 코치는 세션 초반부터 소극적 참여자의 비언어적 신호를 관찰한다. 고개를 끄덕이거나 메모를 하는 모습이 보이면, 코치는 "OO 님, 방금 고개를 끄덕이시는 걸 봤는데, 어떤 생각이 드셨나요?"라고 질문한다. 이는 강압적 지명이 아니라 참여자의 관심을 인정하는 초대다. 만약 참여자가 "아직 정리가 안 됐어요"라고 답하면, 코치는 "괜찮습니다. 정리되면 언제든 말씀해주세요"라고 존중한다.

셋째, 라운드 로빈(Round Robin) 방식을 활용한다. 코치는 "이번에는 한 명씩 돌아가며 한 문장씩 이야기해볼까요? 짧게 말씀하셔도 됩니다"라고 안내한다. 이 방식은 모든 참여자에게 공평한 발언 기회를 제공하며, 소극적 참여자도 자신의 차례가 오면 준비할 수 있다. 단, 라운드 로빈은 과도하게 사용하면 형식적이 되므로, 중요한 전환점에서만 활용한다.

넷째, 온라인 세션에서 채팅과 온라인 도구를 활용한다. 온라인 세션에서는 채팅창에 익명 또는 실명으로 의견을 쓸 수 있다. 코치는 "지금 질문에 대한 답을 채팅으로 적어주세요. 한 문장이면 충분합니다"라고 요청한다. 소극적 참여자는 말보다 글로 표현하는 것이 편할 수 있다. 채팅에 의견이 올라오면 코치는 "OO 님이 채팅에 흥미로운 의견을 주셨는데, 조금 더 설명해주실 수 있나요?"라고 자연스럽게 발언 기회를 제공한다.

한 국내 출판사에서 6명의 신입 관리자를 대상으로 그룹코칭을 진행했다. 첫 세션에서 두 명은 적극 발언했지만, 네 명은 거의 말하지 않았다. 코치는 이들의 침묵 이유를 파악하기 위해 세션 후 간단한 체크인 질문을 했다. "오늘 세션에서 말하기 어려웠던 이유가 있나요?" 참여자들은 "아직 서로 모르니까 불안했어요", "틀린 말을 할까 봐 두려웠어요", "다른 분들이 먼저 말씀하시길 기다렸어요"라고 답했다.

코치는 2세션부터 복합 전략을 도입했다. 먼저 세션 시작 시 "이 그룹에서는 모든 의견이 존중받습니다. 정답은 없고, 각자의 경험이 소중합니다"라고 심리적 안전감을 강조했다. 그런 다음 소그룹 브레이크아웃으로 두 명씩 10분간 대화하게 했고, 전체 그룹에서 "짝과 나눈 이야기 중 하나를 공유해주세요"라고 요청했다. 동시에 온라인 채팅창에 "오늘 가장 공감되는 주제를 한 단어로 적어주세요"라고 요청했다.

3세션에서는 라운드 로빈 방식으로 한 명씩 돌아가며 "이번 주 가장 큰 도전과제"를 한 문장씩 이야기하게 했다. 4세션부터 코치는 비언어적 신호를 관찰하며 직접 지명을 시작했다. "동욱 님, 방금 고개를 끄덕이셨는데, 어떤 생각이 드셨나요?"

참여도가 점진적으로 높아졌다. 2세션에서 소극적 참여자 중 두 명이 짧게 발언했고, 3세션에서는 네 명 모두가 참여했다. 4세션에서는 6명 모두 균형 있게 참여했다. 프로그램이 끝난 후, 처음 조용했던 한 참여자는 "소그룹에서 두 명이 대화할 때는 편안했어요. 그게 자신감을 준 것 같습니다. 전체 그룹에서 말하는 게 점점 자연스러워졌어요"라고 말했다. 또 다른 참여자는 "코치가 제가 고개를 끄덕일 때 물어봐 주셔서 놀랐습니다. 저를 관찰하고 계시다는 게 느껴졌고, 그게 오히려 말할 용기를 줬어요"라고 덧붙였다.

통찰: 침묵은 초대를 기다리는 목소리다

소극적 참여자를 끌어내는 것은 강압이 아니라 초대다. 코치는 심리적 안전감을 조성하고, 소그룹과 온라인 도구를 활용하며, 참여자의 비언어적 신호를 존중하는 개입을 통해 모든 목소리가 들리는 그룹을 만든다. 소극적 참여는 무관심이 아니다. 그것은 내향성일 수도, 불안일 수도, 준비 시간이 필요하다는 신호일 수도 있다. 코치가 이를 이해하고 인내심을 가지면, 소극적 참여자는 점차 자신의 목소리를 발견한다.

중요한 것은 속도가 아니라 방향이다. 첫 세션에서 침묵하던 참여자가 여섯 번째 세션에서 깊은 통찰을 나눌 때, 그 변화는 그룹 전체에 강력한 메시지를 전달한다. "이 그룹에서는 모든 사람의 시간이 존중받는다." 그룹코칭의 진정한 힘은 모든 참여자의 목소리가 존중받을 때 발현된다. 코치는 한 사람의 목소리도 놓치지 않는 세심함으로 그룹의 집단지성을 최대화한다. 소극적 참여자가 처음 말할 때, 코치는 그 용기를 인정하고, 그룹 전체가 경청하도록 이끈다. 이 순간이 쌓이면, 그룹은 "우리는 서로의 목소리를 기다리는 공동체"라는 정체성을 형성한다. 침묵은 초대를 기다리는 목소리이며, 코치의 인내와 세심한 개입이 그 목소리를 세상으로 불러낸다.

Q11 지배적 참여자를 어떻게 조절하나?

지배적 참여자는 그룹코칭의 양날의 검이다. 한편으로는 그룹에 에너지를 불어넣고 대화를 이끌지만, 다른 한편으로는 다른 참여자의 발언 기회를 빼앗는다. 8명의 그룹에서 한 명이 전체 발언 시간의 절반을 차지하면, 나머지 일곱 명은 소외감을 느끼고 세션 참여 의욕이 떨어진다. 코치는 지배적 참여자를 존중하면서도 그룹 전체의 균형을 유지해야 하는 섬세한 과제를 안고 있다.

이론적 근거: 발언 균형과 그룹 성과

그룹 역동 연구는 발언 시간의 불균형이 그룹 성과를 저해한다고 밝힌다. MIT 알렉스 펜틀랜드(Alex Pentland, 2012) 교수는 성공적인 팀에서 구성원들의 발언 시간이 비교적 균등하게 배분된다는 사실을 발견했다. 그의 연구에 따르면, 한 사람이 대화를 지배하는 그룹보다, 모든 구성원이 고르게 참여하는 그룹이 더 창의적이고 효과적인 해결책을 도출한다. 펜틀랜드는 사회적 신호 측정 장치를 활용하여 팀 내 상호작용 패턴을 정량적으로 분석했다. 그 결과 고성과 팀은 구성원 간 에너지 교환이 활발하고, 대화가 특정 소수에게 집중되지 않으며, 모든 구성원이 듣고 말하는 균형을 유지하는 특징을 보였다. 이는 그룹코칭에서도 동일하게 적용된다. 발언의 균형은 단순히 시간 배분의 문제가 아니라, 그룹 전체의 집단지성과 창의성을 최대화하는 핵심 요소다.

또한, 국제코칭연맹의 코칭 역량 모델은 코치가 모든 참여자에게 공평한 참여 기회를 제공해야 한다고 강조한다. 공평성은 단순히 시간을 똑같이 나누는 것이 아니라, 각자가 자신의 목소리를 낼 수 있는 환경을 조성하는 것이다. 국제코칭연맹은 코치가 그룹 내 권력 역학과 발언 패턴을 민감하게 인식하고, 소외되는 목소리가 없도록 적극적으로 개입해야 한다고 본다. 지배적 참여자를 조절하는 것은 그 사람을 제한하는 것이 아니라, 그 룹 전체의 집단지성을 최대화하는 것이다.

실무 해법: 존중과 균형의 섬세한 조율

첫째, 세션 초반 그라운드룰을 명확히 설정한다. 코치는 첫 세션에서 "우리 그룹에서는 모든 사람의 목소리가 중요합니다. 한 사람이 오래 말하는 것보다, 여러 사람이 짧게 나누는 것이 더 가치 있습니다"라고 안내한다. 이는 특정 개인을 겨냥한 것이 아니라 그룹 전체의 약속이다. 그라운드룰이 설정되면 코치는 이를 근거로 자연스럽게 개입할 수 있다.

둘째, 보텀라이닝(Bottom-lining) 기법을 사용한다. 보텀라이닝은 핵심만 간결하게 말하도록 요청하는 코칭 기법이다. 지배적 참여자가 길게 이야기할 때 코치는 "감사합니다, OO 님. 지금 말씀하신 내용의 핵심을 한 문장으로 정리해 주시겠어요?"라고 요청한다. 이는 참여자를 존중하면서도 발언을 간결하게 만든다. 또한 코치는 "다른 분들의 의견도 들어보겠습니다"라고 말하며 자연스럽게 다음 사람에게 기회를 넘긴다.

셋째, 인터럽팅(Interrupting) 스킬을 활용한다. 인터럽팅은 참여자의 발언을 중단시키는 기술로 세심하게 사용해야 한다. 코치는 지배적 참여자가 계속 말할 때 "잠깐만요, OO 님"이라고 부드럽게 개입한다. 그런 다음 "지금 말씀하신 내용이 중요한데, 다른 분들은 이 주제에 대해 어떻게 생각하시나요?"라고 질문하며 그룹 전체로 초점을 이동한다. 이는 발언을 차단하는 것이 아니라 그룹 대화를 촉진하는 것이다.

넷째, 타이머와 시간 제한을 활용한다. 코치는 "이번 질문에 대해 각자 2분씩 이야기해볼까요?"라고 안내한다. 명확한 시간 제한은 지배적 참여자가

그룹코칭 SPARK

스스로 발언을 조절하도록 돕는다. 또한 코치는 "지금까지 ○○ 님 의견을 많이 들었는데, 이번에는 아직 말하지 않은 분들 의견을 먼저 들어보겠습니다"라고 우선순위를 조정한다.

실전 사례: 협력적 자기조절의 힘

한 외국계 건설사에서 팀장을 대상으로 그룹코칭을 진행했다. 참여자인 현우 님이 매 세션 전체 발언 시간의 절반 이상을 차지했다. 현우 님은 20년 경력의 베테랑으로 풍부한 경험과 통찰을 가지고 있었지만, 다른 참여자들은 점차 침묵하기 시작했다.

코치는 2세션후 현우 님과 개별 대화를 나눴다. "현우 님, 세션에서 현우 님의 경험을 나눠주셔서 정말 감사합니다. 현우 님의 통찰이 그룹에 큰 가치를 줍니다. 동시에 제가 하나 부탁드리고 싶은 것이 있습니다. 다른 분들도 이야기할 기회를 더 가질 수 있으면 좋겠습니다. 다음 세션에서는 현우 님께서 먼저 말씀하시기보다, 다른 분들이 먼저 의견을 나눈 후에 현우 님의 경험을 더해주시면 어떨까요?"

현우 님은 자신이 너무 많이 말한다는 것을 인식하지 못했고, 코치의 피드백에 감사했다. "제가 그랬군요. 전혀 몰랐습니다. 다음부터는 조심하겠습니다." 3세션부터 현우 님은 발언을 자제했다. 다른 사람이 먼저 말하도록 기다렸고, 자신의 의견은 마지막에 간결하게 덧붙였다.

참여도가 눈에 띄게 개선되었다. 다른 참여자들이 활발하게 발언하기 시작했고, 그룹 대화가 훨씬 역동적이 되었다. 현우 님도 "다른 분들의 이야기를 들으니 제가 몰랐던 현장 상황을 알게 됐습니다. 제가 말하는 것보다 듣는 것이 더 배움이 많았습니다"라고 평가했다. 한 조용했던 참여자는

"현우 님께서 먼저 답을 주시면 저는 할 말이 없어졌어요. 그런데 3세션부터는 제 의견을 먼저 말할 수 있게 되니까 자신감이 생겼습니다"라고 덧붙였다.

통찰: 균형은 제한이 아니라 증폭이다

지배적 참여자를 조절하는 것은 그 사람의 기여를 줄이는 것이 아니라, 그룹 전체의 기여를 증폭시키는 것이다. 한 사람의 목소리가 아무리 뛰어나도, 여러 사람의 집단지성을 넘어설 수 없다. 코치는 지배적 참여자를 "문제"로 보지 않는다. 그들은 대개 열정적이고, 기여하고 싶은 욕구가 강하며, 그룹에 가치를 더하고 싶어 한다. 문제는 그들의 의도가 아니라, 그 표현 방식이 다른 사람들의 기회를 의도치 않게 빼앗는다는 것이다. 코치가 이를 긍정적으로 프레이밍하면, 지배적 참여자는 방어하지 않고 협력한다. 균형은 코치 혼자 만드는 것이 아니라, 참여자들이 함께 만드는 것이다. 코치는 그라운드룰을 설정하고, 보텀라이닝과 인터럽팅으로 개입하며, 개별 피드백을 제공한다. 그러나 진정한 균형은 참여자들이 서로의 발언 기회를 존중할 때 만들어진다. 지배적 참여자가 스스로 발언을 조절하고, 다른 참여자들이 적극적으로 목소리를 낼 때, 그룹은 "우리는 서로의 기여를 기다리는 공동체"가 된다.

코치는 지배적 참여자에게 새로운 역할을 제안할 수 있다. "현우 님, 현우 님의 경험이 정말 풍부한데, 이번에는 먼저 말씀하시기보다, 다른 분들 이야기를 듣고 질문을 던져주시면 어떨까요?" 이렇게 하면 지배적 참여자는 "말하는 사람"에서 "촉진하는 사람"으로 역할을 전환하고, 그 과정에서 더 깊은 학습을 경험한다. 균형은 제한이 아니라 증폭이며, 한 사람의 침묵이 모든 사람의 목소리를 깨울 때, 그룹 전체의 지혜는 배가된다.

Q12 그룹 내 서열과 권력 관계 대응

한국 조직에서 그룹코칭을 진행할 때 가장 민감한 요소 중 하나는 서열과 권력 관계다. 만약 8명의 참여자 중 한 명이 부장이고 나머지가 과장이라면, 그룹 대화는 자연스럽게 부장의 의견을 중심으로 흐른다. 부장이 먼저 발언하면 다른 참여자들은 동의하거나 보완하는 수준에 그친다. 이는 그룹코칭의 핵심 가치인 수평적 대화와 집단지성을 약화시킨다.

이론적 근거: 위계 문화와 심리적 평등

한국 조직의 위계 문화는 그룹 역동에 깊은 영향을 미친다. 서울대 김명언 (2003) 교수는 한국 조직에서 상하 관계가 의사결정과 의견 표현에 강력한 영향을 미친다고 분석했다. 위계는 단순히 조직도상의 위치가 아니라, 누가 먼저 말할 권리가 있고, 누구의 의견이 더 무게를 갖는지를 결정하는 심리적 구조다. 김명언 교수의 연구에 따르면, 한국 조직 구성원들은 상급자의 의견을 공개적으로 반박하거나 다른 관점을 제시하는 것을 꺼린다. 이는 조직 내 위계가 단순한 업무 분장을 넘어서, 발언권과 의사결정권을 암묵적으로 규정하는 문화적 규범으로 작동함을 의미한다.

국제 연구들은 위계적 문화에서 하위 구성원들이 자신의 의견을 자유롭게 표현하지 못한다는 것을 밝혔다. 헤이르트 호프스테드(Geert Hofstede, 1980)의 권력거리 지수 연구에서 한국은 중상위권에 속하며, 이는 상급자의 권위가 강하게 작동함을 의미한다. 호프스테드는 권력거리가 높은 문화에서는 계층 간 의사소통이 일방향적이며, 하위 구성원이 상급자에게 질문하거나 이의를 제기하는 것이 부적절하다고 여겨진다고 설명한다. 그룹코칭에서 코치는 조직의 위계를 완전히 없앨 수는 없지만, 세션 내에서 심리적 평등을 조성할 수 있다. 이는 참여자들이 직급이 아닌 경험과 통찰로 기여하는 환경을 만드는 것을 의미한다.

실무 해법: 세션 내 심리적 평등 조성

첫째, 세션 내 역할을 재정의한다. 코치는 첫 세션에서 "이 그룹에서는 직급이 아니라 경험과 통찰이 중요합니다. 부장님도 과장님도 동등한 학습자입니다"라고 명확히 선언한다. 이는 조직 내 위계를 부정하는 것이 아니라, 코칭 세션 내에서는 다른 규칙이 적용됨을 알리는 것이다.

둘째, 발언 순서를 전략적으로 조정한다. 코치는 질문을 던진 후 "직급이 낮은 분부터 먼저 이야기해볼까요?"라고 안내한다. 이는 상급자의 의견이 하급자의 생각을 미리 규정하는 것을 방지한다. 또한 코치는 상급자에게 "부장님, 다른 분들 이야기를 먼저 들어주시겠어요?"라고 협력을 요청한다. 대부분의 상급자는 이 요청을 존중한다.

셋째, 익명 도구를 활용한다. 온라인 세션에서는 멘티미터나 슬라이도 같은 익명 설문 도구를 사용한다. 코치는 "지금 질문에 대한 답을 익명으로 제출해주세요"라고 안내한다. 익명성은 직급에 관계없이 솔직한 의견을 표현할 수 있게 한다. 코치는 제출된 의견들을 화면에 공유하며 "이 의견에 대해 더 이야기해볼까요?"라고 대화를 이끈다.

넷째, 소그룹 구성 시 직급을 분산시킨다. 코치가 소그룹 브레이크아웃을 진행할 때, 같은 직급끼리 묶지 않는다. 부장과 과장을 섞어 배치하면, 일

그룹코칭 SPARK

대일 대화에서는 위계가 상대적으로 덜 작동한다. 코치는 "지금부터 두 명씩 짝을 지어 대화해보세요. 짝은 제가 무작위로 정하겠습니다"라고 안내한다.

한 국내 보험사에서 부장 한 명과 과장 일곱 명을 대상으로 그룹코칭을 진행했다. 첫 세션에서 부장이 먼저 발언하자 다른 참여자들은 부장의 의견에 동의하는 수준에 그쳤다. 코치는 2세션전 부장과 개별 대화를 나눴다. "부장님, 다른 분들이 먼저 이야기할 수 있도록 부장님께서 마지막에 의견을 주시면 어떨까요?"라고 요청했다. 부장은 이를 수용했고, 2세션부터 과장들이 먼저 발언했다.

과장들의 의견이 다양해졌고, 부장은 "내가 몰랐던 현장 이야기를 들을 수 있어 유익했다"고 평가했다. 코치는 또한 익명 설문 도구를 활용했다. "우리 팀의 가장 큰 도전과제는 무엇인가요?"라는 질문에 과장들은 익명으로 솔직한 의견을 제출했다. 부장은 이 피드백을 경청하며 "이런 의견을 직접 듣기 어려웠는데, 익명이라 가능했다"고 말했다.

세션이 끝날 무렵, 한 과장이 "처음에는 부장님 앞에서 말하기 조심스러웠는데, 지금은 제 생각을 솔직하게 말할 수 있게 됐습니다"라고 고백했다. 부장도 "그룹코칭을 통해 팀원들의 진짜 생각을 알게 됐습니다. 사무실에서는 절대 들을 수 없는 이야기들이었어요"고 말했다.

통찰: 위계는 현실이지만, 평등은 선택이다

서열과 권력 관계는 한국 조직 그룹코칭의 현실이다. 코치는 이를 부정하지 않되, 세션 내에서 심리적 평등을 조성함으로써 모든 참여자의 목소리가 존중받는 환경을 만든다. 위계는 조직의 구조이지만, 평등은 그룹코칭의 철학이다. 코치는 이 두 가지를 균형 있게 다룬다. 세션이 끝나면 상급자와 하급자는 다시 원래의 관계로 돌아간다. 그러나 세션 내에서 경험한 "내 의견이 존중받았다"는 기억은 조직 문화에 미세하지만 중요한 변화를 가져온다.

심리적 평등은 상급자의 협력 없이는 불가능하다. 상급자가 "이 세션에서는 내가 먼저 답을 제시하지 않겠다"고 선택할 때, 하급자는 비로소 자신의 목소리를 낼 수 있다. 코치는 상급자를 적으로 보지 않고, 심리적 평등을 함께 만드는 파트너로 본다. 상급자가 이 역할을 수용할 때, 그들은 "지시하는 리더"에서 "경청하는 리더"로 성장한다. 부장이 과장들의 이야기를 먼저 듣고, "이런 관점은 생각하지 못했다"고 인정하는 순간, 조직 내 위계는 여전히 존재하지만 그 의미는 달라진다. 권력은 명령이 아니라 경청으로, 지시가 아니라 질문으로 작동하기 시작한다. 세션 내 심리적 평등의 경험은 참여자들이 조직으로 돌아가서도 "다른 방식이 가능하다"는 희망을 품게 만든다.

Q13 하위그룹(Clique) 형성 시 대응

그룹코칭이 진행되면서 참여자들 사이에 친밀도 차이가 생긴다. 8명 중 세 명이 세션 후에도 계속 연락하며 친밀한 관계를 형성하는 반면, 나머지 다섯 명은 소외감을 느낀다. 이런 하위그룹(Clique)은 세션 내에서도 영향을 미친다. 하위그룹 멤버들은 서로 눈빛을 주고받으며 암묵적으로 의견을 조율하고, 나머지 참여자들은 "저들끼리만 통하는 느낌"을 받는다. 이는 그룹 전체의 응집력을 약화시킨다.

이론적 근거: 하위그룹과 전체 응집력

하위그룹 형성은 자연스러운 현상이지만, 배타적으로 작동하면 문제가 된다. 그룹 역동 연구는 하위그룹이 형성될 때 전체 그룹의 응집력이 저하될 수 있다고 경고한다. 특히 하위그룹이 세션 외부에서 형성된 관계에 기반할 때, 다른 참여자들은 진입 장벽을 느낀다. 코치는 하위그룹의 존재를 인식하고, 전체 그룹의 통합을 촉진해야 한다.

실무 해법: 포용적 그룹 문화 조성

첫째, 조기 발견에 집중한다. 코치는 세션 중 참여자들의 비언어적 신호를 관찰한다. 특정 참여자들이 서로만 바라보거나, 세션 전후 따로 모여 이야기하는 모습이 보이면 하위그룹 형성을 의심한다. 조기 발견은 문제가 고착화되기 전에 개입할 수 있게 한다.

둘째, 짝 구성과 소그룹 배치를 변화시킨다. 코치는 매 세션 소그룹 브레이크아웃 시 짝을 무작위로 바꾼다. "오늘은 지난번과 다른 분과 대화해볼까요?"라고 안내하며, 하위그룹 멤버들이 항상 함께 있지 않도록 조정한다. 이는 모든 참여자가 서로 대화할 기회를 갖게 한다.

셋째, 사이드바(Sidebar) 대화를 차단한다. 사이드바는 세션 중 특정 참여자들끼리 나누는 사적 대화를 의미한다. 코치는 하위그룹 멤버들이 서로 속삭이거나 채팅으로 사적 메시지를 주고받는 것을 발견하면, 부드럽게 개입한다. "지금 나누신 이야기를 그룹 전체와 공유해주시겠어요?"라고 요청하며, 사적 대화를 공적 대화로 전환한다.

넷째, 전체 그룹 활동을 강화한다. 코치는 세션 중 전체 그룹이 함께하는 활동을 늘린다. 예를 들어, "우리 그룹의 공통 목표를 함께 만들어볼까요?"라는 협력 과제를 제시한다. 전체 그룹이 하나의 목표를 향해 협력하면, 하위그룹의 경계가 약화된다.

실전 사례: 포용적 문화로의 전환

한 외국계 투자사에서 책임 컨설턴트를 대상으로 그룹코칭을 진행했다. 세 명은 같은 프로젝트 팀 출신으로 서로 친밀했고, 나머지 다섯 명은 다른 팀 출신이었다. 첫 세션부터 같은 팀 출신 세 명이 서로만 대화하는 모습이 보였다. 코치는 2세션부터 소그룹 짝을 매번 바꿨고, "오늘은 다른 팀 분과 대화해보세요"라고 안내했다. 또한 "우리 그룹 전체의 학습 목표를 함께 정해볼까요?"라는 협력 과제를 제시했다.

3세션에서 코치는 하위그룹 멤버 중 한 명과 개별 대화를 나눴다. "민지 님, 같은 팀 출신이라 편하시겠지만, 다른 분들도 그룹에 포함될 수 있도록 도와주시면 좋겠습니다"라고 요청했다. 민지 님은 "제가 그렇게 보였나요? 전혀 의도하지 않았어요"라고 답하며 이후 다른 참여자들에게도 적극적으로 질문하고 대화를 나눴다.

4세션에서는 8명 모두 자연스럽게 대화했고, 하위그룹의 경계가 사라졌다. 소외감을 느꼈던 참여자 중 한 명은 마지막 회고에서 "처음에는 세 분이 너무 친해 보여서 끼기 어려웠는데, 지금은 우리 모두가 하나의 팀 같아요."고 말했다.

하위그룹 형성은 자연스러운 현상이지만, 배타적으로 작동하면 그룹 전체를 약화시킨다. 코치는 조기 발견, 짝 구성 변화, 사이드바 대화 차단, 전체 그룹 활동 강화, 개별 피드백을 통해 모든 참여자가 포함되는 환경을 만든다. 친밀함 자체는 문제가 아니다. 참여자들이 세션 후에도 연락하고, 서로를 지지하는 것은 그룹코칭의 긍정적 결과다. 문제는 그 친밀함이 다른 사람을 배제할 때 발생한다.

코치는 "여러분이 친밀해지는 것은 좋습니다. 동시에 아직 친밀하지 않은 분들도 포함될 수 있도록 문을 열어두세요"라고 안내한다. 포용적 문화는 규칙이 아니라 태도다. 코치가 "하위그룹을 만들지 마세요"라고 금지하면, 참여자들은 방어적이 된다. 대신 코치는 "모든 사람이 환영받는 그룹을 함께 만들어요"라고 초대한다. 하위그룹 멤버들이 다른 참여자에게 먼저 질문을 던지고, 대화에 포함시킬 때, 그룹은 "우리는 서로를 환영하는 공동체"가 된다.

세 명의 친밀한 관계가 여덟 명 전체의 연결로 확장될 때, 하위그룹은 문제가 아니라 그룹 응집력의 씨앗이 된다. 친밀함은 닫힌 문이 아니라 열린 초대가 되어야 하며, 코치는 그 문을 여는 촉진자다. 참여자들이 "우리 셋"이 아니라 "우리 모두"라고 말하기 시작할 때, 그룹코칭은 진정한 공동체로 진화한다.

Q14 문화적·언어적 다양성 관리

글로벌 조직이 늘어나면서 그룹코칭 참여자의 문화적·언어적 배경이 다양해지고 있다. 8명 그룹에 한국인 5명, 미국인 2명, 중국인 1명이 있다면, 코치는 언어 장벽, 문화적 소통 방식 차이, 참여 스타일 차이를 동시에 고려해야 한다. 문화적 배경에 따라 소통 스타일이 다를 수 있다. 고맥락 문화권 출신 참여자는 간접적 표현과 맥락 읽기를 선호하는 경향이 있는 반면, 저맥락 문화권 출신은 명시적이고 직접적인 의사소통을 선호할 수 있다. 침묵 역시 문화마다 다른 의미를 지닌다—어떤 문화에서는 존중과 숙고의 표현이고, 다른 문화에서는 부정적 신호로 읽힐 수 있다. 다만 이는 일반적 경향일 뿐, 개인차가 크다는 점을 명심해야 한다. 코치는 특정 국적을 하나의 틀로 가정하기보다, 각 참여자의 고유한 소통 방식을 관찰하고 존중해야 한다. 이런 차이를 이해하지 못하면 오해와 갈등이 발생하며, 일부 참여자는 목소리를 잃게 된다.

이론적 근거: 문화적 차이와 소통 방식

교차문화 코칭 연구는 문화적 차이가 그룹 역동에 깊은 영향을 미친다고 강조한다. 에린 마이어(Erin Meyer, 2014)의 문화 지도(Culture Map)연구는 문화마다 소통 방식, 피드백 스타일, 의사결정 방식이 다르다는 것을 밝혔다. 예를 들어, 고맥락 문화(한국, 일본)는 암묵적 소통을 선호하는 반면, 저맥락 문화(미국, 독일)는 명시적 소통을 선호한다. 마이어는 문화적 차이를 8가지 차원(소통, 평가, 설득, 리딩, 의사결정, 신뢰, 의견 불일치, 스케줄링)으로 구분하고, 각 문화가 스펙트럼 상 어디에 위치하는지 분석했다. 고맥락 문화에서는 문맥과 비언어적 신호가 의미를 전달하는 중요한 수단이지만, 저맥락 문화에서는 명확하고 구체적인 언어 표현이 선호된다. 코치는 이런 차이를 존중하면서 그룹 전체가 소통할 수 있는 공통 언어를 만들어야 한다.

실무 해법: 문화적 민감성과 포용적 소통

첫째, 세션 언어를 명확히 한다. 그룹의 공식 언어가 영어라면, 코치는 모든 참여자가 편안하게 영어로 소통할 수 있는지 확인한다. 필요하다면 통역을 제공하거나, 참여자들이 모국어로 말한 후 간단히 번역하도록 안내한다. 코치는 "영어가 편하지 않으신 분은 한국어로 말씀하셔도 됩니다. 제가 요약해드리겠습니다"라고 말한다.

둘째, 문화적 소통 스타일을 교육한다. 코치는 첫 세션에서 "우리 그룹에는 다양한 문화적 배경을 가진 분들이 계십니다. 어떤 문화에서는 직접적으로 말하는 것이 자연스럽고, 어떤 문화에서는 간접적으로 표현합니다. 우리는 서로의 방식을 존중하겠습니다"라고 안내한다. 이는 참여자들이 자신과 다른 소통 방식을 이해하도록 돕는다.

셋째, 체크인 시간을 활용한다. 매 세션 시작 시 코치는 "오늘 기분을 한 단어로 표현해주세요"라고 요청한다. 이는 언어 장벽이 있는 참여자도 부담 없이 참여할 수 있는 간단한 활동이다. 또한 코치는 "OO 님, 방금 말씀하신 내용을 다시 한번 설명해주시겠어요?"라고 요청하며, 모든 참여자가 이해할 수 있도록 돕는다.

넷째, 시각 자료를 활용한다. 코치는 핵심 질문이나 개념을 화면에 텍스트로 공유한다. 청각만으로는 이해하기 어려운 참여자도 시각 자료를 보면 이해가 쉬워진다. 또한 코치는 참여자들에게 "채팅으로 의견을 적어주셔도 됩니다"라고 안내하며, 글로 표현할 기회를 제공한다.

실전 사례: 글로벌 팀의 문화적 통합

한 글로벌 제조업체에서 한국인 다섯 명, 미국인 두 명, 인도인 한 명을 대상으로 그룹코칭을 진행했다. 세션 언어는 영어였지만, 한국인 참여자들은 영어로 말하는 것을 부담스러워했다. 코치는 "영어가 편하지 않으신 분은 한국어로 말씀하시고, 제가 요약해드리겠습니다"라고 안내했다. 또한 매 세션 시작 시 "오늘 기분을 한 단어로 표현해주세요"라는 체크인 활동을 통해 모든 참여자가 부담 없이 참여하도록 했다.

미국인 참여자는 직접적으로 의견을 표현했고, 한국인 참여자는 간접적으로 표현했지만, 코치는 두 방식 모두 존중했다. 코치는 또한 핵심 질문을 화면에 텍스트로 공유하고, 채팅으로 의견을 제출하도록 했다.

프로그램이 끝난 후, 한국인 참여자 중 한 명은 "영어가 부담됐는데, 한국어로 말할 수 있게 해주셔서 감사했습니다. 제 의견을 코치가 영어로 요약해주니 미국 동료들도 이해할 수 있었어요"라고 말했다. 미국인 참여자는 "한국 동료들이 간접적으로 표현하는 방식이 처음엔 이해하기 어려웠는데, 코치가 '이 말의 의미는 이런 것입니다'라고 풀어주니 서로를 이해할 수 있었습니다"라고 덧붙였다.

통찰: 다양성은 도전이자 자산이다

문화적·언어적 다양성은 그룹코칭의 도전이자 자산이다. 코치는 언어 명확화, 문화적 소통 스타일 교육, 체크인 활용, 시각 자료 제공, 문화적 민감성 발휘를 통해 모든 참여자가 존중받고 포함되는 환경을 만든다. 다양성은 그룹을 복잡하게 만들지만, 동시에 풍성하게 만든다. 서로 다른 문화적 배경을 가진 사람들이 모이면, 예상치 못한 통찰과 창의적 해결책이 나온다. 한국인 참여자가 "우리 문화에서는 이렇게 접근합니다"라고 말하고, 미국인 참여자가 "우리는 다르게 봅니다"라고 답할 때, 그룹은 더 넓은 시야를 갖게 된다.

문화적 다양성을 관리하는 것은 차이를 없애는 것이 아니라, 차이를 존중하면서 공통점을 찾는 것이다. 코치는 "우리는 문화가 다르지만, 모두 성장하고 싶다는 공통점이 있습니다"라고 프레이밍한다. 문화적 차이는 장벽이 아니라 배움의 기회가 된다. 참여자들이 서로의 문화를 이해하고 존중할 때, 그룹은 "우리는 다양성을 환영하는 공동체"가 된다. 언어가 다르고 소통 방식이 달라도, 서로의 진심을 이해하려는 노력 자체가 그룹을 하나로 묶는다. 한국인 참여자가 영어로 조심스럽게 의견을 말할 때, 미국인 참여자가 끝까지 경청하며 "That's a great point"라고 격려하는 순간, 문화의 경계는 사라지고 인간 대 인간의 연결만 남는다. 다양성은 그룹코칭을 더 어렵게도, 더 아름답게도 만드는 양날의 검이며, 코치는 그 칼날을 지혜롭게 다루는 장인이다.

Q15 디지털 방해요소 관리

오프라인과 온라인 그룹코칭 모두에서 디지털 방해요소가 새로운 도전으로 떠올랐다. 참여자들은 휴대폰으로 이메일을 확인하고, 메시지에 답하며, SNS를 스크롤한다. 코치는 참여자의 시선이 아래를 향하거나, 온라인에서는 화면 밖을 보는 것을 감지하며 집중력 저하를 느낀다. 이런 멀티태스킹은 참여자 본인의 학습을 방해할 뿐 아니라, 다른 참여자들에게도 "저 사람은 집중하지 않는다"는 부정적 신호를 보낸다.

이론적 근거: 주의 경제와 멀티태스킹의 함정

주의 경제(Attention Economy) 이론은 디지털 시대에 주의력이 희소 자원이 되었다고 설명한다. 스탠퍼드대 클리포드 나스(Clifford Nass, 2009) 교수는 멀티태스킹이 실제로는 생산성을 저하시킨다고 밝혔다. 나스의 연구에 따르면, 사람들은 여러 작업을 동시에 처리한다고 믿지만, 실제로는 작업 간 빠른 전환을 하는 것이며, 이 과정에서 주의력이 분산되고 각 작업의 질이 떨어진다. 특히 멀티태스킹을 자주 하는 사람일수록 관련 없는 정보를 걸러내는 능력이 약화되고, 작업 기억 용량이 감소한다. 그룹코칭에서도 멀티태스킹은 참여자의 몰입을 방해하고, 그룹 전체의 에너지를 낮춘다. 코치는 디지털 방해요소를 관리하여 참여자들이 온전히 세션에 집중하도록 도와야 한다.

실무 해법: 오프라인과 온라인 환경의 집중력 관리

첫째, 세션 시작 전 디지털 디톡스를 제안한다. 오프라인 세션에서 코치는 "세션 시작 전 5분간 휴대폰을 무음으로 하고, 가방에 넣어주시면 어떨까요? 세션 중에는 다른 업무를 내려놓고, 이 시간에만 집중하시면 더 깊은 배움이 가능합니다"라고 제안한다. 온라인 세션에서는 "세션 시작 전 이메일과 메시지를 정리하고, 세션 중에는 다른 창을 닫아주세요"라고 안내한다.

둘째, "카메라 온" 규칙을 적용한다(온라인). 코치는 첫 세션에서 "이 그룹에서는 가능한 한 카메라를 켜주세요. 서로의 얼굴을 보는 것이 연결감을 높입니다"라고 안내한다. 카메라가 켜져 있으면 참여자는 다른 사람이 자신을 본다는 것을 의식하게 되고, 멀티태스킹을 자제한다. 단, 코치는 네트워크 문제나 개인 사정으로 카메라를 끌 수 없는 경우를 존중한다.

셋째, 참여 활동을 증가시킨다. 코치는 세션을 강의식이 아니라 상호작용 중심으로 설계한다. 질문을 자주 던지고, 소그룹 브레이크아웃을 활용하며, 채팅과 설문을 통해 참여자들이 계속 반응하도록 한다. 참여자가 계속 참여하면 멀티태스킹할 여유가 없다.

넷째, 오프라인 세션에서도 집중력 관리를 강화한다. 오프라인 환경에서도 참여자들이 노트북이나 태블릿을 사용하며 업무 이메일을 확인하는 경우가 있다. 코치는 "세션 중에는 디지털 기기 사용을 최소화해 주시고, 필요한 경우 종이와 펜으로 메모해 주세요"라고 안내한다. 또한 휴식 시간을 명확히 제공하여, 참여자들이 그 시간에 이메일과 메시지를 확인할 수 있도록 한다.

실전 사례: 디지털 방해 최소화의 효과

한 외국계 소프트웨어 개발사에서 개발자를 대상으로 그룹코칭을 진행했다. 첫 세션에서 절반의 참여자가 휴대폰을 테이블에 놓고, 세션 중 수시로 화면을 확인했다. 코치는 2세션 시작 전 "세션 중에는 휴대폰을 가방에 넣고, 이 시간에만 집중해주시면 좋겠습니다"라고 요청했다. 또한 세션 중 질문을 자주 던지고, 소그룹 브레이크아웃을 활용했다.

온라인 세션에서도 코치는 "카메라를 켜주시고, 다른 창은 닫아주세요"라고 요청했다. 3세션부터 모든 참여자가 휴대폰을 내려놓았고, 카메라를 켰으며, 집중력이 눈에 띄게 향상되었다.

프로그램이 끝난 후, 한 참여자는 "처음에는 휴대폰을 계속 확인하는 게 습관이었어요. 그런데 내려놓고 나니 대화에 완전히 몰입할 수 있었습니다. 동료들의 이야기를 진짜로 듣게 됐어요"라고 말했다. 다른 참여자는 "멀티태스킹하지 않고 한 가지에만 집중하는 게 이렇게 다른 경험인 줄 몰랐습니다. 더 깊은 대화가 가능했어요"라고 덧붙였다.

통찰: 주의는 선택이고, 집중은 선물이다

디지털 방해요소는 오프라인과 온라인 그룹코칭 모두의 현실적 도전이다. 코치는 디지털 디톡스 제안, 카메라 온 규칙, 참여 활동 증가, 오프라인 기기 사용 최소화, 짧은 휴식 제공을 통해 참여자들이 온전히 세션에 집중하도록 돕는다. 주의는 선택이다. 참여자는 세션에 집중할 수도, 이메일에 집중할 수도 있다. 코치의 역할은 강제하는 것이 아니라, 세션에 집중할 가치를 만드는 것이다. 세션이 흥미롭고, 참여가 활발하며, 배움이 깊다면, 참여자는 자연스럽게 휴대폰을 내려놓는다.

집중은 코치가 만드는 것이 아니라 참여자가 선물하는 것이다. 참여자가 "이 시간은 내 성장을 위해 소중하다"고 느낄 때, 그들은 스스로 디지털 방해요소를 차단한다. 코치는 그럴 만한 가치가 있는 세션을 만들고, 참여자는 그 가치를 인정하며 온전한 주의를 선물한다. 참여자 모두가 휴대폰을 내려놓고, 서로에게 집중하는 순간, 그룹은 "우리는 서로의 시간을 존중하는 공동체"가 된다. 디지털 시대에 온전한 주의를 바치는 행위는 가장 큰 존중의 표현이며, 참여자들이 서로에게 온전히 현존(Presence)할 때, 그룹코칭의 마법이 일어난다.

Q16 집중력과 에너지 저하 시 대응

그룹코칭 세션이 진행되면서 참여자들의 집중력과 에너지가 저하되는 순간이 온다. 세션 시작 40분 후, 참여자들의 표정이 지루해 보이고, 발언이 줄어들며, 하품하는 모습이 보인다. 이는 자연스러운 현상이지만, 방치하면 세션 전체의 효과가 떨어진다. 코치는 에너지 저하 신호를 조기에 발견하고, 즉각 개입하여 그룹의 활력을 되살려야 한다.

이론적 근거: 집중력 지속 시간과 에너지 곡선

그룹 에너지 관리는 촉진 기술의 핵심이다. 연구에 따르면, 사람의 집중력은 평균 40~50분 지속되며, 이후 급격히 저하된다. 또한 오후 시간대, 식사 직후, 장시간 앉아 있는 상황에서 에너지 저하가 더 빠르게 일어난다. 코치는 이런 패턴을 이해하고, 세션 설계와 즉각 개입을 통해 에너지를 관리한다.

실무 해법: 에너지 관리의 다층적 전략

첫째, 에너자이저 활동을 삽입한다. 코치는 세션 중간 짧은 활동을 삽입하여 참여자들의 에너지를 되살린다. 예를 들어, "지금 30초간 자리에서 일어나 스트레칭해볼까요?" 또는 "옆 사람과 하이파이브 해보세요"라고 안내한다. 신체 활동은 뇌에 산소를 공급하고 집중력을 회복시킨다.

둘째, 활동 형식을 변화시킨다. 코치는 같은 형식이 30분 이상 지속되지 않도록 조정한다. 전체 그룹 토론 후에는 소그룹 브레이크아웃을 진행하고, 그 다음에는 개인 성찰 시간을 제공한다. 형식 변화는 뇌에 새로운 자극을 주어 집중력을 유지시킨다.

셋째, 휴식 타이밍을 조정한다. 90분 세션이라면, 코치는 40~50분 지점에 5~10분 휴식을 제공한다. 120분 세션이라면 두 차례 휴식을 제공한다. 코치는 "지금 5분간 휴식하겠습니다. 커피 한 잔 하시거나, 창밖을 보며 눈을 쉬게 해주세요"라고 구체적으로 안내한다.

넷째, 질문 방식을 전환한다. 참여자들이 지루해 보이면, 코치는 질문 방식을 바꾼다. "지금까지 우리는 도전에 대해 이야기했는데, 이제 성공 경험으로 초점을 옮겨볼까요?" 또는 "이론은 충분히 다뤘으니, 실전에서 바로 적용할 수 있는 방법을 브레인스토밍해봅시다"라고 전환한다. 주제 전환은 참여자들의 관심을 다시 끈다.

실전 사례: 에너자이저의 즉각적 효과

한 국내 제조업체에서 생산 관리자를 대상으로 그룹코칭을 진행했다. 120분 세션 중 60분이 지나자 참여자들의 표정이 지루해 보이고 하품하는 모습이 보였다. 코치는 즉시 "지금 2분간 자리에서 일어나 가볍게 몸을 움직여볼까요?"라고 제안했다. 참여자들이 스트레칭하고 자리로 돌아온 후, 코치는 "이제 소그룹으로 나눠 실전 사례를 공유해봅시다"라고 활동 형식을 바꿨다.

에너지가 다시 살아났고, 이후 60분간 활발한 대화가 이어졌다. 세션이 끝난 후, 한 참여자는 "중간에 일어나서 움직이니까 졸음이 확 달아났어요. 그 타이밍이 딱이었습니다"라고 말했다. 다른 참여자는 "전체 토론에서 소

　　　　　　　　　　　　　　　　　　　　　그룹코칭 SPARK

그룹으로 바뀌니 분위기가 완전히 달라졌어요. 2시간이 지루하지 않았습니다”라고 덧붙였다.

통찰: 에너지는 관리의 대상이다

집중력과 에너지 저하는 모든 그룹코칭에서 일어나는 자연스러운 현상이다. 코치는 에너자이저 활동, 형식 변화, 휴식 타이밍 조정, 질문 방식 전환, 유머 삽입을 통해 그룹의 활력을 유지한다. 에너지는 저절로 유지되지 않는다. 코치가 세션을 설계할 때부터 에너지 곡선을 예상하고, 에너지가 떨어질 지점에 미리 전환점을 마련해야 한다. 예를 들어, 40분 지점에 에너자이저를, 60분 지점에 휴식을, 80분 지점에 형식 변화를 배치하면, 참여자들은 120분 세션을 끝까지 몰입할 수 있다.

에너지 관리는 단순히 피로를 막는 것이 아니라, 학습 효과를 극대화하는 것이다. 참여자들이 지루해하는 순간에는 아무리 좋은 내용도 흡수되지 않는다. 반면 에너지가 높은 순간에는 간단한 질문도 깊은 통찰로 이어진다. 코치는 에너지를 관리함으로써 세션의 모든 순간이 배움의 기회가 되도록 만든다. 참여자들이 120분 세션을 끝내고 “시간이 어떻게 갔는지 모르겠다”고 말할 때, 그것은 코치가 에너지를 성공적으로 관리했다는 증거다. 에너지는 그룹코칭의 연료이며, 코치는 그 연료를 지혜롭게 관리하는 엔지니어다.

Q17 부정적 태도의 근본 원인과 전환

그룹코칭 중 한 명의 참여자가 부정적 태도를 보인다. “이런 활동은 소용 없어요”, “우리 조직에서는 안 통해요”, “예전에도 해봤는데 실패했어요”라고 말한다. 이런 발언은 그룹 전체의 에너지를 떨어뜨리고, 다른 참여자들의 동기를 약화시킨다. 코치는 이 참여자를 비난하거나 무시하고 싶은 충동을 느끼지만, 부정적 태도 이면의 근본 원인을 이해해야 한다.

이론적 근거: 저항은 미해결된 욕구의 표현

코칭에서 저항은 참여자의 미해결된 욕구나 두려움의 표현이다. 저항 이론에 따르면, 부정적 태도는 대개 과거의 실망 경험, 변화에 대한 두려움, 통제감 상실, 또는 자신의 목소리가 들리지 않는다는 느낌에서 비롯된다. 코치가 저항을 "문제 있는 사람"으로 낙인찍으면, 저항은 더 강해진다. 반대로 저항을 호기심으로 탐색하면, 저항은 통찰로 전환될 수 있다.

실무 해법: 저항을 자원으로 전환하기

첫째, 데블스 애드버킷(Devil's Advocate)으로 재프레이밍한다. 코치는 부정적 참여자에게 "OO 님, 회의적 시각을 가져주셔서 감사합니다. OO 님의 관점은 우리가 현실을 직시하는 데 도움이 됩니다"라고 말한다. 이는 부정적 태도를 "문제"가 아니라 "그룹에 필요한 균형"으로 재정의한다.

둘째, 근본 원인을 탐색한다. 코치는 부정적 발언 이면의 욕구를 탐색한다. "OO 님, '이런 활동은 소용없다'고 말씀하셨는데, 과거에 어떤 경험이 있으셨나요?"라고 질문한다. 참여자는 "예전에 비슷한 교육을 받았는데, 조직은 전혀 변하지 않았어요"라고 답할 수 있다. 코치는 "과거의 실망이 지금 회의감으로 이어진 것 같네요. 이번에는 어떻게 다를 수 있을까요?"라고 대화를 이끈다.

셋째, 통제감을 부여한다. 부정적 태도는 종종 통제감 상실에서 비롯된다.

코치는 참여자에게 선택권을 준다. "OO 님, 이 활동이 맞지 않는다면, 어떤 방식이 더 유용할까요?"라고 질문하며, 참여자가 세션 방향에 영향을 미칠 수 있음을 알린다.

넷째, 소그룹 대화를 활용한다. 전체 그룹에서 부정적 발언이 계속되면, 코치는 소그룹 브레이크아웃을 진행한다. 일대일 또는 소그룹에서 부정적 참여자는 자신의 우려를 더 솔직하게 나누고, 다른 참여자들의 지지를 받을 수 있다.

실전 사례: 저항에서 통찰로

한 국내 금융사에서 지점장을 대상으로 그룹코칭을 진행했다. 한 참여자인 성호 님이 매 세션 "이런 것 해봤자 조직은 안 바뀌어요"라고 부정적 발언을 했다. 코치는 성호 님에게 "성호 님, 회의적 시각을 가져주셔서 감사합니다. 과거에 어떤 경험이 있으셨나요?"라고 질문했다. 성호 님은 "1년 전 리더십 교육을 받았는데, 돌아와서 적용하려 했지만 아무도 관심 없었어요"라고 답했다.

코치는 "과거의 실망이 지금 회의감으로 이어진 것 같네요. 이번에는 어떻게 다를 수 있을까요?"라고 질문했고, 그룹 전체가 이 질문을 탐색했다. 성호 님은 점차 태도가 변화했고, 마무리 세션에서는 "이번에는 동료들과 함께 배우니 다릅니다. 혼자가 아니라 함께라는 것이 가장 큰 차이예요"라고 말했다.

통찰: 저항은 변화의 전조다

부정적 태도는 그룹코칭의 도전이지만, 동시에 통찰의 기회다. 코치는 재프레이밍, 근본 원인 탐색, 통제감 부여, 소그룹 대화, 개별 대화를 통해 저항을 성장의 자원으로 전환한다. 저항은 참여자가 과거에 상처받았다는 증거다. 그들은 다시 실망하고 싶지 않아서, 먼저 방어막을 친다. 코치가 이 방어막을 공격하면, 저항은 더 강해진다. 반대로 코치가 방어막 너머의 상처를 이해하면, 참여자는 천천히 마음을 연다.

저항은 변화의 전조다. 무관심한 사람은 아예 발언하지 않는다. 부정적 발언을 하는 사람은 사실 "이번에는 달라질까?"라고 묻고 있는 것이다. 코치가 이 질문에 진심으로 답하면, 저항은 참여로, 회의는 희망으로 전환된다. 부정적 참여자가 마무리 세션에서 "이번에는 달랐다"고 말할 때, 그 말은 그룹 전체에 가장 강력한 증언이 된다. 코치는 부정적 태도를 문제로 보지 않고, "아직 치유되지 않은 상처"로 본다. 그 상처를 인정하고, 경청하고, 공감할 때, 참여자는 비로소 새로운 가능성을 받아들일 준비를 한다. 저항이 녹아내리는 순간, 그 자리에는 가장 진실된 참여가 싹튼다.

Q18 비언어적 신호 읽기와 활용

그룹코칭에서 말로 표현되지 않는 것들이 말로 표현되는 것만큼 중요하다. 참여자는 "괜찮아요"라고 말하지만, 표정은 불편해 보인다. 다른 참여자는 발언하지 않지만, 계속 고개를 끄덕이며 동의를 표한다. 또 다른 참여자는 팔짱을 끼고 뒤로 기대 앉아 있다. 이런 비언어적 신호는 참여자의 진짜 감정과 태도를 드러낸다. 코치가 이 신호를 읽지 못하면, 그룹 역동의 절반을 놓치는 것이다.

이론적 근거: 비언어적 소통의 중요성

비언어적 소통은 전체 소통의 절반 이상을 차지한다. 알버트 메라비언(Albert Mehrabian, 1967)의 연구에 따르면, 감정 전달에서 언어적 내용은 7퍼센트, 목소리 톤은 38퍼센트, 비언어적 신호는 55퍼센트를 차지한다. 메라비언의 7-38-55 법칙은 특히 감정과 태도를 전달할 때 비언어적 요소가 압도적으로 중요함을 보여준다. 얼굴 표정, 눈 맞춤, 자세, 제스처, 신체 거리 등은 말보다 더 정직하게 참여자의 내면 상태를 드러낸다. 그룹코칭에서 코치는 참여자의 얼굴 표정, 눈 맞춤, 자세, 제스처, 목소리 톤을 동시에 관찰하며 그룹 역동을 읽어낸다.

실무 해법: 비언어적 신호의 관찰과 활용

첫째, 관찰 훈련을 한다. 코치는 세션 중 참여자들의 비언어적 신호를 의식적으로 관찰한다. 누가 고개를 끄덕이는가? 누가 눈을 마주치지 않는가? 누가 팔짱을 끼고 있는가? 누가 앞으로 기울여 앉는가? 이런 관찰은 참여자의 참여도, 동의 수준, 불편함, 관심사를 알려준다.

둘째, 비언어적 신호에 대해 명명한다. 코치는 관찰한 신호를 부드럽게 언급한다. "OO 님, 방금 고개를 끄덕이시는 걸 봤는데, 어떤 생각이 드셨나요?" 또는 "OO 님, 표정이 불편해 보이는데, 무슨 일인가요?"라고 질문한다. 이는 참여자가 자신의 감정을 인식하고 표현할 기회를 제공한다.

셋째, 일치와 불일치를 탐색한다. 참여자의 언어적 내용과 비언어적 신호가 일치하지 않을 때, 코치는 호기심으로 탐색한다. "OO 님, '괜찮아요'라고 말씀하셨는데, 표정은 불편해 보입니다. 어떤 느낌이 드시나요?"라고 질문한다. 이는 참여자가 숨겨진 감정을 표현하도록 돕는다.

넷째, 그룹 전체의 비언어적 신호를 읽는다. 코치는 그룹 전체의 에너지를 읽는다. 참여자들이 앞으로 기울여 앉고, 눈을 반짝이며, 활발히 대화하면 에너지가 높다는 신호다. 반대로 참여자들이 뒤로 기대 앉고, 눈을 피하며, 침묵이 길어지면 에너지가 낮다는 신호다. 코치는 이에 따라 세션 속도와 활동을 조정한다.

실전 사례: 비언어적 신호로 소극적 참여자 끌어내기

한 국내 컨설팅사에서 시니어 컨설턴트를 대상으로 그룹코칭을 진행했다. 한 참여자인 성욱 님은 세션 중 거의 발언하지 않았지만, 계속 고개를 끄덕이며 메모했다. 코치는 "성욱 님, 계속 고개를 끄덕이시고 메모하시는 걸 보니, 지금 주제에 관심이 있으신 것 같은데 어떤 생각이 드셨나요?"라고 질문했다.

성욱 님은 "사실 지난주 팀에서 비슷한 상황이 있었어요"라고 답하며 구체적인 사례를 공유했다. 코치는 비언어적 신호를 통해 소극적 참여자의 목소리를 끌어냈다. 세션이 끝난 후 성욱 님은 "제 비언어적 신호를 알아봐 주셔서 감사했어요. 스스로 말하기 어려웠는데, 코치님이 초대해주셔서 편하게 이야기할 수 있었습니다"라고 말했다.

통찰: 침묵도 언어다

비언어적 신호는 그룹코칭의 숨겨진 언어다. 코치는 관찰 훈련, 비언어적 신호 명명, 일치와 불일치 탐색, 그룹 전체 에너지 읽기, 온라인 신호 읽기를 통해 참여자들의 진짜 감정과 태도를 이해하고, 그룹 역동을 섬세하게 관리한다. 말은 거짓말을 할 수 있지만, 몸은 거짓말을 하지 않는다. 참여

그룹코칭 SPARK

자가 "괜찮아요"라고 말하면서 팔짱을 끼고 뒤로 기대 앉는다면, 코치는 몸의 언어를 믿어야 한다. 비언어적 신호는 참여자의 무의식적 반응이며, 그들의 진짜 상태를 보여준다.

비언어적 신호를 읽는 것은 참여자를 감시하는 것이 아니라, 돌보는 것이다. 코치가 참여자의 고개 끄덕임을 알아차리고 "어떤 생각이 드셨나요?"라고 물을 때, 참여자는 "이 코치는 나를 보고 있구나", "내 반응이 의미 있구나"라고 느낀다. 비언어적 신호를 존중하는 것은 참여자 전체를 존중하는 것이다. 참여자 모두의 말과 침묵, 표정과 자세를 존중할 때, 그룹은 "우리는 온전한 모습으로 존중받는 공동체"가 된다.

침묵도 언어다. 고개 끄덕임도 언어다. 팔짱 낀 자세도 언어다. 코치는 이 모든 언어를 읽고, 반응하고, 존중함으로써 참여자들의 보이지 않는 목소리까지 그룹 대화에 포함시킨다. 가장 조용한 참여자의 고개 끄덕임이 가장 큰 동의의 표시일 수 있고, 가장 적극적인 참여자의 팔짱이 내면의 불안을 숨기는 방어막일 수 있다. 코치는 이 미묘한 신호들을 놓치지 않고, 그 신호 하나하나를 그룹의 지혜로 직조해 낸다.

Chapter 8 종합 요약

참여자 관리는 통제가 아니라 조율이다. 소극적 참여자를 끌어내고(Q10), 지배적 참여자를 조절하며(Q11), 위계와 권력 관계를 다루고(Q12~Q13), 문화적 다양성(Q14)과 디지털 방해요소(Q15)를 관리하는 것. 그리고 에너지 저하(Q16), 부정적 태도(Q17), 비언어적 신호(Q18)까지 읽어내는 것. 이 9가지 실전 기술은 모두 하나의 원리로 수렴한다. '모든 참여자가 안전하게 기여할 수 있는 환경을 만드는 것.'

코치는 그룹 안에서 일어나는 모든 역동을 민감하게 감지하고, 그것을 성장의 기회로 전환해야 한다. 침묵하는 사람에게는 목소리를 낼 기회를, 지배하는 사람에게는 경청의 기회를, 갈등하는 사람에게는 이해의 기회를. 참여자 관리는 문제 해결이 아니라 가능성 발견이다. Proficiency Level은 이 가능성을 현실로 만드는 기술이다.

참여자 관리의 기술을 익혔다면, 이제 그룹 전체가 흔들리는 위기의 순간을 다룰 준비를 해야 한다. 다음 Chapter에서는 갈등, 저항, 예측 불가능한 위기 상황에서 코치가 어떻게 존재하고 대응하는지 Mastery Level의 경지를 탐구한다.

위기와 어려운 순간의 마스터리(Mastery Level)

9-1 갈등과 저항 다루기

Q19 그룹 내에서 갈등이 발생하면?

그룹코칭을 진행하다 보면 참여자 간 의견 충돌이나 감정적 마찰을 마주하게 된다. 한 참여자가 다른 참여자의 발언에 강하게 반발하거나, 서로 다른 가치관이 부딪히면서 분위기가 경색되는 순간이 찾아온다. 이때 코치가 갈등을 회피하거나 성급하게 봉합하려 하면 문제는 수면 아래로 가라앉았다가 더 큰 파열로 이어지기 쉽다. 갈등은 그룹의 성장 과정에서 자연스러운 현상이며, 오히려 잘 다루어진 갈등은 신뢰와 학습을 심화시키는 기회가 된다. 코치는 갈등을 두려워하지 않고 건설적으로 전환하는 역량을 갖추어야 한다.

이론적 근거: 갈등은 발달의 신호다

그룹의 발달 단계를 연구한 브루스 터크먼(Bruce Tuckman, 1965)은 그룹이 형성(Forming), 격동(Storming), 규범화(Norming), 수행(Performing)

의 네 단계를 거친다고 설명했다. 많은 코치들이 격동기를 불편해하거나 빨리 넘어가려 하지만, 이 단계야말로 그룹이 진정한 성숙으로 나아가는 필수 통과의례다.

형성기에는 참여자들이 서로를 탐색하며 예의 바르고 조심스러운 태도를 보인다. 이때는 표면적으로 평화로워 보이지만, 진정한 신뢰는 아직 형성되지 않았다. 격동기는 참여자들이 서로의 차이를 인식하고 권력과 역할을 놓고 경쟁하는 시기로, 갈등이 표면화되는 것은 그룹이 다음 단계로 나아가기 위한 자연스러운 과정이다. 이 시기에 참여자들은 "내 의견도 중요하게 다뤄질까?", "이 그룹에서 나는 어떤 역할을 할까?"라는 질문을 던지며, 그 과정에서 충돌이 일어난다.

코치가 이 격동기를 성급하게 봉합하거나 억압하면, 그룹은 규범화 단계로 나아가지 못하고 가짜 조화에 머문다. 반대로 격동기를 성공적으로 통과한 그룹은 명확한 규범을 확립하고, 서로의 강점과 약점을 이해하며, 높은 성과를 내는 수행기에 도달한다. 역설적으로 갈등이 없는 그룹은 진정한 신뢰를 형성하지 못한 그룹일 수 있다. 격동기의 갈등은 그룹이 병들어서가 아니라, 건강하게 성장하고 있다는 증거다.

팀의 역기능을 분석한 패트릭 렌시오니(Patrick Lencioni, 2002)는 팀의 다섯 가지 역기능을 피라미드 구조로 제시했다. 가장 아래부터 신뢰 부족, 갈등 회피, 헌신 부족, 책임 회피, 결과 무시다. 이 다섯 가지는 순차적으로 연결되어 있어, 아래 단계의 문제가 해결되지 않으면 위 단계의 역기능도 해결할 수 없다.

렌시오니는 갈등 회피가 팀의 두 번째 역기능이며, 이것이 이후 모든 문제의 원인이 된다고 강조했다. 진정한 신뢰가 있을 때 사람들은 의견 차이를 드러낼 수 있고, 건강한 갈등은 진실한 대화와 더 나은 결정을 가능하게 한다. 건강한 갈등은 인신공격이나 정치적 싸움이 아니라, 아이디어와 의견에 대한 열정적이고 제한 없는 논쟁을 의미한다. 반대로 갈등을 회피하는 그룹은 인위적 조화에 머물며, 중요한 이슈를 논의하지 못하고 잘못된 결정을 내리게 된다.

갈등 회피는 헌신 부족으로 이어진다. 자신의 의견을 충분히 말하지 못한 사람은 결정에 진심으로 헌신하지 않는다. 이는 다시 책임 회피로 이어지고, 결국 팀 전체가 결과에 무관심해진다. 따라서 코치는 갈등을 억압하기보다 안전한 틀 안에서 표현되도록 촉진해야 한다. 갈등은 문제가 아니라 그룹이 더 깊은 수준으로 나아가기 위한 에너지다.

실무 해법: 갈등을 학습의 장으로 전환하기

첫째, 갈등이 발생하면 즉시 개입하되 중립적 태도를 유지한다. "지금 두 분의 의견이 다르다는 것을 알아차렸습니다. 이 차이를 함께 탐색해볼까요?"라고 말하며 상황을 명료화한다. 코치는 어느 한쪽을 지지하지 않고, 갈등을 그룹 전체의 학습 기회로 재구성한다.

둘째, 각자의 입장이 아닌 근본적인 필요를 탐색한다. "OO 님이 이 부분을 강조하시는 이유는 무엇인가요?"라고 물으며, 표면적 주장 뒤에 있는 가치나 우려를 드러내도록 돕는다. 대부분의 갈등은 이해관계의 충돌이 아니라 상호 오해나 표현 방식의 차이에서 비롯된다.

셋째, 그룹 전체를 대화에 참여시킨다. "다른 분들은 이 두 관점에 대해 어떻게 생각하시나요?"라고 물으며, 갈등을 두 사람만의 문제가 아닌 그룹 전체의 탐구 주제로 확장한다. 이를 통해 참여자들은 다양한 관점을 경청하고 통합하는 연습을 하게 된다.

넷째, 갈등 후 성찰 시간을 갖는다. "방금 우리가 겪은 과정에서 무엇을 배웠나요?"라고 묻는 메타 대화를 통해 갈등 자체를 학습 소재로 활용한다. 참여자들은 갈등을 다루는 건강한 방식을 체화하게 된다.

실전 사례: 변화의 속도를 둘러싼 충돌

한 국내 운송업체의 팀장급 리더가 참여한 그룹코칭에서 디지털 전환의 속도를 둘러싸고 민수 님과 지현 님 사이에 날카로운 의견 대립이 발생했다. 민수 님은 "지금 당장 속도를 내야 경쟁사에 뒤처지지 않습니다"라고 주장했고, 지현 님은 "현장 직원들의 적응 시간을 무시하면 저항만 키웁니다"라고 반박했다. 두 사람의 목소리가 높아지고 다른 참여자들이 침묵하면서 분위기가 경직되었다.

코치는 즉시 개입했다. "두 분 모두 조직의 성공을 염려하고 계신다는 점에서는 같은 방향을 보고 계십니다. 민수 님, 속도가 중요한 이유를 좀 더 구체적으로 말씀해 주시겠어요?" 민수 님은 시장 데이터를 들어 위기감을 설명했다. 코치는 다시 지현 님에게 물었다. "지현 님, 현장의 적응 시간을 강조하시는 배경은 무엇인가요?" 지현 님은 최근 급하게 도입한 시스템이 실패한 사례를 공유했다.

코치는 그룹 전체에게 질문을 던졌다. "속도와 안정성, 이 두 가치를 어떻게 통합할 수 있을까요?" 다른 참여자들이 하나둘 의견을 내기 시작했다. 상훈 님은 "파일럿 팀을 먼저 운영하면서 학습하는 방식은 어떨까요?"라고 제안했고, 서연 님은 "현장 직원 중 변화 주도자를 미리 양성하는 것도 방법입니다"라고 덧붙였다. 대화는 점차 구체적인 실행 방안으로 진화했고,

민수 님과 지현 님도 서로의 관점을 통합한 접근법에 동의했다.

세션 마지막에 코치는 메타 질문을 던졌다. "오늘 우리가 갈등을 다룬 방식에서 무엇을 배우셨나요?" 지현 님은 "처음엔 민수 님 말씀에 화가 났어요. 그런데 코치님이 '왜 그렇게 생각하시나요?'라고 물으시니, 민수 님도 조직을 걱정하시는 거더라고요. 저와 다른 방식일 뿐이었습니다"라고 말했다. 민수 님도 "지현 님 말을 끝까지 들으니, 현장의 고민이 이해됐습니다. 둘 다 필요한 관점이었어요"라고 화답했다. 상훈 님은 "갈등을 회피하지 않고 탐색하니 오히려 더 좋은 해법이 나왔습니다"라고 덧붙였다. 이후 세션에서 참여자들은 의견 차이를 더 자연스럽게 표현하고 탐색하는 모습을 보였다.

통찰: 갈등은 회피할 문제가 아니라 성장의 문턱이다

갈등은 그룹이 표면적 화합을 넘어 진정한 신뢰로 나아가는 통과의례다. 갈등이 없는 그룹은 안전한 그룹이 아니라, 아직 진짜 이슈를 다루지 못하고 있는 그룹일 수 있다. 코치가 갈등을 중립적으로 명료화하고, 입장 뒤의 필요를 탐색하며, 그룹 전체의 지혜를 모으는 과정을 촉진할 때, 참여자들은 차이를 두려워하지 않고 학습의 자원으로 활용하는 법을 배운다.

갈등을 잘 다룬 그룹은 더 깊은 대화와 더 창의적인 해법을 만들어낸다. 코치의 역할은 갈등을 해결하는 것이 아니라, 그룹이 스스로 갈등을 통해 성장하도록 안전한 장을 만드는 것이다. 갈등은 그룹이 다음 단계로 나아가기 위해 반드시 건너야 할 다리이며, 그 다리를 함께 건넌 그룹은 이전과는 다른 수준의 연대감과 신뢰를 경험하게 된다.

터크먼이 말한 격동기를 피하려는 그룹은 결코 수행기에 도달하지 못한다. 갈등은 그룹의 문제가 아니라 그룹이 성숙해지고 있다는 신호다. 코치가 이 진실을 믿고 갈등을 환대할 때, 그룹은 비로소 진정한 신뢰의 토대 위에 서게 된다. 렌시오니가 강조한 것처럼, 건강한 갈등 없이는 진정한 헌신도, 상호 책임도, 탁월한 결과도 기대할 수 없다. 갈등은 회피해야 할 위험이 아니라, 그룹이 탁월함으로 가는 필수 관문이다.

Q20 참여자가 코치에게 도전하거나 불만을 표현하면?

그룹코칭 중 한 참여자가 코치의 개입이나 진행 방식에 대해 공개적으로 이의를 제기하는 순간이 있다. "이 활동이 우리에게 왜 필요한지 모르겠습니다", "코치님의 질문이 너무 추상적입니다", 혹은 "이 방식은 우리 조직 문화에 맞지 않는 것 같습니다"라는 말이 나올 때, 코치는 방어적으로 반응하거나 권위로 억누르고 싶은 충동을 느낄 수 있다. 하지만 참여자의 도전은 종종 그룹 전체가 느끼는 불편함이나 의문을 대변하는 신호이며, 잘 다루어지면 코칭 과정을 더 깊고 진실되게 만드는 전환점이 된다. 이 질문은 코치 개인에 대한 일회성 도전을 다루며, 다음 질문(Q21)에서 다룰 지속적·반복적 저항과는 구분된다.

이론적 근거: 도전은 참여와 학습의 신호다

크리스 아지리스(Chris Argyris, 1978)는 방어적 루틴이 조직 내에서 진실한 대화를 막는다고 지적했다. 방어적 루틴은 위협을 느낄 때 자동으로 작동하는 보호 메커니즘으로, "이건 내 잘못이 아니야", "상황이 이래서 어쩔 수 없었어", "그 사람이 먼저 그랬어" 같은 방어와 회피 패턴을 만든다. 코치가

그룹코칭 SPARK

도전에 방어적으로 반응하면 참여자들은 침묵하거나 순응하게 되고, 학습은 표면적 수준에 머문다. "코치가 피드백을 받아들이지 않는구나"라는 메시지가 전달되면, 참여자들도 서로에게 솔직한 피드백을 주지 않게 된다.

반대로 코치가 도전을 환영하고 탐색하면, 참여자들은 자신의 의문과 불편함을 표현할 수 있는 안전감을 느끼고 더 깊은 참여가 가능해진다. 코치의 비방어적 태도는 "이 공간에서는 솔직하게 말해도 안전하다", "완벽하지 않아도 괜찮다"는 강력한 메시지를 전달한다.

아지리스는 단일 고리 학습(Single-loop Learning)과 이중 고리 학습(Double-loop Learning)을 구분했다. 단일 고리 학습은 기존 틀 안에서 오류를 수정하는 것이다. 예를 들어 "이 활동이 효과가 없네, 다른 활동으로 바꿔야겠다"는 단일 고리 학습이다. 이중 고리 학습은 그 틀 자체를 의문시하고 재구성하는 것이다. "왜 활동이 필요한가? 우리의 학습 목표는 무엇인가? 이 방식이 정말 최선인가?"라는 근본적 질문을 던지는 것이다.

참여자의 도전은 종종 이중 고리 학습의 질문이다. "왜 이 방식으로 하는가? 다른 방식은 없는가?" 코치가 이 질문을 방어하지 않고 함께 탐색할 때, 그룹 전체가 더 높은 수준의 학습으로 나아갈 수 있다. 이중 고리 학습을 통해 그룹은 단순히 방법을 개선하는 것을 넘어, 학습 자체에 대한 이해를 깊게 한다.

칼 로저스(Carl Rogers, 1957)는 촉진자의 진정성과 무조건적 긍정적 존중을 강조했다. 진정성은 코치가 자신의 진짜 감정과 생각을 숨기지 않고 있는 그대로 드러내는 것을 의미한다. 완벽한 척하거나 모든 것을 아는 척하지 않고, 불확실할 때는 불확실함을 인정하고, 실수했을 때는 실수를 인정하는 것이다. 무조건적 긍정적 존중은 상대방을 조건 없이 한 인간으로서 존중하는 태도다. 코치가 완벽하지 않음을 인정하고 참여자의 피드백을 수용할 때, 그룹 내에서도 서로에게 솔직하고 존중하는 문화가 형성된다. 도전은 코치의 권위를 훼손하는 것이 아니라, 진정한 파트너십이 가능한지 시험하는 순간이다. 코치가 이 시험을 통과하면 신뢰는 더 깊어진다. 참여자들은 "이 코치는 진짜구나, 우리를 동등한 파트너로 대하는구나"라고 느끼게 된다.

첫째, 도전을 감사히 받아들이는 태도를 보인다. "그 점을 지적해 주서서 감사합니다. 제가 좀 더 명확히 설명할 필요가 있었네요"라고 말하며 방어하지 않는다. 코치의 비방어적 자세는 그룹 전체에게 실수와 의문을 편안하게 표현할 수 있는 모델이 된다.

둘째, 도전 뒤에 있는 진짜 필요나 우려를 탐색한다. "이 활동이 필요 없다고 느끼신 이유가 무엇인지 좀 더 말씀해 주시겠어요?"라고 물으며, 단순한 불만이 아니라 그 사람이 원하는 것이 무엇인지 이해하려 한다. 대부분의 도전은 명확성, 관련성, 안전감에 대한 필요에서 나온다.

셋째, 그룹 전체의 의견을 확인한다. "다른 분들은 어떻게 느끼셨나요?"라고 물으며, 한 사람의 도전이 그룹 전체의 목소리인지 확인한다. 만약 여러 명이 비슷하게 느낀다면 코치는 진행 방식을 조정할 수 있고, 그렇지 않다면 다양한 반응이 있음을 인정하며 앞으로 나아간다.

넷째, 필요하다면 코칭 설계를 조정한다. "여러분의 피드백을 반영해서 다음 활동을 조금 수정하겠습니다"라고 말하며 유연하게 대응한다. 코치는 완벽한 계획을 고수하는 것이 아니라, 그룹의 필요에 맞춰 과정을 공동 설계하는 촉진자다.

실전 사례: "이런 활동이 무슨 도움이 되나요?"

한 외국계 투자사의 부서장급 리더가 참여한 그룹코칭에서 코치는 참여자들에게 "최근 가장 어려웠던 리더십 순간"을 그림으로 표현해 보라고 제안했다. 그러자 태호 님이 손을 들고 말했다. "저희는 미술가가 아닙니다. 솔직히 이런 활동이 우리에게 무슨 도움이 되는지 이해가 안 갑니다." 다른 참여자들도 어색한 표정으로 동의하는 눈빛을 보냈다.

코치는 방어하지 않고 그 피드백을 환영했다. "말씀해 주셔서 감사합니다. 제가 이 활동의 의도를 충분히 설명하지 못했네요. 제가 이 방식을 제안한 이유는 때로 말로는 표현하기 어려운 감정이나 복잡한 상황을 그림으로 표현하면 새로운 통찰이 나올 수 있기 때문입니다. 하지만 만약 이 방식이 불편하시다면 다른 방법도 가능합니다. 다른 분들은 어떻게 생각하세요?" 그룹 안에서 수진 님이 말했다. "저는 오히려 새로운 시도가 신선하다고 느꼈어요. 평소에 안 해보던 방식이라 오히려 솔직해질 수 있을 것 같아요." 다른 참여자들도 의견을 나누기 시작했고, 결국 그룹은 "그림은 간단한 도형이나 기호로도 괜찮다"는 조건으로 활동을 시도해 보기로 했다.

활동이 끝난 후, 처음 이의를 제기했던 태호 님이 자신의 그림을 설명하며 말했다. "처음엔 거부감이 들었는데, 막상 해보니까 제가 느낀 압박감을 말로만 설명할 때보다 훨씬 명확하게 드러났어요. 저도 놀랐습니다." 코치는 웃으며 답했다. "태호 님이 그 피드백을 주셔서 저도 설명을 더 신중하게 해야겠다고 배웠습니다. 감사합니다." 이후 세션에서 참여자들은 코치의 제안에 의문이 있을 때 더 편안하게 질문했고, 코치도 그 질문을 환영하며 함께 조정해 나갔다.

통찰: 도전은 신뢰를 깨는 것이 아니라 시험하는 것이다

참여자의 도전은 코치의 권위를 약화시키는 것이 아니라, 진정한 파트너십이 가능한지 시험하는 순간이다. 코치가 방어하지 않고 경청하며, 필요하면 조정할 수 있는 유연함을 보일 때, 참여자들은 이 공간이 진짜로 안전하다는 것을 확인한다. 도전을 환영하는 문화는 그룹 전체가 서로에게 솔직해질 수 있는 토대가 되며, 이는 더 깊은 학습과 변화를 가능하게 한다.

완벽한 코치는 모든 답을 가진 사람이 아니라, 자신의 불완전함을 인정하고 그룹과 함께 배우는 사람이다. 도전을 받아들이는 순간, 코치는 권위를 잃는 것이 아니라 신뢰를 얻는다. 진정한 권위는 완벽함에서 나오는 것이 아니라 진정성에서 나온다.

로저스가 말한 진정성은 코치가 자신의 불완전함을 숨기지 않고 있는 그대로 드러낼 때 발현된다. 참여자의 도전은 코치에게 이 진정성을 실천할 기회를 주며, 코치가 이 기회를 잡을 때 그룹 전체의 신뢰는 한 단계 높아진다. 아지리스가 강조한 것처럼, 방어적 루틴을 깨는 것은 개인의 용기에서 시작되지만, 그것이 그룹 문화로 확산되면 조직 전체의 학습역량이 높아진다. 코치가 도전을 환영하는 모습은 그룹에게 가장 강력한 학습의 모델이 된다.

Q21 특정 참여자가 지속적으로 저항하면?

그룹코칭에서 한두 명의 참여자가 계속해서 부정적 태도를 보이거나 참여를 거부하는 경우가 있다. 매번 늦게 도착하거나, 팔짱을 끼고 냉소적인 표정으로 앉아 있거나, "이런 게 다 무슨 소용인가요?"라는 식의 발언을 반복한다. 다른 참여자들은 그 사람 때문에 위축되고, 코치는 그룹 전체의 에너지가 빠지는 것을 느낀다. 이런 저항을 무시하면 그룹의 응집력이 약해지고, 반대로 너무 강하게 대응하면 그 사람을 고립시키거나 방어적으로 만들 위험이 있다. 이 질문은 앞선 질문(Q20)의 일회성 도전과 달리, 여러 세션에 걸쳐 반복되는 만성적 저항을 다룬다.

이론적 근거: 저항은 변화에 대한 자연스러운 반응이다

윌리엄 브리지스(William Bridges, 1991)는 전환 모델에서 변화(Change)와 전환(Transition)을 구분했다. 변화는 외적 상황의 변화이고, 전환은 내면의 심리적 과정이다. 많은 조직들이 변화만 관리하고 전환은 무시한다. "새로운 시스템이 도입됐으니 이제 사용하세요"라고 선언하지만, 사람들의 내면은 아직 준비되지 않았다.

브리지스는 전환이 세 단계를 거친다고 했다. 첫 단계는 종료(Ending)로, 사람들은 익숙한 것을 놓아야 하는 상실감과 저항을 경험한다. "예전 방식이 더 좋았는데", "왜 바꿔야 하지?" 같은 반응이 나온다. 이 단계에서 사람들은 분노, 슬픔, 불안을 느낀다. 두 번째 단계는 중립 지대(Neutral Zone)인데, 여기서는 혼란과 불안이 극대화된다. 예전 것도 아니고 새것도 아닌 애매한 상태에서, 사람들은 방향을 잃고 생산성이 떨어진다. 마지막으로 새로운 시작(New Beginning)에 이르러서야 변화를 내면화하고 새로운 에너지가 생긴다.

저항은 변화를 거부하는 것이 아니라, 아직 새로운 상태로 내면적 전환을 이루지 못했다는 신호다. 코치가 이해해야 할 것은, 저항하는 사람도 변화를 원하지만 아직 준비가 되지 않았거나 안전하지 않다고 느낀다는 점이다. 전환은 강요할 수 없으며, 각자의 속도가 있다. 어떤 사람은 빨리 전환하고, 어떤 사람은 오래 걸린다.

로버트 키건과 리사 레이히(Robert Kegan & Lisa Lahey, 2009)는 면역 지도를 통해 사람들이 변화를 원하면서도 무의식적으로 저항하는 메커니즘을 설명했다. 그들은 사람들에게 개선 목표, 방해 행동, 숨은 경쟁 목표, 큰 가정이 있다고 봤다.

예를 들어 한 리더의 개선 목표는 "팀원들에게 더 많이 위임하기"일 수 있다. 하지만 그의 방해 행동은 "결국 자기가 직접 한다"는 것이다. 왜 그럴까? 숨은 경쟁 목표를 탐색해 보면 "통제력을 잃고 싶지 않다", "실수가 나면 내 책임이다"는 두려움이 있다. 이 뒤에는 "내가 직접 하지 않으면 일이 제대로 안 된다"는 큰 가정이 깔려 있다.

겉으로는 변화를 거부하는 것처럼 보이지만, 그 뒤에는 더 중요한 가치나 두려움을 보호하려는 숨은 목표가 있다. 예를 들어 "이런 코칭이 소용없다"고 말하는 사람은 실제로는 "여기서 내 약점을 드러내면 평가에 불리할까 봐 두렵다"는 걱정을 하고 있을 수 있다. 코치는 저항 뒤의 숨은 필요와 두려움을 이해하고 다루어야 한다. 면역 지도는 저항이 비합리적 고집이 아니라, 나름의 논리와 이유가 있는 자기 보호 시스템임을 보여준다.

실무 해법: 저항을 호기심으로 탐색하기

첫째, 저항을 개인적 공격으로 받아들이지 않고 호기심을 갖는다. "이 사람이 무엇을 보호하려 하는가? 무엇이 두려운가?"라는 질문을 스스로에게 던지며, 저항 뒤의 정당한 이유를 찾으려 한다. 코치의 태도가 비난에서 이해로 바뀌면 관계의 질이 달라진다.

둘째, 그룹 세션 외부에서 1:1 대화를 시도한다. "최근 세션에서 OO 님이 불편해 보이셨는데, 혹시 제가 알아야 할 것이 있을까요?"라고 사적으로 물으며, 그 사람이 안전하게 진짜 이유를 말할 수 있는 공간을 만든다. 많은 경우 개인적 상황이나 과거 부정적 경험이 저항의 원인이다.

셋째, 저항자에게 선택권을 준다. "이 과정이 지금 OO 님에게 맞지 않는 것 같으면, 참여 방식을 조정하거나 잠시 쉬어가는 것도 가능합니다"라고 말하며, 강제가 아닌 자율성을 존중한다. 역설적으로 선택권이 주어지면 저항이 줄어드는 경우가 많다.

넷째, 그룹 내에서 저항을 학습 주제로 다룬다. "변화 과정에서 저항이나 회의감을 느끼는 것은 자연스럽습니다. 우리 중 누군가 그런 감정을 느낀다면 어떻게 함께 다룰 수 있을까요?"라고 메타 대화를 시작하며, 저항을 한 개인의 문제가 아니라 그룹 전체가 탐색할 주제로 만든다.

다섯째, 개선이 없고 그룹 전체에 지속적으로 해를 끼칠 경우, 조직 담당자와 협의하여 참여 지속 여부를 논의한다. 코치의 책임은 한 사람을 구하는 것이 아니라 그룹 전체의 학습 환경을 보호하는 것이다.

실전 사례: "이런 거 다 부질없어요"

한 국내 제약사의 연구팀 리더가 참여한 그룹코칭에서 유진 님은 첫 세션부터 냉소적 태도를 보였다. 다른 참여자들이 자신의 경험을 나눌 때 팔짱을 끼고 시선을 돌렸고, 코치가 질문하면 "글쎄요, 잘 모르겠습니다"라고만 답했다. 3세션 중간쯤 유진 님은 "솔직히 이런 거 다 부질없는 것 같아요. 우리는 실적을 내야 하는데 이렇게 앉아서 이야기만 하면 뭐가 달라지나요?"라고 말했다. 다른 참여자들이 움찔했고 분위기가 무거워졌다.

코치는 그 발언을 무시하지 않고 정면으로 다루었다. "유진 님의 솔직한 의견 감사합니다. 실적 압박이 크신 상황에서 이 시간이 비생산적으로 느껴지실 수 있겠네요. 다른 분들도 비슷하게 느끼시는 분 계신가요?" 잠시 침묵이 흐른 뒤, 한 참여자가 조심스럽게 말했다. "저는 처음엔 그랬는데, 다른 리더들의 고민을 들으면서 제 문제만이 아니라는 걸 알게 돼서 오히려 힘이 됐어요." 또 다른 참여자가 덧붙였다. "저도 당장 실적은 아니지만, 팀원들과 소통하는 방식을 돌아보게 됐어요."

세션 후 코치는 유진 님에게 개별 이메일을 보냈다. "오늘 세션에서 솔직한 의견 주셔서 감사합니다. 혹시 시간 되시면 짧게 통화할 수 있을까요? 제가 유진 님의 상황을 더 이해하고 싶습니다." 통화에서 유진 님은 최근 프로젝트가 계속 실패하면서 상사에게 압박받고 있으며, "또 한 번 실패하면 팀이 해체될 수도 있다"는 두려움에 사로잡혀 있다고 털어놓았다. 코치는 그의 상황을 공감하며 물었다. "이 코칭 과정이 유진 님에게 도움이 되려면 무엇이 필요할까요?" 유진 님은 잠시 생각하다 말했다. "다른 리더들이 어떻게 실패를 극복했는지, 그런 구체적인 이야기를 듣고 싶어요."

다음 세션에서 코치는 "실패와 회복력"을 주제로 질문을 조정했고, 참여자들은 자신의 실패 경험과 극복 과정을 나누었다. 유진 님은 처음으로 적극적으로 경청했고, 자신도 최근 실패 사례를 조심스럽게 공유했다. 다른 참여자들이 공감과 지지를 보내자 그의 표정이 부드러워졌다. 이후 세션에서 유진 님은 여전히 조용했지만 냉소적 태도는 사라졌고, 가끔 자신의 통찰을 진지하게 나누기 시작했다.

저항하는 참여자는 그룹의 문제가 아니라 그룹이 아직 충분히 안전하지 않거나, 개인이 보호해야 할 중요한 것이 있다는 신호다. 저항 뒤에는 항상 이유가 있다. 두려움, 과거의 상처, 현재의 압박, 혹은 이해받지 못한다는 느낌. 코치가 저항을 적으로 보지 않고 호기심으로 탐색하며, 1:1 대화를 통해 진짜 이유를 이해하고, 선택권을 존중할 때, 많은 경우 저항은 참여로 전환된다.

완벽한 참여를 강요하는 것이 아니라, 각자의 속도와 방식을 존중하면서도 그룹 전체의 안전을 지키는 것이 코치의 역할이다. 저항은 그룹이 더 깊은 안전과 신뢰로 나아가기 위해 듣고 이해해야 할 목소리다. 때로 한 사람의 저항은 그룹 전체가 함께 성장할 기회를 제공하며, 그 저항을 환대할 때 그룹은 진정으로 포용적인 공간이 된다.

브리지스가 말한 전환의 단계를 이해하면, 저항은 자연스러운 과정이며 강요로 해결할 수 없다는 것을 알게 된다. 코치는 저항하는 사람이 자신의 속도로 전환을 이루도록 인내하며 기다릴 수 있어야 한다. 때로는 기다림 자체가 가장 강력한 개입이다. 키건과 레이히가 밝혀낸 것처럼, 저항은 자기 보호의 지혜이며, 그 지혜를 존중할 때 진정한 변화가 시작된다. 저항을 깨뜨리는 것이 아니라 이해하고 함께 탐색할 때, 저항 뒤에 숨겨진 변화의 에너지가 비로소 흐르기 시작한다.

Q22 시간이 부족할 때 우선순위는?

그룹코칭을 진행하다 보면 계획한 시간보다 대화가 길어지거나 예상치 못한 이슈가 나와서 시간이 부족해지는 상황이 자주 발생한다. 모든 질문을 다루려고 서두르면 대화가 피상적이 되고, 반대로 한 주제에 너무 깊이 들어가면 다른 중요한 내용을 놓치게 된다. 코치는 시간 제약 속에서도 학습의 질을 유지하면서 그룹의 필요에 유연하게 대응해야 한다. 무엇을 포기하고 무엇을 지킬 것인가, 그 판단이 코칭의 효과를 좌우한다.

이론적 근거: 우선순위는 학습 목표와 그룹 필요에 따라 정해진다

맬컴 놀즈(Malcolm Knowles, 1980)는 성인 학습의 여섯 가지 원리를 제시했다. 그중 핵심은 성인 학습자는 자기 주도성과 관련성을 중요하게 여긴다는 것이다. 성인들은 "왜 이것을 배워야 하는가?"를 끊임없이 묻는다. 그들은 당장 현실에 적용할 수 있는 실용적인 지식을 원하며, 자신의 학습 과정에 참여하고 싶어 한다.

시간이 부족할 때 코치가 일방적으로 결정하기보다, 그룹과 함께 무엇이 지금 가장 중요한지 합의하는 과정 자체가 학습이 된다. 참여자들은 "우리에게 지금 정말 필요한 것은 무엇인가?", "무엇이 긴급하고 무엇이 중요한가?"를 함께 판단하며, 우선순위를 정하는 능력을 키운다. 이는 그룹의 자율성과 책임감을 강화하며, 참여자들은 자신들이 학습의 주체임을 경험한다. 우선순위 결정에 그룹을 참여시키는 것은 시간을 쓰는 것이 아니라 투자하는 것이다.

놀즈는 또한 성인 학습자는 경험 지향적이며 문제 중심적이라고 했다. 그들은 추상적 이론보다 자신의 경험과 연결되고 당면한 문제를 해결할 수 있는 학습을 선호한다. 따라서 시간이 부족할 때, 추상적이고 이론적인 부분보다는 구체적이고 실천 가능한 부분에 우선순위를 두는 것이 성인 학습자의 특성에 부합한다.

그룹코칭에서 당장 다루어야 할 것처럼 보이는 이슈와 그룹의 학습 목표에 본질적으로 기여하는 것을 구분해야 한다. 예를 들어 한 참여자의 구체적 업무 문제는 시급해 보이지만, 그룹 전체의 학습에는 덜 중요할 수 있다. 반면 심리적 안전감 형성이나 깊은 성찰은 시급하지 않아 보이지만, 장기적으로 훨씬 중요하다. 코치는 계획을 고수하기보다 그룹의 학습 필요에 따라 우선순위를 재조정하는 유연성이 필요하다.

실무 해법: 본질을 지키고 형식을 조정하기

첫째, 세션의 핵심 목표를 명확히 한다. "오늘 이 시간이 끝났을 때 무엇을 가져가기를 원하시나요?"라는 질문을 세션 초반에 던지거나, 시간이 부족해졌을 때 다시 확인한다. 핵심 목표가 명확하면 무엇을 유지하고 무엇을 생략할지 판단이 쉬워진다.

둘째, 그룹에게 선택권을 준다. "지금 시간이 30분 남았는데, A 주제를 더 깊이 다룰 것인지, 아니면 B 주제로 넘어갈 것인지 여러분이 선택해 주세요"라고 물으며, 그룹의 필요를 반영한다. 코치는 진행자이지 독재자가 아니다.

셋째, 활동의 형식을 간소화한다. 예를 들어 전체 공유 시간을 줄이고 소그룹 대화로 대체하거나, 라운드 로빈 대신 2~3명만 자원해서 발표하도록 조정한다. 형식은 유연하게 바꾸되, 핵심 학습 경험은 지킨다.

넷째, 시간이 부족해도 실천 전략은 반드시 포함한다. 대화만 하고 끝내면 학습이 행동으로 이어지지 않는다. "각자 오늘 배운 점과 다음 세션까지 실천할 점 한 가지씩 간단히 나누고 마무리하겠습니다"라고 말하며, 약식으로라도 실천 다짐을 나눈다. 이것이 다음 세션까지의 과제가 되고 학습을 지속시킨다.

다섯째, 다루지 못한 내용은 다음 세션으로 연결한다. "오늘 다루지 못한 주제는 다음 세션 초반에 이어서 탐색하겠습니다"라고 명확히 안내하며, 참여자들이 불완전함을 느끼지 않도록 연속성을 확보한다.

실전 사례: "지금 이 이야기를 멈출 수 없어요"

한 IT 스타트업의 팀 리더가 참여한 그룹코칭에서 코치는 "팀의 심리적 안전감"이라는 주제로 세션을 설계했다. 전반부에는 개념 소개와 자기 진단, 후반부에는 실천 전략 수립을 계획했다. 그런데 자기 진단 후 현우 님이 "우리 팀에서 최근 일어난 일"을 이야기하기 시작했고, 다른 참여자들도 비슷한 경험을 공유하며 깊은 대화가 이어졌다. 코치는 시계를 보니 이미 예정 시간을 20분 초과했고, 실천 전략을 다룰 시간이 15분밖에 남지 않았다. 코치는 그룹에게 솔직하게 상황을 공유했다. "지금 정말 중요한 대화가 진행되고 있습니다. 원래 계획은 이제 실천 전략을 함께 만드는 것이었는데, 시간이 15분밖에 남지 않았어요. 여러분은 어떻게 하고 싶으신가요?"

참여자들이 잠시 의견을 나눴다. 민지 님이 말했다. "저는 지금 이 대화가 너무 중요해요. 서로의 진짜 어려움을 듣는 것 자체가 저한테는 배움이에요.” 준호 님이 덧붙였다. “저도요. 하지만 실천 전략도 필요한 것 같아요. 오늘 배운 걸 어떻게 적용할지 정하지 않으면 잊어버릴 것 같아요.”

코치는 두 필요를 모두 반영하기로 했다. “그러면 지금 대화를 5분만 더 이어가고, 마지막 10분은 각자 오늘 가장 인상 깊었던 통찰 한 가지와 다음 주까지 실천할 한 가지를 간단히 나누는 것으로 마무리하겠습니다.”

마지막 10분 동안 참여자들은 라운드 로빈 방식으로 짧게 나눴다. 서영 님은 “내가 안전하다고 느끼는 것과 팀원들이 안전하다고 느끼는 것이 다르다는 걸 알았어요. 다음 주에는 팀원 한 명씩과 개별 대화를 해보겠습니다”라고 말했고, 태준 님은 “다른 리더들도 같은 어려움을 겪는다는 걸 아니까 덜 외로워요. 다음 팀 회의에서 ‘안전하게 의견을 나눌 수 있는 방법’에 대해 같이 이야기해보겠습니다”라고 했다. 세션이 끝난 후 민지 님이 코치에게 말했다. “시간이 부족할 줄 알았는데, 오히려 더 집중됐어요. 처음엔 계획대로 가야 한다고 생각했는데, 우리가 필요한 것에 맞춰주셔서 감사했습니다.” 준호 님도 덧붙였다. “실천 전략을 길게 논의하지는 못했지만, 각자 한 가지씩만 정하니까 오히려 더 실천 가능할 것 같아요.”

통찰: 완벽한 계획보다 중요한 것은 현재의 필요다

시간이 부족할 때 코치의 역할은 계획을 강행하는 것이 아니라, 지금 이 순간 그룹에게 가장 중요한 것이 무엇인지 판단하고 선택하는 것이다. 형식과 활동은 유연하게 조정할 수 있지만, 학습의 본질과 그룹의 참여는 지켜야 한다. 그룹과 함께 우선순위를 정하는 과정 자체가 자율성과 책임감을 키우며, 예상을 벗어난 순간이 오히려 가장 깊은 학습을 낳기도 한다.

하지만 아무리 시간이 부족해도 실천 전략이나 다짐은 반드시 포함해야 한다. 대화만 하고 끝나면 학습은 세션 안에 머물고, 행동으로 이어지지 않는다. 약식으로라도 "오늘 배운 것을 다음 주까지 어떻게 실천할 것인가"를 나누는 시간을 확보하는 것이 중요하다. 이것이 그룹코칭이 일회성 대화가 아니라 지속적인 변화로 이어지게 하는 핵심이다.

완벽한 계획은 존재하지 않으며, 좋은 코치는 계획을 실행하는 사람이 아니라 현재의 필요에 응답하는 사람이다. 시간은 관리의 대상이 아니라 선택의 대상이며, 무엇에 시간을 쓰느냐는 무엇을 중요하게 여기느냐를 드러낸다. 코치는 시간을 관리하되, 시간에 지배받지 않는 유연함을 가져야 한다. 놀즈가 강조한 것처럼, 성인 학습자는 자신의 학습에 참여하고 싶어 하며, 그들에게 선택권을 줄 때 비로소 진정한 학습이 일어난다.

예측하지 못한 위기 상황이 발생하면?

그룹코칭 중에는 아무리 치밀하게 준비해도 예측할 수 없는 위기 상황이 발생한다. 참여자가 갑자기 감정적으로 무너지며 눈물을 흘리거나, 조직 내 민감한 사안이 노출되거나, 참여자 간 심각한 충돌이 폭발하거나, 외부 상황으로 세션이 중단될 위기에 처한다. 이런 순간 코치는 당황하거나 상황을 억누르고 싶은 충동을 느낀다. 하지만 위기는 그룹이 진짜 신뢰와 회복력을 배울 수 있는 결정적 순간이기도 하다. 코치의 침착함과 대응 방식이 그룹 전체의 안전감을 좌우한다.

이론적 근거: 위기는 변화의 기회다

제럴드 카플란(Gerald Caplan, 1964)은 위기를 "기존 대처 방식이 통하지 않을 때 발생하는 불균형 상태"로 정의하며, 이때 새로운 대처 방식을 학습할 기회가 생긴다고 했다. 위기는 한자로 위험(危)과 기회(機)의 합성어라는 해석이 있다. 비록 이 어원 해석에는 논란이 있지만, 위기의 양면성을 잘 표현한다. 위기는 위험이자 기회다.

카플란은 위기 개입의 목표를 두 가지로 봤다. 첫째는 즉각적 안전 확보와 증상 완화다. 당장 사람이 무너지지 않도록 지지하는 것이다. 둘째는 장기적 성장이다. 위기를 통해 더 나은 대처 방식을 학습하고, 결과적으로 위기 이전보다 더 강해지는 것이다.

카플란의 위기개입 모형은 구체적인 단계로 구성된다. 첫 번째 단계는 위기의 본질을 정확히 파악하는 것이다. 지금 일어나고 있는 일이 무엇인지, 당사자가 어떤 상태인지를 명료하게 이해한다. 두 번째 단계는 즉각적 안전을 확보하는 것이다. 신체적·심리적 위험을 제거하고, 당사자가 안전하다고 느낄 수 있도록 환경을 조성한다. 세 번째 단계는 가능한 해결책을 탐색하는 것이다. 지금 당장 무엇을 할 수 있는가, 누구의 도움을 받을 수 있는가를 함께 찾아본다. 네 번째 단계는 구체적 행동계획을 수립하는 것이다. 다음 몇 시간, 며칠 동안 무엇을 할 것인지 명확히 한다. 마지막 단계는 후속 조치다. 위기가 진정된 후에도 계속 관심을 갖고 지지하며, 필요하면 전문가 연결을 돕는다.

위기 상황에서 사람들은 평소보다 더 개방적이 되고, 새로운 방식을 시도할 의지가 높아진다. 평소에는 "나는 원래 이래", "우리는 항상 이렇게 해왔어"라고 말하던 사람들이, 위기 앞에서는 "다른 방법이 없을까?", "변해야 하지 않을까?"라고 묻게 된다. 이 순간은 고통스럽지만, 동시에 기존 방식을 재점검하고 새로운 가능성을 시도할 수 있는 결정적 기회이기도 하다.

코치가 이 순간을 잘 다루면, 그룹은 평소에는 도달하기 어려운 깊은 학습과 변화를 경험할 수 있다. 위기는 그룹의 방어막을 허물고, 진짜 모습을 드러내게 하며, 진정한 연대가 형성되는 순간이다. 카플란의 모형이 보여주는 것처럼, 위기 개입의 핵심은 체계적 절차를 따르는 것이 아니라, 지금 이 순간 필요한 안전과 지지를 제공하면서도 장기적 성장의 가능성을 열어두는 것이다. 코치가 침착하게 현재에 집중하고, 상황을 정확히 인식하며, 유연하게 대응할 때 그룹은 회복력을 키운다. 코치의 침착한 현존이 그룹 전체의 안정감을 만든다.

실무 해법: 멈추고, 인정하고, 함께 결정하기

첫째, 즉시 현재 진행을 멈춘다. "잠시 멈추겠습니다"라고 명확히 말하며 위기 상황을 인정한다. 마치 아무 일도 없는 것처럼 계속 진행하는 것은 참여자들에게 이 공간이 안전하지 않다는 신호를 준다.

둘째, 상황을 명료화하되 침착함을 유지한다. "지금 ○○ 님이 감정적으로 힘든 순간을 겪고 계신 것 같습니다. 잠시 쉬어가도 괜찮습니다"라고 말하며 판단하지 않고 있는 그대로 인정한다. 코치의 침착한 목소리가 그룹 전체를 안정시킨다.

셋째, 당사자에게 선택권을 준다. "○○ 님, 지금 이 자리에 계속 머무르고 싶으신가요, 아니면 잠시 밖에 나가서 쉬고 싶으신가요?"라고 물으며 통제감을 돌려준다. 대부분의 위기는 통제 불능 상태에서 악화된다.

넷째, 그룹 전체에게 안내한다. "우리 모두 예상하지 못한 순간을 맞이했습니다. 지금 우리에게 필요한 것은 무엇일까요?"라고 물으며 그룹의 지혜를 모은다. 참여자들은 종종 코치보다 더 좋은 해법을 제시한다.

다섯째, 필요하면 세션을 중단하거나 조정한다. "오늘은 여기서 마치고 다음 시간에 이어가는 것이 좋겠습니다"라고 결단을 내리는 것도 코치의 책임이다. 억지로 계속하는 것보다 안전을 우선한다.

여섯째, 사후 관리를 한다. 세션 후 당사자와 개별적으로 연락하여 상태를 확인하고, 필요하면 전문가 연결을 제안한다. 다음 세션에서는 "지난번 상황"을 짧게 언급하며 그룹이 완결감을 느끼도록 돕는다.

실전 사례: "저는 이제 더 이상 못하겠어요"

한 대형 병원의 간호 관리자가 참여한 그룹코칭 4세션에서, "번아웃과 회복"이라는 주제로 대화가 진행되고 있었다. 참여자들이 최근 겪은 어려움을 나누던 중, 소영 님이 자신의 팀에서 일어난 의료사고 이야기를 꺼냈다. "환자가 심각한 상태가 됐고, 제가 책임자라서 모든 비난을 받았어요. 상사는 저를 무능하다고 했고, 팀원들도 저를 믿지 않는 것 같아요." 말을 이어가던 그녀의 목소리가 떨리기 시작했고, 갑자기 "저는 이제 더 이상 못하겠어요"라고 말하며 고개를 숙이고 흐느끼기 시작했다. 다른 참여자들은 얼어붙었고, 어떻게 반응해야 할지 몰라 했다.

코치는 즉시 진행을 멈추고 부드럽게 말했다. "소영 님, 정말 힘든 시간을 보내셨네요. 지금 감정을 느끼는 것은 당연합니다. 잠시 쉬어가도 괜찮습니다." 코치는 티슈를 건네고 잠시 침묵을 유지했다. 소영 님은 눈물을 닦으며 고개를 저었다. "괜찮아요, 계속할 수 있어요. 그냥… 이야기를 하다 보니까 쌓였던 게 터진 것 같아요."

코치는 그룹 전체에게 물었다. "지금 이 순간이 우리에게 무엇을 말하고 있을까요?" 정아 님이 조심스럽게 말했다. "소영 님만이 아니라 우리 모두 한계 근처에 있는 것 같아요. 그런데 평소엔 표현하지 못했던 거죠." 미선 님이 소영 님에게 말했다. "저도 비슷한 일을 겪었어요. 그때 아무도 제 편이 아닌 것 같아서 정말 외로웠어요. 소영 님이 이렇게 말해줘서 저도 덜 외롭네요."

코치는 소영 님에게 다시 물었다. "지금 우리와 함께 이 자리에 계속 있고 싶으신가요, 아니면 잠시 나가서 쉬고 싶으신가요?" 소영 님은 잠시 생각하다 말했다. "여기 있고 싶어요. 이 사람들이 저를 이해해주는 것 같아서 오히려 안전해요." 코치는 고개를 끄덕이며 말했다. "그렇다면 우리 함께 이 주제를 조금 더 탐색해 보겠습니다. 다만 누구든 힘들면 언제든 신호를 주세요."

세션 후 코치는 소영 님에게 개별 메시지를 보냈다. "오늘 용기 내어 나눠 주셔서 감사합니다. 혹시 추가로 지원이 필요하시면 언제든 연락주세요." 소영 님은 답했다. "처음엔 당황했는데, 오히려 말하고 나니까 가벼워졌어요. 다른 분들도 이해해주셔서 정말 감사했습니다." 다음 세션에서 참여자들은 이전보다 훨씬 더 솔직하고 깊은 대화를 나누었고, 소영 님은 "지난번 이후로 팀에게도 제 어려움을 솔직하게 말했더니 오히려 관계가 좋아졌어요"라고 공유했다.

통찰: 위기는 신뢰를 깨뜨리는 것이 아니라 시험하고 강화하는 순간이다

예측 못한 위기는 그룹코칭에서 가장 두려운 순간이지만, 동시에 그룹이 진짜 안전감과 회복력을 경험할 수 있는 결정적 기회다. 코치가 위기를 회피하거나 억압하지 않고 침착하게 인정하며, 당사자와 그룹의 선택권을 존중하고, 함께 상황을 다루어 나갈 때, 참여자들은 이 공간이 진짜로 안전하다는 것을 확인한다.

위기를 함께 통과한 그룹은 이전보다 더 깊은 신뢰와 연대감을 형성하며, 각자의 취약함을 드러내는 것이 약점이 아니라 강점임을 배운다. 위기 속에서 코치가 보여주는 침착함과 연민이 그룹 전체에게 모델이 되며, 참여자들은 이를 통해 자신의 삶에서도 위기를 다루는 법을 배운다.

카플란이 말한 것처럼, 위기는 기존 대처 방식이 통하지 않을 때 발생한다. 이 순간은 고통스럽지만, 동시에 새로운 가능성이 열리는 순간이기도 하다. 코치의 역할은 위기를 예방하는 것이 아니라, 위기를 안전하게 통과할 수 있도록 현존하고 안내하는 것이다. 위기는 그룹의 진짜 성숙도를 드러내며, 그 순간을 잘 다룬 그룹은 위기 이전과는 다른 수준의 결속력을 갖게 된다.

Q24 마스터리 수준의 진행 기술은?

초급 코치는 계획을 실행하고, 중급 코치는 상황에 유연하게 대응하며, 마스터리 수준의 코치는 그룹의 에너지와 필요를 읽어내며 보이지 않는 역학까지 다룬다. 마스터리는 완벽한 기술의 축적이 아니라, 현존, 직관, 그리고 그룹에 대한 깊은 신뢰에서 나온다. 마스터 코치는 무엇을 하는가보다 어떻게 존재하는가가 더 중요하다. 이 수준에서 코치는 더 이상 기술을 의식적으로 사용하지 않고, 그룹과 함께 호흡하며 자연스럽게 흐름을 만들어낸다.

이론적 근거: 마스터리는 의식을 넘어선 자연스러움이다

드레이퍼스 숙련도 모델(Dreyfus Model of Skill Acquisition, 1980)은 초심

자, 고급 초심자, 유능자, 숙련자, 전문가의 다섯 단계를 제시한다. 초심자는 규칙과 절차에 의존한다. "이럴 때는 이렇게 해야 한다"는 매뉴얼을 따른다. 고급 초심자는 경험이 조금 쌓이면서 상황을 인식하기 시작하지만 여전히 규칙에 의존한다. 유능자는 계획을 세우고 우선순위를 정할 수 있다. 숙련자는 전체 상황을 직관적으로 파악하지만, 의사결정은 여전히 분석적이다.

전문가 단계에 이르면 분석적 사고가 아니라 직관이 작동한다. 상황을 전체적으로 파악하고 즉각적으로 적절하게 반응한다. 전문가는 "왜 그렇게 했어요?"라고 물어도 명확히 설명하지 못할 때가 많다. "그냥 그래야 할 것 같았어요"라고 답한다. 이것은 무지가 아니라, 무수한 경험이 내면화되어 의식하지 않아도 자동으로 작동하는 상태다.

마스터 코치는 이 전문가 단계에 있으며, 그룹에서 일어나는 미묘한 변화를 감지하고 규칙 없이도 자연스럽게 대응한다. 초보 코치가 "지금 어떤 질문을 해야 하지?"라고 고민한다면, 마스터 코치는 질문이 저절로 나온다. 초보 코치가 "이 갈등을 어떻게 다루지?"라고 불안해한다면, 마스터 코치는 갈등 속에서도 편안하다.

도널드 쇤(Donald Schön, 1983)은 반성적 실천가 개념을 통해 전문가의 암묵지를 설명했다. 마스터 코치는 행위 중 성찰을 통해 순간순간 무엇이 일어나고 있는지 감지하고 즉각 조정한다. 이는 계획에 따른 실행이 아니라, 실시간으로 읽고 대응하는 역량이다.

쇤은 전문가의 지혜는 기술적 합리성이 아니라 실천 속의 앎에 있다고 했다. 기술적 합리성은 "문제 A에는 해법 B를 적용한다"는 식이다. 하지만 그룹코칭 현장은 매번 다르고, 매뉴얼대로 되지 않는다. 마스터 코치는 이론을 실천에 적용하는 것이 아니라, 실천 그 자체가 이론이 된다. 그들은 행동하면서 동시에 반성하고, 즉각적으로 조정한다. 이것이 쉰이 말한 "행위 중 성찰"이며, 마스터리의 핵심이다.

실무 해법: 기술 너머의 존재 방식

첫째, 철저한 현존을 유지한다. 마스터 코치는 자기 생각에 사로잡히지 않고 지금 이 순간 그룹에서 일어나는 모든 것에 완전히 깨어 있다. 현존은 기술이 아니라 존재 방식이며, 명상이나 마음챙김 훈련을 통해 계발된다.

둘째, 직관을 신뢰한다. 논리적으로 설명할 수 없지만 "지금 이 질문을 해야 한다"는 느낌이 올 때, 마스터 코치는 그것을 따른다. 직관은 무수한 경험이 무의식에 축적되어 나타나는 지혜이며, 종종 계획된 질문보다 더 강력하다.

셋째, 침묵을 두려워하지 않는다. 마스터 코치는 침묵을 채워야 할 빈 공간이 아니라 그룹이 내면을 탐색하는 시간으로 본다. 긴 침묵도 편안하게 유지하며, 그 안에서 무엇이 익어가는지 기다린다.

넷째, 보이지 않는 역학을 다룬다. 그룹에서 말해지지 않은 긴장, 숨겨진 권력 관계, 회피되는 주제 등을 감지하고 적절한 순간에 수면 위로 가져온다. "지금 이 방에서 말해지지 않고 있는 것은 무엇인가요?"라는 질문이 그예다.

다섯째, 그룹을 신뢰하고 통제를 내려놓는다. 마스터 코치는 그룹이 스스로 답을 찾을 수 있다고 깊이 믿으며, 자신이 해결해주려는 욕구를 내려놓는다. 코치는 해답을 주는 사람이 아니라 그룹의 지혜가 발현되는 장을 여는 사람이다.

여섯째, 끊임없이 성찰하고 배운다. 마스터리에 도달했다고 해서 배움이 멈추지 않는다. 매 세션 후 "오늘 무엇을 배웠는가?"를 묻는 자기 성찰이 마스터리를 유지한다. 진정한 마스터는 자신이 아직도 배우는 초심자임을 안다.

실전 사례: 말하지 않은 것을 듣다

한 대기업의 임원급 리더가 참여한 그룹코칭 6세션에서 표면적으로는 모든 것이 순조로워 보였다. 참여자들은 적극적으로 의견을 나누고 서로 경청했다. 하지만 경험 많은 코치는 뭔가 어긋나 있다는 느낌을 받았다. 대화는 활발했지만 진짜 긴장이나 갈등은 전혀 나오지 않았고, 모두가 지나치게 예의 바른 태도를 유지했다. 마치 보이지 않는 경계선이 그어져 있는 것 같았다.

코치는 계획했던 질문을 멈추고 직관을 따랐다. "잠깐 멈춰 보겠습니다. 지금까지 우리 대화가 매우 좋았습니다. 그런데 저는 문득 궁금해졌어요. 지금 이 방에서 말해지지 않고 있는 것은 무엇인가요?" 방 안이 조용해졌다. 참여자들이 서로 눈치를 보며 침묵이 길어졌다. 코치는 그 침묵을 편안하게 지켰다.

30초쯤 지나 재현 님이 조심스럽게 입을 열었다. "솔직히 말하면… 우리는 경쟁자이기도 합니다. 다음 승진에서 이 중 절반은 탈락할 겁니다. 그래서 아무리 서로 배우자고 해도, 내 약점을 너무 드러내는 게 두렵습니다." 혜진 님이 고개를 끄덕이며 덧붙였다. "저도 같은 생각이었어요. 여기서 나눈 이야기가 혹시 평가에 영향을 미치지 않을까 하는 불안이 항상 있었어요." 코치는 그들의 솔직함에 감사를 표하고 물었다. "그렇다면 이 공간이 진짜 안전하려면 무엇이 필요할까요?" 참여자들이 의견을 나누기 시작했고, 결국 그들은 몇 가지 합의를 만들었다. "이 방에서 나눈 이야기는 밖으로 나가지 않는다", "서로의 취약함을 존중한다.", "경쟁보다 학습을 우선한다." 이 대화 이후 그룹의 분위기가 완전히 바뀌었다. 참여자들은 이전보다 훨씬 더 진솔한 어려움과 고민을 나누기 시작했고, 서로를 경쟁자가 아니라 동료로 대하기 시작했다.

세션 후 재현 님이 코치에게 말했다. "그 질문이 없었다면 우리는 끝까지 표면적인 대화만 했을 겁니다. 어떻게 그걸 아셨어요?" 코치는 웃으며 답했다. "정확히는 몰랐어요. 다만 뭔가 말해지지 않고 있다는 느낌이 들어서, 그걸 그대로 물어봤을 뿐입니다."

통찰: 마스터리는 기술의 완성이 아니라 존재의 깊이다

마스터리 수준의 그룹코칭은 완벽한 질문 목록이나 정교한 설계에서 나오지 않는다. 그것은 코치가 얼마나 깊이 현존하는가, 얼마나 그룹을 신뢰하는가, 얼마나 자신의 직관을 따를 용기가 있는가에서 나온다. 마스터 코치는 말해진 것뿐 아니라 말해지지 않은 것을 듣고, 보이는 것뿐 아니라 보이지 않는 역학을 감지하며, 계획을 넘어 지금 이 순간의 필요에 응답한다.

기술은 초보자에게 안전망이지만, 마스터에게는 더 이상 의식하지 않아도 되는 배경이 된다. 진정한 마스터리는 더 많은 것을 하는 것이 아니라, 덜 개입하고 더 깊이 존재하는 것이다. 마스터 코치는 그룹을 이끄는 것이 아니라 그룹과 함께 흐른다. 통제하지 않지만 방향을 잃지 않으며, 적극적으로 개입하지 않지만 깊이 영향을 미친다.

드레이퍼스가 말한 전문가 단계는 규칙을 넘어선 직관의 단계다. 초심자는 규칙을 따르고, 유능자는 규칙을 선택하며, 전문가는 규칙 없이도 자연스럽게 행동한다. 마스터 코치는 어떤 기법을 쓸지 고민하지 않는다. 그저 그룹과 함께 있으며, 필요한 것이 저절로 일어난다. 이것이 무위이화, 하지 않음으로써 이루는 변화다.

마스터리의 역설은 완벽을 추구할 때가 아니라 완벽을 내려놓을 때 도달한다는 것이다. 쇤이 말한 실천 속의 앎은 이론적 지식을 넘어선 체화된 지혜다. 초심자의 마음으로 돌아갈 때, 진정한 마스터가 된다. 마스터는 모든 것을 아는 사람이 아니라, 모든 순간을 새롭게 만나는 사람이다. 그들은 자신이 아직도 배우고 있음을 알고, 매 세션이 새로운 학습의 기회임을 받아들인다. 이 겸손함이 마스터리를 지속시키는 비결이다.

Chapter 9 종합 요약

위기는 그룹코칭의 적이 아니라 성숙의 신호다. 갈등을 건설적으로 다루고(Q19), 코치에 대한 도전을 성장의 기회로 받아들이며(Q20), 지속적 저항을 이해하고(Q21), 시간 부족 속에서 우선순위를 정하고(Q22), 예측 불가능한 위기에 대응하며(Q23), 마스터리 수준의 진행 기술을 발휘하는 것(Q24). 이 6가지 마스터리는 모두 한 가지 태도에서 나온다. '위기를 회피하지 않고, 그 안에서 배우는 것.'

마스터 코치는 완벽한 세션을 만드는 사람이 아니라, 불완전한 순간 속에서도 학습을 이끌어내는 사람이다. 갈등이 생겨도 당황하지 않고, 참여자가 도전해도 방어하지 않으며, 계획이 틀어져도 유연하게 대응한다. 위기는 그룹의 성장을 시험하는 순간이 아니라, 신뢰를 더욱 깊게 만드는 기회

그룹코칭 SPARK

다. Mastery Level은 이 진리를 체화한 코치의 경지다.

위기를 다루는 마스터리를 갖추었다면, 이제 마지막 질문이 남는다. 이 모든 과정이 정말 효과가 있었는가? 어떻게 증명하고, 어떻게 지속시킬 것인가? 다음 Chapter에서는 그룹코칭의 성과를 측정하고 지속 가능한 시스템을 설계하는 Impact Level을 다룬다.

성과 측정과 지속 가능한 시스템(Impact Level)

Q25 그룹코칭 효과를 어떻게 증명하고 보고하나?

그룹코칭 프로그램이 종료된 후, 가장 먼저 마주하는 질문은 "정말 효과가 있었나?"이다. 참여자들은 만족감을 표현하고, 코치는 변화를 목격했지만, 조직의 경영진과 HR 담당자는 구체적인 증거를 원한다. "참여자들이 좋았다고 말하는 것은 알겠는데, 실제로 무엇이 변했나?", "투자한 비용만큼의 가치가 있었나?", "이것을 어떻게 보고서로 만들어야 하나?" 효과를 제대로 측정하고 보고하지 못하면, 그룹코칭은 일회성 이벤트로 끝나고, 지속적인 프로그램으로 자리잡기 어렵다. 코치는 감각적 인상이 아닌 체계적 증거로 효과를 입증할 수 있어야 한다.

이론적 근거: 커크패트릭 4단계 평가 모델

교육훈련 평가의 고전으로 불리는 도널드 커크패트릭(Donald Kirkpatrick, 1959)의 4단계 평가 모델은 그룹코칭의 효과를 체계적으로 측정하는 프레임워크를 제공한다. 이 모델은 반응, 학습, 행동, 결과의 네 단계로 구성되며, 각 단계는 이전 단계의 토대 위에서 더 깊은 수준의 효과를 측정한다.

1단계: 반응은 참여자들이 프로그램을 어떻게 받아들였는가를 측정한다. 만족도가 높다고 해서 실제 학습이나 행동 변화가 일어났다고 보장할 수 없지만, 반응이 부정적이면 이후 단계의 효과도 기대하기 어렵다.

2단계: 학습은 참여자들이 실제로 무엇을 배웠는가를 측정한다. 지식 증가, 기술 향상, 태도 변화 등을 확인하며, 사전-사후 평가나 역량 체크리스트를 활용한다.

3단계: 행동은 학습한 것을 실제 업무에서 적용하고 있는가를 측정한다. 360도 피드백, 행동 관찰 체크리스트 등을 활용하며, 조직 입장에서 가장 중요한 단계다.

4단계: 결과는 조직의 비즈니스 성과에 실제로 기여했는가를 측정한다. 이 직률 감소, 생산성 향상 등 조직이 중요하게 여기는 핵심 지표의 변화를 추적한다.

커크패트릭 모델의 핵심 통찰은, 효과 측정이 단일 지표가 아니라 단계적 체계라는 것이다. 네 단계를 모두 측정할 때, 그룹코칭의 효과가 입체적으로 드러나며, 어느 지점에서 강점과 약점이 있는지 파악할 수 있다.

실무 해법: 4단계 측정과 보고 전략

1단계: 반응 측정

반응은 세션 종료 직후 즉시 측정한다. 각 세션이 끝나면 간단한 설문을 통해 만족도를 파악한다. "오늘 세션이 얼마나 도움이 되었나요?" 5점 척도로 묻는다. 프로그램 전체 종료 시에는 "이 프로그램을 동료에게 추천하시겠습니까?"라는 NPS(Net Promoter Score, 순추천고객지수: 0~10점 척도로 응답받아 추천 의향을 측정하는 지표) 질문을 던진다. NPS가 +50 이상이면 매우 성공적이다. 참여자의 한 줄 소감이나 가장 인상 깊었던 점을 자유롭게 기록하도록 하면 보고서에 생생한 목소리를 담을 수 있다.

2단계: 학습 측정

학습은 사전-사후 비교로 측정한다. 프로그램 시작 전과 종료 후, 동일한 자가진단 도구를 사용하여 역량 수준을 측정한다. 예를 들어 "나는 팀원에게 효과적으로 피드백을 제공한다" 항목에 대해 5점 척도로 평가하면, 사전 평균 2.8에서 사후 평균 3.9로 향상되었음을 보여줄 수 있다. 학습한 핵심 개념이나 기술에 대한 간단한 퀴즈나 사례 분석을 통해 이해도를 확인할 수도 있다. 이 단계에서는 참여자 스스로 "나는 무엇을 배웠는가"를 명확히 인식하도록 돕는 것도 중요하다.

3단계: 행동 변화 측정

행동 변화는 다각도로 확인한다. 가장 효과적인 방법은 360도 피드백이다. 프로그램 시작 전과 종료 3개월 후, 참여자의 상사, 동료, 부하가 동일한 항목을 평가하면 실제 행동 변화를 객관적으로 파악할 수 있다. 예를 들어 "이 리더는 팀원의 의견을 경청한다" 항목이 사전 3.2에서 사후 4.1로 상승했다면, 행동 변화가 일어났다고 볼 수 있다. 참여자의 직속 상사와 짧은 인터뷰를 진행하여 "이 리더에게서 어떤 변화를 관찰했는가?"를 질문하는 것도 유용하다. 참여자 스스로 "내가 실천한 것"과 "그 결과 나타난 변화"를 기록하는 실천 일지를 활용하면 구체적인 행동 사례를 수집할 수 있다.

4단계: 결과 측정

결과는 합리적 추정을 통해 측정한다. 조직 성과에 영향을 미치는 요인은 다양하므로, 그룹코칭만의 기여를 정확히 분리하기는 어렵다. 하지만 합리적 추정은 가능하다. 예를 들어 참여자들의 이직률이 연간 20%에서 10%로 감소했고, 한 명의 이직 대체 비용이 1억원이라면 대략 2억원의 비용 절감 효과가 있었다고 추정할 수 있다. 참여자들이 이끄는 팀의 프로젝트 완료율이 15% 향상되었다면 이것이 창출한 가치를 산정한다. 이때 중요한 것은 과장하지 않고, 보수적으로 추정하며, 추정의 근거와 가정을 명확히 밝히는 것이다.

ROI 계산과 보고서 작성

ROI를 계산하고 보고서를 작성한다. ROI(%)는 '(효과 − 투자) / 투자 × 100'으로 계산한다. 예를 들어 투자 비용이 3,000만원이고, 추정된 효과가 3억원이라면 ROI는 약 900%다.

보고서는 다음 구조로 작성한다. 첫 페이지에는 핵심 성과를 3줄로 요약하는 요약문을 배치한다. "참여자 만족도 4.6/5.0, 행동 변화 평균 38% 향상, 추정 ROI 900%" 같은 식이다. 이어서 프로그램 개요, 측정 방법, 커크패트릭 4단계별 구체적 결과를 제시한다. 수치만 나열하지 말고, 2~3개의 대표적 성공 사례를 스토리로 풀어 쓴다. "참여자 한 분은 위임 역량이 향상되어 팀원들에게 프로젝트를 맡기기 시작했고, 그 결과 팀의 프로젝트 완료 속도가 20% 빨라졌습니다"와 같이 구체적으로 서술한다. 마지막에는 향후 개선점과 제언을 간략히 덧붙인다. 보고서는 일반적으로 10페이지 정도로 구성하는 것이 적절하다.

한 국내 물류업체는 18명의 중간관리자를 대상으로 그룹코칭 프로그램을 실행했다. 3개 그룹으로 나누어 각 그룹은 4개월 동안 8회 세션을 격주로 진행했다. 프로그램 기획 단계에서부터 효과 측정 계획을 수립했고, 커크패트릭 4단계 모델을 충실히 적용했다.

1단계: 반응 측정 결과

매 세션 종료 후 만족도를 측정한 결과 전체 평균은 4.6/5.0이었다. 프로그램 종료 시 NPS를 조사한 결과 +68로, 참여자의 85%가 "동료에게 적극 추천하겠다"고 답했다. 자유 소감에서는 "처음으로 내 리더십을 깊이 돌아볼 기회였다", "다른 부서 관리자들의 고민을 들으며 혼자가 아님을 알았다"는 응답이 많았다.

2단계: 학습 측정 결과

프로그램 시작 전과 종료 직후 리더십 역량 자가진단을 실시한 결과, 10개 항목(경청, 피드백, 위임, 동기부여, 갈등 관리 등) 평균 점수가 사전 3.1에서 사후 4.1로 32% 향상되었다. 특히 "위임 역량"과 "건설적 피드백 제공" 항목에서 가장 큰 향상이 나타났다.

3단계: 행동 변화 측정 결과

프로그램 종료 3개월 후 360도 피드백으로 확인했다. 참여자의 상사, 동료, 부하 각 2~3명씩 총 150여 명이 평가에 참여했다. "팀원의 의견을 경청한다" 항목이 사전 3.3에서 사후 4.2로 27% 향상되었고, "명확한 피드백을 제공한다" 항목은 사전 3.0에서 사후 4.0으로 33% 향상되었으며, "적절히 권한을 위임한다" 항목은 사전 2.9에서 사후 4.1로 41% 향상되었다. 참여자의 직속 상사 인터뷰에서는 "이 리더가 팀 회의에서 경청하는 시간이 늘었고, 일방적 지시가 줄었다", "팀원들에게 프로젝트를 맡기고 지켜보는 여유가 생겼다"는 관찰이 보고되었다.

4단계: 결과 측정

조직 성과 지표의 변화는 더욱 고무적이었다. 참여자들이 이끄는 팀의 이직률이 연간 15%에서 7%로 감소했다. 1명의 이직 대체 비용을 8,000만원으로 추정하면, 약 12명의 이직 감소로 약 9.6억원의 비용 절감 효과가 있었다. 프로젝트 완료율은 평균 12% 향상되었으며, 팀원 몰입도 설문 점수는 3.4에서 4.1로 상승했다. 이를 종합하여 회사는 최소 10억원 이상의 가치가 창출되었다고 보수적으로 추정했다.

ROI 계산과 보고서 구성

투자 비용은 그룹코칭 비용 2,880만원, 사전-사후 평가 비용 400만원, 운영 비용 200만원으로 총 3,480만원이었다. 추정 효과 10억원을 기준으로 ROI를 계산하면 약 2,770%였다. 회사는 이 수치를 보고서에 명시하되, "이 모든 효과를 그룹코칭에만 귀속시킬 수는 없으나, 합리적 추정에 근거하여 최소 27배 이상의 가치가 창출되었다고 판단한다"고 보수적으로 기술했다. 10페이지 분량의 보고서는 체계적으로 구성되었다. 1페이지는 요약문과 핵심 수치를 인포그래픽으로 제시했고, 2~3페이지는 프로그램 개요와 측정 방법을 설명했다. 4~7페이지는 커크패트릭 4단계별 결과를 그래프와

표로 시각화했으며, 8페이지는 대표 성공 사례 3개를 스토리로 풀어 썼다. 9페이지는 ROI 산정 근거와 가정을 상세히 밝혔고, 10페이지는 "이 프로그램을 다른 직급으로 확대하고, 연 2회 정기 프로그램으로 제도화할 것을 제안한다"는 향후 제언으로 마무리했다.

이 보고서는 경영진 회의에서 발표되었고, 대표는 "수치로 명확히 증명된 효과적인 프로그램"이라고 평가하며 다음 해 예산을 승인했다.

통찰: 측정은 증명이 아니라 학습의 연장이다

많은 코치들이 효과 측정을 부담스러워한다. "수치로 환원할 수 없는 인간의 변화를 어떻게 측정하나", "ROI 계산이 너무 복잡하다"는 저항이 있다. 하지만 효과 측정은 코칭의 적이 아니라 동반자다. 측정은 단순히 조직에 보고하기 위한 것이 아니라, 코치 자신이 "무엇이 효과적이었고, 무엇이 개선되어야 하는가"를 배우는 과정이다. 커크패트릭 4단계를 측정하다 보면, 어느 단계에서 효과가 약한지 드러난다.

또한 측정은 그룹코칭의 가치를 조직 내에서 정당화하고, 지속가능한 프로그램으로 만드는 필수 과정이다. 경영진은 "느낌"이 아니라 "증거"를 원한다. 체계적으로 측정하고 명확히 보고할 때, 그룹코칭은 일회성 이벤트가 아니라 전략적 인재 개발 도구로 자리잡는다.

가장 중요한 통찰은, 수치 너머의 변화를 놓치지 말아야 한다는 것이다. ROI가 900%라는 숫자도 중요하지만, "한 참여자가 처음으로 팀원에게 프로젝트를 온전히 맡기고 신뢰했다"는 이야기, "한 참여자가 자신의 리더십 스타일을 깊이 성찰하며 눈물 흘렸던 순간"이 진정한 변화의 본질이다. 측정은 이 본질을 지우는 것이 아니라, 그것을 조직의 언어로 번역하여 더 많은 사람에게 전달하는 과정이다. 코치는 수치와 스토리를 함께 다룰 수 있어야 한다.

Q26 개인 변화와 조직 성과의 연결

그룹코칭 프로그램이 끝난 후, 참여자들은 분명히 변했다. 자기인식이 깊어졌고, 새로운 리더십 기술을 배웠으며, 동료들과 신뢰를 쌓았다. 그러나 조직의 경영진은 묻는다. "개인이 성장한 것은 알겠는데, 그것이 우리 조직의 성과에 어떤 영향을 미쳤나?" 개인의 변화가 팀의 생산성으로, 부서의 목표 달성으로, 회사의 비즈니스 성과로 이어지지 않는다면, 조직 입장에서 그룹코칭은 "좋은 경험"에 그칠 뿐 "전략적 투자"가 되기 어렵다. 코치는 개인 차원의 변화와 조직 차원의 성과 사이에 다리를 놓을 수 있어야 한다. 그 다리가 보이지 않으면, 그룹코칭은 조직 내에서 정당성을 얻기 어렵다.

이론적 근거: 학습 전이와 지속가능성

티모시 볼드윈과 케빈 포드(Timothy Baldwin & Kevin Ford, 1988)가 제시한 학습 전이 모델은 교육에서 배운 것이 실제 업무 현장으로 전이되는 메커니즘을 설명한다. 학습 전이는 단순히 "배운 것을 적용한다"는 것 이상이다. 그것은 학습자가 새로운 지식과 기술을 자신의 업무 맥락에 맞게 변형하고, 지속적으로 사용하며, 그 결과 업무 성과가 향상되는 전 과정을 의미한다.

볼드윈과 포드는 학습 전이에 영향을 미치는 세 가지 요인을 제시한다. 첫째, 학습자 특성이다. 학습 동기, 자기효능감, 학습한 내용을 적용하려는 의지가 높을수록 전이가 잘 일어난다. 그룹코칭에서는 참여자가 자발적으로 참여하고, 명확한 개인 목표를 설정하며, 변화에 대한 책임감을 가질 때 전이 가능성이 높아진다. 둘째, 프로그램 설계다. 학습한 내용이 실제 업무와 유사할수록, 실천 기회가 제공될수록, 피드백이 즉각적일수록 전이가 촉진된다. 그룹코칭에서는 현장의 실제 문제를 다루고, 세션 사이에 실천 과제를 부여하며, 다음 세션에서 실천 결과를 나누는 방식이 전이를 돕는다. 셋째, 업무 환경이다. 상사가 지지하고, 동료가 격려하며, 조직 문화가 새로운 시도를 허용할 때 전이가 지속된다. 반대로 상사가 무관심하거나, 조직이 예전 방식을 강요하면, 개인이 아무리 배워도 행동 변화로 이어지지 않는다.

학습 전이가 일어나면, 개인의 행동 변화가 팀의 성과로 연결된다. 한 리더가 위임 역량을 향상시키면, 팀원들은 더 많은 책임을 맡게 되고, 그 과정에서 성장하며, 팀 전체의 역량이 상승한다. 한 리더가 건설적 피드백을 제공하기 시작하면, 팀원들의 성과가 개선되고, 실수가 줄어들며, 프로젝트 품질이 높아진다. 이렇게 개인의 변화는 파급효과를 일으키며 팀, 부서, 조직 전체로 확산된다.

지속가능성 연구는 개인 변화가 조직 성과로 이어지려면 시간이 필요하다는 것을 강조한다. 즉각적 효과도 있지만, 진짜 임팩트는 3개월, 6개월, 1년 후에 나타난다. 한 리더의 변화가 팀 문화를 바꾸고, 그 팀의 변화가 부서 전체에 영향을 미치는 데는 시간이 걸린다. 따라서 효과 측정은 단기와 장기를 모두 고려해야 한다.

실무 해법: 조직-그룹-개인 목표 정렬과 측정 전략

개인의 변화를 조직 성과로 연결하는 첫 번째 단계는 목표의 정렬이다. 그룹코칭의 첫 세션에서는 조직이 그룹코칭을 통해 다루고자 하는 주제(예: 팀원 동기부여, 소통 강화, 변화 관리)가 먼저 제시된다. 이 조직 주제를 기반으로 참여자들은 그룹 세션을 통해 달성하고자 하는 그룹 공통 목표를 도출한다. 예를 들어, 조직이 '팀원 동기부여'라는 주제를 제시했다면, 그룹은 "팀원의 자발적 참여를 이끌어내는 리더십 역량 향상"이라는 공통 목표를 설정할 수 있다. 이 과정에서 코치는 참여자들의 의견을 수렴하고, 조직의 기대와 참여자들의 실제 도전과제가 정렬될 수 있도록 퍼실리테이션한다. 그룹 공통 목표가 설정되면, 각 참여자는 이를 바탕으로 자신의 구체적인 개인 고유 목표를 설정한다. 개인 목표는 그룹 공통 목표의 큰 틀 안에서, 각자의 업무 맥락과 리더십 도전과제를 반영한다.

두 번째 단계는 변화를 가시화하는 것이다. Before-After 설계를 통해 프로그램 시작 전에 참여자의 현재 상태를 측정하고, 종료 후 동일한 지표로 변화를 확인한다. 개인 차원에서는 자가진단, 역량 평가, 목표 달성도를 측정한다. 팀 차원에서는 팀원 만족도, 팀 생산성 지표, 프로젝트 완료율을 추적한다. 조직 차원에서는 이직률, 몰입도, 부서 KPI를 모니터링한다. 이 세 층위의 지표를 함께 추적하면, 개인 변화가 팀과 조직으로 파급되는 경로가 명확히 드러난다.

세 번째 단계는 행동 변화를 객관화하는 것이다. 360도 피드백을 활용하여 참여자 본인만이 아니라, 상사, 동료, 부하가 모두 참여자의 행동 변화를 평가하도록 한다. "이 리더가 팀 회의에서 경청하는 시간이 늘었는가?", "피드백 제공 방식이 건설적으로 변했는가?", "의사결정 과정에서 팀원을 참여시키는가?" 등을 물으면, 참여자의 주관적 인식을 넘어 실제 행동 변화를 포착할 수 있다. 특히 부하 직원의 평가는 리더의 변화가 팀에 미친 영향을 가장 직접적으로 보여준다.

마지막으로, 개인 행동과 조직 지표를 연결한다. 그룹코칭 프로그램을 설계할 때, 코치는 조직이 중요하게 여기는 성과 지표(예: 직원 몰입도, 이직률, 팀 생산성)를 파악하고, 참여자들의 개인 목표와 행동 변화가 이러한 지표에 어떻게 기여할 수 있는지를 명확히 한다. 예를 들어, 참여자들이 '효과적인 피드백 대화'를 학습하고 실행한다면, 이는 팀원의 역량 개발로 이어지고, 궁극적으로 팀 생산성 향상에 기여한다. 코치는 프로그램 종료 시점에 이러한 연결고리를 데이터와 사례로 명확히 보고함으로써, 개인의 변화가 조직 성과로 이어졌음을 입증한다.

실전 사례: 리더십 그룹코칭과 조직 성과 연결

한 공공기관은 중간 관리자 대상으로 "팀 협업 강화"를 주제로 4개월간 그룹코칭 프로그램을 진행했다. 조직은 최근 프로젝트 지연과 팀 간 소통 부족 문제를 겪고 있었고, 이를 해결하기 위해 중간 관리자들의 리더십 역량을 강화하고자 했다.

목표 설정 과정

프로그램 첫 세션에서 조직은 "팀 간 소통과 협업 촉진"이라는 주제를 제시했다. 참여자들은 이 주제를 바탕으로 그룹 공통 목표를 논의한 끝에, "팀원의 자발적 참여를 이끌어내고 부서 간 협업을 강화하는 리더십 역량 향상"으로 합의했다. 코치는 사전 설문조사를 통해 각자가 직면한 팀 협업의 도전과제를 파악했고, 그룹 공통 목표를 바탕으로 각 참여자는 자신의 팀 상황에 맞는 구체적 개인 목표를 설정했다.

프로그램 진행 방식

각 세션은 참여자들의 실제 업무 사례를 중심으로 진행되었다. 예를 들어 "효과적인 피드백 대화" 세션에서는 참여자들이 자신의 팀원과의 최근 피드백 대화 사례를 공유하고, 그룹 내에서 더 나은 접근 방식을 탐색했다. 매 세션 종료 시 참여자들은 다음 2주간 실행할 구체적 행동을 선언하고, 다음 세션에서 실행 결과와 어려움을 공유하며 서로 피드백을 주고받았다.

측정 결과

프로그램 종료 후 코치는 Before-After 측정을 통해 참여자들의 행동 변화가 조직 성과에 미친 영향을 확인했다. 프로그램 시작 전과 종료 3개월 후 360도 피드백을 실시한 결과, "팀 협업 역량" 항목이 평균 3.1에서 4.0으로 29% 향상되었고, "경청 및 소통" 항목은 3.3에서 4.2로 27% 향상되었다. 조직 지표 측면에서는 참여자들이 이끄는 팀의 협업 만족도 점수가 평균 68점에서 79점으로 상승했으며, 프로젝트 완료율은 5% 향상되었다. 또한 팀 간 소통 빈도(회의 및 비공식 대화)가 평균 30% 증가했고, 중복 작업으로 인한 시간 낭비가 20% 감소했다. 참여자들의 개인 목표 달성률은 평균 85%였으며, 대부분의 참여자들이 "팀원들과의 소통 방식이 개선되었고, 협업이 더 원활해졌다"고 보고했다.

성공의 핵심 요인

이 사례는 그룹코칭이 단순히 개인의 만족에 그치지 않고, 실질적인 조직 성과로 연결될 수 있음을 보여준다. 조직 주제와 그룹 공통 목표의 정렬, 그룹 공통 목표와 개인 목표의 정렬, 실무 적용 중심의 학습, 그리고 조직 지표와의 명확한 연결이 이러한 성공의 핵심이었다.

통찰: 개인의 작은 변화가 조직을 바꾼다.

그룹코칭에서 개인의 변화가 조직 성과로 이어지는 것은 자동으로 일어나지 않는다. 이는 프로그램 설계 단계에서부터 의도적으로 구조화되어야 한다. 조직이 그룹코칭을 통해 다루고자 하는 주제를 명확히 제시하고, 이를 바탕으로 그룹 공통 목표를 도출한 후, 각 참여자가 자신의 개인 고유 목표를 설정하는 정렬 과정이 핵심이다. 그리고 학습 내용이 실무에 즉시 적용될 수 있도록 세션을 설계하고, 참여자들의 행동 변화를 조직의 성과 지표와 연결하여 측정해야 한다.

개인 변화와 조직 성과의 연결은 직선적이지 않다. 한 사람이 변했다고 해서 즉시 조직 지표가 바뀌지는 않는다. 그 사이에는 복잡한 상호작용, 시간의 흐름, 다양한 변수가 존재한다. 그러나 그 연결이 보이지 않는다고 해서 존재하지 않는 것은 아니다. 개인의 변화는 파급효과를 일으킨다. 한 리더가 경청하기 시작하면, 팀원들도 서로 경청하는 문화가 형성된다. 한 리더가 실수를 학습 기회로 대하면, 팀원들도 도전을 두려워하지 않게 된다. 한 리더가 팀원을 신뢰하면, 팀원들도 서로를 신뢰하고 협력한다. 이렇게 개인의 작은 변화는 팀의 문화를 바꾸고, 팀의 문화는 부서의 분위기를 바꾸며, 결국 조직 전체의 성과를 움직인다.

그룹코칭은 개인의 성장과 조직의 성과를 동시에 달성할 수 있는 강력한 도구다. 하지만 그 가능성을 현실로 만들기 위해서는 코치의 전략적 설계와 실행이 필수적이다. 개인의 변화를 조직 성과로 연결하는 명확한 다리를 놓는 것, 이것이 그룹코칭의 진정한 가치를 입증하는 길이다.

Q27 지속 시스템 설계: 3개월 후에도 살아있는 변화

그룹코칭이 끝난 직후, 참여자들은 열정으로 가득하다. "이제 달라질 것이다", "배운 것을 모두 실천하겠다"는 다짐이 넘친다. 그러나 3개월 후, 많은 경우 원점으로 돌아간다. 바쁜 일상에 치이고, 예전 습관이 되살아나며, 그룹에서 나눴던 통찰은 희미해진다. 참여자들은 "그때는 정말 좋았는데, 지금은 다시 예전으로 돌아간 것 같다"고 말한다. 변화는 순간이 아니라 지속이다. 코칭 세션에서 일어난 깨달음이 3개월, 6개월, 1년 후에도 살아있으려면 무엇이 필요한가? 코치는 일회성 이벤트가 아닌, 지속 가능한 변화 시스템을 설계할 수 있어야 한다.

이론적 근거: 행동 변화 유지의 메커니즘

제임스 프로차스카와 카를로 디클레멘테(James Prochaska & Carlo DiClemente, 1983)가 개발한 범이론적 모델은 행동 변화가 단계적으로 일어나며, 각 단계마다 다른 전략이 필요함을 보여준다. 이 모델은 다섯 단계로 구성된다. 전숙고 단계에서는 변화의 필요성을 인식하지 못한다. 숙고 단계에서는 변화를 생각하지만 아직 행동하지 않는다. 준비 단계에서는 곧 행동할 계획을 세운다. 행동 단계에서는 실제로 새로운 행동을 시작한다.

마지막으로 유지 단계에서는 새로운 행동을 지속하며 재발을 예방한다. 그룹코칭이 종료되는 시점은 대부분 행동 단계다. 참여자들은 이미 새로운 행동을 시작했고, 초기 성공을 경험했다. 그러나 진짜 도전은 유지 단계에서 시작된다. 이 단계에서 많은 사람들이 재발을 경험한다. 재발은 실패가 아니라 변화 과정의 자연스러운 일부다. 중요한 것은 재발을 조기에 인식하고, 다시 행동 단계로 돌아가는 것이다.

행동 변화가 유지되려면 세 가지 요소가 필요하다. 첫째, 지속적인 리마인더다. 인간의 뇌는 익숙한 패턴으로 되돌아가려는 강한 경향이 있다. 새로운 행동이 자동화되려면 최소 3개월, 보통 6개월 이상의 반복이 필요하다. 이 기간 동안 정기적으로 목표와 다짐을 상기시키는 장치가 있어야 한다. 둘째, 사회적 지지다. 혼자서 변화를 유지하기는 어렵다. 같은 여정을 함께하는 동료, 변화를 격려하는 상사, 진전을 확인하는 코치의 존재가 중요하다. 셋째, 환경 조정이다. 개인의 의지만으로는 부족하다. 새로운 행동이 쉽게 일어나도록 환경을 재설계해야 한다. 예를 들어 매주 팀 회의에 "경청 타임" 10분을 제도화하면, 경청 역량을 자연스럽게 유지하게 된다.

프로차스카와 디클레멘테는 재발의 조기 경보 신호를 인식하는 것이 중요하다고 강조한다. "요즘 바빠서", "다음에 하지 뭐", "이번 한 번만"과 같은 말이 나오기 시작하면, 변화가 약해지고 있다는 신호다. 이때 즉시 개입하여 다시 행동 단계로 돌려놓아야 한다.

실무 해법: 지속 가능성을 위한 시스템 구축

첫째, "3개월 후 편지"를 활용한다. 그룹코칭 마무리 세션에서, 참여자들은 미래의 자신에게 편지를 쓴다. "3개월 후의 나에게, 지금 내가 다짐하는 것은…", "내가 꼭 기억했으면 하는 통찰은…", "만약 다시 예전으로 돌아가려 한다면, 이 말을 기억해…"와 같이 자신의 언어로 미래의 자신을 격려한다. 코치는 이 편지를 모아 봉투에 넣고, 3개월 후 정확히 각 참여자에게 우편이나 이메일로 발송한다. 참여자들은 자신이 쓴 편지를 받는 순간, 그룹코칭의 열정과 다짐을 생생하게 떠올리며, 다시 초심으로 돌아간다. 이 단순한 장치가 놀라울 만큼 강력한 리마인더 역할을 한다.

둘째, Follow-up 세션을 체계적으로 설계한다. 프로그램 종료가 끝이 아니다. 1개월 후, 3개월 후, 6개월 후 짧은 Follow-up 세션을 계획한다. 1개월 후에는 60분 온라인 세션으로 "지난 한 달 동안 무엇을 실천했고, 어떤 어려움이 있었나?"를 나눈다. 3개월 후에는 90분 대면 세션으로 "변화가 지속되고 있는가, 아니면 약해지고 있는가?"를 솔직하게 점검한다. 이때 변화가 약해진 조짐(실천 다짐 누락, 동료 미팅 불참, "요즘 바빠서"라는 새 핑계)이 나타나면, 코치가 부드럽게 "어떻게 지내세요?"라고 체크인하며 즉시 지원한다. 6개월 후에는 성과를 함께 축하하고, 다음 단계의 목표를 설정한다. 이 Follow-up 세션은 참여자들에게 "이 여정은 계속되고 있으며, 나는 혼자가 아니다"는 메시지를 전달한다.

셋째, 동료 지지 그룹을 형성한다. 그룹코칭에서 함께했던 참여자들끼리 월 1회 짧은 미팅을 갖도록 장려한다. 이것은 공식적 세션이 아니라, 비공식적 동료 모임이다. 점심 식사를 하면서 "요즘 어떻게 지내?", "우리가 배운 것 중에 뭘 계속하고 있어?"라고 서로 묻는 것만으로도 충분하다. 같은 여정을 함께한 동료들은 서로에게 가장 강력한 지지자가 된다. 누군가 힘들어하면 다른 사람이 격려하고, 누군가 성공하면 함께 축하한다. 이 동료 네트워크는 조직 내에서 그룹코칭의 효과를 확산시키는 살아있는 채널이 된다.

넷째, 디지털 리마인더와 마이크로 러닝을 활용한다. 매주 또는 격주로 짧은 이메일이나 메시지를 발송하여 핵심 통찰을 상기시킨다. "이번 주의 질문: 당신은 이번 주에 팀원의 말을 얼마나 경청했나요?", "명언: '신뢰는 말이 아니라 일관된 행동으로 쌓인다'"와 같은 짧은 콘텐츠를 보낸다. 또한 5~10분 분량의 마이크로 러닝 영상이나 팟캐스트를 제공하여, 바쁜 일상 속에서도 학습을 지속할 수 있게 한다. 이러한 디지털 도구는 참여자들이 그룹코칭의 핵심 메시지를 일상에서 계속 만나도록 돕는다.

다섯째, 정기 체크인 시스템을 제도화한다. 참여자의 직속 상사와 협력하여, 월 1회 짧은 1:1 대화에서 "그룹코칭에서 배운 것을 어떻게 실천하고 있는가?"를 묻도록 요청한다. 상사가 관심을 갖고 지지할 때, 참여자는 변화를 지속할 동기를 얻는다. 또한 HR 시스템에 "그룹코칭 실천 목표"를 등록하고, 분기별 성과 리뷰에서 이를 점검하도록 하면, 변화가 개인의 선택이 아니라 조직의 기대로 자리잡는다.

실전 사례: 금융사의 6개월 후 추적 조사

한 금융사에서 9명의 지점장을 대상으로 그룹코칭을 진행했다. 프로그램 기획 단계부터 "지속 가능성"을 핵심 목표로 설정하고, 체계적인 Follow-up 시스템을 설계했다.

프로그램 종료 직후

마무리 세션에서 참여자들은 "3개월 후의 나에게" 편지를 썼다. 코치는 이 편지들을 모아 봉투에 넣고 봉인했다.

그룹코칭 SPARK

1개월 후 Follow-up

프로그램 종료 1개월 후, 60분 온라인 Follow-up 세션을 가졌다. 9명 중 7명이 참여했고, 각자 지난 한 달의 실천 경험을 나누었다. 한 참여자는 "처음 2주는 잘했는데, 3주차부터 바빠지면서 다시 예전 방식으로 돌아가고 있는 것 같다"고 솔직하게 말했다. 다른 참여자들이 "나도 그래", "그럴 때 나는 이렇게 했어"라며 격려하고 조언했다. 이 세션 자체가 다시 변화의 동력을 회복하는 계기가 되었다.

3개월 후 Follow-up

코치는 "3개월 후의 나에게" 편지를 각 참여자에게 발송했다. 90분 대면 Follow-up 세션에서는 변화의 지속 상태를 점검했다. 9명에게 "지난 3개월 동안 그룹코칭에서 배운 것을 얼마나 실천했나?"를 5점 척도로 물었고, 평균 3.8이었다. "많이 실천했다(4점 이상)" 응답이 67%, "어느 정도 실천했다(3점)" 응답이 22%, "거의 실천하지 못했다(2점 이하)" 응답이 11%였다. 실천하지 못한 이유를 묻자 "업무 과중", "상사의 무관심", "예전 습관의 재발"이 나왔다. 코치는 이들과 개별적으로 짧은 대화를 나누며 다시 시작할 수 있도록 격려했다.

6개월 후 평가

회사는 참여자 전원을 대상으로 360도 피드백과 성과 지표 추적 조사를 실시했다. 결과는 고무적이었다. 9명 중 8명(89%)이 프로그램 시작 전보다 높은 리더십 역량 점수를 유지하고 있었다. 특히 "팀원 신뢰" 항목은 평균 3.2에서 4.0으로, "경청 역량"은 3.4에서 4.2로 지속적으로 높은 수준을 유지했다. 참여자들이 이끄는 지점의 고객 만족도는 평균 12% 향상되었고, 직원 이직률은 18%에서 9%로 감소했다.

지속 시스템의 효과

회사는 이 결과를 보고서로 정리하며 지속 시스템의 힘을 강조했다. "그룹 코칭이 끝난 후에도 Follow-up 세션, 3개월 후 편지, 동료 지지 그룹 등의 장치가 작동하면서, 변화가 일회성이 아닌 지속적 습관으로 정착되었다." 회사는 이후 모든 그룹코칭 프로그램에 6개월 Follow-up을 필수 요소로 포함시켰다.

통찰: 지속은 의지가 아니라 시스템이다

많은 사람들이 변화 실패를 개인의 의지 부족으로 돌린다. 하지만 행동 변화 연구가 보여주는 것은, 의지만으로는 부족하다는 사실이다. 아무리 강한 의지도 익숙한 환경과 습관의 힘 앞에서는 쉽게 무너진다. 지속 가능한 변화는 시스템에서 나온다. 정기적 리마인더, Follow-up 세션, 동료 지지 그룹, 디지털 도구, 상사의 관심 등이 결합될 때, 변화는 개인의 의지를 넘어 환경과 문화의 일부가 된다.

특히 그룹코칭의 강점은 동료 네트워크다. 혼자였다면 포기했을 순간, 같은 여정을 함께한 동료가 "우리 함께 계속 가자"고 손을 내밀 때, 사람들은 다시 일어선다. "3개월 후의 나에게" 편지처럼 단순해 보이는 장치도, 제대로 활용하면 강력한 리마인더가 된다. 지속은 거창한 것이 아니라, 작고 구체적인 장치들의 조합이다.

가장 중요한 통찰은, 지속 시스템은 코칭 종료 후가 아니라 시작 단계부터 설계되어야 한다는 것이다. 마무리 세션에서 "그럼 다들 잘 실천하세요"라고 말하는 것은 무책임하다. 첫 세션부터 "우리는 6개월 후에도 함께할 것"이라는 메시지를 전하고, 중간에 Follow-up 일정을 미리 잡아두며, 동료 지지 그룹을 형성하도록 격려해야 한다. 그룹코칭이 끝나는 순간은 끝이 아니라 새로운 시작이다. 지속 가능성이 없는 그룹코칭은 아름다운 추억에 그치지만, 지속 시스템이 작동하는 그룹코칭은 참여자의 삶과 조직의 문화를 영원히 바꾼다.

Chapter 10 종합 요약

Impact은 측정의 끝이 아니라 여정의 시작이다. 성과 측정은 증명이 아니라 학습의 연장이다. 커크패트릭 4단계로 효과를 체계적으로 측정하고 (Q25), 개인 변화와 조직 성과를 연결하며(Q26), 3개월 후에도 살아있는 지속 시스템을 설계하는 것(Q27). 이 3가지 Impact 전략은 모두 한 가지 믿음에서 시작된다. "그룹코칭의 가치는 측정 가능하며, 그 측정은 다음 성장을 위한 피드백이 된다."

코치는 그룹코칭이 끝난 후에도 책임을 진다. 참여자들이 배운 것을 실천하고, 그 실천이 조직에 영향을 미치며, 그 영향이 지속되도록 시스템을 설계하는 것. 이것이 Impact Level이다. 측정은 끝이 아니라 시작이다. 데이터는 다음 세션을 더 나은 것으로 만들고, 그 누적된 개선은 코치의 전문성을 한 단계 더 높인다. 성과 측정은 그룹코칭을 일회성 이벤트에서 지속 가능한 시스템으로 전환하는 핵심이다.

Foundation에서 그룹을 설계하고, Proficiency에서 참여자를 관리하며, Mastery에서 위기를 다루고, Impact에서 성과를 증명했다. Part 3에서 다룬 27개의 질문은 코치가 현장에서 마주하는 실제 도전과제에 대한 답이었다.

하지만 그룹코칭의 여정은 여기서 끝나지 않는다. 이론을 배우고 기술을 익혔다고 해서 바로 마스터 코치가 되는 것은 아니다. 진짜 성장은 반복적인 실천과 성찰 속에서 일어난다. 실패를 경험하고, 그 실패에서 배우며, 다시 시도하는 과정에서 코치의 역량은 깊어진다.

Part 4에서는 그룹코칭을 넘어, 코치 자신의 성장 여정을 다룬다. 슈퍼비전과 동료 학습, 지속적인 전문성 개발, 그리고 코치로서의 정체성 형성. 그룹의 힘을 깨우는 코치는, 먼저 자신의 힘을 깨운 사람이다. Part 4는 그 여정의 시작이다.

PART 4

통합: 실패와 성장, 그리고 지속 가능한 여정

지금까지 우리는 그룹코칭의 본질을 발견하고(Part 1), SPARK-DEEP 프레임워크를 설계하고(Part 2), 현장의 도전과제를 마스터하는 방법을 배웠다(Part 3). 이제 가장 어려운 이야기를 시작한다. 실패와 성장에 대한 이야기이다. 코치로서 내가 겪은 실패, 그 실패를 통해 발견한 진실, 그리고 한국 조직 문화 속에서 그룹코칭이 가지는 깊은 의미를 나누고자 한다.

실패를 통한 성장과 성공 시스템 구축

11-1 나의 그룹코칭 실패 고백록

완벽주의 함정에 빠진 첫 세션

그때 나는 개인코칭으로 많은 고객을 만나고 있었고, 자신감이 넘쳤다. 아니, 정확히 말하면 자만에 가까웠다. 수많은 개인코칭 경험 속에서 고객들은 변화했고, "정말 훌륭한 코치예요"라는 피드백이 쌓이면서 나는 어느새 한 가지 착각에 빠져 있었다. 개인코칭을 잘하면 그룹코칭도 자연스럽게 잘할 수 있을 거라는, 지금 돌아보면 너무나 순진한 믿음이었다.

한 중견기업 HR팀에서 연락이 왔다. "다양한 부서의 중간관리자 9명을 대상으로 그룹코칭을 진행해주실 수 있나요?" 나는 망설임 없이 "물론입니다"라고 답했다. 그리고 2주 동안 준비했다. 아니, 준비라기보다는 집착에 가까웠다.

A4 용지 10장. 시간별 세부 계획, 단계별 멘트, 예상 질문과 답변, 활동 가이드라인, 백업 플랜까지. 90분을 3분 단위로 쪼개어 계획했다. 지금 돌아보면, 그것은 준비가 아니라 불안의 산물이었다. 완벽하게 계획하면 실수하지 않을 거라는, 모든 것을 통제할 수 있다는 착각이었다. 하지만 그때

의 나는 이것이 전문성의 증거라고 믿었다.

첫 세션 당일, 나는 10장짜리 계획서를 책상 위에 펼쳐놓았다. 9명의 중간 관리자들이 둥글게 앉았다. 영업팀, 생산팀, 기획팀, 인사팀… 다양한 부서의 전문가들이었다. 그들의 표정에서 기대와 호기심이 느껴졌다. 그 순간 내 마음속에는 이런 생각이 스쳤다. '계획대로만 하면 완벽한 세션이 될 거야.'

"자, 그럼 계획에 따라 첫 번째 활동을 시작하겠습니다. 김 부장님부터 시계 방향으로 돌아가면서 자기소개를 해주세요. 한 분당 2분입니다."

한 참여자가 손을 들었다. "2분이 너무 짧은 것 같은데요. 우리 서로 처음 만나는데, 좀 더 자유롭게 얘기하면 안 될까요?"

나는 계획서를 내려다봤다. 1인당 2분, 9명이면 18분. 완벽한 계산이었다. 하지만 그의 제안을 받아들이면 시간이 틀어진다. 다음 활동이 밀린다. 계획이 무너진다. 나는 그 순간 선택의 기로에 섰지만, 계획을 포기할 용기가 없었다.

"아… 그런데 시간 계획이 있어서요. 일단 2분으로 해보시고, 나중에 더 얘기할 기회를 드리겠습니다."

분위기가 미묘하게 경직되었다. 지금 돌아보면 그 순간이 첫 번째 전환점이었다. 계획을 지키려다 사람을 놓친 순간이었다.

자기소개가 시작되었다. 하지만 모두가 시계를 의식했다. 2분이 다 되어가면 나는 손을 들어 신호를 보냈다. "시간입니다. 다음 분 부탁드립니다." 그 손짓 하나하나가 참여자들의 자유를 제한하고 있었지만, 나는 그것을 깨닫지 못했다.

다섯 번째 참여자가 자기소개를 하던 중이었다. 그는 자신의 팀에서 겪고 있는 어려움을 이야기하기 시작했고, 다른 참여자들이 고개를 끄덕이며 공감했다. 회의실 안의 에너지가 살아나는 것이 느껴졌다. 바로 그때 나는 또다시 손을 들었다.

"죄송합니다만, 시간이 다 되어서요. 다음 분께 넘겨주시겠어요?"

그가 말을 멈췄다. 그의 눈빛에서 실망이 느껴졌고, 다른 참여자들도 어색하게 시선을 피했다. 살아나던 에너지가 순식간에 꺼졌다. 나는 그 순간에도 몰랐다. 내가 지키려 했던 계획이, 정작 가장 중요한 것—사람들 사이의 자연스러운 연결—을 막고 있다는 것을 말이다.

완벽한 계획이 만든 완벽한 실패

자기소개가 끝나고 다음 활동으로 넘어갔다. 나는 계획서를 보며 말했다. "이제 그룹코칭의 구조를 설명하겠습니다. 15분 동안 진행하고, 질문은 마지막에 받겠습니다."

PPT를 켰다. 30장짜리 슬라이드. 각 단계별 설명, 이론적 배경, 연구 결과까지. 나는 이것이 전문성을 보여주는 방법이라고 생각했다. 완벽했다. 너무 완벽해서 문제였다.

5분쯤 지났을 때 한 참여자가 하품을 했다. 10분이 지나자 몇몇이 휴대폰을 보기 시작했다. 15분이 끝날 무렵, 회의실 안은 무거운 침묵으로 가득했다. 나는 계속 말했지만, 아무도 듣고 있지 않았다.

"질문 있으신가요?"

아무도 손을 들지 않았다. 질문이 없는 게 아니었다. 질문할 에너지가 없었던 것이다. 나는 그들을 정보로 압도해버렸다. 참여가 아니라 일방적인 강의가 되어버렸다. Chapter 4에서 강조한 '심리적 안전감'은 이미 사라지고 없었다.

"그럼 다음 활동으로 넘어가겠습니다. 코칭 목표 설정입니다."

나는 워크시트를 나눠줬다. A4 용지 2장, 빈칸이 20개나 있었다. 개인코칭에서 이 워크시트는 항상 효과적이었다. 고객들은 조용히 앉아서 30분이고 40분이고 작성했다. 그러니 그룹에서도 당연히 될 거라고 생각했다. 하지만 그룹은 개인의 합이 아니었다.

"20분 동안 이 워크시트를 작성해주세요. 구체적으로, 측정 가능하게, SMART 기준에 맞춰서요. 그리고 10분 동안 발표하고 공유하겠습니다."

참여자들이 워크시트를 받아들고 당황스러운 표정을 지었다. 한 참여자가 조심스럽게 물었다. "이거… 20분 안에 다 채워야 하나요?"

"네, 가능하면 최대한 구체적으로 작성해주세요."

10분이 지났다. 대부분이 첫 페이지도 다 채우지 못했다. 15분이 지났다. 몇몇은 아예 펜을 내려놓았다. 20분이 되었을 때 나는 계획대로 말했다.

"자, 이제 발표 시간입니다. 작성하신 내용을 공유해주세요."

한 참여자가 난처한 표정으로 말했다. "아직 다 못 썼는데… 발표를 해야 하나요?"

다른 참여자가 덧붙였다. "너무 복잡한 것 같아요. 이렇게까지 해야 하나요?"

나는 당황했다. 계획서에는 분명히 "워크시트 작성 20분, 발표 10분"이라고 적혀 있었다. 개인코칭에서는 효과적이었던 방법이 왜 그룹에서는 작동하지 않는 걸까? 그때는 몰랐다. 그룹에는 그룹만의 역동이 있다는 것을, 개인코칭의 기법을 그대로 가져오면 안 된다는 것을.

"그럼… 작성하신 부분까지만 공유해주세요."

하지만 아무도 자발적으로 나서지 않았다. 어색한 침묵이 흘렀다. 나는 시계를 봤다. 이미 90분을 훌쩍 넘겼다. 예정 시간을 한참 초과한 것이다.

"시간이 많이 지났네요. 오늘은 여기서 마무리하겠습니다."

한 참여자가 조용히 말했다. "오늘… 뭘 한 건지 잘 모르겠어요."

그 한마디가 가슴에 비수처럼 꽂혔다. 2주 동안 준비한 A4 10장, 완벽한 계획. 하지만 참여자들은 혼란스러워했다. 에너지는 바닥났고, 연결은 일어나지 않았으며, 그룹다움은 전혀 느껴지지 않았다.

세션이 끝나고 혼자 남아 책상 위에 놓인 10장의 계획서를 바라봤다. 그 순간 나는 알았다. 완벽한 계획이 오히려 독이 되었다는 것을. 계획에 집착한 나머지 정작 중요한 것—사람들의 에너지, 자연스러운 흐름, 그 순간의 필요—을 놓쳤다는 것을. 그룹코칭은 개인코칭의 확대판이 아니었다. 완전히 다른 생명체였다. 그리고 나는 그 생명체를 10장의 계획서로 옭아매려 했던 것이다.

이 실패는 훗날 Chapter 4-3에서 다룬 '첫 세션 90분 통합 프레임워크'의 출발점이 되었다. 계획은 나침반이지 족쇄가 아니라는 교훈 말이다.

혹시 독자 여러분도 첫 그룹코칭을 앞두고 10장이 넘는 계획서를 만들고 계신가요? 잠시 멈추세요. 그것은 준비가 아니라 불안입니다.

핵심 교훈: '준비는 철저히, 진행은 유연하게'

계획은 나침반이지 지도가 아니다. 참여자의 에너지를 따라가라.

감정적 개입으로 균형을 잃은 시간

첫 번째 실패에서 이 경험은 내게 중요한 교훈을 남겼다. 계획에 덜 집착하게 되었고, 참여자들의 반응에 더 귀 기울이게 되었다. 그룹코칭을 여러

번 더 진행하면서 경험도 쌓였다. '이제는 괜찮아. 유연해졌어.' 하지만 나는 또 다른 함정을 준비하고 있었다.

그로부터 얼마 후, 한 스타트업에서 팀장급 6명을 대상으로 한 그룹코칭 세 번째 세션이었다. 이미 서로 친해진 상태였고 심리적 안전감도 형성되어 분위기는 좋았다. 그날의 주제는 "리더로서의 어려움 나누기"였다. 각자 돌아가며 자신이 겪고 있는 도전과제를 이야기하기로 했다.

첫 번째, 두 번째, 세 번째 참여자가 이야기를 나눴다. 모두 10분 정도씩 말했고, 다른 참여자들이 공감과 조언을 나눴다. 균형이 잘 잡혀 있었다. 나는 속으로 생각했다. '이제는 내가 그룹코칭을 제대로 하고 있구나.'

네 번째 참여자, 김 팀장님의 차례가 되었다. 그가 입을 열었다. "사실은… 요즘 회사를 그만두고 싶어요."

회의실 안 분위기가 달라졌다. 모두가 그를 주목했다. 나도 긴장했다. 이직은 민감한 주제였다.

"이직을 생각하고 계신 거예요?"

"아니요, 아예 퇴사요. 이 업계를 떠나고 싶어요. 5년 동안 너무 지쳤거든요." 그의 목소리가 떨렸고 눈시울이 붉어졌다. 다른 참여자들이 조용히 고개를 끄덕였다. 나는 그 순간, 코치가 아니라 상담사가 되었다. 내 안의 공감 본능이 작동했다.

"정말 힘드셨겠어요. 어떤 점이 가장 힘드셨나요?"

"모든 게 힘들어요. 성과 압박도, 팀원 관리도, 상사와의 관계도…"

"구체적으로 말씀해주실 수 있으세요?"

그는 말했다. 나는 계속 질문했다. 깊이 파고들었다. 마치 개인코칭 세션처럼. "그 상황에서 어떤 감정을 느끼셨어요?" "그때 어떤 생각이 드셨나요?” “만약 퇴사한다면, 그 다음은 어떻게 하실 건가요?”

10분이 지났다. 15분이 지났다. 나는 그와의 대화에 완전히 몰입해 있었다. 그의 고민이 깊었고, 나는 진심으로 도와주고 싶었다. 공감이 넘쳤다. 하지만 다른 5명은 구경만 하고 있었다.

15분쯤 되었을 때, 한 참여자가 작은 목소리로 말했다. “저희는… 언제 얘기해요?”

공감이 편애가 되는 순간

그 한마디에 정신이 번쩍 들었다. 나는 시계를 봤다. 한 사람에게 15분을 쓴 것이다.

“아… 죄송합니다. 시간 가는 줄 몰랐네요.”

하지만 이미 늦었다. 다섯 번째 참여자가 자기 이야기를 시작했지만 분위기는 이미 깨졌다. 그는 10분도 채 말하지 못하고 서둘러 마무리했다. 여섯 번째 참여자는 아예 “저는 괜찮아요, 다음에 할게요”라고 했다.

세션이 끝나고 참여자들이 나갔다. 김 팀장님은 “정말 감사했습니다”라고 했다. 하지만 다른 참여자들의 표정은 미묘했다. 나는 그 표정의 의미를 곧 알게 되었다.

다음 날, HR 담당자에게서 연락이 왔다.

“어제 세션에 대해 몇 분이 피드백을 주셨는데요…”

가슴이 철렁했다.

“한 분에게만 너무 집중하신 것 같다고요. 다른 분들은 소외감을 느꼈대요. 그리고… 이게 그룹코칭인지 개인 상담인지 헷갈렸다는 의견도 있었고요.”

전화를 끊고 혼자 앉아 있었다. 그제야 내가 놓친 것을 깨닫게 되었다. 공감이라는 내 강점이, 그룹코칭에서는 오히려 약점이 될 수 있다는 것을. 한 사람에게 깊이 공감하는 것이 개인코칭에서는 미덕이지만, 그룹에서는 편애가 될 수 있다는 것을.

그룹코칭의 코치는 개인의 코치가 아니라 그룹 전체의 코치다. 한 사람의 이야기가 아무리 중요하고 감동적이어도, 다른 사람들을 소외시켜서는 안 된다. 개인의 문제를 '그 사람만의 문제'로 남기지 않고, 그룹 전체의 학습 기회로 전환해야 한다. 이 경험은 Chapter 5에서 다룬 '개인 이슈를 집단 학습으로 전환하는 기술'로 정제되었다.

노트에 적었다. "공감은 깊게, 개입은 적절하게." "한 사람의 문제를 그룹의 지혜로 풀어라." "코치가 답을 주지 말고, 그룹이 답을 찾도록 하라."

만약 그날 다시 돌아간다면 나는 이렇게 했을 것이다. 김 팀장님이 퇴사 고민을 털어놨을 때 5분 정도 깊이 들은 후 이렇게 물었을 것이다. "김 팀장님의 이 고민, 혹시 다른 분들도 비슷한 경험이 있으신가요?" 그러면 다른 참여자들이 자신의 경험을 나눴을 것이다. 한 사람의 문제가 그룹 전체의 주제가 되었을 것이다. 그리고 그 과정에서 김 팀장님은 내 조언이 아니라 동료들의 지혜를 통해 자신만의 답을 찾았을 것이다.

하지만 그날의 나는 그렇게 하지 못했다. 공감이라는 나의 강점에 취해서, 그룹코칭의 본질을 잊어버렸다.

혹시 여러분도 그룹코칭 중에 한 참여자의 이야기에 깊이 빠져들고 있진 않나요? 잠시 시계를 보세요. 그리고 다른 사람들의 표정을 살펴보세요.

핵심 교훈: '공감은 깊게, 개입은 적절하게'

한 사람의 문제를 그룹의 학습 기회로 전환하라.

저항을 무시하고 강행한 순간

첫 번째 실패에서 유연성을 배웠다. 두 번째 실패에서 그룹 전체를 보는 눈을 키웠다. '이제는 정말 괜찮아. 많이 성장했어.' 나는 다시 자신감을 되찾았다. 하지만 가장 근본적인 것을 아직 배우지 못했다.

또 다른 세션이었다. 어느 국내 금융사에서 신임 관리자 8명을 대상으로 한 그룹코칭 2세션. 주제는 "신뢰 형성"이었다. 나는 새로운 활동을 준비했다. "신뢰 게임"이라는 체험 활동이었다. 국내 코칭 컨퍼런스에서 배운 것인데, 100명이 함께 했을 때 얼마나 감동적이었는지. 두 사람이 짝을 이뤄서 등을 맞대고 서로를 지탱하는 활동이다.

"이제 신뢰 게임을 해보겠습니다. 두 분씩 짝을 지어주세요." 참여자들이 짝을 지었다. 나는 설명을 이어갔다. "두 분이 등을 맞대고 서주세요. 그리고 천천히 앉았다가 일어서는 거예요. 서로 의지하지 않으면 넘어지거든요. 이 활동을 5분 동안 해보겠습니다."

한 참여자가 손을 들었다. "이거⋯ 꼭 해야 하나요? 몸을 맞대는 게 좀 불편한데요."

나는 부드럽게 말했다. "처음엔 낯설게 느껴지실 수 있지만, 경험해보시면 정말 의미 있는 시간이 될 거예요."

다른 참여자가 말했다. "저는 몸 접촉이 정말 불편해서요. 다른 걸로 해도 될까요?"

이번에는 조금 주저했다. 하지만 나는 이 활동의 효과를 알고 있었다. 컨퍼런스에서의 감동이 선명했다. "괜찮아요. 금방 끝나니까 한번만 해보시죠. 정말 좋은 경험이 될 거예요."

참여자들이 마지못해 시작했다. 하지만 분위기가 이상했다. 등을 맞댄 사람들은 긴장해 있었고, 움직임은 어색했다. 앉으려다가 균형을 잃는 짝도 있었다. 서로 민망해하며 웃었지만, 그 웃음은 즐거움이 아니라 불편함의 표현이었다. 5분이 영원처럼 느껴졌다.

한 참여자가 단호하게 말했다. "저는 이제 그만하고 싶어요. 정말 불편해요." 그 순간, 나는 선택의 기로에 섰다. 멈출 것인가, 계속할 것인가. 나는 계속하기로 했다.

"조금만 더 해보세요. 이게 신뢰를 경험하는 가장 좋은 방법이에요."

좋은 의도라는 가면을 쓴 폭력

활동이 끝났다. 나는 디브리핑을 시작했다. "어떠셨어요? 등을 맞대고 서로를 의지한다는 게 어떤 느낌이었나요?"

침묵. 아무도 대답하지 않았다. 분위기는 얼어붙었다. 한 참여자가 마지못해 입을 열었다. "솔직히… 불편했어요. 신뢰보다는 불안이 더 컸어요."

다른 참여자가 덧붙였다. "저도요. 이게 정말 필요한 활동이었나 싶어요."

비로소 이해하게 되었다. 내가 방금 한 것은 교육이 아니라 강요였다는 것을. "좋은 의도"라는 가면을 쓰고 그들의 경계를 침범했다는 것을.

세션이 끝나고 혼자 남아 참여자들의 표정을 떠올렸다. 불편함, 저항, 실망. 이 경험을 통해 알게 되었다. 내가 "신뢰"를 가르치려다가 오히려 "불신"을 만들었다는 것을. 그들의 "No"를 존중하지 않음으로써 심리적 안전감을 무너뜨렸다는 것을.

코칭에서 가장 중요한 원칙은 고객의 자율성을 존중하는 것이다. 그들이 원하지 않는 것을 강요하지 않는 것이다. 그런데 나는 "이게 좋으니까"라는 이유로 그 원칙을 깨뜨렸다. 더 심각한 것은, 나 자신도 그것을 인식하지 못했다는 점이다. "좋은 의도"로 포장했기 때문에, 그것이 폭력이 될 수 있다는 것을 몰랐다.

노트에 적었다. "좋은 의도라고 해서 참여자의 의사를 무시할 권리는 없다." "저항은 존중받아야 할 신호다." "계획보다 사람이 우선이다."

만약 그날 다시 돌아간다면 나는 이렇게 했을 것이다. 첫 번째 참여자가 "몸 접촉이 불편하다"고 했을 때 즉시 멈추고 물었을 것이다. "그렇군요. 다른 분들은 어떠세요? 이 활동이 불편하신 분 계세요?" 그리고 대안을 제시했을 것이다. "그럼 몸 접촉 없이 신뢰를 경험할 수 있는 다른 방법을 함께 찾아볼까요?" 참여자들의 아이디어를 모았을 것이다. 그 과정 자체가 신뢰를 쌓는 경험이 되었을 것이다.

하지만 그날의 나는 그렇게 하지 못했다. "전문가"라는 권위에 기대어 참여자들의 불편함을 무시했다.

혹시 여러분도 "이게 효과적이니까"라는 이유로 참여자의 저항을 무시하고 있진 않나요? 멈추세요. 저항은 경청해야 할 신호입니다.

핵심 교훈: '저항은 존중받아야 할 신호다'
좋은 의도라도 참여자의 의사를 무시할 권리는 없다.

실패의 공통 패턴을 발견하다

세 번의 실패. 각각 다른 상황, 다른 사람들, 다른 맥락이었지만, 시간이 지나고 나서 돌아보니 하나의 실타래처럼 연결되어 있었다. 완벽한 계획서를 만들 때도, 한 사람에게 15분을 쏟을 때도, 신뢰 게임을 강행할 때도, 나는 같은 실수를 반복하고 있었다. 다만 그 형태가 달랐을 뿐이다.

세 가지 실패를 나란히 놓고 들여다봤다. 그리고 발견했다. 세 가지 실패에는 공통 패턴이 있었다.

첫째, 코치 중심적 사고. A4 10장의 계획서를 만들 때 나는 "내가 어떻게 진행할까"만 생각했다. 참여자들이 무엇을 원하는지, 어떤 속도로 나아가고 싶은지는 고려하지 않았다. 15분 동안 한 사람에게 집중할 때도 "내가 이 사람을 도와야 해"라고만 생각했다. 다른 5명이 어떻게 느끼는지는 보지 못했다. 신뢰 게임을 강행할 때도 "이게 효과적이니까"만 생각했다. 참여자들의 불편함은 "극복해야 할 저항"으로만 봤다.

모든 실패의 중심에는 "나"가 있었다. 나의 계획, 나의 의도, 나의 확신. 정작 중요한 "그들"은 없었다.

둘째, 통제 욕구. 10장의 계획서는 무엇이었나? 모든 것을 예측하고 통제하려는 시도였다. 3분, 5분, 10분… 모든 순간을 내가 정하려 했다. 15분의 개인 상담은 무엇이었나? 대화의 흐름을 내가 이끌려는 시도였다. 그룹의 자연스러운 역동성을 믿지 못하고 내가 개입해야 한다고 생각했다. 신뢰 게임 강행은 무엇이었나? 참여자들의 선택권을 내가 통제하려는 시도였다. 그들이 "No"라고 말할 권리를 인정하지 않았다.

나는 그룹을 신뢰하지 못했다. 그룹이 스스로 답을 찾을 수 있다는 것을, 그룹 안에 이미 지혜가 있다는 것을, 코치는 그저 촉진자일 뿐이라는 것을 믿지 못했다.

셋째, 완벽주의. 완벽한 계획서를 만들려 했던 것도, 한 사람의 문제를 완벽하게 해결하려 했던 것도, 검증된 활동을 완벽하게 실행하려 했던 것도, 모두 같은 뿌리에서 나왔다. "실수하면 안 돼."

이 두려움이 모든 것을 지배했다. A4 10장을 만들면서 나는 생각했다. '이 정도면 완벽해. 모든 상황을 다 준비했어.' 하지만 그 완벽함은 나를 위한 것이었다. 참여자들을 위한 게 아니었다. 완벽한 계획은 나의 불안을 덜어 줬지만 참여자들의 자유를 빼앗았다. 완벽한 공감은 '나는 좋은 코치야'라는 나의 정체성을 확인시켜줬지만 그룹의 균형을 무너뜨렸다. 완벽한 활동은 '나는 최신 기법을 알아'라는 나의 전문성을 증명해줬지만 참여자들의 경계를 침범했다.

완벽주의는 세 가지 얼굴로 나타났다. 첫 번째 얼굴은 '통제의 환상'이었다. 모든 것을 계획하면 모든 것을 통제할 수 있다고 믿었다. 하지만 그룹은 내 손안에 있지 않았다. 그룹은 살아있는 유기체였다. 예측 불가능하고, 역동적이며, 끊임없이 변화했다.

두 번째 얼굴은 '경계의 상실'이었다. 한 사람을 완벽하게 도우려다 다섯 사람을 잃어버렸다. 깊이와 폭, 둘 다 가질 수 없다는 것을 몰랐다. 그룹코칭에서는 적절한 깊이가 필요하다. 너무 깊이 들어가면 다른 사람들이 소외된다. 세 번째 얼굴은 '유연성의 부재'였다. 완벽한 활동을 완벽하게 실행하려다 참여자들의 목소리를 듣지 못했다. 계획이 사람보다 중요해졌다. 방법이 목적보다 우선되었다.

완벽주의는 나를 경직되게 만들었다. 유연함을 잃게 했다. 참여자들의 신호를 놓치게 했다. 그리고 무엇보다 실패를 두려워하게 만들었다. 하지만 지금 돌아보면, 그 실패들이야말로 내가 받은 가장 큰 선물이었다.

실패를 성장으로 전환하는 3단계

여러 해가 흘렀다. 그 실패들을 돌아보며 나는 하나의 프레임워크를 만들었다. 실패를 성장으로 전환하는 3단계. 이것은 단순한 이론이 아니라 내가 직접 걸어온 고통스럽지만 가치 있는 여정의 기록이다.

에드먼슨(2023)은 지능적 실패(Intelligent Failure)라는 개념을 제시했다. 이는 새로운 영역에 도전하는 과정에서 불가피하게 발생하며, 명확한 학습으로 이어지는 실패를 의미한다. 내 세 가지 실패 역시 지능적 실패의 전형이었다. 이제 그 실패들을 어떻게 성장으로 전환할 수 있었는지 나누고자 한다.

1단계: 인정하기(Acknowledgment)

가장 어려운 단계다. 특히 전문가로 인정받고 있을 때, 자신의 실패를 인정하기란 쉽지 않다. 첫 세션 실패 후 나는 변명을 찾았다. "참여자들이 준비가 안 되어 있었어." "시간이 부족했어." "환경이 좋지 않았어."

하지만 진실은 달랐다. 내가 준비가 안 되어 있었다. 그룹코칭에 대한 이해가 부족했다. 참여자 중심이 아니라 코치 중심으로 접근했다. 인정의 순간은 고통스럽다. "내가 잘못했다"를 인정하는 것은 자존심에 상처를 준다. 특히 오랜 경력의 전문 코치에게는 더욱 그렇다.

하지만 인정하지 않으면 배울 수 없다. 변명하는 순간, 성장은 멈춘다. 나는 노트에 적었다. "나는 완벽하지 않다." "나는 여전히 배우고 있다." "실패는 끝이 아니라 과정이다."

이 문장들을 쓰는 것만으로도 어깨가 가벼워졌다. 완벽해야 한다는 짐을 내려놓는 것, 그것이 진짜 성장의 시작이었다.

2단계: 분석하기(Analysis)

인정했다면 이제 분석할 차례다. 왜 실패했는가? 무엇이 잘못되었는가?

그룹코칭 SPARK

어떻게 개선할 수 있는가? 나는 실패한 세션들을 하나씩 펼쳐놓고 분석했다. 마치 과학자가 실험 결과를 분석하듯이.

완벽주의 함정의 경우, 문제는 과도한 계획, 경직된 진행, 참여자 신호 무시였다. 원인은 통제 욕구, 불안, 그룹 역동성에 대한 이해 부족이었다. 교훈은 명확했다. 계획은 나침반이지 지도가 아니다. 유연성이 핵심이다.

감정적 개입의 경우, 문제는 한 사람에게 과도한 시간 할애, 다른 참여자 소외였다. 원인은 개인코칭 습관, 공감 과잉, 그룹 전체 관점 부족이었다. 교훈은 한 사람의 문제를 그룹의 학습으로 전환하라는 것이었다.

저항 무시의 경우, 문제는 참여자 의사 무시, 활동 강행, 심리적 안전감 파괴였다. 원인은 전문가 권위 의존, 좋은 의도의 함정, 참여자 자율성 경시였다. 교훈은 저항은 존중받아야 할 신호라는 것이었다.

분석하면서 발견한 것이 있다. 모든 실패에는 선물이 숨어 있었다. 완벽주의 함정은 유연성의 중요성을 가르쳐줬다. 감정적 개입은 그룹 전체를 보는 눈을 키워줬다. 저항 무시는 참여자 자율성의 소중함을 일깨워줬다.

만약 이 실패들이 없었다면? 나는 여전히 같은 방식으로 그룹코칭을 했을 것이다. 그리고 같은 실패를 반복했을 것이다. 실패는 가혹한 스승이지만, 가장 정직한 스승이기도 하다.

3단계: 적용하기(Application)

인정하고 분석했다면, 이제 적용할 차례다. 배운 것을 실제로 써먹는 것. 이것이 가장 중요하다. MBA 과정을 진행하면서, 나는 과거의 실패에서 배운 것들을 하나씩 적용했다.

6주차, 첫 실습 전이었다. 학생들이 불안해했다. "처음 하다 보니까… 90분이라는 걸 보고 불안감이…" 과거의 나였다면 "계획대로 하세요"라고 했을 것이다. 하지만 이번에는 달랐다.

"우리가 굉장히 안전한 공간이기 때문에 편안하게 하세요. 완벽할 필요 없어요. 실패해도 괜찮아요. 그게 배움이니까."

그리고 실제로 한 학생이 실습 중 막혔을 때, 나는 즉시 개입하지 않았다. 그 침묵을 견뎠다. 그리고 다른 학생들에게 물었다. "지금 이 상황에서 우리가 어떻게 도울 수 있을까요?" 그룹이 스스로 답을 찾도록 했다.

7주차, 한 학생이 실습에서 한 참여자에게 너무 오래 시간을 할애했다. 과거의 나와 똑같은 실수였다. 디브리핑 시간에 나는 그 학생에게 "잘못했어요"라고 말하지 않았다. 대신 물었다. "오늘 세션에서 무엇을 발견하셨나요?" 그가 스스로 깨닫도록 했다. 그리고 다른 학생들이 건설적인 피드백을 주도록 촉진했다.

12주차, 한 학생이 참여자들이 불편해하는 활동을 계속하려 했다. 나는 즉시 멈추게 하고 물었다. "지금 참여자들의 반응을 보셨나요? 그들이 무엇을 말하고 있나요?" 그 순간이 그 학생에게는 가장 중요한 학습이 되었다.

실패를 통해 배운 교훈들을 15주 동안 하나씩 적용하면서 나는 비로소 깨달았다. 실패는 끝이 아니라 시작이다. 완벽한 코치는 없다. 끊임없이 배우고, 실패하고, 다시 일어서는 코치만 있을 뿐이다.

그리고 지금 이 글을 읽는 여러분에게 말하고 싶다. "여러분도 실패할 것입니다. 아니, 실패해야 합니다. 그 실패가 여러분을 진짜 코치로 만들 것이기 때문입니다."

실패 너머의 선물

이 세 가지 실패 이후, 나의 그룹코칭은 완전히 달라졌다.

계획서는 A4 10장에서 3장으로 줄었다. 하지만 세션의 질은 오히려 높아졌다. 왜냐하면 나는 계획이 아니라 사람을 보게 되었기 때문이다.

한 사람에게 15분을 쏟는 대신, 그 사람의 이야기를 그룹 전체의 주제로 연결하는 법을 배웠다. 그 결과 모두가 자신의 이야기로 느끼게 되었고, 집단지성이 발현되었다.

참여자의 저항을 만났을 때, 그것을 극복해야 할 장애물이 아니라 존중해야 할 신호로 보게 되었다. 그 결과 심리적 안전감이 높아졌고, 참여자들은 더 솔직해졌다.

무엇보다 중요한 변화는, 나 자신이 완벽하지 않아도 괜찮다는 것을 받아들이게 되었다는 점이다. 실수를 두려워하지 않게 되자, 오히려 참여자들도 더 편안해했다. 코치가 완벽할 때보다, 코치가 진정성 있을 때 사람들은 더 깊이 연결된다.

독자 여러분도 첫 그룹코칭을 앞두고 있다면, 혹은 이미 진행 중이지만 뭔가 잘 안 된다고 느낀다면, 이것만은 기억하자. 실패는 여러분이 성장하고 있다는 증거다. 완벽한 계획보다 유연한 마음이, 화려한 기법보다 진정성 있는 태도가, 많은 지식보다 참여자를 향한 깊은 존중이 훨씬 중요하다.

나의 실패가 여러분의 성장을 앞당기길 바란다. 그리고 여러분의 실패가 또 다른 누군가의 성장을 돕기를 바란다. 그렇게 우리 모두는 함께 성장한다.

이제 이어지는 섹션에서, 이 실패들을 성장으로 바꾸는 구체적인 시스템을 함께 만들어보겠다. 여러분의 실패 유형을 진단하고, 기본기를 갈고닦으며, 나다운 코칭 스타일을 찾는 여정으로 함께 떠나보자.

11-2 실패를 성장으로 바꾸는 통합 시스템

(실패의 유형학 – 나는 어떤 실패를 반복하는가?)

그룹코칭 실패의 이론적 토대

그룹코칭 실패에는 이론적 토대가 있다. Chapter 11-1에서 언급한 에드먼슨의 지능적 실패 개념은 실패를 학습 기회로 전환하는 출발점을 제공한다. 여기에 데이비드 콥(David Kolb, 1984)의 경험학습이론 — 구체적 경험, 성찰적 관찰, 추상적 개념화, 능동적 실험의 순환 — 은 실패 경험을 성찰과 실험으로 이어가는 학습 프로세스를 설명해준다. 그리고 아지리스의 단일고리학습과 이중고리학습은 코치가 표면적 행동 수정을 넘어, 내면의 근본 가정 — 통제에 대한 믿음, 불안에 대한 반응, 판단의 틀, 전문가 정체성, 공감의 과잉, 권위에 대한 의존 — 까지 들여다보고 성찰할 수 있도록 이끈다. 세 이론이 함께 작용할 때, 여섯 가지 실패 유형은 단순한 행동 패턴이 아니라 코치의 내적 세계를 드러내는 창이 된다.

Chapter 11-1에서 나눈 세 가지 실패 이야기를 돌이켜보며, 나는 흥미로운 패턴을 발견했다. 그룹코칭 현장에서 반복적으로 나타나는 실패들은 놀랍게도 몇 가지 유형으로 수렴된다. 마치 지문처럼, 각자의 실패에는 고유한 패턴이 있다.

많은 코치들이 비슷한 경험을 한다. "저는 첫 세션에서 계획서를 5장이나 만들었어요." 혹은 "계획은 거의 없었는데, 참여자들이 싸우기 시작하자 아무 개입도 못했어요."

같은 '실패'지만 완전히 다른 양상이다. 나는 수년간 다양한 코치들의 이야기를 모으고 분석하며 6가지 실패 유형을 발견했다. 우리는 어떤 유형에 가까운가?

여섯 가지 실패 유형

첫 번째, 통제형 실패. 완벽주의 함정에 빠진 첫 세션이 전형적인 통제형이다. A4 10장의 계획서, 2~3분 단위로 쪼갠 타임라인, 9명을 위한 치밀한 설계. 모든 것을 예측하고 통제하려는 시도였다. 통제형 코치의 특징은 "내가 주도해야 한다"는 믿음이다. 그룹의 침묵이 불편하다. 예상 밖의 상황이 두렵다. 그래서 끊임없이 개입하고, 설명하고, 이끌려 한다.

그룹코칭 경험이 적은 한 코치는 6주 과정의 매 세션을 PPT 30장으로 구조화했다. 3세션에서 참여자들이 자발적으로 토론을 시작하자, 코치는 "다음 슬라이드로 넘어가야 합니다"라며 토론을 중단시켰다. 참여자들의 에너지는 꺾였고, 세션은 강의로 전락했다.

하지만 역설적이게도, 통제할수록 그룹은 수동적이 된다. 에너지가 죽는다. MBA 과정에서 한 학생은 "제가 30분 동안 말했는데, 참여자들은 10분밖에 안 말했어요. 그게 그룹코칭인가요?"라고 물었다.

자가 진단 질문:

- 참여자가 예상 밖의 질문이나 주제를 꺼낼 때, 나는 불안을 느끼는가?
- 세션 계획이 틀어지면, 나는 실패했다고 느끼는가?
- 침묵이나 예상치 못한 흐름을 견디기 어려운가?

두 번째, 불안형 실패. 이는 통제형과 비슷해 보이지만 다르다. 통제형이 "내가 이끌어야 해"라면, 불안형은 "내가 실수하면 어쩌지"다. 앞에서 다룬

10장의 계획서가 대표적인 예다. 그것은 준비가 아니라 불안의 산물이었다. 완벽해야 한다는 강박, 참여자들의 평가에 대한 두려움, 침묵을 견디지 못하는 불안.

한 경력 5년 차 코치는 첫 기업 그룹코칭을 앞두고 밤을 새워 50페이지 가이드를 작성했다. 세션 중 한 참여자가 "좀 더 자유롭게 진행하면 안 될까요?"라고 제안했을 때, 코치는 "제가 준비한 프로세스가 효과적입니다"라며 거절했다. 세션 후 코치 자신은 탈진했고, 참여자들은 경직된 분위기에 불만을 표했다.

MBA 과정에서 한 학생은 세션 내내 "괜찮으세요?", "이해되셨어요?", "더 설명할까요?"를 반복했다. 참여자들은 나중에 말했다. "코치가 너무 불안해 보여서 우리가 오히려 조심스러웠어요."

자가 진단 질문:

- 세션 전날 밤, 나는 잠을 설치거나 계획을 반복적으로 검토하는가?
- 참여자의 질문에 즉각 답하지 못하면, 나는 무능하다고 느끼는가?
- 세션 후 디브리핑에서 주로 '내가 못한 것'에 집중하는가?

세 번째, 판단형 실패. 저항을 무시하고 강행한 순간과 연결된다. 참여자의 저항을 "극복해야 할 것"으로 본다. "이 방법이 효과적인데 왜 안 하려고 하지?" 참여자의 불편함을 "아직 이해하지 못해서"라고 해석한다. 판단형 코치는 선의로 가득하지만, 그 선의가 오히려 참여자의 자율성을 침해한다. "여러분을 위한 거예요"라는 말 뒤에 숨은 것은 "내 방식이 옳아요"다. 한 그룹코칭에서, 코치는 참여자 한 명이 조용히 앉아 있는 것을 보고 '소극적 성향'으로 판단했다. 세션 중 "좀 더 적극적으로 참여해보시겠어요?"라고 말했는데, 알고 보니 그 참여자는 깊이 경청하고 있었고, 판단적 질문에 상처를 받았다.

자가 진단 질문:

- 참여자가 말할 때, 나는 그 내용보다 '이 사람은 왜 저렇게 말할까'를 먼저 생각하는가?
- 참여자에게 질문할 때, "왜 그렇게 생각하세요?"보다 "제가 보기엔 ~인 것 같은데요"라는 말을 더 자주 하는가?
- 세션 후 참여자에 대해 '이 사람은 ~한 유형'이라고 정의하는가?

네 번째, 해답형 실패. 이는 경험 많은 코치들에게 자주 나타난다. 참여자가 문제를 꺼내면, 즉시 해결책을 제시한다. "제 경험으로는요…", "이렇게 해보시면 어떨까요?" 개인코칭에서는 상황에 따라 효과적일 수 있다. 하지만 그룹코칭에서는 독이 된다. 코치가 답을 주는 순간, 그룹의 집단지성이 작동할 기회가 사라진다.

한 금융사 6주 과정 2세션, 한 참여자가 "팀원과의 갈등이 힘들어요"라고 털어놨다. 코치는 즉시 "갈등 해결의 5단계는…"이라며 10분간 강의를 시작했다. 다른 참여자들은 구경만 했고, 그룹의 집단지성은 작동하지 않았다. 다른 참여자들은 "코치가 알아서 하겠지" 하며 뒤로 물러선다.

자가 진단 질문:

- 참여자가 어려움을 나눌 때, 나는 즉시 해결책을 떠올리는가?

- 나는 질문보다 조언을 더 자주 하는가?
- 참여자가 스스로 답을 찾는 과정을 견디기 어려운가?

다섯 번째, 편애형 실패. 감정적 개입으로 균형을 잃은 시간이었다. 김 팀장의 퇴사 고민에 15분 이상을 할애하며 다른 참여자들을 구경꾼으로 만든 순간이다. 한 참여자에게 과도하게 시간을 할애한다. 특별히 고민이 깊어 보이거나, 감정적으로 힘들어하거나, 나와 잘 맞는 사람에게 끌린다. 한 제조업체 8명의 그룹코칭에서, 코치는 한 참여자의 팀 갈등 고민을 듣고 깊이 공감했다. 20분 넘게 일대일 대화를 이어갔고, 다른 참여자들은 불편한 침묵 속에 앉아 있었다. 세션 후 한 참여자가 HR 담당자에게 "이게 그룹코칭인가요, 개인 상담인가요?"라고 물었다.

코치 자신은 깊은 공감을 하고 있다고 느끼지만, 다른 참여자들은 소외감을 느낀다. "왜 저 사람만 계속 신경 쓰지?" 그룹의 균형이 무너진다.

자가 진단 질문:
- 한 참여자가 감정적으로 어려운 이야기를 나눌 때, 나는 시간 감각을 잃는가?
- 세션 중 다른 참여자들의 표정과 에너지를 체크하는가?
- 나는 개인코칭과 그룹코칭의 차이를 명확히 인식하는가?

여섯 번째, 권위형 실패. 이는 미묘한 유형이다. 겉으로는 참여자 중심을 표방하지만, 실제로는 전문가 권위에 기댄다. "제가 코칭을 10년 했는데요…", "연구 결과에 따르면…" 참여자들이 다른 의견을 내면 은근히 무시

그룹코칭 SPARK

한다. 자신의 방식에 확신이 있어서, 참여자들의 피드백을 진지하게 받아들이지 않는다.

한 IT기업 신입 관리자 대상 그룹코칭에서, 코치는 신뢰 형성을 위해 "눈 마주치고 3분간 침묵하기" 활동을 계획했다. 참여자 여럿이 "불편해요"라고 했지만, 코치는 "이런 불편함을 넘어서야 성장합니다"라며 강행했다. 세션 후 참여자들은 코치에 대한 신뢰를 잃었고, 심리적 안전감은 무너졌다.

자가 진단 질문:

- 참여자가 "이거 안 하고 싶어요"라고 말할 때, 나는 "그래도 해보세요"라고 설득하는가?
- 나는 "코치는 이끄는 사람"이라고 생각하는가?
- 참여자의 저항을 "극복해야 할 것"으로 보는가?

우리는 어느 유형에 가까운가? 아마 하나의 유형이 아니라, 여러 유형이 섞여 있을 것이다. 나 역시 그랬다. 통제형이면서 동시에 불안형이었고, 때로는 편애형이 되었다가 판단형이 되기도 했다. 중요한 것은 자신의 패턴을 아는 것이다.

스스로를 진단해보자. 지난 세션을 떠올려보라. 가장 불편했던 순간은 언제였나? 그때 우리는 어떻게 반응했나? 참여자들의 에너지가 떨어진 순간은 언제였나? 만약 그 세션을 다시 한다면, 무엇을 다르게 하고 싶은가?

실패 유형을 아는 것은 자신을 비난하기 위함이 아니다. 알아차림을 위함이다. 알아차리는 순간, 선택이 생긴다. 통제형 코치는 침묵을 견디는 연습을 할 수 있다. 불안형 코치는 자신의 불안을 인정하고 참여자들과 나눌 수 있다. 판단형 코치는 저항을 존중하는 법을 배울 수 있다.

우리의 실패 유형은 무엇인가? 지금 노트를 꺼내 적어보자. 그리고 이렇게 물어보자. "이 유형이 내게 가르쳐주려는 것은 무엇인가?"

실패 친화적 학습 환경 만들기

실패 유형을 안다고 해서 실패가 사라지지는 않는다. 오히려 계속 반복된다. 중요한 것은 실패를 어떻게 다루느냐다. 그리고 그것은 혼자서는 어렵다. 실패 친화적인 학습 환경이 필요하다.

MBA 과정 6주차, 첫 실습 날이었다. 참여자들은 불안해했다. "90분을 어떻게 채우지?", "만약 아무도 말을 안 하면?" 나는 세션 시작 전에 이렇게 말했다.

"오늘 여러분은 실패할 겁니다. 그리고 그게 정상입니다. 첫 그룹코칭에서 완벽할 수는 없어요. 저도 못했고, 어떤 코치도 못했어요. 오늘의 목표는 '잘하는 것'이 아니라 '배우는 것'입니다. 실패하세요. 그리고 그 실패에서 무엇을 배웠는지 나눠주세요."

한 학생이 손을 들었다. "그럼… 정말 막히면 어떻게 해요?"

"여기 있는 우리 모두에게 도움을 요청하세요. '지금 막혔어요. 어떻게 하면 좋을까요?' 그 순간 자체가 학습이에요."

첫 실습이 시작되었다. 예상대로 학생들은 막혔다. 어떤 학생은 자기소개만 30분을 썼다. 어떤 학생은 침묵을 견디지 못하고 계속 설명했다. 어떤 학생은 한 참여자의 이야기에 빠져서 다른 학생들을 잊었다.

하지만 예상치 못한 변화가 시작되었다. 한 학생이 25분쯤 되었을 때 말했다. "죄송한데요, 제가 지금 너무 긴장해서 계속 말만 하고 있는 것 같아요.

그룹코칭 SPARK

여러분은 어떠세요?" 참여자들이 웃으며 대답했다. "우리도 긴장했어요. 근데 이렇게 솔직하게 말씀하시니까 오히려 편해지네요."

그 순간이 전환점이었다. 코치가 완벽하지 않아도 괜찮다는 것을, 실패를 인정해도 신뢰가 무너지지 않는다는 것을 그 학생도 경험했다.

실패 친화적 학습 환경을 만드는 세 가지 핵심이 있다.

첫째, 실패를 공개하는 문화를 만들어가는 것이다. 나는 매 수업마다 내 실패 이야기를 나눴다. Chapter 11-1의 세 가지 실패는 물론이고, 지난주에 겪은 작은 실패들도. "어제 기업 세션에서 제가 또 통제형 함정에 빠졌어요. 참여자가 침묵하자 견디지 못하고 제가 계속 말했거든요." 학생들은 처음엔 놀라워했다. "교수님도 그러세요?" 하지만 점차 안심했다. "나만 그런 게 아니구나." 그리고 자신의 실패도 기꺼이 나누기 시작했다.

둘째, 실패를 해체하는 과정이 필요하다. 누군가 실패를 나누면, 우리는 함께 분석했다. 비난이나 평가 없이, 순수한 호기심으로. "그 순간 무슨 생각이 들었어요?", "참여자들의 반응은 어땠나요?", "만약 다시 한다면?" 실패를 해체하다 보면, 그 안에 숨은 패턴이 보인다. 그리고 대안이 보인다. 한 학생이 말했다. "제 실패를 이렇게 깊이 들여다본 적이 없었어요. 항상 '내가 못했다'로 끝났는데, 지금은 '다음엔 이렇게 해보면 되겠다'가 보여요."

셋째, 실패를 실험으로 전환한다. 매 실습 후 디브리핑에서, 학생들은 다음 주 실험 과제를 정했다. "저는 다음 세션에서 침묵을 30초 이상 견디기를 실험해볼게요." "저는 질문을 5개 이하로 제한하고, 참여자들끼리 대화하게 해볼게요." 실패가 아니라 실험이라고 프레이밍하니, 부담이 줄었다. 실험은 성공하거나 실패하는 게 아니라, 배우는 것이다.

이 세 가지를 실천하려면 심리적 안전감이 필수다. 에드먼슨이 말했듯, 심리적 안전감은 '실수해도 괜찮다'는 믿음이 아니라 '실수를 공유해도 처벌받지 않는다'는 신뢰다.

나는 첫 수업에서 이렇게 말했다. "이 강의실에는 세 가지 규칙이 있습니다. 첫째, 실패는 환영받습니다. 둘째, 판단은 금지됩니다. 셋째, 배움은 공유됩니다." 15주 동안, 이 규칙을 지키기 위해 노력했다. 누군가 실패를 나누면 "용기 내주셔서 감사합니다"라고 했다. 누군가 다른 사람을 판단하면 부드럽게 개입했다. "그 순간 그분은 최선을 다했을 거예요. 우리는 어떻게 도울 수 있을까요?"

우리 모두 지금 어떤 학습 환경에 있는가? 만약 혼자 그룹코칭을 배우고 있다면, 동료를 찾아보는 것은 어떨까. 함께 실패를 나누고, 서로의 세션을 관찰해주고, 솔직한 피드백을 주고받을 수 있는 사람. 만약 조직에서 그룹코칭을 도입하려 한다면, 먼저 실패 친화적 문화를 만들어보면 좋겠다. 완벽한 첫 세션보다, 솔직한 실패 공유가 훨씬 더 많은 것을 가르쳐준다.

전문 코치의 기본기 마스터리(1): 경청의 3단계

실패 유형을 알고, 안전한 환경을 만들었다면, 이제 기본기를 다질 차례다. 그룹코칭의 기본기는 세 가지다. 경청, 질문, 피드백. 이 세 가지 없이는 어떤 기법도, 프레임워크도 작동하지 않는다.

먼저 경청부터 시작하자. 우리는 진짜 듣고 있는가?

한 학생이 실습 영상을 보며 충격을 받았다. "저… 하나도 안 듣고 있었어요. 참여자가 말하는 동안 제 표정을 보세요. 다음에 뭐 물어볼지 생각하고 있는 게 얼굴에 다 나와요."

우리는 대부분 '듣는다'고 생각하지만, 실제로는 '다음 말을 준비한다'. 참여자가 말하는 동안, 코치의 머릿속에서는 이런 생각이 돈다. '이 사람 말이 너무 길어. 언제 끝나지?', '아, 저 문제는 내가 아는데, 이렇게 조언해줘야겠어.', '다른 사람들도 시간을 줘야 하는데.'

진짜 경청에는 세 단계가 있다.

1단계: 말 듣기. 가장 기본이지만 생각보다 어렵다. 참여자가 하는 '말' 자체를 듣는 것. 내용, 맥락, 구조. 이를 위해서는 내 생각을 멈춰야 한다. 판단을 멈추고, 해결책을 떠올리지 말고, 그냥 듣는다.

한 학생이 물었다. "그럼 아무 생각도 하지 말라는 건가요?" 아니다. 생각을 하되, 참여자에 대한 생각을 한다. '이 사람이 지금 무슨 말을 하고 있지?', '이 이야기의 핵심은 뭐지?', '이 사람이 정말 하고 싶은 말은 뭘까?'

1단계 경청의 일상 훈련법: 오늘부터 일주일 동안, 하루에 한 번씩 누군가와 5분 대화를 나눠보자. 그리고 이 규칙을 지켜보자. 상대방이 말하는 동안, 절대 끼어들지 않는다. 조언하지 않는다. 자기 이야기로 연결하지 않는다. 오직 듣기만 한다. 5분 후, 상대방에게 물어보자. "제가 잘 들었나요?" 놀라운 변화를 경험할 것이다.

2단계: 감정 듣기. 말 뒤에 숨은 감정을 듣는다. 같은 내용이라도 어떤 감정으로 말하는지에 따라 의미가 완전히 달라진다. "팀원들이 제 말을 안 들어요"라는 말, 이것이 분노인가, 슬픔인가, 무력감인가? 감정을 듣지 못하면 표면만 다룬다.

한 세션에서, 한 참여자가 말했다. "요즘 일이 너무 많아요. 근데 괜찮아요." 대부분의 코치는 "괜찮다"에 초점을 맞춘다. 하지만 나는 그의 목소리에서 피로를 들었다. 어깨에서 무게를 보았다. 나는 물었다. "일이 많은

데 괜찮다고 하셨는데… 정말 괜찮으세요?" 그가 잠시 침묵하더니 말했다. "사실… 괜찮지 않아요. 근데 제가 팀장인데 힘들다고 말하면 안 될 것 같아서요."

감정을 듣는 것은 말의 내용과 말투, 표정, 몸짓 사이의 불일치를 포착하는 것이다. "괜찮아요"라고 말하지만 눈이 촉촉해지는 사람. "화 안 나요"라고 말하지만 주먹을 쥐고 있는 사람. 그 틈새에 진실이 숨어 있다.

2단계 경청의 일상 훈련법: 다음 세션에서 한 참여자를 정해 그 사람의 '말'이 아니라 '감정'만 추적해보는 것은 어떨까. 그가 어떤 감정으로 말하는지, 그 감정이 어떻게 변하는지. 그리고 세션 후 노트에 적어보자. "오늘 김 팀장은 불안 → 안도 → 슬픔 → 희망의 여정을 거쳤다." 감정의 흐름을 읽을 수 있게 되면, 개입의 타이밍도 보인다.

3단계: 침묵 듣기. 가장 어려운 단계다. 말하지 않는 것을 듣는다. 침묵에는 여러 종류가 있다. 생각하는 침묵, 불편한 침묵, 저항하는 침묵, 깊이 느끼는 침묵. 초보 코치는 침묵을 두려워한다. 그래서 재빨리 채우려 한다. 하지만 숙련된 코치는 침묵을 환영한다. 침묵이 말보다 더 많은 것을 말하기 때문이다.

한 세션에서, 내가 물었다. "오늘 우리가 나눈 이야기 중에서, 가장 마음에 남는 것은 무엇인가요?" 침묵이 흘렀다. 10초, 20초, 30초. 예전의 나였다면 견디지 못하고 다른 질문을 던졌을 것이다. 하지만 나는 기다렸다. 그리고 40초쯤 되었을 때, 한 참여자가 조용히 말했다. "사실… 저는 오늘 여기 오기 싫었어요. 회사를 그만두고 싶다는 생각뿐이었거든요. 근데 여러분 이야기를 듣다 보니… 나만 그런 게 아니구나 싶어서… 조금 위로가 됐어요." 만약 내가 침묵을 채웠다면, 이 진실은 나오지 않았을 것이다.

침묵을 듣는다는 것은 침묵이 익을 때까지 기다리는 것이다. 그리고 그 침묵이 무슨 침묵인지 느끼는 것이다. 국제코칭연맹(ICF)에서 강조하는 '코칭 현존(Coaching Presence)'은 바로 이 순간을 가리킨다. 침묵을 듣는 행위는 단순히 기다리는 것이 아니라, 코치가 그룹의 에너지 장(Field)에 온전히 머물며, 지금 이 순간 그룹 안에서 무엇이 일어나고 있는지를 온몸으로 감지하는 고도의 현존이다. 생각하는 침묵이라면 더 기다려보자. 불편한 침묵이라면 그 불편함을 이름 붙여보자. "지금 조금 어색한가요?" 저항하는 침묵이라면 존중해보자. "말하고 싶지 않으시면 괜찮아요."

3단계 경청의 일상 훈련법: 다음 세션에서, 의도적으로 침묵을 만들어보면 어떨까. 질문을 던진 후, 30초를 센다. 누군가 대답하더라도, 또 5초를 기다린다. 종종 가장 중요한 말이 '첫 번째 답' 다음에 나온다. 그리고 매 세션 후, "오늘 침묵에서 무엇을 들었는가?"를 기록해보자.

경청의 3단계를 훈련하는 것은 근육을 키우는 것과 같다. 처음엔 어색하고 힘들다. 하지만 매일 조금씩 연습하다 보면, 어느새 자연스러워진다. 그리고 놀라운 변화가 일어난다. 참여자들이 더 깊이 말하기 시작한다. 더 솔직해진다. 왜냐하면 그들이 느끼기 때문이다. '이 사람은 정말 듣고 있구나.'

한 학생이 15주차 마지막 수업 후 말했다. "처음엔 경청이 뭐 별거 있나 싶었어요. 그냥 듣기만 하면 되는 거 아닌가? 근데 3단계를 훈련하면서 깨달았어요. 제가 평생 단 한 번도 제대로 들어본 적이 없다는 걸. 이제는 일상에서도 달라졌어요. 아내와 아이가 말할 때 제가 정말 듣고 있다는 걸 느껴요."

경청은 기술이 아니라 태도다. 상대방을 향한 깊은 존중, 호기심, 현존. 우리가 진짜 듣기 시작하면, 그룹이 달라진다.

전문 코치의 기본기 마스터리(2): 질문의 5단계

경청이 듣는 기술이라면, 질문은 여는 기술이다. 좋은 질문은 참여차의 생각을 열고, 감정을 열고, 가능성을 연다. 나쁜 질문은 닫는다.

질문의 5단계를 시작하기 전에, 먼저 Chapter 5-4에서 다룬 DEEP 탐구법과의 차이를 명확히 해야 한다.

DEEP 탐구법은 그룹코칭 세션 중 Realize 단계에서 그룹 전체가 함께 진행하는 집단 탐구 프로세스다. 60분 동안 Discover → Explore → Evaluate → Plan 네 단계를 거치며, 참여자 전체가 공통 실행 과제를 도출한다. 코치는 촉진자 역할을 하며, 집단지성을 실현하는 것이 목적이다.

반면 질문 5단계는 코치 개인이 일상에서 훈련하고 마스터해야 할 질문 기본기다. 세션 밖에서 매일 반복 훈련하며, 다양한 상황에서 적절한 질문을 구사할 수 있도록 코치의 질문 능력을 향상시키는 것이 목적이다.

쉽게 말하면, DEEP 탐구법은 그룹을 위한 집단 탐구 도구이고, 질문 5단계는 코치를 위한 개인 질문 스킬이다. DEEP 탐구법이 그룹 전체의 집단지성을 여는 구조라면, 5단계 질문법은 코치 개인의 질문 근육을 키우는 훈련이다. 개인의 질문 근육이 단단해질 때, 그룹의 집단지성이 비로소 유연하게 흐를 수 있다.

한 학생이 실습에서 이렇게 물었다. "왜 그렇게 생각하세요?" 참여자가 대답했다. "그냥요." 대화가 막혔다. 디브리핑 시간에 내가 물었다. "만약 '왜' 가 아니라 '무엇'으로 물었다면 어땠을까요? '그렇게 생각하시게 된 계기가 무엇인가요?'" 학생이 눈이 커졌다. "완전히 다르네요!"

질문에는 5단계가 있다. 각 단계마다 목적이 다르고, 타이밍이 다르고, 효과가 다르다.

1단계: 여는 질문. 대화의 문을 여는 질문이다. 답이 정해져 있지 않다. 참여자가 자유롭게 탐색할 수 있다. "오늘 어떤 이야기를 나누고 싶으세요?", "지난 한 주는 어떠셨나요?", "이 주제에 대해 어떻게 생각하세요?" 여는 질문의 핵심은 '예/아니오'로 답할 수 없는 것이다.

실전 질문 예시:

- "오늘 어떤 경험을 나누고 싶으신가요?"
- "오늘 대화에서 무엇을 얻어가고 싶으세요?"
- "지금 가장 마음에 걸리는 것은 무엇인가요?"
- "요즘 어떻게 지내고 계신가요?"
- "지난 한 주는 어떠셨나요?"

2단계: 구체화 질문. 여는 질문으로 이야기가 시작되면, 이제 깊이를 더한다. 모호한 것을 구체적으로 만든다. "힘들다"는 무슨 의미인가? "변화하고 싶다"는 구체적으로 무엇을 변화하고 싶은가?

한 참여자가 말했다. "팀원들과 소통이 잘 안 돼요." 나는 물었다. "소통이 잘 안 된다는 건 구체적으로 어떤 상황인가요?" "음… 제가 말을 해도 반응이 없어요." "반응이 없다는 건?" "그냥… 고개만 끄덕이고, 질문도 안 하고, 나중에 다시 물어봐요." 이제 문제가 구체적으로 보인다.

구체화 질문은 참여자가 자신의 경험을 선명하게 보도록 돕는다. 참여자가 구체적으로 말할수록, 다른 참여자들도 더 잘 이해하고 공감한다.

실전 질문 예시:

- "구체적으로 어떤 상황이었나요?"
- "예를 들어 설명해주실 수 있나요?"
- "그때 정확히 무슨 말을 하셨나요?"
- "그 감정을 0점에서 10점으로 표현하면 몇 점인가요?"
- "가장 기억에 남는 장면 하나를 떠올려주세요."

3단계: 도전 질문. 이제 참여자의 생각을 확장한다. 다른 관점, 다른 가능성을 탐색하도록 초대한다. 하지만 조심해야 한다. 도전 질문은 잘못하면 판단이나 비난처럼 들릴 수 있다.

한 참여자가 말했다. "저는 원래 이런 사람이에요. 못 바뀌죠." 나는 물었다. "만약 바뀔 수 있다면, 어떤 모습이고 싶으세요?" "글쎄요⋯ 생각해본 적 없어요." "그럼 지금 한번 상상해보시겠어요? 1년 후, 당신이 바뀐 모습은 어떨까요?" 잠시 침묵이 흘렀다. "음⋯ 아마⋯ 좀 더 여유 있게 팀원들 얘기를 들어줄 수 있을 것 같아요."

도전 질문은 참여자의 생각 틀을 깨는 질문이다. "원래 그래"라는 고정관념, "못 해"라는 자기 제한, "다른 방법은 없어"라는 편협함을 깨뜨린다. 하지만 강요하지 않는다. 초대한다. "혹시 다른 방법도 있을까요?", "만약 ~라면 어떨까요?"

실전 질문 예시:

- "혹시 다른 방식으로 볼 수도 있을까요?"
- "만약 상대방 입장이라면 어떨까요?"

- "가장 좋은 경우는 어떤 모습일까요?"

- "이 문제를 해결한다면 무엇이 달라질까요?"

- "만약 두려움이 없다면 무엇을 하시겠어요?"

4단계: 행동 질문. 생각과 감정을 탐색했다면, 이제 행동으로 연결한다. "그래서 어떻게 하실 건가요?" 하지만 이 질문도 타이밍이 중요하다. 너무 빨리 행동으로 가면, 탐색이 충분하지 않아 피상적인 계획만 나온다.

한 참여자가 말했다. "팀원들과 더 자주 대화해야겠어요." 나는 물었다. "언제, 어떻게 하실 건가요?" "음… 일주일에 한 번씩?" "구체적으로 언제요? 어떤 방식으로요?" "월요일 아침에… 15분씩 일대일로 만나볼까요?" "좋네요. 첫 번째 대화에서 무엇을 물어보고 싶으세요?" 질문이 구체적일수록 행동도 구체적이 된다.

행동 질문은 '다짐'을 '계획'으로 바꾼다. "열심히 하겠습니다"가 아니라 "월요일 9시에 김 대리와 만나서 지난주 프로젝트에 대해 20분 대화하겠습니다."

실전 질문 예시:

- "구체적으로 무엇을 하실 건가요?"

- "언제부터 시작하시겠어요?"

- "첫 번째 단계는 무엇인가요?"

- "누구의 도움이 필요하신가요?"

- "어떻게 하면 실천 가능성을 높일 수 있을까요?"

5단계: 성찰 질문. 행동을 계획했다면, 마지막으로 의미를 묻는다. "이 대화가 당신에게 어떤 의미인가요?", "오늘 무엇을 발견하셨나요?" 성찰 질문은 배움을 통합한다.

한 세션이 끝나갈 무렵, 나는 물었다. "오늘 가장 중요한 깨달음은 무엇이었나요?" 한 참여자가 말했다. "저는… 혼자가 아니라는 걸 느꼈어요. 제 고민이 특별한 게 아니라, 여기 계신 분들도 다 비슷하게 고민하신다는 걸 알았어요. 그게 위로가 됐어요." 성찰 질문은 경험을 의미로 바꾼다.

실전 질문 예시:

- "오늘 대화에서 무엇을 발견하셨나요?"
- "이 경험이 당신에게 어떤 의미인가요?"
- "앞으로 무엇이 달라질까요?"
- "이 대화를 한 문장으로 정리하면?"
- "오늘 가장 기억에 남는 순간은?"

질문의 5단계는 반드시 순서대로 갈 필요는 없다. 상황에 따라 유연하게 오간다. 하지만 각 단계의 목적을 알면, 지금 어떤 질문이 필요한지 보인다.

일상 훈련법: 오늘부터 2주 동안 매일 다섯 개의 질문만 해보면 어떨까. 월요일은 여는 질문, 화요일은 구체화 질문, 수요일은 도전 질문, 목요일은 행동 질문, 금요일은 성찰 질문. 가족과, 동료와, 친구와. 그리고 어떤 질문이 어떤 반응을 이끌어내는지 관찰해보자. 2주 후, 우리의 질문 레퍼토리가 훨씬 풍부해질 것이다.

전문 코치의 기본기 마스터리(3): 피드백의 3단계

경청으로 듣고, 질문으로 열었다면, 이제 피드백으로 키운다. 피드백은 그룹코칭에서 가장 강력한 도구다. 하지만 잘못하면 가장 위험한 도구이기도 하다.

한 실습 세션에서, 한 학생이 다른 학생에게 피드백했다. "오늘 세션 별로였어요. 너무 주도하셨어요." 피드백을 받은 학생의 얼굴이 굳었다. "저는… 최선을 다한 건데요." 분위기가 어색해졌다. 나는 개입했다. "조금 전 피드백을 다시 해볼까요? 이번엔 SBI 모델로."

SBI는 Situation(상황), Behavior(행동), Impact(영향)의 약자다. CCL(Center for Creative Leadership)에서 개발한 피드백 모델이다. 세 단계를 거치면 피드백이 판단이 아니라 관찰이 된다.

S(Situation): 구체적 상황을 말한다. "오늘 세션에서" 같은 모호한 표현이 아니라, "오늘 세션 시작 후 15분 동안"처럼 구체적으로. "자기소개 시간에" 같은 특정 순간을 지목한다. 상황을 구체적으로 말하면 받는 사람이 정확히 어느 순간인지 안다.

B(Behavior): 관찰한 행동을 말한다. 평가나 해석이 아니라, 보고 들은 것 그대로. "주도적이셨어요"는 해석이다. "OO 님께서 10개의 질문을 하셨고, 참여자들은 3개만 말했어요"는 행동이다. "적극적이셨어요"는 판단이다. "OO 님께서 누군가 말을 멈추면 바로 다음 질문을 하셨어요"는 행동이다.

I(Impact): 그 행동의 영향을 말한다. 나에게 미친 영향, 그룹에 미친 영향. "제가 봤을 때, 참여자들이 점점 조용해지는 것 같았어요. 마치 OO 님이

답을 원하시는 것처럼 느껴졌을 수도 있을 것 같아요."

이제 학생이 다시 피드백했다. "오늘 세션 시작 후 20분 동안(S), OO 님께서 계속 질문을 하시고 참여자들의 답을 요약해주셨어요(B). 그때 제가 느낀 건, 참여자들이 서로 대화하기보다는 OO 님께 대답하는 것처럼 보였어요. 그래서 그룹의 에너지가 OO 님께 집중된 것 같았어요(I)."

피드백을 받은 학생이 고개를 끄덕였다. "아… 그랬군요. 저는 잘 진행하려고 그랬는데, 오히려 제가 너무 많이 개입한 거네요. 고맙습니다. 다음엔 질문 후에 좀 더 기다려볼게요."

SBI 모델의 힘은 명확함에 있다. 모호한 평가("잘했어요", "별로였어요")가 아니라 구체적 관찰이기 때문에 받는 사람이 정확히 무엇을 개선해야 할지 안다. 그리고 판단이 아니라 관찰이기 때문에 방어적이 되지 않는다.

SBI 모델은 긍정 피드백에도 쓴다. 오히려 긍정 피드백에 더 강력하다.

한 학생이 실습에서 정말 잘했다. 나는 이렇게 피드백했다. "오늘 세션 중반, 한 참여자가 눈물을 보였을 때(S), OO 님께서 즉시 휴지를 건네고 잠시 침묵을 주셨어요. 그리고 다른 참여자들을 보며 '지금 이 순간, 여러분은 어떠세요?'라고 물으셨죠(B). 그 순간 저는 느꼈어요. OO 님이 그 한 사람만이 아니라 그룹 전체를 보고 계시다는 걸. 그리고 참여자들도 그걸 느낀 것 같았어요. 모두가 그분을 향해 몸을 기울이며 공감을 표현했거든요(I). 정말 아름다운 순간이었습니다."

학생의 눈이 촉촉해졌다. "감사합니다. 그 순간 뭘 해야 할지 몰라서 떨렸는데… 이렇게 말씀해주시니 제가 뭘 잘한 건지 알겠어요."

긍정 피드백 실전 예시:

- "자기소개 시간에(S) OO 님께서 각 사람의 이름을 노트에 적으며 들으셨어요(B). 저는 그걸 보고 OO 님이 정말 기억하려 하신다는 걸 느꼈어요(I)."
- "한 참여자가 말을 더듬을 때(S) OO 님께서 고개를 끄덕이며 기다려주셨어요(B). 그분이 안심하고 끝까지 말할 수 있었던 것 같아요(I)."
- "시간이 부족할 때(S) OO 님께서 '지금 우리가 선택할 수 있어요. A를 더 깊이 다룰까요, 아니면 B로 넘어갈까요?'라고 그룹에 물으셨어요(B). 참여자들이 주인의식을 느낀 것 같았어요(I)."

개선 피드백 실전 예시:

- "자기소개 시간에(S) 한 분당 2분씩 배정하셨는데, 시간을 엄격히 지키려 하셨어요(B). 저는 참여자들이 긴장하는 게 느껴졌어요. 자유롭게 말하기보다 시간을 의식하는 것 같았어요(I)."
- "한 참여자가 개인적 고민을 나눌 때(S) OO 님께서 바로 해결책을 제시하셨어요(B). 다른 참여자들이 자기 경험을 나눌 기회가 없어진 것 같아요(I)."
- "세션 중반 침묵이 흘렀을 때(S) OO 님께서 즉시 다음 질문을 하셨어요(B). 제가 느끼기에 참여자들이 생각할 시간이 충분하지 않았던 것 같아요(I)."

SBI 피드백을 그룹 문화로 만드는 법: 처음 3세션까지는 코치가 시범을 보인다. 매 세션 끝에 "오늘 제가 관찰한 것을 나누고 싶어요"라며 SBI피드백을 한다. 4세션부터는 참여자들에게 초대한다. "오늘 서로에게 SBI 피드백을 나눠볼까요?" 처음엔 어색하지만, 5~6세션이 되면 자연스러워진다. 그리고 전환이 일어난다. 참여자들 사이에 정말 도움이 되는 피드백이 오가기 시작한다.

일상 훈련법: 이번 주에 동료나 가족에게 긍정 피드백을 세 번 해보면 어떨까? SBI 모델로. "어제 저녁 식사 때(S) 당신이 제 이야기를 끝까지 듣고 나서 말하더라고요(B). 제가 정말 존중받는다고 느꼈어요(I)." 작은 행동에 대한 구체적 피드백이 관계를 얼마나 깊게 만드는지 경험할 것이다.

진정성 기반 코칭 스타일 만들기

경청, 질문, 피드백의 기본기를 다졌다면, 이제 나만의 스타일을 만들 차례다. 세상에는 무수히 많은 코칭 기법이 있다. 하지만 가장 효과적인 코칭은 '나다움'이 묻어나는 코칭이다.

한 학생이 15주차에 말했다. "처음엔 교수님처럼 하려고 애썼어요. 교수님의 말투, 제스처, 질문 방식까지요. 근데 어색했어요. 저답지 않았거든요. 그러다가 10주차쯤 깨달았어요. 제가 잘하는 건 따뜻함이라는 걸. 저는 교수님처럼 날카롭게 질문하는 스타일은 아니에요. 대신 사람들이 편안함을 느끼게 하는 걸 잘해요. 그래서 그걸 살리기로 했어요. 세션 시작 전에 참여자들과 가벼운 대화를 나누고, 세션 중에도 따뜻한 말 한마디씩 건네고. 그랬더니 제 세션이 살아나기 시작했어요."

진정성 기반 코칭 스타일을 만드는 것은 세 가지 질문에서 시작한다.

첫째, 나의 강점은 무엇인가? 우리가 자연스럽게 잘하는 것. 사람들이 우리에게서 가장 도움받는 것. 어떤 코치는 명쾌한 구조화를 잘한다. 복잡한 이야기를 듣고 핵심을 정리해준다. 어떤 코치는 깊은 공감을 잘한다. 참여자가 말하지 않은 감정까지 알아차린다. 어떤 코치는 유머가 있다. 무거운 주제도 가볍게 풀어낸다. 어떤 코치는 도전을 잘한다. 참여자의 고정관념을 깨는 질문을 던진다.

우리의 강점을 찾으려면 주변 사람들에게 물어보면 어떨까? "제가 코칭할 때 가장 도움이 되는 부분이 무엇인가요?" 최소 5명에게 물으면, 패턴이 보인다. 그 패턴이 바로 강점이다.

둘째, 나의 코칭 철학은 무엇인가? 우리는 왜 그룹코칭을 하는가? 무엇을 믿는가? 나의 코칭 철학은 이렇다. "그룹 안에 이미 답이 있다. 코치는 그 답이 나오도록 돕는 사람이다." 이 믿음이 모든 개입을 결정한다. 그래서 나는 답을 주지 않고, 그룹이 답을 찾도록 촉진한다.

우리의 코칭 철학을 한 문장으로 써보자. 그리고 그 문장이 세션에 어떻게 반영되는지 확인해보자. 만약 철학과 행동이 다르다면, 둘 중 하나를 바꿔야 한다.

셋째, 나의 롤모델은 누구인가? 우리가 존경하는 코치, 영향을 받은 스승, 따라 하고 싶은 스타일. 하지만 조심해야 한다. 롤모델을 그대로 복사하는 것은 진정성이 아니다. 롤모델에게서 배우되, 나만의 방식으로 해석해야 한다.

나의 롤모델은 에드먼슨이다. 그녀의 심리적 안전감에 대한 통찰, 실패를 학습으로 전환하는 프레임워크. 하지만 나는 에드먼슨이 아니다. 그녀는 연구자이고 나는 현장 코치다. 그래서 나는 그녀의 이론을 내 방식으로 풀어낸다. MBA 과정에서, 실패 친화적 문화를, 학생들과 함께 만들어가는 방식으로.

진정성 기반 스타일을 만들려면 3개월 실험이 필요하다. 매달 하나씩 시도해 보자.

- 1개월 차: 강점 활용 실험. 자신의 강점을 의도적으로 더 많이 활용해 보자. 만약 공감이 강점이라면 매 세션에서 감정을 이름 붙이는 연습을 해보자. "지금 조금 불안해 보이시는데, 맞나요?" 만약 구조화가 강점이라면 세션 중간중간 "지금까지 우리가 나눈 걸 정리하면…"이라며 요약해보자.
- 2개월 차: 약점 보완 실험. 자신이 어려워하는 것을 연습해보자. 만약 침묵이 불편하다면 매 세션에서 침묵을 30초씩 세 번 만들어보자. 만약 도전 질문이 어렵다면 미리 도전 질문 다섯 개를 준비해서 한 세션에 하나씩 사용해 보자.
- 3개월 차: 통합 실험. 강점과 약점 보완을 자연스럽게 섞어보자. 더 이상 의식하지 않아도 나오는 수준까지. 그리고 매 세션 후 "오늘 나다웠는가?"를 물어보자. 만약 "예"라면 무엇이 나다웠는지 기록하자. 만약 "아니오"라면 무엇이 어색했는지 적어보자.

3개월 후 자신만의 코칭 스타일이 윤곽을 드러낼 것이다. 하지만 이것으로 끝이 아니다. 스타일은 계속 진화한다. 1년 후, 3년 후, 10년 후 자신의 코칭은 또 달라질 것이다. 그게 성장이다.

진정성을 키우는 또 하나의 방법은 동료 네트워크다. 혼자서는 자신을 객관적으로 보기 어렵다. 3~5명의 동료 코치와 정기적으로 만나자. 서로의

 그룹코칭 SPARK

세션을 관찰해주고, 피드백을 주고받고, 고민을 털어놓자. 예를 들어, 나는 매달 세 명의 동료 코치와 만난다. 우리는 돌아가며 각자의 최근 실패를 공유한다. 그리고 함께 분석한다. 혼자서는 보지 못했던 패턴을 동료의 눈을 통해 발견한다.

슈퍼비전도 필수다. 경험 많은 코치에게 정기적으로 슈퍼비전을 받는다. 내 세션 영상을 보여주고, 피드백을 받는다. 슈퍼비전은 사치가 아니라 전문성 유지의 필수 요건이다. 의사가 정기 건강검진을 받듯, 코치도 정기 슈퍼비전을 받아야 한다.

지속 가능한 성장 시스템 설계

기본기를 다지고, 스타일을 만들었다면, 이제 마지막 단계다. 이 모든 것을 지속하는 시스템. 왜냐하면 우리는 안다. 열정만으로는 오래가지 못한다는 것을. 동기는 변덕스럽다. 의지는 고갈된다. 지속하려면 시스템이 필요하다.

평생 학습 습관 세 가지.

첫째, 매 세션 후 10분 성찰. 세션이 끝나면 즉시 노트를 꺼내 세 가지를 적는다. 오늘 잘한 것 하나, 개선할 것 하나, 배운 것 하나. 10분이면 충분하다. 하지만 이 10분이 쌓이면, 주 2~3회 세션을 진행할 경우 1년 후 120회 성찰이 된다. 내 코칭이 어떻게 변화하는지 선명하게 보인다.

둘째, 한 달에 한 번 자기 세션 분석. 한 달에 한 번, 내 세션 영상을 하나 선택해서 처음부터 끝까지 본다. 그리고 분석한다. 경청을 잘했는가? 질문이 효과적이었는가? 피드백은 구체적이었는가? 나다웠는가? 영상을 보면 내가 놓쳤던 것들이 드러난다. 내 표정, 제스처, 말투. 참여자들의 미묘한 반응.

셋째, 일 년에 두 번 코칭 철학 재점검. 6개월마다, 내 코칭 철학을 다시 읽는다. "그룹 안에 이미 답이 있다"는 내 믿음이 여전히 유효한가? 혹시 변화했나? 새로운 경험이 내 철학에 무엇을 더했나? 철학은 고정된 것이 아니라 진화하는 것이다.

3년 비전 수립. 지금부터 3년 후 당신은 어떤 코치가 되어 있고 싶은가? 막연한 상상이 아니라 구체적 그림. 몇 명과 작업하고 있는가? 어떤 그룹들인가? 당신의 코칭은 어떤 특징이 있는가? 사람들이 당신을 어떻게 기억하는가?

나의 3년 비전은 이렇다. "나는 매년 20~30명의 그룹코치들과 함께 학습하며, 그들이 각자의 현장에서 실패 친화적 문화를 만들도록 돕는 코치가 되어 있다." 이 비전이 있기에 지금 이 책을 쓴다. 이 비전이 있기에 매주 학생들을 만난다.

당신의 3년 비전을 써보자. 그리고 그 비전에서 역산한다. 3년 후에 그렇게 되려면 2년 후엔? 1년 후엔? 그리고 지금 이번 달엔 무엇을 해야 하는가?

비전은 고정된 것이 아니다. 매년 12월, 올해를 되돌아보고 내년 목표를 조정해보자. "1년차 목표를 달성했나?" "2년차로 넘어갈 준비가 되었나?" "새로운 실패 유형이 등장했나?" "비전을 수정할 필요가 있나?" 이렇게 주기적으로 점검하고 조정하는 것이 현실적이고 지속 가능한 성장을 만든다.

3개월 실행 체크리스트 10개. 비전은 원대하지만, 실행은 작고 구체적이어야 한다. 다음 3개월 동안 실천할 10가지를 정해보자.

1. 매주 한 편의 코칭 관련 글이나 논문 읽기

2. 한 달에 한 번 동료 코치 모임 참석하기

3. 분기에 한 번 슈퍼비전 받기

4. 매 세션 후 10분 성찰 노트 쓰기

5. 한 달에 한 번 세션 영상 분석하기

6. 분기에 한 권의 코칭 관련 책 깊이 읽기

7. 새로운 코칭 기법 하나를 3개월 동안 집중 연습하기

8. 참여자들에게 분기마다 피드백 요청하기

9. 내 코칭 철학 문장을 매일 아침 읽기

10. 3개월마다 "나는 코치로서 어떻게 성장했는가?" 자문하기

이 체크리스트를 냉장고에, 책상에, 휴대폰 배경화면에 붙여보자. 매주 점검해보자.

마지막으로 실패를 축하하자. 3개월 후 우리는 또 실패할 것이다. 새로운 도전을 했기 때문이다. 그 실패를 축하하자. "나는 여전히 배우고 있다"는 증거다. 완벽한 코치는 없다. 평생 배우는 코치만 있을 뿐이다.

이번 Chapter에서 나는 세 가지 실패를 고백했다. 완벽주의 함정, 감정적 개입, 저항의 무시. 이어서 우리는 그 실패를 성장으로 바꾸는 통합 시스템을 만들었다. 실패를 6가지 유형으로 진단하고, 안전한 학습 환경을 조성하며, 경청·질문·피드백의 기본기를 연마하고, 나만의 코칭 스타일을 정립하는 방법을 배웠다.

이제 당신 차례다. 당신의 실패를 꺼내어 유형을 분석하고, 그것을 성장의 자양분으로 삼으며, 끊임없이 기본기를 갈고닦는 지속 가능한 시스템을

만들어보자. 실패는 끝이 아니라 시작이다. 당신의 진짜 그룹코칭 여정은 지금부터다. 하지만 당신의 여정에는 하나의 질문이 더 남아 있다. "한국 조직 문화 속에서 그룹코칭은 어떻게 작동하는가?" 위계질서, 정과 눈치, 집단주의라는 우리 문화의 특성은 그룹코칭에 장애물일까, 자산일까? 그리고 코치는 이 여정에서 자신을 어떻게 돌아보아야 하는가?

다음 Chapter에서는 한국형 그룹코칭의 철학과 실천, 그리고 코치 자신의 성찰 여정을 탐구한다.

Chapter 12

한국형 그룹코칭과 코치의 여정

12-1 우리 조직 문화와 그룹코칭의 만남

한국 조직 문화, 그룹코칭의 잠재력과 도전

한국의 조직 문화는 그룹코칭이 효과적으로 작동하기에 유리한 잠재력을 가지고 있다. "우리 조직에서 그룹코칭이 가능할까요?" 이 질문을 수없이 들었다. 위계가 강하고, 눈치를 보고, 솔직한 피드백이 어려운 문화에서 수평적 대화와 집단지성을 기반으로 하는 그룹코칭이 작동할 수 있을까?

개인주의 문화권에서는 초기 응집력 형성과 심리적 안전감 구축에 더 많은 설계가 필요할 수 있다. 사람들은 개인의 목표, 개인의 성취, 개인의 성장에 집중한다. 그룹은 '함께 배우는 공간'이 아니라 '개인 학습을 위한 자원'으로 여겨진다. 응집력을 형성하는 데 시간이 오래 걸리고, 서로에 대한 깊은 관심과 책임감이 생기기 어렵다.

반면 우리는 집단 문화를 기반으로 한다. "우리"라는 의식이 강하다. 개인보다 그룹의 조화를 중시하고, 관계 안에서 자신을 이해한다. 그룹 역동이 빠르게 형성되고, 상호 배려와 지지가 자연스럽다. 한 사람의 통찰이 그룹 전체로 빠르게 확산되는 집단 학습 효과도 높다.

하지만 우리 조직 문화에는 독특한 도전도 있다. 위계질서, 정과 눈치 문화, 집단주의. 이 세 가지 특성은 그룹코칭을 어렵게 만드는 '문제'가 아니라, '특성'이다. 이 특성을 이해하고 존중하며 활용하면 그룹코칭은 어느 곳보다 강력한 도구가 된다.

우리 조직 문화의 3대 특성

첫째, 위계질서 문화

우리 조직에는 직급, 나이, 경력에 따른 명확한 상하 관계가 있다. 이것은 수천 년 유교 문화의 유산이며, 조직 연구자들이 말하는 권력 거리가 높은 문화의 전형이다.

위계질서의 장점은 분명하다. 질서와 예의를 중시하고, 경험을 존중하며, 의사결정이 빠르다. 하지만 그룹코칭의 관점에서 보면 도전이 있다. 솔직한 소통에 장벽이 생기고, 상급자의 의견에 동조하는 압력이 작동한다. 후배는 선배 앞에서, 부하는 상사 앞에서 자신의 진짜 생각을 말하기 어렵다.

흥미로운 것은, 이 위계질서가 최근 들어 변화하고 있다는 점이다. 밀레니얼과 Z세대가 조직에 유입되면서 수평적 소통을 요구하는 목소리가 커지고 있다. 많은 기업이 '직급 파괴', '님 문화', '수평적 조직 구조'를 실험하고 있다. 호프스테드(Hofstede, 2010)의 문화 차원 이론에 따르면, 권력 거리 지수는 세대 간 이동과 교육 수준 향상에 따라 점진적으로 감소하는 경향을 보인다. 하지만 여전히 대부분의 우리 조직에서 위계는 작동한다. 그룹코칭 설계는 이 현실을 인정하는 것에서 출발하는 것이 현실적이다.

 그룹코칭 SPARK

둘째, 정(情)과 눈치 문화

정은 우리 관계의 핵심이다. 단순한 친밀감을 넘어선, 깊은 유대감과 정서적 연결이다. 함께 밥을 먹고, 어려움을 나누고, 시간을 보내며 쌓이는 끈끈함. 이 정이 있을 때 우리 조직 구성원들은 서로를 위해 헌신한다.

눈치는 상대방의 기분과 상황을 읽는 능력이다. 말하지 않아도 알아차리고, 직접 표현하지 않아도 의도를 파악한다. 이것은 고도의 공감 능력이자 관계를 보호하는 방식이다.

정과 눈치의 장점은 명확하다. 빠른 친밀감 형성, 높은 공감 능력, 배려하는 문화. 김혜영과 코헨(Kim & Cohen, 2010)은 동아시아 문화권의 '맥락 의존적 소통'이 암묵적 정보 교환을 통해 관계 기반 신뢰를 강화한다고 밝혔다. 하지만 그룹코칭에서는 도전도 있다. 본심을 숨기고, 간접적으로 표현하며, 솔직한 피드백을 주저한다. "관계가 틀어질까 봐" 진짜 이야기를 하지 못한다.

셋째, 집단주의 문화

한국 조직 구성원들은 '우리'로 생각한다. 나보다 우리가, 개인보다 그룹이 우선이다. 팀의 성공이 곧 나의 성공이고, 동료의 어려움이 곧 나의 어려움이다.

집단주의의 장점은 그룹코칭에 최적화되어 있다. 빠른 응집력, 강한 소속감, 상호 책임감. 한 사람의 통찰이 그룹 전체의 자산이 되고, 한 사람의 성장을 모두가 함께 기뻐한다. 해리 트라이언드스(Harry Triandis, 1995)는 집단주의 문화에서 그룹 정체성이 개인 정체성보다 우선시되며, 이것이 상호 의존적 학습을 촉진한다고 설명했다.

우리 조직 구성원들에게 "나는 누구인가?"라는 질문은 개인의 특성만으로 답해지지 않는다. "나는 어느 팀 소속인가?", "우리 조직은 어떤 곳인가?"가 함께 고려된다. 이러한 상호의존적 자아 개념은 그룹코칭에서 독특한 역동을 만든다. 참여자들은 그룹의 성공을 자신의 성공으로, 그룹의 평판을 자신의 평판으로 여긴다. 따라서 그룹이 잘 되기를 진심으로 바라고, 그룹의 목표를 위해 개인의 시간과 에너지를 기꺼이 투자한다. 이는 개인주의 문화권에서 "나는 이 그룹에서 무엇을 얻을 수 있는가?"라는 계산적 접근과는 근본적으로 다른 태도다. 집단주의 환경에서는 "우리 그룹이 함께 무엇을 이룰 수 있는가?"가 더 중요한 질문이 된다.

하지만 도전도 있다. 개인 의견 표현을 주저하고, 다수 의견에 동조하며, 튀는 것을 꺼린다. "내가 이렇게 말하면 분위기가 깨지지 않을까?" 하는 걱정이 자기검열을 낳는다.

이 특성들이 그룹코칭에 미치는 영향

긍정적 측면을 먼저 보면 그룹 형성이 빠르다. 평균적으로 개인주의 문화권에서는 그룹 응집력이 형성되기까지 상당한 시간이 필요하지만, 우리는 훨씬 빠르게 형성된다. 상호 배려가 자연스럽고, 집단 학습 효과가 높다. 한 사람이 취약성을 보이면, 다른 사람들이 즉시 공감하고 지지한다. 부정적 측면도 있다. 솔직한 피드백이 어렵다. 위계를 일시적으로라도 무력화하는 장치가 필요하다. 본심을 탐색하는 데 시간이 걸린다. 처음 몇 세션은 표면적 대화에 머물 가능성이 높다. 하지만 이 모든 것은 '문제'가 아니라 '특성'이다. 코치가 이 특성을 이해하고 존중하며, 긍정적 측면은 극대화하고 부정적 측면은 보완하는 설계를 하면, 우리 조직의 그룹코칭은 어디보다 강력하게 작동한다.

도전: 직급 차이가 큰 그룹에서 솔직한 대화가 가능한가?

한 국내 제조기업 승진자 리더십 그룹코칭 사례다. 참여자는 9명이었다. 신임 차장급 5명, 신임 과장급 4명. 나이는 30대 초반부터 40대 후반까지. 직급과 나이의 격차가 컸다.

첫 질문을 던졌다. "오늘 우리가 함께 나누고 싶은 리더십 고민은 무엇인가요?" 침묵이 흘렀다. 10초, 20초. 그러다가 한 차장급 리더가 입을 열었다. "저는… 요즘 후배들과 소통이 어렵습니다. 제가 말해도 잘 안 따르더라고요." 다른 차장급 리더들이 고개를 끄덕이며 자신의 경험을 보탰다.

30분이 지났다. 차장급 5명은 활발하게 이야기했다. 하지만 과장급 4명은 거의 말하지 않았다. 가끔 질문을 받으면 "저도 비슷해요", "맞는 것 같아요" 정도만 답했다.

휴식 시간, 한 과장급 리더가 조심스럽게 다가왔다. "코치님, 솔직히 말씀드리면… 차장님들 앞에서 제 생각을 말하기가 정말 어려워요. 평소에도 보고할 때 긴장하는데, 여기서 솔직하게 말하라고 하시면… 어떻게 해야 할지 모르겠어요."

문제를 인식했다. 위계가 심리적 안전감을 막고 있었다. 직급을 "없애라"고 선언한다고 위계가 사라지지 않는다. 평생 익숙한 관계의 질서를, 90분 세션에서 뒤집을 수는 없다.

필요한 것은 위계를 '일시적으로 유예'할 수 있는 구조였다.

전략 1: 첫 세션에서 위계 무력화 의식 만들기

2세션을 다르게 시작했다. 참여자들이 들어오자, 명찰을 나눠줬다. 하지만 이번엔 이름만 적도록 했다. 직급 없이. 세션을 이렇게 열었다. "여러분, 오늘부터 이 방 안에는 특별한 규칙이 있습니다. 이 방 밖에서 여러분은 차장님이고, 과장님입니다. 그 역할이 중요하고, 존중받아야 합니다. 하지만 이 방 안에서는, 우리 모두 '학습자'입니다. 차장님도 리더십을 배우는 학습자, 과장님도 리더십을 배우는 학습자. 저도 여러분과 함께 배우는 학습자입니다. 학습자에게는 직급이 없습니다. 대신 호기심과 존중이 있습니다. 누구의 경험도 더 중요하지 않고, 누구의 통찰도 덜 중요하지 않습니다. 이 방에서만큼은, 서로를 직급이 아니라 동료 학습자로 만나주세요."

좌석 배치도 바꿨다. 직급 순서가 아니라 생일 순으로 앉도록 했다. 차장급과 과장급이 섞여 앉았다. 작은 변화였지만, 공간의 에너지가 달라졌다.

전략 2: 발언 기회 균등화 기법

3세션부터 구조적 장치를 더했다. "오늘은 라운드 로빈 방식으로 해보겠습니다. 한 명씩 돌아가며 1분씩 발언합니다. 시작은 가장 나이 어리신 분부터, 생일이 빠른 순서로 갑니다." 과장급 한 명이 먼저 말했다. "저는… 솔직히 리더십이 뭔지 잘 모르겠어요. 선배들처럼 카리스마가 있는 것도 아니고, 후배들이 저를 따를까 싶어요." 1분이 지나자 다음 사람 차례가 됐다. 모두가 돌아가며 말했다. 차장급도 1분만 말할 수 있었다. 과장급도 1분씩 자신의 생각을 꺼냈다. 시간 제한 때문에 차장급 리더들이 길게 설명하거나 조언할 수 없었고, 과장급 리더들도 짧게나마 핵심을 말할 기회가 생겼다. 4세션에는 다른 방식을 썼다. 10초 침묵 후, "아직 말하지 않으신 분?" 하고 물었다. 자연스럽게 말 적게 한 사람에게 기회가 갔다.

전략 3: 상급자에게 역할 부여

차장급 리더들에게 따로 이야기했다. "차장님들께 부탁이 있습니다. 과장들이 먼저 말할 수 있도록 조금 기다려주시면 좋겠습니다. 여러분의 경험은 정말 소중하지만, 나중에 통합할 때 더 큰 힘이 될 겁니다. 초반에는 과장들의 생각을 먼저 들어주시면 어떨까요? 그들이 여러분 앞에서 말하는 것이 얼마나 용기 필요한 일인지, 차장님들도 아실 거예요." 한 차장급 리더가 고개를 끄덕였다. "그러고 보니 제가 너무 먼저 말하는 것 같네요. 알겠습니다." 세션 중에 차장급 리더들의 역할을 재정의했다. "차장님들은 오늘 '경청하는 후원자' 역할을 해주시면 좋겠습니다. 과장님들이 말할 때, 고개를 끄덕이고, 공감을 표현해주세요. 그리고 그들의 이야기를 나중에 정리하고 연결해주세요." 차장급 리더들이 과장급 리더들의 이야기를 경청하기 시작했다. 한 과장급 리더가 자신의 고민을 나누자, 차장급 리더가 "그거 정말 어려운 상황이었겠네요"라며 공감했다. 평소 같으면 "이렇게 해봐"라고 조언했을 텐데, 이번엔 먼저 들어줬다.

실제 결과

5세션쯤 되자 분위기가 완전히 달라졌다. 과장급 한 명이 먼저 손을 들고 말했다. "저는 차장님 말씀에 좀 다른 생각이 있어요." 모두가 주목했다. 그는 자신의 관점을 조심스럽지만 분명하게 나눴다. 차장급 리더는 방어하지 않고 들었다. "그렇게 볼 수도 있겠네요. 고마워요." 세션 후, 그는 말했다. "처음으로 차장님들 앞에서 제 생각을 솔직하게 말했어요. 그런데 괜찮더라고요. 오히려 차장님들이 제 이야기를 진지하게 들어주셨어요." 한 차장급 리더도 말했다. "과장님들 이야기 들으니까 제가 몰랐던 게 정말 많더라고요. 평소엔 제가 너무 많이 말하고, 지시만 했던 것 같아요. 이렇게 들어주니까 과장님들이 이렇게 깊은 생각을 하고 있다는 걸 알았어요."

위계를 없앤 게 아니다. 위계가 '이 방 안에서만' 일시적으로 작동하지 않는 구조를 만든 것이다. 그 구조 안에서, 참여자들은 직급이 아니라 학습자로 만났다.

도전: 눈치 문화가 솔직한 피드백을 막는다?

"우리 조직 구성원들은 직접적 피드백을 못 한다"는 말을 자주 듣는다. 하지만 이것은 오해다. 못 하는 게 아니라, 관계를 해치고 싶지 않아서 조심하는 것이다. 이것은 배려이지 약점이 아니다. 우리의 피드백 방식은 '관계 기반'이다. 관계가 형성되기 전에는 조심스럽다. 하지만 관계가 쌓이고, 정이 생기면, 오히려 누구보다 솔직하고 직접적인 피드백을 준다. "내가 이 말 하는 이유는 네가 잘됐으면 해서야" 하는 진심이 먼저 전달되면, 어떤 피드백도 받아들일 수 있다.

그룹코칭에서 눈치와 정을 활용하는 방법은 세 가지다.

우리 조직에 맞는 피드백 문화 설계

1단계: 관계 먼저, 피드백은 나중에

한 IT기업의 그룹코칭 1세션은 관계 형성에 집중했다. 자기소개를 길게 했

그룹코칭 SPARK

다. 각자의 배경, 어떤 일을 하는지, 왜 이 프로그램에 참여했는지. 함께 점심을 먹고, 티타임을 가졌다. 업무 이야기보다 일상 이야기를 나눴다. 3세션쯤, 한 참여자가 말했다. "이제 좀 편해진 것 같아요. 처음엔 어색했는데, 이제는 같은 팀처럼 느껴져요." 정이 쌓이기 시작했다. 4세션부터 피드백을 시작했다. "오늘은 서로에게 피드백을 나눠볼까요?" 처음엔 조심스러웠다. "수진 님, 오늘 발표 좋았어요." 긍정적 피드백만 나왔다. 나는 물었다. "혹시 개선할 점도 있을까요?" 침묵. 그러다가 한 참여자가 조심스럽게 말했다. "수진 님, 제가 이 말씀 드리는 이유는 수진 님이 더 잘 되셨으면 하는 마음에서예요. 오늘 발표 중에… 한 가지만 제안드려도 될까요?"

2단계: 정(情)을 활용한 피드백 문화

우리 조직 구성원들의 피드백은 '관계적 맥락' 안에서 작동한다. 피드백 전에 긍정적 의도를 먼저 밝히는 것이 자연스럽다. 이것은 샌드위치 피드백 같은 기술이 아니라, 진심 어린 배려다. "세희 님, 제가 이 말씀 드리는 이유는 세희 님이 더 성장하셨으면 하는 마음에서예요." "우리가 같은 팀이니까 솔직하게 말해도 괜찮을 것 같아요." "성호 님을 위해서 이 말씀 꼭 드리고 싶어요."

이런 표현이 먼저 오면, 뒤에 어떤 피드백이 와도 방어적이 되지 않는다. 관계가 먼저 확인되었기 때문이다. 단, 관계 기반 피드백은 친밀감을 앞세운 충고가 아니라, 상대에 대한 깊은 이해와 신뢰를 바탕으로 한 진심 어린 관찰이어야 한다. 형식적 친절이 아닌 진정성 있는 존중이 전제될 때, 피드백은 비로소 변화의 촉매가 된다. 한 출판사에서 겪은 흥미로운 변화가 있다. 그룹코칭 중반, 한 참여자가 다른 참여자에게 이렇게 말했다. "춘신 님,

우리 같은 팀이잖아요. 그래서 솔직하게 말씀드리고 싶은데요. 오늘 춘신 님이 계속 다른 사람 말 끊으셨어요. 춘신 님은 의도가 없으셨겠지만, 저는 좀 불편했어요." 피드백을 받은 참여자가 방어하지 않고 답했다. "아, 정말요? 미안해요. 제가 몰랐네요. 다음엔 조심할게요. 말해줘서 고마워요." 관계가 먼저 형성되었기에, 피드백이 공격이 아니라 배려로 받아들여졌다.

3단계: 간접 표현을 직접 표현으로 번역하는 코치의 역할

우리 조직 구성원들은 불편함을 간접적으로 표현한다. "음…", "뭐 그럴 수도 있죠…", "아니 괜찮아요…" 이런 표현 뒤에 진짜 감정이 숨어 있다. 코치의 역할은 이 간접 표현을 직접 표현으로 번역해주는 것이다. 한 공공기관 사례다. 한 참여자가 말했다. "아… 뭐 그럴 수도 있죠…" 목소리에 불편함이 묻어 있었다. 나는 물었다. "지금 조금 불편하신 것 같은데, 어떤 부분이 불편하신가요?" 그가 잠시 망설이다 말했다. "사실… 좀 불편했어요. 아까 그 의견이 저한테는 좀 강하게 느껴졌거든요."

코치가 통역자 역할을 하면, 참여자들도 점차 자신의 감정을 직접 표현하는 법을 배운다.

눈치를 그룹코칭에서 활용하는 3가지 방법

첫째, 코치가 눈치를 모델링한다

우리 조직 구성원들은 눈치가 뛰어나다. 상대의 미묘한 표정 변화, 몸짓, 목소리 톤을 포착한다. 코치가 이 능력을 먼저 보여주면, 참여자들도 서로의 눈치를 보기 시작한다. 부정적 의미가 아니라, 배려의 의미로.

"지금 현수 님 표정이 조금 굳어 보이시는데, 제가 맞게 읽은 건가요?" "현

그룹코칭 SPARK

수 님 목소리 톤이 아까와 다른 것 같은데, 혹시 무슨 생각 하고 계세요?"

"지금 그룹 전체의 에너지가 조금 낮아진 것 같은데, 여러분은 어떻게 느끼세요?"

코치가 이렇게 관찰하고 질문하면, 참여자들도 서로를 더 세심하게 보기 시작한다. 한 의료기관 사례에서, 한 참여자가 다른 참여자에게 말했다. "진권 님, 오늘 좀 피곤해 보이시는데 괜찮으세요?" 그 한마디가 배려로 전달되었고, 피곤했던 참여자는 자신의 상황을 솔직하게 나눴다.

둘째, 눈치를 '관찰과 질문'으로 전환한다

눈치를 직관에만 머물게 하지 말고, 명시적 질문으로 바꾸면 더 강력해진다. "제가 보기에 지금 철수 님이 뭔가 말하고 싶어 하시는 것 같은데, 맞나요?" "혹시 지금 불편하신 분 계세요? 솔직하게 말씀해주세요." "그룹 분위기가 조금 달라진 것 같은데, 무슨 일이 있었나요?"

이렇게 눈치를 질문으로 바꾸면, 상대방이 자신의 감정을 정리하고 표현할 기회를 갖는다.

셋째, 눈치를 집단 성찰의 신호로 활용한다

그룹 안에 미묘한 긴장이나 변화가 감지되면, 그것을 그룹 전체와 나눈다. "지금 우리 그룹의 에너지가 조금 달라진 것 같은데, 여러분은 어떻게 느끼세요?" "아까와 분위기가 다른 것 같은데, 무슨 일이 있었나요?"

한 건설업체의 경험이다. 두 참여자 사이에 의견 충돌이 있었다. 직접 말하지는 않았지만, 분위기가 어색해졌다. 나는 물었다. "지금 우리 그룹의 에너지가 어떤가요?" 한 참여자가 조심스럽게 말했다. "음… 좀 긴장되는 것 같아요." 그 말이 시작점이 되어, 두 참여자가 서로의 입장을 솔직하게 나눴다. 눈치가 갈등을 회피하게 한 게 아니라, 갈등을 다룰 타이밍을 알려준 것이다.

MBA과정에서의 전환

MBA 과정 초반 3주는 피드백이 대부분 긍정적이었다. "좋았어요", "잘하셨어요." 4주차, 나는 이렇게 말했다. "여러분, 우리가 서로 성장하려면 솔직한 피드백이 필요해요. 좋은 점만 말하는 건 친절하지만, 성장에는 도움이 안 돼요. 우리가 정말 서로를 위한다면, 개선할 점도 용기 내어 말해주세요. 물론 관계를 지키면서요." 성화 님이 용기를 냈다. "태규 님, 제가 이 말씀 드리는 이유는 태규 님이 더 잘 되셨으면 해서예요. 오늘 질문할 때 좀 유도 질문 같았어요. 참여자가 스스로 답을 찾기보다 태규 님이 원하는 답으로 가게 만든 것 같았어요." 피드백을 받은 태규 님이 잠시 침묵하더니 말했다. "아… 정말요? 저는 몰랐는데. 고마워요. 다음엔 조심할게요." 나는 즉시 강화했다. "성화 님, 용감하게 솔직한 피드백 주셔서 감사합니다. 이런 피드백이 우리를 성장시킵니다. 그리고 태규 님도 방어하지 않고 받아주셔서 감사해요." 5주차부터 솔직한 피드백이 증가했다. 관계가 형성되고, 정이 쌓이고, 코치가 안전감을 보장하자 학생들도 직접적 피드백이 가능했다.

정과 눈치는 우리 조직 그룹코칭의 비밀 무기다. 이것을 약점으로 보지 않고, 관계 기반 심리적 안전감을 만드는 독특한 방식으로 활용하면, 그룹코칭은 훨씬 더 깊고 진정성 있게 작동한다.

그룹코칭 SPARK

집단주의를 집단지성으로

우리 조직 구성원들은 그룹 학습의 천재다. "우리는 빠르게 연결된다." 이 것이 내가 많은 그룹을 진행하며 발견한 사실이다. 그룹 역동 형성 속도를 비교해보면, 개인주의 문화권에서는 응집력 형성까지 상당한 시간이 필요하다. 서로를 알아가고, 신뢰를 쌓고, 안전감을 느끼기까지 시간이 걸린다. 하지만 우리는 훨씬 빠르게 응집력을 형성된다. "우리"라는 의식이 빠르게 작동한다. 같은 조직, 같은 배경, 비슷한 고민을 가진 사람들이 모이면, "우리는 한 팀"이라는 감각이 자연스럽게 생긴다. 이것이 집단주의의 힘이다.

집단주의의 긍정적 활용

첫째, 빠른 신뢰 형성 활용

한 물류업체의 그룹코칭 첫 세션에서, 나는 이렇게 프레임했다. "우리는 12주 동안 함께 성장하는 동반자입니다. 이 방에서 나눈 이야기는 우리끼리만 아는 것입니다. 우리는 서로의 성장을 응원하는 팀입니다." "우리"라는 표현을 반복했다. 개인이 아니라 그룹으로 정체성을 만들었다. 2세션, 한 참여자가 자신의 실패 경험을 나눴다. "사실 저… 작년에 큰 실수를 했어요. 프로젝트를 망쳤고, 팀원들한테 미안했어요." 조심스러운 고백이었다. 다른 참여자들이 즉시 반응했다. "나도 비슷한 경험 있어.", "그거 정말 힘들었겠다.", "우리 다 실수하면서 배우는 거지." 비난이 아니라 공감이, 평가가 아니라 지지가 흘렀다. 3세션쯤, 한 참여자가 말했다. "이제 이 그룹이 정말 우리 팀처럼 느껴져요. 여기서는 솔직하게 말해도 괜찮을 것 같아요." 빠른 신뢰 형성이 가능했던 이유는 "우리"라는 집단 의식 때문이었다.

둘째, 상호 책임감 활용

우리 조직 구성원들은 개인 목표보다 그룹 목표에 더 헌신한다. 이것을 활용하면 강력한 동기부여가 생긴다. 한 국내 제약사 그룹코칭 2세션에서, 나는 물었다. "우리 그룹이 15주 후 도달하고 싶은 모습은 무엇일까요?" 참여자들이 함께 생각했다. "서로 솔직하게 피드백 줄 수 있는 팀." "각자의 강점을 알고, 서로 도울 수 있는 팀." "리더십에 대해 더 깊이 이해하는 팀." 이것을 그룹 공통 목표로 정했다. 그리고 개인 목표는 그룹 목표에서 파생시켰다. "이 그룹 목표를 위해, 당신은 개인적으로 무엇을 하고 싶으신가요?" 결과는 놀라웠다. 참여자들이 개인 목표를 그룹 목표와 연결시켰다. "저는 솔직한 피드백을 주는 연습을 하고 싶어요. 그래야 우리 그룹이 서로 피드백 줄 수 있는 팀이 되니까요." 3주차, 한 참여자가 세션 중 침묵하며 힘들어하는 모습이 보였다. 다른 참여자들이 세션 후 조용히 다가가 "괜찮아? 우리가 도와줄 수 있는 거 있어?"라고 물었다. 개인이 그룹을 위해 노력하고, 그룹이 개인을 지지하는 상호 책임감이 작동했다.

셋째, 집단 학습 효과 극대화

한 사람의 통찰이 그룹 전체로 빠르게 확산되는 것, 이것이 집단 학습의 힘이다. MBA 과정 3주차, 사진 은유 활동을 했다. 각자 그룹코칭을 상징하는 사진을 찾아와 설명하는 시간이었다. 한 학생이 '돋보기' 사진을 가져왔다. "그룹코칭은 돋보기로 내 내면을 들여다보는 것 같아요. 혼자서는 안 보이던 것이, 그룹이라는 렌즈를 통해 보이더라고요." 다른 학생들이 즉시 공감했다. "정말 그래요!", "나도 비슷하게 느꼈어요." 그리고 자신의 은유를 발전시켰다. "그럼 그룹코칭은 여러 개의 돋보기가 모인 거네요. 서로 다른 각도에서 보니까 더 입체적으로 보이는 것 같아요."

한 사람의 은유가 집단 창의성으로 발전했다. 개인주의 문화권에서는 "내 아이디어"와 "네 아이디어"가 분리되지만, 집단주의 문화에서는 "우리 아이디어"로 통합된다. 개인의 질문 근육(5단계)이 단단해질 때, 그룹의 집단지성(DEEP)이 비로소 유연하게 흐를 수 있다.

우리 조직 그룹코칭의 독특한 강점

이런 집단주의적 특성 덕분에 우리 조직의 그룹코칭은 독특한 강점을 갖는다.

빠른 응집력 → 초기 라포 형성 시간을 단축할 수 있다. 개인주의 문화권에서는 여러 세션이 필요하지만, 우리 그룹은 초기부터 자연스럽게 결속된다.

강한 소속감 → 참여 지속 의지가 상대적으로 높다. 한 사람이 그룹에 대한 책임감을 느끼기 때문에 어려워도 끝까지 참여한다.

상호 배려 → 갈등 관리가 용이하다. 직접적 충돌보다는 관계를 지키려는 노력이 자연스럽다.

집단 학습 → 개인 성장 속도가 빠르다. 한 사람의 통찰이 그룹 전체로 확산되고, 그것이 다시 개인에게 돌아온다.

주의사항: 집단주의의 그림자

하지만 집단주의에도 그림자가 있다. 코치가 주의해야 할 두 가지다.

첫째, 다수 의견에 무조건 동조하는 경향

한 금융기관 프로그램에서, 한 참여자가 다수 의견과 다른 생각을 가지고 있었다. 하지만 말하지 않았다. 나는 눈치챘다. "혹시 다른 생각 가지신 분 계세요?" 그가 조심스럽게 말했다. "저는… 좀 다르게 생각하는데…" 나는 즉시 강화했다. "다른 의견 너무 환영합니다. 우리는 같은 생각을 하려는 게 아니라, 다양한 생각을 나누려는 거예요." 코치가 반복적으로 "다른 의견도 환영한다"를 강조하면, 참여자들도 안심하고 자기 생각을 말한다.

둘째, 개인 의견 표현 주저

집단 조화를 중시하다 보면, 개인 의견을 표현하기 어렵다. "내가 이렇게 말하면 분위기 깰까 봐."

이럴 때는 1:1 체크인 시간을 활용한다. 세션 시작 전이나 휴식 시간에 개별적으로 대화하며, "혹시 그룹에서 말하기 어려운 것 있으세요?"라고 묻는다. 그러면 참여자가 조심스러운 의견을 먼저 코치에게 나누고, 코치가 그룹에서 다룰 수 있도록 돕는다.

집단주의는 우리 조직 그룹코칭의 최대 강점이다. 이것을 약점으로 보지 않고, 집단지성으로 승화시키는 설계를 하면, 우리 그룹은 어디보다 빠르고 깊게 성장한다.

우리 조직에 맞는 그룹코칭 설계 5원칙

지금까지 위계질서, 정과 눈치, 집단주의라는 우리 조직 문화의 세 가지 특성을 살펴봤다. 이제 이 특성을 실천으로 연결하는 다섯 가지 설계 원칙을 제시한다.

원칙 1: 관계 형성을 프로그램 전 과정에서 지속적으로 강화한다.

관계는 한 번 형성되면 끝이 아니다. 지속적으로 강화하는 것이 중요하다.

그룹코칭 SPARK

특히 초반 몇 세션은 관계 형성에 더 많은 시간을 할애하되, 이후에도 매 세션 시작 전 10분 체크인, 휴식 시간 대화, 세션 후 티타임 등을 통해 관계를 계속 쌓아가는 것이 효과적이다.

한 의료기관 프로그램에서는 매 세션 시작 전 10분을 '일상 나누기'로 정했다. 업무 이야기 금지. 주말에 뭐 했는지, 요즘 재미있게 본 영화, 맛있게 먹은 음식. 가벼운 일상 이야기를 나누며 정이 쌓였다. 그리고 그 정을 바탕으로 깊은 대화가 가능했다.

원칙 2: 위계를 일시적으로 유예할 구조를 의도적으로 설계한다.

라운드 로빈, 제비뽑기 순서, 시간 제한, 익명 카드, 소그룹 대화. 이런 장치들이 위계를 구조적으로 무력화한다. 그리고 상급자에게는 '경청하는 후원자' 역할을 부여하면 효과적이다.

원칙 3: 정을 활용한 피드백 문화를 만든다

관계 기반 피드백을 허용하고 격려하는 것이 좋다. "네가 잘 되길 바라는 마음에서" 같은 표현을 먼저 하도록 모델링하는 것이 도움이 된다. 그리고 간접 표현("음…", "뭐…")을 직접 표현으로 번역하는 코치의 역할이 중요하다.

원칙 4: 참여자들의 상호 지지 체계를 설계한다.

2인 1조 상호 멘토링, 그룹 공통 목표 설정, 세션 외 소통 채널(단톡방). 개인이 코치에게만 책임지는 게 아니라, 그룹 구성원들이 서로에게 책임지는 구조를 만드는 것이 효과적이다.

원칙 5: 암묵적 소통을 언어화하도록 격려한다.

눈치로 아는 것을 말로 표현하도록 격려하는 것이 필요하다. "지금 그룹 분위기가 어떤가요?"를 자주 묻는다. 미묘한 에너지 변화를 집단 성찰의 기회로 만드는 것이 중요하다.

우리 조직 문화와 그룹코칭은 충돌하지 않는다. 오히려 우리 문화의 독특한 특성—위계질서, 정과 눈치, 집단주의—이 제대로 이해되고 존중될 때, 그룹코칭은 더욱 강력해진다.

문화를 바꾸려 하기보다 문화를 존중하고 활용하는 것이 더 효과적이다. 위계를 없애려 하기보다 위계가 일시적으로 유예될 수 있는 공간을 만드는 것이 현실적이다. 정과 눈치를 극복해야 할 대상으로 보기보다 심리적 안전감과 공감의 자산으로 활용할 때 더 강력해진다. 집단주의를 개인주의로 바꾸려 하기보다 집단지성으로 승화시킬 때 진짜 변화가 일어난다.

이것이 우리 조직에 맞는 그룹코칭이다. 문화를 존중하는 것에서 출발하고, 문화의 강점을 극대화하며, 문화의 그림자를 보완하는 설계를 해나갈 때, 참여자들은 말한다. "이제야 우리 방식으로 배우고 성장할 수 있게 됐어요."

그룹코칭에 관한 모든 이론을 배웠다고 해서, 첫 세션 전날 밤의 불안이 사라지는 것은 아니다. 오히려 많이 배울수록 더 많은 질문이 생긴다. "내가 제대로 할 수 있을까?", "참여자들이 마음을 열어줄까?", "나는 정말 준비가 된 것일까?"

이런 질문들은 부족함의 신호가 아니다. 그것은 진심의 증거이다. 만약 코치가 아무런 긴장도 느끼지 않는다면, 그것이 오히려 문제이다. 긴장은 코치가 이 사람들의 성장을 진심으로 바란다는 증명이다.

하지만 긴장 너머에는 더 깊은 질문들이 있다. 그것은 기법이나 타임라인에 관한 질문이 아니라, 코치 자신에 관한 질문이다. "나는 어떤 코치인가?", "나는 무엇을 믿는가?", "나는 무엇을 두려워하는가?"

코치는 단순히 프로세스를 운영하는 운영자가 아니다. 코치 자신이 가장 정교한 측정 장비이자 변화의 도구다. 이를 위해 코치는 자신의 내면에서 일어나는 미세한 진동을 그룹의 역동으로 번역해낼 수 있는 인식의 명료함을 유지해야 한다.

이 장은 그 질문들을 마주하는 시간이다. 첫 세션, 중간 세션, 마무리 세션을 앞두고, 코치가 자신에게 던져야 할 질문들을 담았다. 이것은 체크리스트가 아니다. 정답도 없다. 다만 이 질문들을 마주하는 것 자체가, 좋은 코치로 가는 길이다.

첫 세션을 앞두고 - 나는 무엇을 두려워하는가?

첫 세션 전날 밤, 모든 코치는 긴장한다. 경험이 많은 코치도, 이론을 완벽히 숙지한 코치도 마찬가지이다. 첫 만남은 언제나 설렌다. 동시에 두렵다. 그 두려움은 자연스럽다. 하지만 두려움에는 여러 종류가 있다. 어떤 두려움은 코치를 성장시키지만, 어떤 두려움은 코치를 가로막는다. 첫 세션을 앞두고, 코치는 자신이 무엇을 두려워하는지 정확히 알아야 한다. 그래야 그 두려움을 넘어설 수 있다.

다음 일곱 가지 질문은, 첫 세션을 앞둔 코치가 자신의 내면을 들여다보기 위한 것이다. 이 질문들에 완벽한 답은 없다. 다만 이것만은 확실하다. 이 질문들을 솔직하게 마주한 코치는, 이미 좋은 코치로 가는 길 위에 있다.

1. 나는 완벽한 첫 세션을 기대하고 있는가?

많은 코치들이 첫 세션에서 "모든 것이 계획대로 흘러가야 한다"고 생각한다. 타임라인대로 진행되고, 모든 참여자가 적극적으로 참여하고, 분위기가 화기애애하고, 마지막에는 모두가 "오늘 정말 유익했다"고 말하는 세션. 그것이 완벽한 첫 세션일까?

완벽주의는 코치의 가장 큰 적이다. 완벽을 추구하는 순간, 코치는 지금 이 순간을 놓친다. 한 참여자가 예상치 못한 질문을 던졌을 때, 완벽주의 코치는 당황한다. "계획이 틀어졌다"고 생각하기 때문이다. 하지만 좋은 코치는 그 질문을 선물로 받는다. "이 사람이 진짜 궁금한 게 뭘까?"라고 생각한다.

참여자들은 완벽한 코치를 원하지 않는다. 그들이 원하는 것은 진심으로 자신들의 이야기를 들어줄 사람이다. 실수해도 괜찮다. 타임라인이 틀어져도 괜찮다. 중요한 것은, 코치가 그 자리에 온전히 있느냐이다. 첫 세션이 계획대로 흘러가지 않는다면? 그것은 실패가 아니다. 그것은 살아있는

그룹코칭 SPARK

그룹의 증거이다.

2. 나는 참여자들을 신뢰하는가, 아니면 통제하려 하는가?

첫 세션에서 코치가 가장 자주 하는 실수는, "내가 모든 것을 이끌어야 한다"고 생각하는 것이다. 공통 목표를 설정할 때, 개인 목표를 도출할 때, 코치가 정답을 알고 있다고 가정한다. 그래서 참여자들이 침묵하면 불안해진다. "내가 뭔가를 더 해줘야 하나?"라고 생각한다.

하지만 그룹코칭의 본질은 통제가 아니라 신뢰이다. 코치는 참여자들이 스스로 답을 찾을 수 있다고 믿어야 한다. 공통 목표는 코치가 채워야 할 것이 아니라, 참여자들이 함께 만들 것이다. 신뢰와 통제의 차이는 미묘하지만 결정적이다. 통제하는 코치는 "이것을 해보면 어떨까요?"라고 제안한다. 신뢰하는 코치는 "우리는 무엇을 원하는가?"라고 묻는다. 전자는 코치가 주도하고, 후자는 참여자들이 주도한다.

첫 세션에서 침묵이 찾아왔을 때, 코치는 무엇을 하는가? 그 침묵을 내가 채워야 할 공백으로 보는가, 아니면 참여자들이 생각하는 시간으로 보는가? 이 차이가 코치의 신뢰 수준을 드러낸다. 참여자들은 코치가 생각하는 것보다 훨씬 강하고, 지혜롭고, 창의적이다. 코치가 해야 할 일은 그들을 이끄는 것이 아니라, 그들이 자신의 힘을 발견하도록 공간을 여는 것이다.

3. 침묵이 찾아올 때, 나는 무엇을 느끼는가?

첫 세션에서 코치가 질문을 던졌는데, 아무도 대답하지 않는다. 10초가 지나고, 20초가 지난다. 이 순간, 코치는 무엇을 느끼는가? 불안? 당황? "내 질문이 잘못됐나?" 아니면 "이 사람들은 왜 말을 안 하지?" 많은 코치들이 침묵을 "문제"로 여긴다. 그래서 서둘러 침묵을 깨려 한다. "예를 들어볼까요?", "아니면 이렇게 생각해볼 수도 있을 것 같은데요…"

하지만 침묵은 문제가 아니다. 침묵은 사고의 시간이다. 참여자들은 지금 코치의 질문을 곱씹고 있다. 자신의 경험을 떠올리고, 어떻게 말할지 고민하고 있다. 이 과정을 거쳐야 진짜 대답이 나온다. 코치가 침묵을 견디지 못하고 채워버리면, 참여자들은 생각할 기회를 잃는다. 그리고 학습한다. "여기서는 천천히 생각할 필요가 없구나. 코치가 알아서 말해주겠지."

침묵을 견디는 것은 기법이 아니라 태도다. 코치가 침묵을 참여자들이 생각하는 소중한 시간으로 받아들이는 순간, 침묵은 더 이상 불편하지 않다. 오히려 침묵 속에서 무언가 자라나고 있음을 느낀다. 첫 세션에서 코치는 침묵을 얼마나 견딜 수 있는가? 10초? 30초? 1분? 침묵을 견디는 시간이 길어질수록, 참여자들의 대답은 깊어진다.

4. 나는 이 그룹을 가르치려 하는가, 함께 배우려 하는가?

코치와 교사의 차이는 무엇인가? 교사는 자신이 아는 것을 전달한다. 코치는 참여자들이 스스로 발견하도록 돕는다. 하지만 많은 코치들이 무의식적으로 교사 모드에 빠진다. 특히 첫 세션에서 그렇다. "오늘 우리가 배울 것은…"이라고 말하는 순간, 코치는 교사가 된다. "오늘 우리가 함께 탐구할 것은…"이라고 말하면, 코치는 촉진자가 된다. 이 차이는 미묘하지만, 참여자들은 즉시 느낀다.

가르치려는 코치는 답을 갖고 있다고 가정한다. 함께 배우려는 코치는 답이 그룹 안에 있다고 믿는다. 전자는 위계를 만들고, 후자는 수평을 만든다. 첫 세션에서 코치는 자신도 이 여정에서 배운다는 것을 인정해야 한다. "저도 여러분과 함께 배우고 싶습니다"라는 한 마디가, 참여자들에게 큰 안전감을 준다. "아, 여기서는 완벽하지 않아도 되는구나. 코치도 완벽하지 않으니까."

그룹코칭은 코치 혼자 하는 것이 아니다. 참여자들과 코치가 함께 만들어가는 것이다. 이것을 받아들이는 순간, 코치의 어깨가 가벼워진다. "내가 모든 것을 책임져야 한다"는 무게를 내려놓을 수 있다.

5. 내 에너지는 지금 어디에 있는가?

첫 세션을 앞두고, 코치는 자신의 에너지 상태를 점검해야 한다. 코칭에서 가장 중요한 역량 중 하나는 존재감이다. 이것은 코치가 그 자리에 온전히 "있음"을 의미한다. 만약 코치의 마음이 다른 곳에 있다면? 개인적인 걱정, 다른 업무, 어제 있었던 일… 이런 것들이 코치의 마음을 점령하고 있다면, 존재감은 만들어지지 않는다. 참여자들은 그것을 감지한다. "이 코치는 지금 여기 없구나."

첫 세션 전에, 코치는 스스로에게 물어야 한다. "나는 지금 이 사람들에게 온전히 집중할 준비가 되었는가?" 만약 그렇지 않다면, 그것을 인정하고 내려놓는 시간이 필요하다. 간단한 방법이 있다. 세션 1시간 전, 조용한 곳에서 5분간 호흡한다. 들숨과 날숨에 집중한다. 그리고 스스로에게 말한다. "오늘 나는 이 사람들의 성장을 돕기 위해 여기 있다. 다른 모든 것은 잠시 내려놓는다."

이것이 거창한 명상이 아니다. 그저 자신의 에너지를 지금, 여기로 가져오는 의식이다. 이 5분이, 첫 세션의 질을 완전히 바꿀 수 있다. 코치의 에너지는 전염된다. 코치가 불안하면, 참여자들도 불안해진다. 코치가 고요하고 확신에 차 있으면, 참여자들도 안정감을 느낀다. 에너지 관리는 기법이 아니라, 코치의 존재 방식이다.

6. 나는 계획대로 진행을 목표로 하는가, 의미 있는 순간을 목표로 하는가?

첫 세션을 준비하며, 코치는 타임라인을 짠다. 도입 25분, 공통 목표 설정 45분, 개인 목표 도출 10분, 마무리 10분. 이 타임라인은 중요하다. 하지만 타임라인은 안내자이지, 지배자가 아니다. 첫 세션에서 예상치 못한 일이 일어난다면? 한 참여자가 "사실 저는 이 프로그램에 왜 와야 하는지 모르겠어요"라고 말한다면? 이 순간, 코치는 무엇을 선택하는가?

"계획대로 진행"을 목표로 하는 코치는 말한다. "그 이야기는 중요하네요. 나중에 따로 이야기해요. 일단 공통 목표 설정부터 할까요?" 이것은 효율적이다. 하지만 그 참여자는 배운다. "여기서는 내 진짜 고민을 말하면 안 되는구나." "의미 있는 순간"을 목표로 하는 코치는 묻는다. "그 말씀, 더 들려주실 수 있나요? 혹시 다른 분들도 비슷한 생각을 하신 적 있나요?" 이것은 타임라인을 벗어난다. 하지만 그 순간, 진짜 대화가 시작된다.

코치는 항상 선택의 순간에 선다. 계획을 따를 것인가, 지금 이 순간의 필요를 따를 것인가? 정답은 없다. 다만 이것은 확실하다. 참여자들은 타임라인을 기억하지 않는다. 그들은 의미 있는 순간을 기억한다. 첫 세션에서 코치가 유연할 준비가 되어 있다면, 참여자들은 안전감을 느낀다. "아, 여기서는 예상치 못한 이야기를 해도 되는구나. 코치가 함께 탐색해주겠구나."

7. 나는 오늘, 이 사람들 앞에 온전히 서 있는가?

첫 세션이 시작되기 직전, 코치는 스스로에게 마지막 질문을 던진다. "나

　　　　　　　　　　　　　　　그룹코칭 SPARK

는 지금, 이 사람들 앞에 온전히 서 있는가?" 온전히 서 있다는 것은 무엇인가? 그것은 완벽한 준비를 마쳤다는 의미가 아니다. 그것은 "나는 이 사람들의 성장을 진심으로 바란다"는 마음을 갖고 있다는 의미이다.

존재감은 기법이 아니라 존재 방식이다. 코치가 자신의 불안을 숨기려 하지 않고, 자신의 부족함을 인정하고, 그럼에도 불구하고 이 자리에 서 있다고 선택할 때, 존재감이 만들어진다. 참여자들은 코치의 완벽함을 보지 않는다. 그들이 보는 것은 코치의 진심이다. "이 사람은 정말 우리의 성장을 바라는구나", "이 사람은 우리를 믿는구나", "이 사람 앞에서는 솔직해도 되겠구나."

첫 세션이 시작되기 전, 코치는 심호흡을 한다. 그리고 스스로에게 말한다. "나는 완벽하지 않다. 하지만 나는 이 사람들을 진심으로 존중한다. 나는 그들의 가능성을 믿는다. 그것으로 충분하다." 이 확신을 갖고 첫 세션에 들어가는 코치는, 이미 좋은 코치이다.

첫 세션을 앞두고, 이 일곱 가지 질문을 마주한 코치는 알게 된다. 중요한 것은 완벽한 준비가 아니라, 진심 어린 존재이다. 참여자들은 코치의 기법을 기억하지 않는다. 그들이 기억하는 것은, 코치가 자신들을 어떻게 대했는지이다.

중간 세션을 앞두고 - 나는 집단지성을 신뢰하는가?

중간 세션은 그룹코칭의 심장부이다. 첫 세션에서 신뢰가 형성되었고, 이제 집단지성이 폭발할 시간이다. 참여자들은 서로에게 질문을 던지고, 피드백을 주고, 함께 통찰에 이른다. 이것이 그룹코칭의 진짜 힘이다.

하지만 중간 세션은 코치에게 가장 어려운 시기이기도 하다. "내가 제대로 촉진하고 있는가?", "그룹이 정체되는 것은 아닌가?", "내가 더 개입해야 하나, 아니면 빠져야 하나?" 이런 불안이 정점에 이르는 시기이다. 이 불안을 넘어서려면, 코치는 더 근본적인 질문을 해야 한다. "나는 집단지성을 믿는가?" 이 질문에 대한 답이, 중간 세션에서 코치의 모든 행동을 결정한다. 다음 일곱 가지 질문은, 중간 세션을 앞둔 코치가 자신의 신념을 점검하기 위한 것이다.

1. 나는 집단지성을 믿는가, 아니면 내가 이끌어야 한다고 생각하는가?

중간 세션에서 코치가 가장 자주 하는 실수는, "내가 모든 것을 이끌어야 한다"고 생각하는 것이다. 한 참여자가 고민을 꺼냈을 때, 코치는 좋은 질문을 준비한다. 다른 참여자들이 질문하기도 전에, 코치가 먼저 묻는다. "그것이 왜 중요한가요?", "다른 방법을 시도해보셨나요?" 이것은 좋은 의도에서 나온다. 코치는 그룹이 깊은 대화를 나누길 원한다. 하지만 코치가 너무 자주 개입하면, 참여자들은 배운다. "코치가 질문을 던져줄 거야. 내가 굳이 안 해도 돼."

집단지성은 코치가 만드는 것이 아니다. 그것은 참여자들 사이에서 자연스럽게 발현되는 것이다. 코치의 역할은 그 발현을 이끄는 것이 아니라, 방해하지 않는 것이다. 중간 세션에서 한 참여자가 고민을 꺼냈다. 코치는 10초를 기다린다. 누군가 질문을 던질까? 아무도 말하지 않는다. 20초가 지난다. 코치는 참는다. 30초가 지날 때, 한 참여자가 조심스럽게 묻는다. "혹시 그때 어떤 기분이셨어요?"

이 질문은 코치가 준비한 질문보다 훨씬 강력하다. 왜냐하면 그것은 진짜 궁금함에서 나왔기 때문이다. 그리고 다른 참여자들도 배운다. "아, 내가

그룹코칭 SPARK

질문해도 되는구나." 코치가 집단지성을 믿는다는 것은, 참여자들이 스스로 질문하고, 스스로 탐색하고, 스스로 답을 찾을 수 있다고 믿는 것이다. 코치가 할 일은, 그들이 그렇게 할 수 있는 공간을 지키는 것이다.

2. 침묵하는 멤버를 볼 때, 나는 무엇을 느끼는가?

중간 세션쯤 되면, 그룹 내 발언 패턴이 고착화된다. 어떤 사람은 항상 먼저 말하고, 어떤 사람은 항상 듣기만 한다. 코치는 침묵하는 참여자를 본다. "저 사람은 왜 말을 안 하지?" 이 순간, 코치는 무엇을 느끼는가? 불안? "내가 뭔가 잘못하고 있나?" 아니면 걱정? "저 사람이 소외되는 건 아닐까?" 많은 코치들이 침묵을 "문제"로 여긴다. 그래서 침묵하는 참여자에게 말을 시키려 한다. "OO 님, 어떻게 생각하세요?"

하지만 침묵에는 여러 의미가 있다. 어떤 침묵은 생각 중이라는 신호이다. 어떤 침묵은 "말할 준비가 안 됐다"는 신호이다. 어떤 침묵은 "듣는 것으로 충분하다"는 신호이다. 코치는 침묵의 의미를 구별해야 한다. 더 중요한 것은, 침묵도 하나의 참여 방식이라는 것이다. 모든 사람이 똑같이 말해야 한다는 것은 환상이다. 어떤 사람은 말로 기여하고, 어떤 사람은 경청으로 기여한다. 어떤 사람은 질문으로 기여하고, 어떤 사람은 고개를 끄덕이는 것으로 기여한다.

코치가 침묵하는 참여자를 문제로 보는 순간, 그 사람은 압박을 느낀다. "나는 여기서 말을 해야 하는구나. 안 그러면 문제가 되는구나." 하지만 코치가 침묵을 존중하는 순간, 그 사람은 안전감을 느낀다. "여기서는 내 방식대로 참여해도 되는구나." 물론 코치는 침묵하는 참여자에게 기회를 줄 수 있다. "OO 님, 혹시 나누고 싶은 생각이 있으신가요?" 하지만 이것은 강요가 아니라 초대이다. 그리고 "괜찮습니다, 그냥 듣고 싶어요"라는 대답도 존중해야 한다.

3. 나는 모든 사람이 똑같이 말해야 한다고 생각하는가?

중간 세션에서 코치는 발언 분포를 신경 쓴다. "A는 너무 많이 말하고, B는 거의 말을 안 하네. 균형을 맞춰야 하나?" 이것은 자연스러운 고민이다. 하지만 "균형"을 어떻게 정의하느냐가 중요하다. 공평한 발언 기회와 강제된 발언은 다르다. 코치가 "모든 사람이 똑같이 말해야 한다"고 생각하면, 그룹은 경직된다. 말을 많이 하는 사람은 눈치를 보고, 말을 적게 하는 사람은 압박을 느낀다.

하지만 다양성은 그룹의 강점이다. 어떤 사람은 생각을 언어화하면서 정리하는 타입이다. 그래서 말을 많이 한다. 어떤 사람은 내면에서 충분히 숙고한 후 말하는 타입이다. 그래서 말을 적게 하지만, 한 마디 할 때 깊이가 있다. 코치의 역할은 균형을 맞추는 것이 아니라, "모든 사람의 목소리가 존중받는 공간을 만드는 것"이다. 이것은 미묘한 차이이지만, 결정적이다. 중간 세션에서 한 참여자가 계속 말한다. 코치는 개입할 수 있다. "○○ 님 의견 감사합니다. 다른 분들 생각도 들어볼까요?" 이것은 제지가 아니라, 공간을 여는 것이다. 하지만 코치가 "당신은 너무 많이 말한다"는 메시지를 보내서는 안 된다. 모든 사람이 똑같을 필요는 없다. 중요한 것은, 모든 사람이 자기 방식대로 안전하게 기여할 수 있느냐이다.

4. 실천 약속을 지키지 않은 참여자를 볼 때, 나는 어떤 감정인가?

중간 세션 초반, 코치는 지난 세션의 실천 약속을 점검한다. 그런데 한 참여자가 말한다. "죄송해요. 너무 바빠서 못 했어요." 이 순간, 코치는 무엇을 느끼는가? 실망? "왜 약속을 안 지키지?" 판단? "이 사람은 의지가 없네." 아니면 호기심? "무엇이 이 사람을 방해했을까?"

코치의 감정이, 그룹 전체의 분위기를 결정한다. 만약 코치가 실망을 드러낸다면, 참여자들은 배운다. "여기서는 실패하면 안 되는구나." 그리고 다음부터는 거짓말을 한다. "네, 실천했어요"(실제로는 안 했지만) 하지만 코치가 호기심을 드러낸다면? "무엇이 실천을 어렵게 만들었나요?" 참여자는 솔직해질 수 있다. "사실 제가 설정한 목표가 너무 컸던 것 같아요. 현실적이지 않았어요." 그러면 그룹은 함께 탐색한다. "그럼 어떻게 조정하면 좋을까요?"

실천 약속을 지키지 않은 것은 실패가 아니라, 학습의 기회이다. "왜 안 했는가?"가 아니라, "무엇이 방해했는가?"를 묻는 것. 이것이 코칭의 본질이다. 코치 자신도 완벽하지 않다. 코치도 세운 계획을 지키지 못할 때가 있다. 그것을 인정하는 코치가, 참여자들에게 안전감을 준다. "여기서는 완벽하지 않아도 괜찮구나."

5. 나는 질문의 질을 걱정하는가?

중간 세션에서 집단지성이 작동하려면, 참여자들이 서로에게 질문을 던져야 한다. 하지만 코치는 걱정한다. "참여자들이 좋은 질문을 할 수 있을까?" 그래서 코치가 먼저 모범 질문을 던진다. 참여자들이 따라하길 기대하면서. 하지만 좋은 질문은 무엇인가? 화려한 문장? 철학적인 질문? 아니다. 좋은 질문은 진심 어린 궁금함에서 나온다.

중간 세션에서 한 참여자가 "후배가 말을 안 들어요"라고 말한다. 다른 참여자가 묻는다. "그 후배가 왜 그럴까요?" 이것은 단순한 질문이다. 하지만 그 안에 진심이 담겨 있다. "나는 정말 궁금해. 네가 어떻게 생각하는지." 코치가 "질문의 질"을 걱정하는 순간, 참여자들은 위축된다. "내 질문이 좋지 않으면 어쩌지?" 그래서 질문을 안 한다. 하지만 코치가 모든 질문을 환영하는 순간, 참여자들은 자유로워진다. "어떤 질문이든 던져도 되는구나." 때로는 이상한 질문이 가장 강력하다. "혹시 그 후배가 외계인이라면?" 이것은 농담처럼 들린다. 하지만 이 질문이 관점을 완전히 바꿀 수 있다. "아, 그 후배는 나와 완전히 다른 세계에 살고 있는구나." 코치가 할 일은 "좋은 질문"을 가르치는 것이 아니라, 질문이 자유롭게 흐르는 공간을 만드는 것이다.

6. 그룹의 에너지가 낮을 때, 나는 내 탓이라고 생각하는가?

중간 세션 어느 날, 그룹의 에너지가 눈에 띄게 낮다. 참여자들은 피곤해 보이고, 대화도 힘겹게 흘러간다. 코치는 생각한다. "내가 뭘 잘못했나?" 코치가 모든 것을 책임질 수는 없다. 그룹의 에너지는 여러 요인의 결과이다. 업무 스트레스, 개인적인 일, 날씨, 시간대… 코치가 통제할 수 없는 것들이 많다.

물론 코치는 그룹의 에너지에 영향을 미친다. 코치가 활기차면, 그룹도 활기를 띤다. 코치가 지쳐 있으면, 그룹도 지친다. 하지만 코치가 모든 에너지의 원천은 아니다. 에너지가 낮은 날, 코치는 그것을 인정할 수 있다. "오늘 다들 에너지가 낮아 보이는데, 맞나요?" 참여자들이 고개를 끄덕인다. "그럼 오늘은 무리하게 진행하지 말고, 편안하게 이야기 나눠볼까요?" 이것은 포기가 아니라, 현실 수용이다. 에너지가 낮은 날도 있다. 그것은 자연스럽다. 코치가 "무조건 에너지를 끌어올려야 한다"고 생각하면, 참여자들은 압박을 느낀다. 하지만 코치가 에너지의 자연스러운 흐름을 받아들이면, 참여자들은 안도한다. 때로는 에너지가 낮은 날이, 가장 깊은 대화가 나오는 날이기도 하다. 화려한 활동 대신, 조용히 서로의 이야기를 듣는다. 그것도 귀한 시간이다.

7. 나는 결과를 조급하게 원하는가?

중간 세션 몇 주가 지났는데, 참여자들의 눈에 띄는 변화가 보이지 않는다. 코치는 불안해진다. "이 프로그램이 효과가 있나?" "참여자들이 정말 배우고 있나?" 변화는 선형적이지 않다. 일주일 만에 극적인 변화가 일어나지 않는다. 변화는 천천히, 보이지 않는 곳에서 일어난다. 코치가 "빨리 결과를 보고 싶다"고 조급해하는 순간, 그 조급함이 참여자들에게 전달된다.

중간 세션은 정체기처럼 보일 수 있다. 초반의 신선함은 사라졌고, 아직 마무리의 긴박감도 없다. 참여자들도 "이게 의미가 있나?" 의심할 수 있다. 이때 코치가 흔들리면, 그룹도 흔들린다. 하지만 이 정체기가 사실은 가장 중요한 시기이다. 겉으로 보이지 않지만, 내면에서는 성장이 일어나고 있다. 씨앗이 땅속에서 뿌리를 내리는 시기처럼.

코치는 결과를 조급하게 원하지 않는다. 대신 과정을 신뢰한다. "지금 이 순간, 이 대화 자체가 의미 있다." 그 확신을 갖고 있으면, 참여자들도 안정감을 느낀다. 변화는 코치가 기대하는 형태로 오지 않을 수도 있다. 하지만 어떤 형태로든 온다. 코치가 할 일은 조급해하지 않고, 그 변화를 믿고 기다리는 것이다.

중간 세션을 앞두고, 이 일곱 가지 질문을 마주한 코치는 알게 된다. 집단지성은 코치가 만드는 것이 아니라, 참여자들 사이에서 자연스럽게 발현되는 것이다. 코치의 역할은 이끄는 것이 아니라, 그 발현을 방해하지 않는 것이다.

마무리 세션을 앞두고 - 나는 놓아줄 준비가 되었는가?

마무리 세션은 끝이 아니라 완성이다. 함께 걸어온 여정을 돌아보고, 그 의미를 발견하고, 앞으로의 길을 준비하는 시간이다. 하지만 많은 코치들이 마무리 세션을 두려워한다. "내가 이들에게 충분히 해주었을까?", "이들은 정말 변화했을까?", "이들이 나를 기억할까?" 이런 질문들이 코치를 불안하게 만든다. 하지만 이 불안 너머에는 더 깊은 질문이 있다. "나는 이 그룹을 놓아줄 준비가 되었는가?"

마무리는 놓아줌이다. 코치가 이 그룹과 맺은 관계를, 이 시간 동안 함께 만든 공간을, 이제 놓아주어야 한다. 그것은 슬픈 일일 수도 있다. 하지만 동시에 아름다운 일이다. 왜냐하면 놓아줌은 신뢰의 표현이기 때문이다. "이제 당신들은 스스로 갈 수 있다." 다음 일곱 가지 질문은, 마무리 세션을 앞둔 코치가 자신의 놓아줌을 점검하기 위한 것이다.

1. 나는 더 해주어야 한다는 강박을 갖고 있는가?

마무리 세션을 앞두고, 많은 코치들이 생각한다. "아직 다루지 못한 게 너무 많아. 마무리 세션에서라도 더 해주어야 하나?" 그래서 마무리 세션을 "마지막 기회"로 여긴다. 참여자들에게 무언가를 더 가르치려 한다. 하지만 충분함은 시간의 문제가 아니다. 첫 세션, 중간 세션을 함께했든, 더 오래 함께했든, 언제나 "더 할 수 있었을 것" 같은 느낌은 남는다. 왜냐하면 성장에는 끝이 없기 때문이다.

충분함은 관계의 깊이 문제이다. 코치가 참여자들과 얼마나 진심으로 연결되었는가? 참여자들이 서로와 얼마나 깊이 신뢰하게 되었는가? 이것이 충분함의 기준이다. 마무리 세션은 더 가르치는 시간이 아니라, 함께 경험한 것을 의미화하는 시간이다. "우리는 무엇을 배웠는가?", "이 여정이 우리에게 어떤 의미인가?" 이런 질문을 나누는 것이다.

코치가 더 해주어야 한다는 강박을 내려놓을 때, 마무리 세션은 여유로워진다. 조급하게 무언가를 채우려 하지 않고, 그저 함께 있는 시간. 그것으로 충분하다.

2. 나는 참여자들의 변화를 눈에 보이는 것으로만 측정하는가?

마무리 세션에서 코치는 참여자들의 변화를 확인하고 싶어 한다. "처음과 지금, 무엇이 달라졌나요?" 참여자들이 구체적인 변화를 말해주길 기대한다. "회의에서 질문을 더 많이 하게 되었어요.", "후배에게 피드백을 주는 방식이 바뀌었어요." 이런 변화는 물론 중요하다. 하지만 가장 깊은 변화는 보이지 않는 곳에서 일어난다. 어떤 참여자는 말한다. "뭔가 달라진 것 같은데, 정확히 설명하기 어려워요. 그냥… 마음이 편해진 것 같아요."

이것은 막연한 말이 아니다. 이것은 내면의 변화이다. 불안이 줄어들고, 자신감이 생기고, 타인에 대한 신뢰가 커진 것. 이것은 행동 변화보다 더 근본적인 변화이다. 코치가 "눈에 보이는 변화"만 측정하려 하면, 참여자들은 압박을 느낀다. "나는 뭐가 달라졌지? 말할 게 없는데…" 하지만 코치가 "보이지 않는 변화"도 인정하면, 참여자들은 안도한다. "아, 내면의 변화도 충분히 의미 있구나."

마무리 세션에서 코치는 묻는다. "눈에 보이는 변화도 좋고, 느낌의 변화도 좋습니다. 어떤 것이든, 당신이 느끼는 변화를 나눠주세요." 이렇게 하면, 더 풍부한 이야기가 나온다.

3. 나는 이 그룹이 나 없이도 계속될 것을 믿는가?

마무리 세션이 끝나면, 이 그룹은 어떻게 될까? 해산되어 각자의 길로 돌아갈까? 아니면 계속 연결되어 있을까? 많은 코치들이 은연중에 생각한다. "내가 없으면 이 그룹은 유지되지 못할 거야." 이것은 일종의 교만이다. 코치가 이 그룹의 중심이라고 생각하는 것이다. 하지만 성공한 그룹코칭의 증거는 무엇인가? 코치가 떠난 후에도 참여자들이 서로 연결되어 있다는 것이다. 그들이 계속 만나고, 서로에게 질문하고, 함께 성장한다는 것이다.

이 그룹의 힘은 처음부터 참여자들에게 있었다. 코치는 단지 그들이 그 힘을 발견하도록 도왔을 뿐이다. 이제 코치가 떠나도, 그 힘은 남는다. 마무리 세션에서 코치는 제안할 수 있다. "3개월 후 다시 만나는 건 어떨까요?" 참여자들이 스스로 동문회를 만들고, 온라인 채널을 유지하고, 서로를 계속 지지하도록 격려한다. 코치가 "나 없이도 계속될 것"을 믿는 순간, 그룹은 진짜로 독립한다. 그리고 그것이 가장 아름다운 마무리이다.

4. 나는 완벽한 마무리를 기대하는가?

마무리 세션도 완벽할 수 없다. 어떤 참여자는 여전히 해결하지 못한 고민을 안고 있다. 어떤 참여자는 "아직 준비가 안 됐어요"라고 말한다. 모든 것이 깔끔하게 정리되지 않는다. 완벽한 마무리는 환상이다. 인생에 완벽한 마무리는 없다. 언제나 미완의 부분이 남는다. 그것이 자연스럽다.

마무리 세션의 목적은 모든 것을 해결하는 것이 아니라, 여정을 의미화하는 것이다. 우리가 함께 걸어온 이 시간이 무엇이었는지, 앞으로 어떻게 나아갈지 확인하는 것이다. 어떤 참여자가 말한다. "아직도 잘 모르겠어요. 앞으로 어떻게 해야 할지." 코치는 그것을 인정한다. "괜찮습니다. 모든 답을 알 필요는 없습니다. 중요한 것은, 이제 당신은 혼자가 아니라는 것입니다. 여기 함께 고민할 동료들이 있습니다."

완벽한 마무리를 기대하지 않는 코치가, 참여자들에게 안전감을 준다. "완벽하지 않아도 괜찮구나. 미완이어도 괜찮구나."

5. 나는 참여자들에게 감사받고 싶다는 욕구가 있는가?

마무리 세션에서 참여자들이 말한다. "정말 감사했습니다.", "이 시간이 제 인생을 바꿨어요." 코치는 기쁘다. 인정받는다는 것은 좋은 일이다. 하지만 코치가 "감사받고 싶다"는 욕구에 사로잡히면, 위험하다. 마무리 세션을 "나를 인정받는 시간"으로 만들 수 있다. 참여자들이 감사를 표현하지 않으면 섭섭해한다.

인정받고 싶은 마음은 자연스럽다. 하지만 그것이 코칭의 목적이 되어서는 안 된다. 코칭의 목적은 참여자들의 성장이다. 코치 자신의 만족이 아니다. 마무리 세션에서 어떤 참여자는 감사를 표현하지 않을 수 있다. 그것은 그 사람의 참여 방식이다. 감사를 말로 표현하지 않아도, 그 사람은 충분히 배웠을 수 있다. 코치는 참여자들의 인정을 기대하지 않는다. 대신 이것을 확인한다. "이 시간이 당신에게 의미가 있었는가?" 그것으로 충분하다.

6. 나는 이 그룹과의 이별을 어떻게 받아들이는가?

마무리 세션은 이별의 시간이다. 몇 주, 몇 개월을 함께한 사람들과 헤어진다. 코치는 어떤 감정을 느끼는가? 슬픔? 뿌듯함? 아쉬움? 모든 감정이 자연스럽다. 코치가 이 감정들을 솔직하게 마주하는 것이 중요하다. 감정을 억누르면, 마무리가 불완전해진다.

어떤 코치는 슬픔을 느낀다. "이제 이 사람들을 못 볼 텐데…" 이 슬픔은 코치가 이 그룹을 진심으로 아꼈다는 증거이다. 이것을 숨길 필요는 없다. 마무리 세션에서 코치는 말할 수 있다. "여러분과 함께한 시간이 저에게도 소중했습니다. 헤어지는 게 아쉽네요." 어떤 코치는 뿌듯함을 느낀다. "이 사람들이 정말 성장했구나." 이 뿌듯함도 자연스럽다. 하지만 코치는 이것을 "내가 잘해서"라고 생각하지 않는다. "이들이 스스로 성장한 것"이라고 생각한다.

이별을 잘 받아들이는 코치가, 참여자들에게도 좋은 이별을 선물한다. "끝은 슬픈 것이 아니라, 완성이고, 새로운 시작이다."

7. 나는 끝을 수용할 준비가 되었는가?

좋은 코치는 시작을 여는 사람이다. 하지만 위대한 코치는 끝을 아름답게 만드는 사람이다. 끝을 수용한다는 것은, 이 그룹이 더 이상 내 것이 아니라는 것을 인정하는 것이다. 이제 이들의 여정은 이들의 것이다. 코치가 개입할 필요도, 개입할 권리도 없다.

마무리 세션이 끝나고, 참여자들이 떠난다. 코치는 혼자 남아 정리한다. 화이트보드를 지우고, 의자를 제자리에 놓는다. 이 공간에서 일어났던 모든 것이, 이제 기억 속으로 들어간다. 이 순간, 코치는 놓아준다. 이 그룹

　　　　　　　　　　　　　　　　　　　　그룹코칭 SPARK

을, 이 시간을, 이 관계를. 그것은 슬픈 일이지만, 동시에 아름다운 일이다. 왜냐하면 놓아줌은 신뢰의 표현이기 때문이다. "이제 당신들은 스스로 갈 수 있다. 나는 믿는다."

마무리 세션을 앞두고, 이 일곱 가지 질문을 마주한 코치는 알게 된다. 마무리는 끝이 아니라 놓아줌이다. 그리고 놓아줌은 사랑의 표현이다. 코치가 이 그룹을 진심으로 아꼈기에, 이제 그들이 스스로 날아가도록 놓아준다.

세션 후 3분, 자신을 돌아보다

매 세션이 끝난 후, 코치는 3분을 갖는다. 이 시간은 다음 일정으로 바로 넘어가지 않는다. 3분은 짧다. 하지만 이 3분이 코치를 진화시킨다. 세션의 기억이 생생할 때 즉시 성찰하고 기록하는 습관이, 코치를 "반복하는 코치"가 아니라 "진화하는 코치"로 만든다.

3분 성찰 방법

세션 직후, 코치는 조용한 곳에 앉는다. 노트를 펼치거나 컴퓨터를 연다. 그리고 다음 질문들에 간단히 답한다. 문장이 완벽할 필요는 없다. 떠오르는 대로 적는다.

1. 집중: 나는 오늘 참여자들에게 온전히 집중했는가?(예/아니오, 그리고 왜 그랬는지 한 줄)
2. 순간: 오늘 가장 의미 있었던 순간은 언제였는가?(한 문장으로)
3. 침묵: 누가 침묵했고, 다음 세션에서 어떻게 초대할까?(이름과 간단한 계획)

4. 에너지: 그룹의 에너지는 어땠나?(상/중/하, 그리고 왜 그렇게 느꼈는지)

5. 나 자신: 나는 오늘 어떤 코치였나?(한 단어 또는 한 문장)

6. 개선: 다음 세션에서 바꿀 한 가지는?(구체적으로 하나만)

7. 감사: 오늘 내가 감사한 순간은?(한 문장)

이 일곱 가지 질문에 답하는 데 3분이면 충분하다. 완벽한 문장일 필요 없다. 핵심만 적는다. 3개월 후, 이 기록들을 처음부터 끝까지 읽는다. 코치는 발견할 것이다. 첫 세션에 "나는 불안한 코치"였던 사람이, 마무리 세션에는 "나는 신뢰하는 코치"가 되어 있다는 것을. 초반에는 "질문을 어떻게 해야 할지 모르겠다"고 했던 코치가, 후반에는 "오늘 나는 침묵으로 더 강력한 질문을 던졌다"고 쓰고 있다는 것을. 이것이 코치의 성장이다. 이것이 코치가 걸어온 여정이다.

여정의 의미

세션마다 3분씩 자신을 돌아보는 코치는 3개월 후 달라져 있다. 변화하는 것은 참여자들만이 아니다. 코치도 함께 성장한다. 그 성장은 화려하지 않다. 극적인 변화도 아니다. 하지만 세션마다 조금씩, 코치는 자신을 더 잘 알게 된다. 무엇이 나를 불안하게 만드는지, 무엇이 나를 기쁘게 하는지, 나는 어떤 순간에 가장 코치다운가.

이 자기 인식이 쌓여서 코치만의 철학이 된다. 책에서 배운 이론이 아니라 현장에서 체득한 지혜. 그것이 코치를 진짜 코치로 만든다. 첫 세션, 중간 세션, 마무리 세션. 각 세션마다 코치는 자신에게 질문을 던졌다. 그 질문들은 답을 찾으라는 것이 아니었다. 자신을 돌아보라는 초대였다. 이제,

학생들의 이야기를 들어볼 차례이다. 그들은 어떻게 변화했는가? 그들이 발견한 것은 무엇인가? 그 이야기 속에서 코치는 자신의 여정을 다시 확인하게 될 것이다.

코치가 자신을 돌아본 시간은, 결코 혼자만의 시간이 아니었다. 코치의 내면에서 일어난 질문들, 그 질문을 마주하는 용기, 불완전함을 인정하는 겸손함, 이 모든 것이 보이지 않는 파동이 되어 그룹에 전해졌다. 참여자들은 코치가 던진 질문의 내용을 기억하지 못할 수도 있다. 하지만 그들은 코치의 존재 방식을 기억한다. 그 코치는 우리를 진심으로 신뢰했다는 것, 그 앞에서는 불완전해도 괜찮았다는 것, 그 코치는 우리가 스스로 답을 찾을 수 있다고 믿었다는 것. 그 신뢰가 그룹을 변화시켰다. 참여자들은 서로를 신뢰하기 시작했고, 자신을 신뢰하기 시작했다. 변화는 극적이지 않았다. 천천히, 보이지 않는 곳에서, 뿌리가 내려지듯 일어났다. 그리고 어느 순간, 그들은 깨달았다. 나는 더 이상 혼자가 아니다.

이 장은 그 변화의 이야기이다. 그룹코칭 수업을 함께 한 MBA 학생들, 그들이 어떻게 그룹코칭을 만났고, 무엇을 발견했으며, 어떻게 변화했는지를 담았다. 이것은 단순한 성공 사례가 아니다. 이것은 코치의 존재 방식이 학생들에게 어떻게 전이되는가에 관한 기록이다.

세 사람의 여정 - 각성의 순간들

15주 동안 그룹코칭을 배우고 실습한 MBA 학생들은 다양했다. 20대 초반부터 50대 초반까지, HR 전문가부터 제조업 관리자, 스타트업 대표부터 순수하게 학문적 탐구를 위해 온 대학원생까지, 그들의 배경은 달랐지만 공통점이 하나 있었다. 그룹코칭이 무엇인지 몰랐다는 것. 그리고 15주 후, 그들은 알게 되었다. 그룹코칭은 기법이 아니라 존재 방식이라는 것을. 세 사람의 이야기를 들어보자. 이들의 여정 속에서, 우리는 그룹코칭의 진짜 힘을 발견하게 될 것이다.

"내가 통제를 놓았을 때, 그룹이 살아났다"

소은 님은 30대 중반의 HR 전문가였다. 대기업에서 10년 넘게 조직개발과 리더십 프로그램을 기획해온 그녀는 그룹코칭을 또 하나의 HRD 기법으로 생각했다. 첫 수업 시간, 그녀는 효율적으로 집단을 관리하는 방법을 배우러 왔다고 이야기했다. 6주차 첫 세션 실습 때 소은 님은 코치 역할을 맡았고, 완벽하게 준비했다. TAM 차트를 준비하고, 질문 리스트를 작성하고, 타임라인을 세밀하게 짰다. 90분을 칼같이 나눴다. 도입 25분, 공통목표 설정 45분, 개인 목표 도출 10분, 마무리 10분. 하지만 세션은 계획대로 흘러가지 않았다. 한 학생이 솔직히 공통목표가 무엇인지 잘 모르겠다고, 우리가 왜 이걸 해야 하는지 모르겠다고 털어놓았다. 소은 님은 당황했다. 타임라인이 틀어지고 있었다. 그녀는 서둘러 "공통목표는 우리가 함께 달성하고 싶은 것이니 일단 브레인스토밍을 해보자"고 제안하며 화이트보드 앞에 섰다.

세션이 끝난 후 피드백 시간, 한 참여자가 조심스럽게 전했다. "소은 님의 질문은 정말 좋았지만, 혹시 참여자들이 답을 찾을 때까지 조금 더 기다려줄 수 있었을까요? 제가 뭔가 말하려고 했는데 소은 님이 먼저 제안을 해서 말할 기회를 놓쳤거든요." 그 순간 소은 님은 깨달았다. '나는 그들을 신뢰하지 않았구나, 나는 내가 이끌어야 한다고 생각했구나.' 13주차 중간 세션 실습 때 소은 님은 다시 코치 역할을 맡았다. 이번에는 달랐다. 그녀는 타임라인을 준비했지만, 그것에 집착하지 않았다. 한 참여자가 고민을 꺼냈다. "팀원들과 소통이 안 돼요, 자신이 뭘 잘못하는 것 같아요." 소은 님은 질문을 던지고 싶었다. 하지만 참았다. 10초가 지났다. 20초가 지났다. 그리고 다른 참여자가 물었다. "혹시 팀원들은 뭐라고 하나요?" 소은 님은 숨을 참고 지켜봤다. 참여자들이 서로에게 질문을 던지기 시작했다. "그 상황에서 어떤 기분이었어요? 혹시 팀원들도 같은 고민을 하고 있을까요?" 질문이 꼬리를 물었다. 소은 님은 거의 개입하지 않았다. 그저 그 흐름을 지켰다. 120분이 순식간에 지나갔다.

세션 후, 한 참여자가 말했다. "오늘 정말 좋았어요. 우리가 스스로 답을 찾은 것 같아요." 소은 님은 미소 지었다. "맞아요. 제가 한 건 거의 없었어요. 여러분이 다 하셨어요." 그날 밤 소은 님은 성찰 노트에 적었다. "내가 통제를 놓았을 때, 그룹이 살아났다. 집단지성은 내가 만드는 게 아니라, 그들 사이에 이미 있었다." 15주차 마지막 날, 소은 님은 고백했다. "그룹코칭은 관리 기법이 아니라 신뢰의 실천이에요. 제가 그들을 믿을 때 그들도 서로를 믿게 되더라고요. 이걸 회사에 가져가고 싶어요. 리더십 프로그램이 아니라, 신뢰의 문화로요."

"완벽하지 않아도 괜찮다는 걸 배웠다"

성화 님은 50대 초반의 제조업 관리자였다. 30년 경력의 베테랑인 그는 완벽주의자로 불렸다. 모든 것을 계획대로 진행하고, 실수를 용납하지 않는 스타일이었다. 첫 수업 시간, 그는 그룹코칭도 제대로 배워서 제대로 해야 한다고 다짐했다. 그의 노트는 빈틈없이 채워졌다. 6주차 첫 세션 실습 때 성화 님은 참여자 역할이었다. 코치가 물었다. "이번 그룹코칭에서 무엇을 얻고 싶으신가요?" 다른 참여자들이 하나둘 답했다. "경청을 배우고 싶어

그룹코칭 SPARK

요." "팀원들과 더 깊은 대화를 나누고 싶어요." 차례가 성화 님에게 왔다. 그는 입을 열었다가 멈췄다. "저는… 잘 모르겠어요. 사실 그룹코칭이 뭔지도 확실히 모르겠어요." 그 순간, 성화 님은 당혹스러웠다. '나는 항상 답을 알고 있었는데, 왜 지금은 모를까?' 다른 참여자가 웃으며 말했다. "저도 몰라요. 우리 함께 찾아가면 돼요." 성화 님은 그 말에 놀랐다. '아, 몰라도 괜찮구나. 완벽한 답이 없어도 되는구나.' 그날 세션이 끝난 후, 성화 님은 이상한 감정을 느꼈다. 불안하지 않았다. 오히려 후련했다. 12주차 중간 세션 실습 때 성화 님은 코치 역할을 맡았다. 그는 떨렸다. '내가 제대로 할 수 있을까?' 세션이 시작되고, 한 참여자가 꺼냈다. "후배에게 피드백을 주는 게 너무 어려워요. 상처 줄까 봐 걱정돼요." 성화 님은 질문을 준비했다. 하지만 그 순간, 자신의 경험이 떠올랐다. 그는 조심스럽게 나눴다. "저도 비슷한 경험이 있어요. 예전에 제가 한 피드백 때문에 팀원이 많이 상처받았어요. 그때 정말 힘들었어요." 침묵이 흘렀다. 그리고 다른 참여자가 말했다. "저도 그런 적 있어요." 그렇게 참여자들이 하나씩 자신의 실수담을 꺼내기 시작했다. 성화 님은 깨달았다. '완벽한 코치는 없구나. 코치도 실수하고, 고민하고, 배우는 사람이구나.' 세션이 끝난 후, 한 참여자가 전했다. "오늘 그 이야기를 나눠줘서 감사해요. 덕분에 저도 솔직해질 수 있었어요." 15주차 마지막 날, 성화 님은 고백했다. "평생 완벽해야 한다고 생각하며 살았어요. 그런데 여기서 배웠어요. 완벽하지 않아도 괜찮다는 것, 아니, 완벽하지 않기 때문에 오히려 진짜 연결이 만들어진다는 것을요. 이제 회사로 돌아가면, 팀원들에게 말하고 싶어요. 저도 완벽하지 않다고, 함께 배워가자고요."

재희 님은 20대 후반의 대학원생이었다. 그녀는 학문적 호기심으로 그룹코칭 수업을 신청했다. 조직 심리학 논문 쓰는 데 도움이 될 것 같아서였다. 현장 경험이 없는 그녀는 다른 MBA 학생들 사이에서 움츠러들었다. 자신은 실무 경험이 없어서 그냥 배우기만 하려 한다고 생각했다. 6주차 첫 세션 실습 때 재희 님은 참여자 역할이었다. 세션 내내 그녀는 거의 말하지 않았다. 다른 사람들의 이야기를 열심히 들었고, 노트에 메모했다. 세션 후 피드백 시간에 "오늘 어떠셨어요?"라고 물었다. 재희 님은 작게 "좋았어요, 많이 배웠어요"라고 답했다. "혹시 나누고 싶은 생각이 있었어요?"는 질문에는 "괜찮아요"라고 했다. 재희 님은 생각했다. '나는 경험이 없으니까, 말해봤자…'

9주차 수업 시간에 학생들이 그룹코칭 관련 학술 논문을 발표했다. 한 학생이 발표하는 과정에서 심리적 안전에 관한 이야기가 나왔다. 재희 님의 눈이 빛났다. '아, 이거 내가 아는 거잖아!' 발표 후 토론 시간, 재희 님은 처음으로 손을 들었다. "그 연구에서 흥미로운 건, 심리적 안전이 높은 팀일수록 오히려 갈등이 더 많이 표면화된다는 것이에요. 그게 역설적이지만 실은 건강한 신호라는 거죠" 다른 학생들이 고개를 끄덕였다. "오, 그거 우리가 경험한 거네요." 13주차 중간 세션 실습 때 재희 님은 참여자 역할이었다. 한 참여자가 고민을 꺼냈다. "팀 회의에서 사람들이 진짜 의견을 안 내요, 다들 무난한 얘기만 해요." 재희 님은 조용히 듣고 있었다. 그런데 갑자기 9주차 토론 시간에 나눴던 내용이 떠올랐다. 그녀는 조심스럽게 "혹시 그게 심리적 안전 문제일 수도 있을 것 같아요. 연구에 따르면, 사람들이 침묵하는 건 무관심이 아니라 두려움 때문이래요. 내 의견이 이상하게 들리면 어쩌지, 비판받으면 어쩌지 하는." 다른 참여자들이 귀 기울였다. "그럼 어떻게 해야 하나요?" "음, 연구에서는 리더가 먼저 취약성을 보이는 게 효과적이라고 해요. '나도 확실하지 않다'거나 '나도 실수한다'는 걸 보여주면 된다고요." 참여자들이 고개를 끄덕였다. "그거 우리가 여기서 경험한 거잖아요!"

세션 후, 한 참여자가 재희 님에게 말했다. "오늘 그 설명이 정말 도움이 됐어요. 학문적 배경이 있으니까 이론적으로 설명해주는 게 이해가 잘 됐어요." '재희 님은 놀랐다. 나도 기여할 수 있구나. 경험이 없어도, 내가 아는 것으로 도움을 줄 수 있구나.' 15주차 마지막 날, 재희 님은 말했다. "처음에 저는 실무 경험이 없으니까 배우기만 해야 한다고 생각했어요. 근데 알았어요. 그룹에는 여러 종류의 기여가 있다는 것. 누군가는 경험으로 기여하고, 누군가는 이론으로 기여하고, 누군가는 질문으로 기여해요. 그리고 그 다양성이 그룹을 풍요롭게 만든다는 것. 이제 논문을 쓸 때 단순히 이론만 쓰지 않을 거예요. 이 경험, 이 사람들과의 만남, 이 모든 게 제 연구의 일부가 될 거예요."

그룹코칭의 본질 - 공동체라는 선물

소은 님, 성화 님, 재희 님, 세 사람의 이야기는 다르지만 공통점이 있다. 그들은 모두 '나 혼자'에서 '우리 함께'로 이동했다는 것이다. 소은 님은 '내가 통제해야 한다'에서 '그들을 신뢰한다'로 이동했다. 성화 님은 '나는 완벽해야 한다'에서 '우리는 함께 배운다'로 이동했다. 재희 님은 '나는 부족하다'에서 '나도 기여한다'로 이동했다. 이 이동을 가능하게 만든 것은 무엇인가? 코치의 뛰어난 기법인가? 완벽한 프로세스인가? 아니다. 그것은 공동체였다. 그룹코칭의 본질은 기법이 아니라 공동체이다. 사람들이 서로를 신뢰하고, 서로에게 취약성을 드러내고, 서로의 성장을 진심으로 바라는 관계. 그것이 공동체이다. 그리고 그 공동체 안에서 변화가 일어난다. 한국 조직에서 그룹코칭이 특별히 강력한 이유는 우리에게 이미 공동체의 DNA가 있기 때문이다. 우리는 그것을 정(情) 문화라고 부른다. 정은 단순한 정서적 유대가 아니다. 그것은 나와 너의 경계가 흐려지는 경험이다. 네 기쁨이 내 기쁨이 되고, 네 아픔이 내 아픔이 되는 것. 이것은 서구의 개인주의 문화에서는 쉽게 발견되지 않는, 한국 조직만의 강력한 자산이다. 그룹코칭은 이 정 문화를 재발견하고 재해석하는 과정이다. 과거의 정 문화가 때로 위계와 동조 압력으로 변질되었다면, 그룹코칭에서의 정 문화는 심리적 안전과 집단지성으로 승화된다. '우리'라는 감각이 나를 억압하는 것이 아니라 나를 자유롭게 하는 것이 되는 것이다.

눈치도 마찬가지이다. 눈치는 부정적으로 여겨지지만, 사실 눈치는 고도의 감정 인식 역량이다. 상대의 미세한 표정 변화, 목소리 톤, 침묵의 의미를 읽어내는 능력. 이것은 그룹코칭에서 가장 중요한 역량 중 하나이다. 코치가 그룹의 에너지를 감지하고, 누가 말하고 싶어 하는지 알아차리고, 침묵 속에 숨겨진 의미를 포착하는 것. 이 모든 것이 눈치의 긍정적 발현이다. 그룹코칭은 눈치를 상사 눈치 보기가 아니라 서로를 깊이 이해하는 감수성으로 재해석한다. 집단주의도 그렇다. 집단주의는 개인을 억압하는 것으로 비판받지만, 그룹코칭에서 집단주의는 집단지성의 토대가 된다. 나 혼자 잘하는 것보다 우리 함께 성장하는 것을 중시하는 문화. 이것이 바로 그룹코칭이 작동하는 원리이다. 한국 조직에서 그룹코칭이 강력한 이유는, 우리에게 이미 함께라는 본능이 있기 때문이다.

그룹코칭은 한국 조직문화의 강점을 재발견하고, 그 어두운 면을 빛으로 전환하는 과정이다. 정 문화는 심리적 안전이 되고, 눈치는 감정 인식 역량이 되고, 집단주의는 집단지성이 된다. 이것이 그룹코칭이 한국 조직에 선물하는 것이다. '우리'라는 단어가 다시 아름다워지는 경험. 공동체라는 선물.

세션 이후 - 관계는 계속된다

15주 수업이 끝났다. 마지막 수업에서 함께한 6명의 학생들은 서로 작별 인사를 나누었다. 정말 고마웠다고, 다시 만나자고, 연락하겠다고. 하지만 많은 프로그램이 그렇듯 이별 후 연락은 뜸해진다. 일상으로 돌아가고, 바쁜 일정 속에서 그 시간은 추억이 된다.

그룹코칭도 그렇게 끝나는가? 그렇지 않다. 그룹코칭에서 형성된 관계는 프로그램이 끝난 후에도 계속된다. 왜냐하면 그것은 단순한 프로그램 동기가 아니라 진짜 공동체이기 때문이다.

함께한 6명의 학생들은 3개월 후 다시 만났다. 그들은 동문회를 만들었다. 다시 만나서 서로의 근황을 나누고, 그룹코칭을 실천한 경험을 공유하자고. 첫 동문회에서 소은 님이 회사에서 그룹코칭을 시작했다고 나눴다. "처음에는 어색했는데, 여기서 배운 대로 하니까 팀원들이 달라지더라고." 태규 님이 "어떻게 시작했어요?"고 물었다. 그렇게 그들은 다시 서로에게 질문하고, 피드백하고, 함께 배웠다. 코치가 없어도, 그룹은 스스로 작동했다.

그들은 온라인 채널도 만들었다. 단톡방이었다. "오늘 이런 일이 있었는데 어떻게 생각하세요?"고 누군가 고민을 올리면 다른 사람들이 댓글을 달았다. "혹시 그때 어떤 기분이었어요?, 다른 방법도 시도해 봤어요?." 15주 동안 익힌 질문들이, 이제 그들의 일상 언어가 되었다. 그 채널은 지금도 활발하다.

재희 님을 중심으로 몇몇은 정기적으로 스터디를 한다. 그룹코칭 관련 논문을 함께 읽고 토론한다. "이 이론, 우리가 경험한 거랑 비슷하지 않아요?" 그들은 자신들의 경험을 이론과 연결하고, 이론을 현실에 적용하는 법을 함께 배운다. 재희 님은 그들과의 대화를 바탕으로 논문을 쓰고 있다.

그룹코칭 후의 관계가 지속되는 이유는 무엇인가? 그것은 그들이 함께 취약성을 경험했기 때문이다. 그들은 서로 앞에서 불완전한 자신을 드러냈다. 고민을 털어놓고, 실수를 인정하고, 감정을 숨기지 않았다. 그리고 그 취약함이 거부당하지 않고 받아들여지는 경험을 했다. 이런 경험은 쉽게 잊히지 않는다. 그것은 평생 이어지는 동행의 시작이다.

내가 마지막 수업에서 이야기했던 것처럼, "이제 여러분은 스스로 갈 수 있습니다." 코치가 놓아준 그룹은, 스스로 날아간다. 그리고 그 비행은 15주로 끝나지 않는다. 그것은 평생 계속된다.

코치에게 - 코치의 존재가 선물이다

이 책의 마지막 장을 읽고 있는 당신은 어떤 코치인가? 혹시 '나는 아직 준비가 안 됐다'고 생각하는가? '나는 경험이 부족하다', '나는 완벽하지 않다', '나는 자격이 있을까?' 이런 질문들이 당신을 망설이게 하는가? 그렇다면, 이것을 기억하자. 그 질문들이야말로 당신이 좋은 코치가 될 수 있는 증거이다. 왜냐하면 그 질문들은 겸손에서 나오기 때문이다. 자신이 완벽하지 않다는 것을 아는 코치, 참여자들을 존중하는 코치, 자신도 계속 배워야 한

    그룹코칭 SPARK

다는 것을 아는 코치. 그런 코치가 참여자들에게 안전감을 준다.

하지만 가장 중요한 것은 따로 있다. 코치의 존재이다. 코치가 참여자들 앞에 어떻게 서 있는가? 코치가 그들을 어떻게 바라보는가? 코치가 자신을 어떻게 돌아보는가? 이것이 모든 기법보다 강력하다. 참여자들은 코치의 완벽한 질문을 기억하지 않는다. 그들은 코치의 존재 방식을 기억한다. '그 코치는 나를 믿어줬다는 것', '그 앞에서는 솔직해도 괜찮았다는 것', '그 코치는 우리가 스스로 답을 찾을 수 있다고 확신했다는 것'. 이것이 참여자들이 가져가는 것이다.

Chapter 12-2에서 우리는 코치가 자신에게 던져야 할 질문들을 다뤘다. 첫 세션을 앞두고, 중간 세션을 앞두고, 마무리 세션을 앞두고 던지는 질문들. 이 질문들을 마주하는 것 자체가, 좋은 코치로 가는 길이다. 왜냐하면 자기 성찰 없이는, 다른 사람의 성찰을 도울 수 없기 때문이다. 코치가 자신의 두려움을 외면하면, 참여자들도 자신의 두려움을 외면한다. 코치가 자신의 불완전함을 인정하면, 참여자들도 자신의 불완전함을 인정한다. 코치는 거울이다. 코치의 내면이 맑으면, 참여자들도 맑아진다. 코치의 내면이 흐리면, 참여자들도 흐려진다. 그래서 코치는 자신을 돌아보아야 한다. 세션 전에, 세션 중에, 세션 후에. 끊임없이 자신에게 질문해야 한다. '나는 지금 어디에 있는가?' '나는 무엇을 느끼는가?' '나는 그들을 진심으로 신뢰하는가?'

코치 자신이 가장 정교한 측정 장비이자 변화의 도구임을 다시 한 번 확인하게 된다. 참여자들의 변화는 코치의 기법에서 나오지 않는다. 그것은 코치의 존재에서 나온다. 코치가 온전히 그 자리에 있을 때 참여자들도 온전히 그 자리에 온다. 코치가 진심일 때, 참여자들도 진심이 된다. 코치가 취약성을 드러낼 때, 참여자들도 취약성을 드러낸다. 이것이 그룹코칭의 마법이다. 기법이 아니라, 존재가 변화를 만든다.

당신이 이 책을 덮고, 첫 세션을 준비할 때, 이것을 기억하자. 완벽한 준비는 없다. 완벽한 코치도 없다. 하지만 진심 어린 코치는 있다. 참여자들을 존중하는 코치는 있다. 자신의 불완전함을 인정하고, 그럼에도 불구하고 이 자리에 서기로 선택한 코치는 있다. 당신이 그런 코치라면, 당신은 이미 충분하다. 당신의 존재가 선물이다. 당신이 자신을 돌아볼 때, 그룹은 서로를 발견한다. 당신이 통제를 놓을 때 집단지성이 깨어난다. 당신이 완벽함을 내려놓을 때 진짜 연결이 일어난다. 당신이 그들을 신뢰할 때 그들도 서로를 신뢰한다. 이것이 그룹코칭이다. 이것이 당신이 걸어갈 길이다. 15주의 여정은 끝이 아니다. 그것은 시작이다. 당신이 만날 참여자들, 그들과 함께 만들어갈 공동체, 그 안에서 일어날 변화. 이 모든 것이 당신을 기다리고 있다. 두려워하지 말자. 망설이지 말자. 당신은 이미 준비되었다. 당신의 진심이, 당신의 겸손이, 당신의 용기가 그룹을 변화시킬 것이다. 이제 시작하는 것이다. 당신의 존재로 그들을 초대하는 것이다. 함께 걷는 길 위에서 변화가 일어날 것이다. 15주의 여정을 넘어, 평생의 동행으로.

15주 수업의 마지막 날이었다. 한 학생이 이렇게 말했다. "처음엔 그룹코칭이 개인코칭보다 덜 효과적일 거라 생각했습니다. 제 문제는 제가 가장 잘 아는데 다른 사람들이 무슨 도움을 줄 수 있겠냐고 생각했죠. 그런데 동료들의 질문이 저를 더 깊은 곳으로 이끌었습니다. '왜 그렇게 생각하나요?' '두려움이 없다면 무엇을 하고 싶나요?' 같은 질문들이요. 혼자서는 절대 도달하지 못했을 깨달음이었습니다."

그 순간 확신했다. 그룹코칭은 개인코칭의 대체재가 아니라 집단지성을 깨우는 고유한 여정이라는 것을. 한 사람의 질문이 여섯 사람의 성찰을 촉발하고, 한 사람의 실패가 모두의 학습이 되고, 한 사람의 성장이 전체의 격려가 되는 공간. 이것이 그룹코칭의 본질이다.

이 책에 담긴 모든 내용은 바로 그런 순간들로부터 탄생했다. SPARK-DEEP 프레임워크의 핵심 질문은 그룹코칭 현장에서 반복적으로 마주했던 근본적인 물음들이다. 27개의 Q&A는 실제로 부딪힌 도전과제의 기록이며, 6가지 실패 유형은 필자 자신의 실패를 분석한 결과이고, 그룹코칭의 5대 성공 패턴은 위계, 정과 눈치, 집단주의라는 한국 조직 문화 속에서 실제로 작동하는 그룹코칭을 관찰한 산물이다.

이제 당신의 차례이다. 오늘부터 시작할 수 있다. 첫 세션에서 던질 질문

하나를 준비해 보자. "오늘 이 자리에서 무엇을 얻어가고 싶나요?"처럼 간단한 질문으로 충분하다. 완벽한 준비가 아니라 진심 어린 준비가 중요하다. 실패를 두려워하지 말고 기록해 보자. 이 책의 부록에 있는 6가지 실패유형 자기 진단 체크리스트로 자신을 점검해 보는 것을 권한다. 실패를 인정하는 것이 성장의 시작이다. 세션 후 3분 성찰을 습관화해 보자. "오늘 세션에서 잘한 것은 무엇인가요? 다르게 할 수 있었던 것은 무엇인가요?" 단 3분의 성찰이 다음 세션의 질을 바꾼다. 성찰은 거창한 작업이 아니라, 자신에게 정직한 질문을 던지는 용기에서 시작된다.

그리고 혼자 걷지 말자. 동료 코치와 학습 공동체를 만들어 보자. 같은 책을 읽은 코치 2~3명과 월 1회 성찰 모임을 만들어 보면 좋겠다. "이번 달 가장 어려웠던 순간은 무엇이었나요?"라는 질문 하나로 시작할 수 있다. 그룹 참여자들에게 제공하는 집단지성의 힘을 코치 자신도 경험해 보자. 작은 것부터 실험해 보자. 90분 세션 하나로 시작하거나, 3명의 참여자와 함께 시작해 보는 것도 좋다. 작은 실험이 큰 변화를 만든다.

한 코치는 필자에게 이렇게 말했다. "이 프레임워크를 적용하고 싶었는데 당장 뭘 해야 할지 막막했어요. 그래서 체크리스트 하나만 출력해서 다음 세션 전에 10분만 점검했어요. 그런데 그 10분이 세션의 질을 완전히 바꿨습니다. 준비된 질문 하나가 참여자들의 침묵을 깨뜨렸거든요." 10분의 준비, 한 장의 체크리스트, 하나의 질문. 이것으로 충분하다.

한국 조직 문화는 위계, 정, 집단주의라는 독특한 특성을 지닌다. 이런 특성들은 도전과제가 되기도 하지만 동시에 독특한 가능성을 열어주기도 한다. 위계를 무시하는 것이 아니라 위계 속에서 심리적 안전감을 만드는 방법, 정(情)을 배제하는 것이 아니라 정을 활용하여 깊은 신뢰를 구축하는

그룹코칭 SPARK

방법, 집단주의를 개인주의로 바꾸는 것이 아니라 집단주의를 집단지성으로 승화시키는 방법. 이것이 한국형 그룹코칭의 미래이다.

이 책은 끝이 아니라 시작이다. SPARK-DEEP 프레임워크는 당신의 그룹코칭 현장에서 진화할 것이다. 참여자들이 던지는 질문이 프레임워크를 풍성하게 만들 것이고, 당신의 실패는 다음 세대 코치의 학습이 될 것이며, 당신의 성공은 한국형 그룹코칭의 이정표가 될 것이다.

필자의 프레임워크를 제시했지만 진정한 완성은 당신의 손에 달려 있다. 당신이 그룹코칭 현장에서 발견하는 통찰, 실패를 통해 배우는 교훈, 참여자들과 함께 만들어가는 집단지성의 순간들이 한국형 그룹코칭의 살아있는 역사가 될 것이다.

15주 전, 여섯 명의 학생들 앞에 섰을 때 물었다. "그룹코칭이 뭐라고 생각하세요?" 그들이 답했다. '응원'. '서포트.' '함께.' '변화.' '점프.' '헬핑.' 15주 후, 그 단어들은 현실이 되었다. 그리고 그 여정에서 발견한 통찰들은 이 책의 모든 프레임워크, 질문, 원칙으로 확장되었다.

이제 당신의 그룹은 어떤 단어를 발견할 것인가? 기술이 아닌 관계로, 정답이 아닌 여정으로, 완벽이 아닌 진정성으로. 당신의 그룹코칭이 시작된다. 함께 걸어가자.

부록(Appendices)

제 1 세션/전체 ___ 세션 │ 날짜: ___ 년 ___ 월 ___ 일 │

참여자: ___ 명 │ □ 대면 □ 온라인

단계(시간)	체크리스트
웰컴과 체크인 (10분)	□ 그레이싱: 눈맞춤과 미소로 환영 □ 체크인 질문: 지금 어떤 마음으로 여기 계신가요? □ Mood Meter: 현재 감정 상태 시각화 □ 그룹 감정 지도 작성
그룹 약속 설정 (15분)	□ 심리적 안전감 개념 설명 □ 그라운드 룰 함께 만들기(경청, 비판 금지, 비밀 유지 등) □ 화이트보드 기록 및 전원 동의 □ 실패 친화적 문화 강조
TAM 작성: 그룹 공통 목표 설정 (25분)	□ 프로그램 소개: 전체 세션, 주제, 목표 □ TAM 활용: 개인 기대 포스트잇 작성 □ 패턴 발견 □ 그룹 공통 목표 도출 및 합의
세부 주제 도출 (20분)	□ 브레인스토밍 □ 유사성 기반 그룹화 □ 우선순위 매트릭스 □ 세부 주제 확정(총 세션 수 – 2)
개인 SMART 목표 설정 (10분)	□ SMART 기준 안내 □ 개인별 SMART 목표 작성 □ 2~3명 대표 사례 공유(선택)
심리적 안전감 진단 및 마무리 (10분)	□ 오늘의 핵심 재확인: 그룹 공통 목표, 그라운드 룰 □ 체크아웃: 오늘 무엇을 얻었나요? 한 단어로? □ 다음 세션 일정 및 주제 예고 □ 개인 성찰 일지 배포
환경 준비	□ 장소/Zoom 링크 │ □ 자료(Mood Meter, TAM, SMART 양식) □ 기술 점검(인터넷/마이크/카메라)
코치 자기 점검	□ 신체적·정서적 준비 │ □ 중립성 확보 │ □ '지금–여기' 코칭 존재감

제 ___ 세션/전체 ___ 세션 │ 날짜: ___ 년 ___ 월 ___ 일 │

참여자: ___ 명 │ □ 대면 □ 온라인

단계	체크리스트
S – Start (10분)	□ 그레이싱: 눈맞춤과 미소로 환영 □ 체크인 질문: 지난 세션 이후 가장 기억에 남는 순간은? □ 에너지 체크: 오늘 여러분의 에너지를 1~10 숫자로 표현하면? □ 에너지 조정: 필요 시 1분 호흡/스트레칭 □ 그룹 분위기: 활기/차분/긴장/피로/산만 중 어느 쪽? 즉시 대응
P – Probe (30분)	□ 경험 공유 구조(계획–실행–결과–학습): 　– 지난 세션에서 무엇을 실천하기로 약속했나요? 　– 실제로 무엇을 했나요?(언제/어디서/누구와) 　– 어떤 일이 일어났나요? 무엇이 달랐나요? 　– 이 경험에서 무엇을 배웠나요? □ 4L 회고법: Liked(좋았던 점), Learned(배운 점), Lacked(부족했던 점), Longed for(바라는 점) □ 실패 친화적 문화 강조: '시행착오가 가장 큰 배움입니다'
A – Activate (10분)	□ 목표 재확인: 우리가 처음에 무엇을 하기로 했죠? 　(그룹 공통 목표 + 개인 목표) □ 오늘 주제 선언: 핵심 주제 명확히 선언 및 동의
R – Realize (60분)	□ D – Discover(발견, 15분): 이 순간 가장 중요한 발견은? □ E – Explore(탐색, 15분): 이것이 당신 현장에 어떤 의미? □ E – Evaluate(평가, 15분): 실천 가능한 것은? 우선순위는? □ P – Plan(계획, 15분): 언제/어디서/어떻게 실천? 장애물과 극복 방법은?
K – Keep (10분)	□ 실행 약속: 구체적 실천 계획 확인 □ 체크아웃 질문: 오늘의 배움을 한 문장으로? □ 다음 세션 예고: □ 개인 성찰 일지 배포
환경 준비	□ 장소/Zoom 링크 │ □ 자료 │ □ 기술 점검(인터넷/마이크/카메라)
코치 자기 점검	□ 신체적·정서적 준비 │ □ 중립성 확보 │ □ '지금–여기' 코칭 존재감

제 ___ 세션/전체 ___ 세션 │ 날짜: ___ 년 ___ 월 ___ 일 │
참여자: ___ 명 │ □ 대면 □ 온라인

단계(시간)	체크리스트
웰컴과 체크인 (10분)	□ 그레이싱: 눈맞춤과 미소로 환영 □ 체크인: 시작했을 때와 지금, 무엇이 다른가요? □ 오늘 흐름 안내: 성찰→축하→종결→새로운 시작
타임라인 회고, 3단계 통합 질문법 (20분)	□ 전체 여정 타임라인 그리기 및 주요 전환점 표시 □ 가장 의미 있었던 순간 공유 □ 개인 차원: 나는 무엇을 배웠나? □ 관계 차원: 우리는 어떻게 함께 성장했나? □ 적용 차원: 이것을 현장에 어떻게 적용할 것인가?
Before–After 비교, 360도 성장 피드백 (30분)	□ 목표 달성도 확인 및 구체적 변화 사례 공유 □ 각 참여자에게 돌아가며 성장 피드백 □ OO 님에게서 발견한 가장 큰 변화는? □ 모든 참여자가 최소 1회 피드백 받기
축하 의식, 3개월 후 편지 쓰기 (15분)	□ 축하 의식: 박수, 상징적 제스처 □ 3개월 후 자신에게 보내는 편지 작성 □ 배운 것, 지속할 실천, 기억하고 싶은 순간 □ 봉투에 넣어 코치가 3개월 후 발송(선택)
작별 인사, 마지막 체크아웃 (15분)	□ 한 사람씩 작별 인사: 이 그룹에 하고 싶은 마지막 한 마디는? □ 체크아웃: 이 여정을 한 문장으로? □ 마지막 감사 인사 □ 마무리 4원칙 확인: 완결감/감사/연결/의미
환경 준비	□ 장소/Zoom 링크 │ □ 자료(타임라인 용지, 편지지, 봉투) □ 기술 점검(인터넷/마이크/카메라)
코치 자기 점검	□ 놓아줄 준비 │ □ 감정 조절 │ □ 완결 의식 │ □ 감사의 마음

기본 정보	이름:　　　　　　｜ 제　 세션/전체　 세션 ｜ 날짜:　　　 년　 월　 일
오늘의 발견	가장 인상 깊었던 순간: 동료 이야기 중 기억에 남는 것:
나에게 적용하면	나의 현장(조직/팀/삶)에 연결하면: 도전과제가 되는 이유:
실천 계획	다음 세션까지 실천할 한 가지: 언제/어디서/어떻게: 예상 장애물: 극복 방법:
성찰	**오늘 나는**: □ 적극 참여 ｜ □ 경청 집중 ｜ □ 질문 많이 ｜ 　　　　　□ 침묵하며 배움 다음 세션엔:
나에게 보내는 메시지	
실천 점검 (다음 세션 전 작성)	□ 실천 완료 ｜ □ 부분 실천(　%) ｜ □ 미실천 변화 또는 조정 사항:

진단 일자: 년 월 일, 이름:		
실패 유형	빈도	구체적 행동 패턴 체크
통제형 (참여자 자율성 억압)	☐ 자주 ☐ 가끔 ☐ 거의 없음	☐ 내가 정한 방향으로 유도 ☐ 참여자 의견을 자주 끊음 ☐ "이렇게 하는 게 좋습니다" 자주 말함 ☐ 침묵을 견디지 못하고 먼저 답함 구체적 사례:
불안형 (완벽주의, 과도한 준비)	☐ 자주 ☐ 가끔 ☐ 거의 없음	☐ 세션 준비에 지나치게 많은 시간 ☐ 예상치 못한 상황에 당황 ☐ 계획대로 안 되면 불안 ☐ 모든 질문에 답을 준비해야 한다고 생각 구체적 사례:
판단형 (중립 상실, 비판적 개입)	☐ 자주 ☐ 가끔 ☐ 거의 없음	☐ 특정 참여자 의견에 동의/반대 표현 ☐ "그건 좀 아닌 것 같은데요" 말함 ☐ 참여자 선택을 내 기준으로 평가 ☐ 비언어적으로 판단 표현(표정/몸짓) 구체적 사례:
해답형 (조언·솔루션 제공)	☐ 자주 ☐ 가끔 ☐ 거의 없음	☐ "제 경험으로는…" 자주 말함 ☐ 참여자 문제에 해결책 제시 ☐ 코칭이 아닌 컨설팅/멘토링 ☐ "이렇게 해보세요" 조언 구체적 사례:
편애형 (특정 참여자 편향)	☐ 자주 ☐ 가끔 ☐ 거의 없음	☐ 특정 참여자에게 더 많은 시간 할애 ☐ 특정 참여자 의견에 더 긍정 반응 ☐ 침묵하는 참여자 방치 ☐ 관계 좋은 참여자에게 편향 구체적 사례:
권위형 (전문가 과시, 경계 침범)	☐ 자주 ☐ 가끔 ☐ 거의 없음	☐ 내 자격/경험 자주 언급 ☐ 참여자를 가르치려 함 ☐ "제가 전문가로서…" 말함 ☐ 세션 외 시간에 과도하게 개입 구체적 사례:

종합 성찰		가장 빈번한 나의 실패 유형:
		근본 원인(두려움/욕구/신념):
		개선 실행계획:
		동료 코치 피드백 요청:
다음 점검 예정일: 년 월 일(3개월 후 권장)		

세션 정보	날짜:　　년　월　일 ｜ 작성 시각:　　：　　(세션 직후 3분 내)
Focus **(집중)**	오늘 세션의 핵심 순간:
Moment **(순간)**	참여자 변화가 일어난 순간:
Silence **(침묵)**	침묵의 의미와 내 대응:
Energy **(에너지)**	그룹 에너지(높음/낮음/분산) 와 내 반응:
Self **(나 자신)**	잘한 점: 개선할 점:
Improvement **(개선)**	다음 세션 반영 사항:
Gratitude **(감사)**	오늘 감사한 것:
한 줄 요약	오늘 세션을 한 문장으로:

Group Coaching Excellence

- 한국코치협회(KCA) 인증 심화 프로그램(ACPK01279 / 20시간) -

"지식을 넘어 지혜로, 기법을 넘어 현존(Presence)으로 나아가는 20시간의 여정"

이 프로그램은 이 책의 근간이 된 SPARK-DEEP 프레임워크를 체계적으로 습득하고, 실제 그룹 역동 속에서 코치가 어떻게 존재하고 개입해야 하는지를 다루는 최고 수준의 그룹코칭 마스터 과정입니다.

■ **왜 'Group Coaching Excellence'인가?**

• **인증된 전문성**

한국코치협회(KCA)의 엄격한 심사를 통과한 공식 심화 과정으로, 전문 코치(KPC, KSC) 자격 취득 및 갱신을 위한 이수 시간이 인정됩니다.

• **이론과 실전의 통합**

18년의 코칭 현장 경험을 통해 검증된 SPARK 5단계와 DEEP 탐구법을 실습 중심으로 학습합니다.

• **한국형 조직 맞춤**

서구형 모델의 한계를 넘어, 한국 조직 특유의 '관계성'과 '정(情)'의 역동을 성장의 에너지로 바꾸는 기술을 다룹니다.

• **마스터의 리플렉션**

저자가 직접 겪은 실패 사례를 분석하며, 위기 상황에서의 유연한 대처 능력(Mastery)을 기릅니다.

■ **주요 커리큘럼(Total 20 Hours)**

- **Step 1. 기틀 잡기:** 그룹코칭의 철학과 심리적 안전망 설계(최적 그룹 규모 설계 포함)

- **Step 2. 몰입 유도:** 첫 세션, 중간 세션, 마무리 세션의 정교한 설계와 도구 활용법

- **Step 3. 역동 관리:** 침묵, 저항, 갈등을 성장의 신호로 전환하는 코칭 개입

- **Step 4. 변화 증명:** 커크패트릭 모델 기반의 성과 가시화 및 사후 지속 시스템 설계

- **Step 5. 통합 실습:** 실제 그룹 상황 시뮬레이션 및 저자의 밀착 피드백

■ **참여 안내**

- **교육 대상**

  전문 코치, 기업 내 사내 코치, 조직 변화를 이끄는 HR 담당자 및 리더

- **운영 방식**

  저자 직강 오프라인 워크숍 및 온라인 라이브 클래스(기관 맞춤형 출강 가능)

- **도서 독자 특별 혜택**

  이 책을 지참하고 과정에 참여하시는 분께는

  ① 저자 친필 사인본

  ② 실전 활용 SPARK-DEEP 체크리스트 PDF(부록 1~4 확장판)

  ③ 그룹코칭 세션 운영 템플릿 세트를 제공합니다.

■ **프로그램 문의 및 등록**

- 이메일: shinmarathon@me.com

- 한국코치협회(KCA) 인증번호: ACPK01279

※ 기관 맞춤형 출강 및 In-house 프로그램 운영 상담 가능

<h1>참고문헌(References)</h1>

김종명, 여재호, 이해원 (2021). 『그룹코칭』 플랜비디자인.

A

Argyris, C. (1974). Theory in practice: Increasing professional effectiveness. Jossey-Bass.
Argyris, C., & Schön, D. A. (1978). Organizational learning: A theory of action perspective. Addison-Wesley.

B

Baldwin, T. T., & Ford, J. K. (1988). Transfer of training: A review and directions for future research. Personnel Psychology, 41(1), 63-105. https://doi.org/10.1111/j.1744-6570.1988.tb00632.x
Brackett, M. A., Bailey, C. S., Hoffmann, J. D., & Simmons, D. N. (2019). RULER: A theory-driven, systemic approach to social, emotional, and academic learning. Educational Psychologist, 54(3), 144-161. https://doi.org/10.1080/00461520.2019.1614447
Bridges, W. (1991). Managing transitions: Making the most of change.

Addison-Wesley.

Britton, J. J. (2013). From one to many: Best practices for team and group coaching. Jossey-Bass.

C

Cain, S. (2012). Quiet: The power of introverts in a world that can't stop talking. Crown Publishers.

Caplan, G. (1964). Principles of preventive psychiatry. Basic Books.

Chlup, D. T., & Collins, T. E. (2010). Breaking the ice: Using ice-breakers and re-energizers with adult learners. Adult Learning, 21(3-4), 34-39. https://doi.org/10.1177/104515951002100305

Clark, T. R. (2020). The 4 stages of psychological safety: Defining the path to inclusion and innovation. Berrett-Koehler Publishers.

Costanza, D. P., & Finkelstein, L. M. (2015). Generationally based differences in the workplace: Is there a there there? Industrial and Organizational Psychology, 8(3), 308-323. https://doi.org/10.1017/iop.2015.15

D

Daft, R. L., & Lengel, R. H. (1986). Organizational information requirements, media richness and structural design. Management Science, 32(5), 554-571. https://doi.org/10.1287/mnsc.32.5.554

Dreyfus, S. E., & Dreyfus, H. L. (1980). A five-stage model of the mental activities involved in directed skill acquisition (Report No. ORC 80-2). University of California, Berkeley, Operations Research Center.

Dunbar, R. I. M. (1992). Neocortex size as a constraint on group size in primates. Journal of Human Evolution, 22(6), 469-493. https://doi.org/10.1016/0047-2484(92)90081-J

Dweck, C. S. (2006). Mindset: The new psychology of success. Random House.

E

Edmondson, A. C. (1999). Psychological safety and learning behavior in work teams. Administrative Science Quarterly, 44(2), 350-383. https://doi.org/10.2307/2666999

Edmondson, A. C., & Lei, Z. (2014). Psychological safety: The history, renaissance, and future of an interpersonal construct. Annual Review of Organizational Psychology and Organizational Behavior, 1(1), 23-43. https://doi.org/10.1146/annurev-orgpsych-031413-091305

Edmondson, A. C. (2023). Right kind of wrong: The science of failing well. Atria Books.

G

Gallup. (2023). State of the global workplace: 2023 report. Gallup Press.

Google. (2015). Project Aristotle. https://rework.withgoogle.com/

Grant, A. M., & Cavanagh, M. J. (2004). Toward a profession of coaching: Sixty-five years of progress and challenges for the future. International Journal of Evidence Based Coaching and Mentoring, 2(1), 1-16.

H

Hofstede, G. (1980). Culture's consequences: International differences in work-related values. SAGE Publications.

Hofstede, G., Hofstede, G. J., & Minkov, M. (2010). Cultures and organizations: Software of the mind(3rd ed.). McGraw-Hill.

I

International Coaching Federation (ICF). (2023). ICF core competencies. https://coachingfederation.org/credentialing/coaching-competencies/icf-core-competencies/

K

Kegan, R., & Lahey, L. L. (2009). Immunity to change: How to overcome it and unlock potential in yourself and your organization. Harvard Business Press.

Kim, H. Y., & Cohen, D. (2010). Information, perspective, and judgments about the self in face and dignity cultures. Personality and Social Psychology Bulletin, 36(4), 537-550. https://doi.org/10.1177/0146167210362398

Kim, M. U. (김명언). (2003). 한국 조직에서의 상하 관계와 의사소통

[Hierarchical relationships and communication in Korean organizations].
Korean Journal of Industrial and Organizational Psychology, 16(1), 1-20.

Kirkpatrick, D. L. (1959). Techniques for evaluating training programs.
Journal of the American Society of Training Directors, 13(11), 3-9.

Kleingeld, A., van Mierlo, H., & Arends, L. (2011). The effect of goal
setting on group performance: A meta-analysis. Journal of Applied
Psychology, 96(6), 1289-1304. https://doi.org/10.1037/a0024315

Knowles, M. S. (1980). The modern practice of adult education: From
pedagogy to andragogy(2nd ed.). Cambridge Adult Education.

Kolb, D. A. (1984). Experiential learning: Experience as the source of
learning and development. Prentice Hall.

L

Lencioni, P. (2002). The five dysfunctions of a team: A leadership fable.
Jossey-Bass.

M

Mehrabian, A., & Ferris, S. R. (1967). Inference of attitudes from
nonverbal communication in two channels. Journal of Consulting
Psychology, 31(3), 248-252. https://doi.org/10.1037/h0024648

Meyer, E. (2014). The culture map: Breaking through the invisible
boundaries of global business. PublicAffairs.

N

Nass, C., Ophir, E., & Wagner, A. D. (2009). Cognitive control in media multitaskers. Proceedings of the National Academy of Sciences, 106(37), 15583-15587. https://doi.org/10.1073/pnas.0903620106

P

Page, S. E. (2007). The difference: How the power of diversity creates better groups, firms, schools, and societies. Princeton University Press.

Pentland, A. (2012). The new science of building great teams. Harvard Business Review, 90(4), 60-70.

Phillips, J. J. (1997). Return on investment in training and performance improvement programs. Gulf Publishing Company.

Prochaska, J. O., & DiClemente, C. C. (1983). Stages and processes of self-change of smoking: Toward an integrative model of change. Journal of Consulting and Clinical Psychology, 51(3), 390-395. https://doi.org/10.1037/0022-006X.51.3.390

R

Rogers, C. R. (1957). The necessary and sufficient conditions of therapeutic personality change. Journal of Consulting Psychology, 21(2), 95-103. https://doi.org/10.1037/h0045357

S

Schein, E. H. (1999). Process consultation revisited: Building the helping relationship. Addison-Wesley.

Schön, D. A. (1983). The reflective practitioner: How professionals think in action. Basic Books.

Simons, D. J., & Levin, D. T. (1997). Change blindness. Trends in Cognitive Sciences, 1(7), 261-267. https://doi.org/10.1016/S1364-6613(97)01080-2

Steiner, I. D. (1972). Group process and productivity. Academic Press.

Strauss, W., & Howe, N. (1991). Generations: The history of America's future, 1584 to 2069. William Morrow.

T

Triandis, H. C. (1995). Individualism & collectivism. Westview Press.

Tuckman, B. W. (1965). Developmental sequence in small groups. Psychological Bulletin, 63(6), 384-399. https://doi.org/10.1037/h0022100

Y

Yalom, I. D. (1995). The theory and practice of group psychotherapy(4th ed.). Basic Books.

그룹코칭
SPARK

ⓒ 신민철, 2026

초판 1쇄 발행 2026년 3월 23일

지은이   신민철
펴낸이   이기봉
편집   좋은땅 편집팀
펴낸곳   도서출판 좋은땅
주소   서울특별시 마포구 양화로12길 26 지월드빌딩 (서교동 395-7)
전화   02)374-8616~7
팩스   02)374-8614
이메일   gworldbook@naver.com
홈페이지 www.g-world.co.kr

ISBN   979-11-388-5632-4 (03190)